P9-CQO-419

aquitania
LIBROS
Gral. Holley 50 - L.18
2327553

EDITORIAL ANDRES BELLO

Este libro no habría sido posible sin el alto patrocinio del Ministerio de Educación de la República de Chile.

Esta obra fue realizada con aportes de la Empresa Privada chilena y de la Ley de Donaciones Culturales (art. 8, Ley N° 18.985).

1.ª edición: agosto 1992

La presente edición es propiedad de Grupo Editorial Zeta S.A.,
Florida, 375, 7.° piso "A", 1005 Buenos Aires, Argentina

La presente edición ha sido co-editada con Ediciones B, S.A., España;
Editorial Jurídica de Chile/Editorial Andrés Bello S.A.,
Chile, y con la Universidad de Guadalajara, México.

Printed in Spain
ISBN: 84-406-3141-3
Depósito legal: B. 26.253-1992

Impreso en Talleres Gráficos «Dúplex, S.A.»
Ciudad de Asunción, 26-D
08030 Barcelona

Diseño y producción;
DISEÑADORES ASOCIADOS-CHILE
Portada realizada a partir de una pintura de Eugenio Téllez.

SERGIO MARRAS

América Latina

MARCA REGISTRADA

CONVERSACIONES CON

JORGE AMADO
MARIO BENEDETTI
ADOLFO BIOY CASARES
GUILLERMO CABRERA INFANTE
RENE DEPESTRE
JOSE DONOSO
JORGE EDWARDS
ROBERTO FERNANDEZ RETAMAR
CARLOS FUENTES
JUAN CARLOS ONETTI
NICANOR PARRA
OCTAVIO PAZ
AUGUSTO ROA BASTOS
ERNESTO SABATO
ARTURO USLAR PIETRI
MARIO VARGAS LLOSA

Contenido

A Alejandro, Julián e Isidora, pequeños torrentes proteicos, pilas de energía sudaca que me mantuvieron abastecido el afecto, incondicionalmente, todos estos interminables días de incertidumbre.

«No es ilusión la utopía, sino el creer que los ideales se realizan sin esfuerzo y sin sacrificio. Hay que trabajar. Nuestro ideal no será la obra de uno, dos o tres hombres de genio, sino de la cooperación sostenida, llena de fe, de muchos, de innumerables hombres modestos»

(Pedro Henríquez Ureña)

Mezclamos rock and roll, pura música basura: un poco transformada para que suene igual. Pintamos el mono pero nos da lo mismo, plagiando y copiando como todos los demás.

Elvis, ¡sacúdete tu cripta!

We are southamerican rockers, nous sommes rockers sudamericaines.

(Los Prisioneros, conjunto popular chileno).

Un cuento de nunca acabar

Este libro podría ser un viaje sin retorno. Podría comenzar con el padre Las Casas y no terminar jamás: ser un libro infinito como el que Borges imaginó de arena, en el que cada segundo tuviera más páginas y en el que las ya leídas hubieran dejado, en un instante, de ser. Un libro en constante mutación.

Porque la idea de saber si somos, más que quiénes somos, se transforma a medida que uno la va pensando. ¿Y cómo saber si somos si de hecho estamos? ¿Y cómo saber quiénes somos si en cada momento estamos siendo de una manera distinta? Ser latinoamericano, hispanoamericano, iberoamericano, sudamericano, y, también, ¿por qué no? sudacas, espaldas mojadas, new ricans, contras, compas, chicanos, dominican yorks, cholos, zambos, gusanos, hispanos, suizos e ingleses de América, puentes del mundo, afrancesados, asimilados, patios traseros, vencedores de la tercera guerra mundial, es algo que siempre está siendo en nosotros, moviéndose y metamorfoseándose. Somos en sí la permanente transgresión de lo nuestro. Si no, basta echar una mirada a nuestros héroes y líderes: Desde Bolívar hasta el Che, pasando naturalmente por Cantinflas, Pinochet, Allende, Perón, Castro, Noriega, Menem, Fujimori, la Xuxa y Maradona; sólo para nombrar a algunos.

Desde hacía mucho tiempo me venía pareciendo que si bien algo somos no es lo que creemos ser, y se me ocurrió que los que podrían saber sobre esto podían ser nuestros escritores, ya que ellos han asaltado el papel de los filósofos: desde los cronistas de Indias (que dijeron que éramos felices), pasando por los escritores-próceres de la independencia (hayan optado por la civilización o por la barbarie) y también por nuestros grandes narradores y poetas de este siglo (que dieron la sensación desde Londres, París o Barcelona de que éramos seres inteligentes capaces de renovar a la humanidad) hasta los ensayistas sociales y económicos neoliberales actuales que tratan de ponernos al día con el Occidente real.

Siempre algo ha olido mal en el nuevo mundo, al menos desde la llegada del almirante Colón, pero sólo en las tres últimas décadas esta sospecha pasó a ser una certeza. Y ya no queda más que sacar el hedor al aire libre. ¿Qué hacer?

Salir a preguntarles a los presuntos pensadores. Obviamente, los únicos que podrían responder algo serían los escritores vivos (ya nos encargaremos de pedirle cuentas a los muertos), y los mayores, porque son los que pueden manejar la evolución de los imaginarios por lo menos desde los años sesenta, que fue cuando se gestó nuestra imagen moderna, hasta hoy.

¿Cómo pasamos de buenos salvajes a salvajes a secas?

Mi intuición es que nuestros intelectuales, mayoritariamente novelistas, poetas y ensayistas, fueron los constructores fundamentales de la imagen que tiene América latina de sí misma y el mundo de ella, desde las independencias hasta hoy. Durante el siglo diecinueve, la mayoría de ellos estuvo directamente ligada a la creación e institución de las nuevas repúblicas. Mientras desarrollaban sus deseos y esperanzas para el continente, escribían unas constituciones y unas leyes que, en general, estaban muy lejos de la mentalidad de sus pueblos.

En el siglo veinte, fueron estos escritores también quienes consolidaron la imagen de una entidad continental coherente hacia el exterior y el interior de nuestros países y de la región, proyectando sus propias ideas al respecto, no siempre arraigadas en la realidad de la vida de sus compatriotas.

Se transformaron así en los principales difusores de una cierta utopía latinoamericana que comenzó a desmoronarse en la última década con los cambios en el mundo de las ideas y sobre todo de la economía. Sin embargo, en la práctica el proceso venía de mucho antes y se había ido provocando un choque creciente entre la América latina imaginada por sus escritores y aquella real formada por unos pueblos que habían comenzado un proceso de reconstrucción de su imagen a través del avance tecnológico y de la interconexión informativa global que les había ido permitiendo tener una capacidad de verse a sí mismos por medios más objetivos que la imaginación de sus fabuladores.

¿Sería, entonces, América latina un delirio literario, una comedia de equivocaciones? ¿Qué pensarían de esto nuestros escritores?

Había que conversarlo rápido, simultáneamente, en un plazo que no fuera más allá de los seis meses, para que los cambios radicales a que todos estábamos sometidos nos influyeran de una manera parecida. Desde que entré un doce de abril de 1991 a la casa de Jorge Edwards en el centro de Santiago de Chile hasta que salí del Hotel Lutetia, en el barrio latino de París, el dieciocho de diciembre de 1991, después de haber conversado algunas horas con Octavio Paz, habían pasado poco más de seis meses. La misión estaba cumplida.

Santiago, Madrid, Londres, Toulouse, Lezignan-Corbières, Buenos Aires, Caracas, La Habana y París fue el itinerario de esta inquisición. En el libro no la he expuesto en ese mismo orden, sino en el que me pareció más fluido y entretenido para los lectores, ya que unas entrevistas se complementan con las otras enunciando terceros significados que me parecieron interesantes. Por lo tanto, desde el punto de vista cronológico, están en un completo desorden. Como la idea misma de América latina.

Tengo que confesar que quise entrevistar a Gabriel García Márquez pero me mandó a decir que no, que no tenía tiempo y que no era el mejor momento para hablar de América latina. También quise hablar con el trinitario Sir VS Naipaul, pero ni siquiera se dignó contestarme, al parecer, me dijeron, porque se considera un escritor británico.

S.M.

América latina, marca registrada

¿Sabía usted que aquello de latino de la América latina no es un invento nuestro? No, no es más ni menos que un invento francés, como tantos otros: la Bardot, la *négligé*, el *cognac*, el *corset*, y el *menáge a trois*. Nuestra *Amérique latine* es una invención de un señor Michel Chevalier[1], publicista de la latinidad en los tiempos del archiduque Fernando Maximiliano de Habsburgo, aquel efímero emperador austríaco impuesto por Napoleón III a los mexicanos, en algún mes de 1864, cuando el presidente Benito Juárez decidió no pagar la deuda externa. Maximiliano fue fusilado muy pronto, en 1867, por unos cuantos soldados mestizangos y mostachudos que lo despacharon en menos de lo que canta el gallo más rápido de Querétaro, dejando viuda a la pobre María Carlota de Bélgica a los veintiséis años.

[Yo soy Carlota Amelia, Regente de Anáhuac, reina de Nicaragua, Baronesa del Mato Grosso, Princesa de Chichén Itzá. Yo soy Carlota Amelia de Bélgica, Emperatriz de México y de América: tengo ochenta y seis años de edad y sesenta de beber, loca de sed, en las fuentes de Roma.

Hoy ha venido el mensajero a traerme Noticias del Imperio. Vino, cargado de recuerdos y de sueños, en una carabela cuyas velas hinchó una sola bocanada de viento luminoso preñado de papagayos. Me trajo

---

1- Michel Chevalier (1806-1879) fue un prolífico escritor en cuestiones de política económica. Fue el ideológo del llamado panlatinismo: un programa de acción que expresaba las aspiraciones de Francia respecto a los *Territoires d' Outre-Mer*. Surgió para legitimar la política expansionista de Napoleón III y en el contexto de una visión de identidad cultural, cuyo pensador principal fue Chevalier.(Información tomada del libro *Eso que descubrió Colón* del historiador chileno, investigador de la Universidad de París, Miguel Rojas Mix).

un puñado de arena de la Isla de Sacrificios, unos guantes de piel de venado y un enorme barril de maderas preciosas rebosante de chocolate ardiente y espumoso, donde me voy a bañar todos los días de mi vida hasta que mi piel de princesa borbona, hasta que mi piel de loca octogenaria, hasta que mi piel blanca de encaje de Alenzón y de Bruselas, mi piel nevada como las magnolias de los Jardines de Miramar, hasta que mi piel, Maximiliano, mi piel quebrada por los siglos y las tempestades y los desmoronamientos de las dinastías, mi piel de ángel de Memling y de novia de Béguinage se caiga a pedazos y una nueva piel oscura y perfumada, oscura como el cacao de Soconusco y perfumada como la vainilla de Papantla me cubra entera, Maximiliano, desde mi frente oscura hasta la punta de mis pies descalzos y perfumados de india mexicana, de virgen morena, de Emperatriz de América][2]

Esta vez hablaré de Chevalier y no de Maximiliano ni de Carlota Amelia, porque fue Michel Chevalier quien se coronó con el éxito profesional, y no la fracasada pareja imperial, al imponernos el nombre de América latina de una vez y para siempre.

Este comunicador, entonces ya los llamaban publicistas, que hoy día podría haber estado sentado en el mesón de trabajo de un *brain storm* de la Walter Thompson o de cualquier transnacional del posicionamiento de marcas, creando nombres de galletas, de jabones o estudiando, por ejemplo, qué nombre serio ponerle a la ex Unión Soviética, se basó en viejos textos romanticoiluministas del chileno Bilbao, del portorriqueño Hostos y de otros próceres, que alguna vez habían mencionado lo de nuestra latinidad en algún escrito perdido, para colgarnos el sambenito de latinos.

Para querencia de su jefe, el Emperador de Francia, lustró, abrillantó, le dio textura y consistencia al concepto y lo lanzó al mercado ideológico de la época en las nuevas provincias de Occidente, dándole así lupas a su patrón, mediante ingeniosos escritos propagandísticos, para que echara ojos sobre esta América, a ver si agarraba pedazo con el argumento de proteger la latinidad de tanto latino...americano suelto.

2- Extracto de la novela *Noticias del Imperio*, de Fernando del Paso. Ediciones Diana literaria. México, 1987.

Y a nosotros, los criollos y mestizos, que necesitábamos alejarnos de los conceptos tradicionales hispanófilos de Hispanomérica o Iberoamérica por el desprestigio mundial en que había caído nuestra Madre Patria y, además, por habernos rebelado un poco arteramente, obstinados en ser diferentes e ir solos por la vida, el título nos vino como anillo al dedo. De otra parte, ya sospechábamos que aceptar el ingenuo nombre geográfico de América del Sur no iba a quedar en la impunidad: Estados Unidos se estaba tomando demasiado en serio aquello de América para los americanos, metiendo mano en México y en el Caribe como si se acabara la repartición de las tierras de las naciones. Entonces, la verdad es que no pudimos sino sonreír con la ocurrente denominación.

Pues, qué mejor, entonces, que una América que no fuera hispana, ni sajona, pensaron nuestros próceres. Así nosotros, mulatos, mestizos, blanquiscos, cafés con leche y blancos de mentalidad morena, nos aferramos a esa bonita tabla de salvación geopolítica del momento: la latinidad. Como si un georgiano se encontrara hoy tirado en una calle de Tiflis un pasaporte europeo comunitario con su nombre y su fotografía cuando unos mastodontes armados le preguntan si es del bando de Gamsajurdia o del otro. ¡Con qué alivio lo tomaría! La latinidad nos hizo franceses honorarios, como ha dicho Carlos Fuentes, y a nosotros, los mestizangos del siglo diecinueve, nos encantó. Y la registramos como marca de fábrica.

No voy a criticar al señor Chevalier porque hizo lo suyo, y cómo lo haría de bien que todavía nos creemos el cuento. Esto no sería trágico si ya supiéramos lo que realmente somos. Pero lo cierto es que de eso todavía nada. ¿Por qué nos llamamos latinos y no grecolatinos, se pregunta incluso el poeta chileno Nicanor Parra? Sería más interesante todavía, alardea.

Hace pocos meses atrás, caminando por las calles de Santo Domingo, capital de la americanidad por estos días, volví a preguntarme sobre nuestra identidad y dónde estaban sus verdaderos fundamentos, ya que obviamente nuestros antepasados no provienen precisamente del Lacio y si bien es cierto que mascullamos algo que algún día fue latín, no es menos cierto que también tiene algo de árabe, sajón, galo, yiddish, yoruba y quechua, entre otras posibilidades.

En eso estaba, cuando vi a los lejos una especie de pirámide de Egipto que el taxista llamaba, circunspecto, el faro de Colón, según él la máxima obra de Joaquín Balaguer, presidente y señor de la República Dominicana por varios períodos, destinada a ser la tumba definitiva del Almirante y a señalar a los siete mares la ubicación de la primera ciudad del Nuevo Mundo: Nueva Isabela.

El edificio del faro tiene la forma de una cruz recostada y mide doscientos diez metros de largo por cuarenta de ancho. Su altura es de treinta metros y su cúspide está a sesenta metros sobre el nivel del mar. Una villa popular completa fue erradicada para dejarle sitio. Un metaforón.

Según me explicaron, la forma de cruz del monumento se reproduce en las nubes por medio de un sistema de luces dirigido hacia arriba, además tiene faros giratorios y luminarias diversas con una potencia total de 369 KW y un consumo de 609 KVA. Si usted no sabe nada de electricidad, este consumo equivale al de varios barrios de la ciudad de Santo Domingo, que además sufre de una escasez de potencial eléctrico que lleva a decir a los dominicanos jocosamente que ellos no sufren de apagones, como otras ciudades, sino de alumbrones. Y de hecho cada vez que se ha ensayado el encendido del faro una buena parte de Santo Domingo se ha quedado sin luz. El gasto de varios millones de dólares lo ha efectuado en su totalidad el gobierno dominicano, un país con un ingreso por habitante de setecientos noventa dólares anuales.

¿Por qué necesitamos los latinoamericanos que la Cruz todavía se proyecte sobre nuestras cabezas sin que nos importe quedarnos sin luz, alimentos y escuelas? ¿Será parte de nuestra identidad latina agudizar la contradicción entre el Poder y el Deseo? Esto no lo he visto en connotados latinos como los propios italianos contemporáneos. Más bien ellos practican todo lo contrario.

A la inauguración del faro de Colón asistirán gentes de todos nuestros países, porque hay que decir que esta locura es colectiva y que ha sido alentada, aunque no financiada, por casi todos los países americanos; hay incluso una resolución de la OEA que felicita al doctor Balaguer, elegido democráticamente por los dominicanos, por tan iluminadora iniciativa.

El mismo Papa presidirá el acto el doce de octubre de 1992.

Deseo y Poder

América latina desde siempre ha oscilado, como cualquier mortal por lo demás, entre el Deseo (de ser como es) y el Poder (de amoldarse al ser de otros). Su Edipo europeo no la deja avanzar porque no le permite revelarse tal cual es. Lanza su inconsciente sincrético, híbrido, plagado de sueños, lapsus y actos fallidos a conquistar un lugar propio para sí. Y no puede. El Poder le ha reprimido ese deseo desde su nacimiento, formándola, ordenándola, encausándola, no de la manera natural que cualquier sociedad o ser humano necesita para poder equilibrarse en sus dos pies y caminar hacia algún destino, sino imponiéndole un superyó que la ha desquiciado, que le ha sacado las puertas de sus goznes, poniéndole metas y utopías de otros para salvar cabezas ajenas. Nada más reprimido y comprimido que la llamada América latina desde su bautizo hasta su realidad actual cuando nuevamente se le imponen otros esquemas y máscaras donde lo que se juega no es lo nuestro sino lo impuesto de afuera, no lo descubierto por nosotros junto a los otros, sino lo que ha sido descubierto *para* nosotros.

Estamos a punto de traspasar nuestro primer milenio. Es el primer cumplemilenio que tendremos como latinoamericanos. ¿Y qué seremos al llegar a esta fecha si no nos enmendamos? Una desgastada fotocopia de muchas cosas que nos pertenecen, pero que no asumimos, porque rechazamos nuestro pasado y sólo tratamos de mirar hacia el adelante de los otros, como si el futuro de ellos no tuviera algo nuestro y también nos perteneciera.

Una sola cosa nos ha hecho creer en una ligera singularidad propia y nos ha servido hasta ahora como piedra de toque para poder llegar a pararnos sobre tierra firme: nuestra literatura.

[«Por la rue de Varennes entraron en la rue Vaneau. Lloviznaba y la Maga se colgó todavía más del brazo de Oliveira, se apretó contra su impermeable que olía a sopa fría... Oliveira pasó el brazo por la cintura de la Maga. También eso podía ser una explicación, un brazo apretando una cintura fina y caliente, al caminar se sentía el juego leve de los músculos como un juego monótono y persistente, una Berlitz obstinada, te quie-ro te quie-ro te quie-ro. No una explicación que-rer, que-rer.» «Y después siempre la cópula», pensó gramaticalmente Oliveira. Si la Maga hubiera podido comprender cómo de pronto la obediencia al deseo lo exasperaba, *inútil obediencia solitaria* había dicho un poeta, tan tibia la cintura, ese pelo mojado contra la mejilla, el aire Toulouse Lautrec de la Maga para caminar arrinconada contra él. En el principio fue la cópula, violar es explicar pero no siempre viceversa. Descubrir el método antiexplicatorio, que es te quie-ro te quie-ro fuese el cubo de la rueda. ¿Y el Tiempo? Todo recomienza no hay un absoluto. Después hay que comer o descomer. Todo vuelve a estar en crisis. El deseo de cada tantas horas, nunca demasiado diferente y cada vez otra cosa: trampa del tiempo para crear las ilusiones. «Un amor como el fuego, arder eternamente en la contemplación del Todo. Pero enseguida se cae en un lenguaje desaforado.»][3]

El nombre de los gatos

T.S Eliot, en su libro *Old Possum's Book of Practical Cats*, asegura que los gatos tienen a lo menos tres nombres diferentes: un nombre común que puede ser bonito o feo, pero que es siempre ordinario y sirve solamente para ser trajinado en el diario vivir; es nada más que un llamado. Cada gato tiene también un segundo nombre necesario, que le da una peculiaridad, que lo hace único frente a los demás, dignificándolo al darle una voz propia, porque ese nombre con *seguridad* no lo tiene *ningún* otro gato. Es el nombre que hace que *ese* gato, al escucharlo, tense los bigotes y pare la cola porque se siente un gato absolutamente original; es una señal. Por último, Eliot nos revela algo verdaderamente importante y es que cada gato también tiene un tercer nombre que nunca nadie conoce. Es su clave secreta: su esencia inefable, su misterio inescrutable. Nos dice Eliot que siempre que encontremos un gato en meditación profunda será por una sola razón: estará pensando en su profundo e impronuciable Nombre Esencial. El que la da sentido a su vida, su razón de ser.

Nosotros, los latinoamericanos, llevamos mucho tiempo buscando nuestro nombre esencial, que evidentemente no tiene que ver con una manera de llamarnos, sino más bien con un modo de reconocernos en

3- Extracto de la novela *Rayuela*, de Julio Cortázar. Ediciones B, Buenos Aires, 1988.

nuestra esencia. Hemos hecho miles de intentos para ver si damos con él y todavía no llegamos a penetrar nuestra diferencia. Quizás parte de nuestra literatura lo ha rozado, pero nosotros, como ontologías imprácticas que somos, siempre nos pillamos mirando hacia cualquier lugar menos hacia nosotros mismos. Buscamos el mundo en otra parte.

Los expertos, sociólogos, estudiosos de la cultura, publicistas, etcétera, han visto de varias maneras el problema de la identidad y la esencia latinoamericana. Hasta han hecho clasificaciones: la macondiana, que representaría la manera en que a los europeos y a los norteamericanos les gusta vernos: folklóricos, realistas mágicos y entretenidos; la telúrica, una variante de la anterior, afortunadamente muy venida a menos, en la que una supuesta fusión hispanoindígena con la naturaleza habría creado una raza fuerte capaz de tener una nueva manera de ver el mundo y lanzarse en epopeyas románticas de cruzadas de hombres de caballería que podrían cambiar el mundo; la iluminista o civilizada, que sería la que dice que somos una especie de continuación de Occidente, contraria a lo autóctono y a lo sincrético, y que estimula y fomenta nuestra blancura; una religiosa integrista, novohispánica, que nos ve como católicos mestizos que debemos rescatar nuestros mitos y asimilarlos al buen dios cristiano como única forma para ser; la de la penetración cultural que simplemente nos acusa de copiar culturas extranjeras, especialmente la norteamericana, fenómeno que nos haría perder progresivamente cualquier esencia; y por último, la más novedosa, la que dice que somos una especie de mixtura de la modernidad, la premodernidad y la posmodernidad, en la cual se supone que si somos cada vez más educados y tecnologizados, seremos cada vez más inteligentes, más competitivos y automáticamente más democráticos, entrando crecientemente en un plano de igualdad de condiciones entre nosotros mismos y con el resto del mundo.

El problema de estas visiones, a mi juicio, es que no provienen de lo interno de nuestro propio mestizaje. No son otra cosa que nuevas racionalizaciones venidas *únicamente* de una visión de un mundo exterior a nosotros que se intenta aplicar en una realidad que Eliot llamaría ordinaria o del diario trajín, que en algunos casos podría llegar a ser una realidad peculiar, pero que todavía de ninguna manera alcanzaría a ser una realidad esencial.

[Poco antes del amanecer se calmó el viento. Después regresó. Pero hubo un momento en esa madrugada en que todo se quedó tranquilo, como si el cielo se hubiera juntado con la tierra, aplastando los ruidos con su peso... Se oía la respiración de los niños ya descansada. Oía el resuello de mi mujer ahí a mi lado:

– ¿Qué es?— me dijo.

– ¿Qué es qué?— le pregunté.

– Eso, el ruido ese.

– Es el silencio. Duérmete. Descansa, aunque sea un poquito, que ya va a amanecer.

Pero al rato oí yo también. Era como un aletear de murciélagos en la oscuridad, muy cerca de nosotros. De murciélagos de grandes alas que rozaban el suelo. Me levanté y se oyó el aletear más fuerte, como si la parvada de murciélagos se hubiera espantado y volara hacia los agujeros de las puertas. Entonces caminé de puntitas hacia allá, sintiendo delante de mí aquel murmullo sordo. Me detuve en la puerta y las vi. Vi a todas las mujeres de Luvina con su cántaro al hombro, con el rebozo colgado de su cabeza y sus figuras negras sobre el fondo de la noche.

–¿Qué quieren?— les pregunté—. ¿Qué buscan a estas horas?

Una de ellas respondió:

–Vamos por agua.

Las vi paradas frente a mí, mirándome. Luego como si fueran sombras, echaron a caminar calle abajo con sus negros cántaros.][4]

Empeñándose con la felicidad

Se dice que el latinoamericano medio quiere algo que en otras partes del mundo la gente olvidó: ser feliz. ¿Será esto parte de nuestra esencia? Se proclama que el latinoamericano no quiere más guerra. No quiere ser pobre pero tampoco tiene exageradas fantasías de riqueza, salvo las que provengan de los juegos de azar. Después de la era maldita de las dictaduras, quiere paz.

4- Extracto del cuento *Luvina*, de Juan Rulfo, del libro *El Llano en llamas*, 1953.

Ejemplo:

Si uno va a Buenos Aires, puede encontrarlo deteriorado, pocas cosas funcionan bien; llamar por teléfono es un acto del destino; está caro y no es el de antes. Pero la gente sonríe, algunos con asombro; se quieren poner serios pero al final se les sale el entusiasmo y enanchan los labios.

– Es que el dólar se estabilizó y la inflación es más baja que nunca— dice un vendedor de periódicos.

– A ver si los argentinos nos ponemos humildes— me explica Sabato, quien acaba de cumplir ochenta años y ya habla por sobre héroes y tumbas.

– Somos un país aunque la gente no lo crea— concluye.

Los argentinos han optado por elegir gobernadores no tradicionales, el presidente Menem tuvo la idea de presentar a Ramón «Palito» Ortega, el cantante ídolo de los sesenta para gobernador de Tucumán, ése que cantaba la felicidad, já, já, já, que se grabó en más de cincuenta países, y Carlos «Lole» Reutemann, el famoso y siempre segundo de la Fórmula Uno, para gobernador de Santa Fe, y fueron todo un éxito: los dos ganaron a políticos muy fogueados. «Es que Dios me ayudó», masculló Reutemann. «Resultó que me puse las alpargatas y me caminé la provincia», comentó Ortega. Ganar las elecciones en América latina parece convertirse en tarea de famosos y de herederos de tiempos más felices, sobre todo de gente no contaminada por el peso de la imagen política tradicional que ha entrado en pronunciada decadencia. La felicidad parece haberse alejado de ella. Menem, por ejemplo, es una figura fronteriza entre la política y el *show business*, y eso lo engrandece ante el latinoamericano medio. No se entendería su personalidad sin esta segunda parte de su sicología y Argentina lo quiere así. Y uno, vamos, también termina por quererlo así. Menem ha pasado a ser parte del patrimonio sicosocial de la felicidad latinoamericana.

[Las frutas plásticas puestas dentro de un boul grande alegran la mesa y se compra un mantel plástico que imita encaje y cogen una apariencia que hay que tocarlas porque parecen bajadas de los palos, como las flores artificiales que una las rodea y aparentan ser flores cortadas del jardín. Un jueguito de cromium, un linolium, jueguito de cromium o algo más presentable, imitación caoba, imitación cedro, imitación lo que sea: lo importante es que es aparente y que lo pueda pagar a plazos cómodos: tres préstamos tengo en tres financieras y le pedí a Faíco el Berrendo cuarenta pa cincuenta: préstamos para comprarme las pelucas en el Finitas Fashion que se cree que se tiene el ventorrillo en el Condado. Y los cuarenta para pagarle el set de pantalones que me hizo La Paloma, una mariquita muda que cose divino, descontando que hay que sacarle la mano de la caja de las lentejuelas. Tal vez en las Mueblerías Mendoza, el que compra en Mueblerías Mendoza de más facilidades goza.][5]

El palo al nombre del gato

Pero al parecer hay cosas que pasan por debajo de nosotros y que forman parte de lo indecible. Nos llegan refractadas en luces mortecinas a través de espejos polarizados.

Ejemplo:

El cuatro de febrero de 1992, el Centauro de los Llanos (nombre del segundo tipo, según la clasificación de Eliot), coronel Hugo Chávez Frías, también apodado por un medio de comunicación como El Bobo Feroz (nombre inclasificable), quiso tomarse el poder en Venezuela, y echarse al pecho los treinta y cuatro años de democracia que mal que mal se habían vivido por allí. Quería fundar el Movimiento Revolucionario Bolivariano (nombre del primer tipo). Su objetivo: «frenar la corrupción y la crisis económica galopante ocasionada por la política de ajuste del presidente Carlos Andrés Pérez». Consideraba a Simón Bolívar como su guía fundamental y coincidía en sus planteamientos nacionalistas y latinoamericanistas. Condenaba con dureza la corrupción, a «quienes han envilecido el alma de nuestra república, a la política económica del Gobierno que empobrece a los más desfavorecidos, la venta de empresas a consorcios extranjeros y el deplorable funcionamiento de la sanidad y de los servicios públicos». La idea era que «los mejores cerebros de la nación» encabezaran el nuevo gobierno.

Paradoja:

Un cuarenta y dos por ciento de la población más pobre, según

---

5- Extracto de la novela *La Guaracha del Macho Camacho*, de Luis Rafael Sánchez. Ediciones Argos Vergara. Barcelona 1982.

fuentes periodísticas españolas, apoyó el golpe (el número de pobres había aumentado en un ochenta por ciento en los últimos años) por las mismas razones que decía haberlo hecho el Bobo Feroz: corrupción de las autoridades, pésima educación, justicia y salud, cárceles superpobladas, cinco mil asesinatos comunes en ocho meses, etcétera.

Ejemplo:

En Perú, el cuatro de abril de 1992, el propio presidente civil elegido democráticamente, Alberto Fujimori, de ascendencia japonesa, dio un autogolpe porque no podía seguir gobernando con «un parlamento obstruccionista y con un poder judicial corrupto».

Paradoja:

Un ochenta y dos por ciento de la población lo apoyó, al menos en el primer momento. Casi nadie salió a la calle a defender la democracia. «Tenemos una democracia que es sólo electoral —afirmó Hernando de Soto, autor del ensayo *El Otro Sendero* y asesor de Fujimori— nuestra sociedad no es democrática en el sentido que lo son las sociedades desarrolladas occidentales. Aquí la democracia consiste en votar sólo cada cinco años. Carecemos de mecanismos institucionales. Poseemos esencialmente un sistema electoral».

La democracia: ¿nombre y esperanza? ¿será también esto parte de lo inefable?

Podríamos citar muchos otros ejemplos de distintos tipos de nominaciones latinoamericanas como Transición, Proceso, Consenso, Refundación, que tienen que ver con el problema de lo nominal y que en la mayoría de nuestros países son campos vacíos. Sin Nombre no hay Voz, dicen varios libros sagrados. América latina se supone a sí misma, y a veces se lo hace creer al mundo, un conjunto de treinta y cinco naciones democráticas (incluyendo el Caribe), con una institucionalidad dada, y actúa como tal pretendiendo que eso basta para que sus países sean esenciales. Pero en ello sólo hay nominalidad exterior. A veces ni siquiera sus particularidades son expresivas de su esencia. Es feo recordar algunas peculariedades nuestras, pero como algunos estudiosos postulan que nuestras carencias son sólo un *state of mind* del cual podemos salir como de un mal sueño, es bueno no olvidar que, además de que ahora somos capaces de fabricar nuestras propias armas, en México, por ejemplo, la mitad de la población activa gana menos de noventa dólares mensuales. O que en Brasil, a pesar de que pueden hacer sofisticados computadores, seis de cada diez brasileros ganan menos que el sueldo mínimo de setenta y cinco dólares al mes.

Cuando hablamos de la ampliación de nuestras exportaciones, no podemos dejar de lado que en Latinoamérica el cuarenta por ciento de la población está fuera del mercado de consumo y la diferencia entre el sueldo inferior y el superior puede ser, en algunos casos específicos, entre ochocientas y mil veces (en Europa nunca es más de veinte).

Estas cifras de nuestra indecibilidad se podrían continuar, codo a codo, con las de la nombrabilidad y decir que mientras cinco de cada diez latinoamericanos no tienen vivienda adecuada, agua potable, salud y acceso a la educación, el enrolamiento universitario ha crecido en un setecientos por ciento en las últimas dos décadas. O que un setenta por ciento de los latinoamericanos vive en extrema pobreza: cuatrocientos cincuenta y un millones, mientras importamos más automóviles y televisores que nunca. O que la deuda externa *per cápita* promedio es más alta que el ingreso *per cápita* promedio mientras el producto bruto total ha comenzado a crecer. O que exportamos *software* mientras vivimos inmersos en un *apartheid* tecnológico que obliga a muchos de nuestros países a usar el desecho de la tecnología de punta de otros, pagando caro por ello. Que nuestra población crece en una forma que será imposible alimentar: el año 2010 seremos más de seiscientos millones y que entonces el ingreso por narcotráfico, sumado a nuestros ingresos normales, nos permitiría tener una dieta suficiente a cada latinoamericano. Para entonces ese tráfico será (ya lo es) muy importante para muchos presupuestos nacionales y en su fabricación y distribución estarán involucradas (y ya lo están) las autoridades de diversos países. Mientras tanto podremos vanagloriarnos de que nuestras policías y nuestras fuerzas armadas han sido cada vez más eficientes. Y todo será verdad.

Por estos datos, por lo tanto, no puede pasar nuestra esencia; podría ser un cuento de nunca acabar. No sólo debemos, entonces intentar ser cada vez más ricos y más desarrollados sino, que debemos buscar una forma de serlo que nos lleve a encontrar nuestra diferencia.

Para esto es fundamental saber si existimos como lo que creemos que somos. O si somos algo totalmente distinto a lo que creemos ser.

Porque si a un espalda mojada, cruzar a nado el Río Grande, la frontera entre México y Estados Unidos, le significa, en el peor de los casos, ganar dos siglos de bienestar, o si a un haitiano llegar a ser taxista en Nueva York le significa quizás el progreso de varias generaciones, o si a un cubano salir del Sueño Impuesto le significa su primer contacto con otros sueños, seremos crecientemente naciones fugitivas que se escapan de ser. Son muchos lo que huyen de Nuestra América, física o mentalmente. ¿Será nuestro destino huir hasta reventar?

Poder y Deseo

En América latina, el fin de las utopías y su catarsis práctica en la mayoría de la gente, se está transformando en un aumento sostenido de la delincuencia y de la indiferencia. El antiguo sentido de ser alguien, para quien no tenía ninguna otra alternativa, por dirigir un sindicato, o por pertenecer a un partido político que representara los intereses de su pobreza o le diera acceso a las decisiones sobre el destino de su barrio miserable, ha desaparecido y perdido prestigio social.

Los más jóvenes, ya bastante más del cincuenta por ciento de la población, están bombardeados por las *ideas* de una modernidad aparentemente alcanzable (no por la modernidad misma), incluso desde la propia izquierda, y fácilmente podrían llegar a decidir (algunos ya lo han hecho) que es más rentable, social y económicamente, ser el capo de una banda de narcotraficantes o de asaltantes de bancos que un obrero calificado.

¿Habrá llegado a América Latina la democracia y la modernidad sólo de una manera nominal, como decía el asesor de Fujimori, y no esencial? ¿Habrá vuelto a tener vigencia la *idea* de la democracia, al igual que cuando para nuestras independencias llegaron las ideas liberales de la Ilustración pero no la *liberalidad* de la Ilustración?

¿Es adecuado dejar todo en manos del mercado y de la economía, como antes se dejó en manos del estado y de la sociología? O, mejor dicho, dejarlo a la *idea* de un mercado y de un estado, y de una economía y de una sociología que nunca han existido tal como se han proclamado. ¿Será también parte de nuestra diferencia el vagar de proyecto en proyecto global?

Desgraciadamente, en la mayoría de estos países nuestros, el desencanto, así como está llevando a algunos jóvenes a la delincuencia y a la indiferencia, está empujando a sus políticos a una corrupción que no es la vieja y conocida corrupción económica, sino una nueva que consiste en transformar a la política en un objetivo exclusivamente político convirtiéndolos en una casta que, en general, sólo es capaz de mirarse a sí misma y a un futuro proyectado nada más que en y desde su imaginación. ¿Nombres sin voz?

Al igual que los nombres de los gatos de Eliot, nuestra democracia no puede ser nominal. Tendría que ser un llamado, una señal, pero también una esencia. Recomenzar una vida política civilizada a partir de instituciones democráticas anquilosadas en el desuso o en el mal uso, significa renombrar todo para que todo tenga una nueva voz: primero los nombres ordinarios: Política, Distribución del Ingreso, Economía, Salud. Los peculiares después: Cultura, Educación, Tecnología, y por último los esenciales: Sabiduría, Ternura, Humanidad, Derecho. Quizás así nuestras sociedades civiles se fortalezcan y los peligros de la vuelta al autoritarismo, real o encubierto, puedan ser evitados.

Nicanor Parra escribió en 1983, en pleno período pinochetista, estos versos en *Chistes Parra desorientar a la Policía:*

Bien y ahora quién
nos liberará de nuestros liberadores!
ahora sí que estamos jaque mate

Estos versos encierran mucho de nuestra esencialidad no dicha. Se podrían repetir en las épocas posdictatoriales de muchos países latinoamericanos. El descubrimiento de lo no dicho y que siempre debió ser Voz dará Nombre. Recuperaremos la Memoria para dar lugar a la explosión de nuestro verdadero Deseo, dice Carlos Fuentes en *Valiente Mundo Nuevo*. Así, quizás logremos salvarnos de la condena garcía marquezeana de ser siempre macondos con estirpes destinadas a cien años de soledad. Nuestra esperanza tendría que estar en sociedades de ciudadanos donde el Deseo y el Poder logren un balance más preciso.

¿Y el sueño bolivariano? ¿ Y la *marque deposée* de *monsieur* Chevalier?

Quizás el único sueño bolivariano vigente sea integrarnos a un mundo esencial, en el que América latina pueda ser, con toda su experiencia de miserias y grandezas, un aporte a un condominio universal, a una mundialización inteligente, como dirá más de un entrevistado.

Y así, aún con el faro de Colón encendido, podríamos dormir más tranquilos. La *Amérique latine* de Chevalier se habría justificado plenamente.

Sergio Marras

Santiago de Chile, 1 de junio de 1992.

Carlos Fuentes

La alfombra sube recta por una escalera que se hunde en una boca de lobo. Edificio de ladrillos rojos. Londres, cerca del Cromwell Road, en medio de unos jardines como los de *Las babas del Diablo*, o mejor dicho como Antonioni se imaginó los jardines de *Las babas del Diablo*. *Blow up* para los cinéfilos.

El mundo es perfecto cuando sabemos que faltará siempre algo en él. En *Terra nostra* lo dijo.

La puerta de abajo, una vez abierta por un contestador automático, deja un espacio lleno de cartas sobre un calefactor antiguo. Comienzo a subir hacia el último piso. No llego hasta allí sin ejercitar un cierto vértigo. Sin sufrir un cierto sudor metafísico. Quizás por qué. Por fin la puerta verdadera es abierta por una empleada mexicana. Se rompe mi estupor inglés.

¿Será América latina un invento de señores como Carlos Fuentes?

Aparece. Lo primero que llama la atención en él es que no tiene cara de haber nacido en 1928. Como mucho en el cuarenta. Y esto no es necesariamente un halago. Podría ser un clono. Su tono y modo de voz son más bien los de un vendedor de electrodomésticos, aunque su cabeza, comprobaremos después, sea la de una afilada computadora. Como América latina, Fuentes podría ser una producción de Ridley Scott. ¿Habría allí, en ese apartamento, una trampa o una Aura con toda su carga cronológica o también una fotografía parlante producto de un truco milenario?

Había subido con mucha concentración por la mentada escalera alfombrada, tratando de imaginarme cómo podría ser este alguien que dicen que reinventó al intelectual latinoamericano. No podía dejar que el esfuerzo me engañara. Claro, siempre está el riesgo del marqueteo y de encontrar un disco rayado de los sesenta con un retrato de John Lennon en algún sector de su alma. Aunque uno, contra toda la razón propia y el corazón a favor, agradecería la posibilidad de que por lo menos en este señor Fuentes, estuviera efectivamente radicado John Lennon en un sector de su alma, aunque no la ocupara toda, por supuesto.

Lo tiene, por suerte.

El soñador tiene otra vida: la vigilia. El ciego tiene otros ojos: la memoria. En *Terra nostra* lo dijo.

Viajando en un furgón de cola

– Muchas ideas del siglo diecinueve se han deteriorado, se han derrumbado. Ideas que parecían muy sólidas, y ya constitutivas de nuestra cultura, han desaparecido. ¿Cree usted que la idea decimonónica de América latina, y de lo latinoamericano, también está en deterioro, derrumbándose?

– En la medida en que no es una idea nuestra, claro que se ha deteriorado. Y se debería haber deteriorado hace muchísimo tiempo, porque es una invención francesa. El término América latina lo inventaron los franceses. El propósito de ellos era incluirse a sí mismos en el conjunto continental. Como los términos Iberoamérica, Hispanoamérica no los incluyen, pensaron: inventemos un concepto que sí lo haga, Latinoamérica. Y los latinoamericanos o iberoamericanos o hispanoamericanos estuvimos encantados, en el siglo diecinueve, de que los franceses nos abrieran los brazos. Francia era nuestro ideal. Basta leer a Esteban Echeverría, a Vicuña Mackenna[1], a la cantidad de escritores y pensadores latinoamericanos que creían que nos podíamos escapar de la terrible maldición de descender de España, de los indios y, peor todavía, de los esclavos africanos, convirtiéndonos en franceses honorarios. Una manera de hacerse franceses honorarios era llamarse latinoamericanos.

– Pero correspondía también a un proyecto político...

– Claro. Al proyecto político de Napoleón III[2], del segundo impe-

1- Benjamín Vicuña Mackenna (1831-1888), historiador y político chileno. Esteban Echeverría (1805-1851), escritor argentino, considerado iniciador del romanticismo en América latina; con su obra más conocida, *El Matadero*, inaugura la prosa costumbrista.

2- Napoleón III (1808-73) quiso aprovechar la coyuntura de la guerra entre México y Estados Unidos (1847-48) para instalar una cuña francesa en Hispanoamérica. Para ello envió un ejército y a Maximiliano de Austria, a quien nombró Emperador de México. No le fue nada de bien, como sabemos.

rio, de crear un imperio latino en el hemisferio occidental, opuesto a la influencia angloamericana, a los Estados Unidos. De allí viene la aventura de Maximiliano de Habsburgo en México. Un escritor mexicano muy ingenioso, Salvador Elizondo, dice: Tenían razón. Imagínate, mano. Imagínate que de repente los Estados Unidos se amanecen y encuentran a De Gaulle de vecino, en vez de López Mateos[3]. ¡Qué bien!

– Es entonces un concepto que nos niega...

– Bueno, es una idea que, en cierto modo, nos niega, porque creo que, fundamentalmente, nuestro continente iberoamericano decidió en 1810 que había que darle la espalda al pasado, al pasado español, al indígena, al negro, y ser, rápidamente y como por acto de magia, por pura voluntad, europeos, modernos, progresistas; naciones liberales, democráticas, industrializadas; si Guatemala se proclamaba a sí misma, como lo hizo, el París de la América Central, esperábamos que algún día se nos devolviera el piropo y París se llamara a sí mismo la Guatemala de Europa. Pero eso no sucedió.

– ¿Y cómo deberíamos vernos a nosotros mismos?

– Se lo digo inmediatamente. Yo tengo una denominación muy complicada, difícil de pronunciar pero comprensiva por lo pronto, que es llamarnos indo-afro-iberoamérica; creo que incluye todas las tradiciones, todos los elementos que realmente componen nuestra cultura, nuestra raza, nuestra personalidad.

– Eso jugaría contra la modernidad que se nos trata de imponer desde algunos sectores políticos del continente, que nos trata de identificar más bien con lo vulgarmente llamado Occidente...

– ¿Pero qué es ser moderno? Ser moderno ¿es continuar esa línea del siglo diecinueve, ser cuanto antes parecidos a los norteamericanos y a los europeos, haciendo caso omiso de todas las otras cosas que hemos sido y sin las cuales nunca podemos ser, o es enfrentar una modernidad cuya característica actual es que no es lineal? Hemos llegado a una modernidad no lineal, a una modernidad de simultaneidades en la que súbitamente lo que siempre hemos considerado moderno, la línea futurizable, consiste en cosas que creíamos que se habian muerto, en cosas que creíamos que ya no estaban allí.

3- Adolfo López Mateos (1910-69), presidente de México (1958-64).

– Como los mitos y la religión, por ejemplo...

– La religión, por ejemplo, sentidos tribales, mitos, una serie de elementos que vienen de la cultura del pasado y que nos llevan a una situación extraordinaria en la que, por ejemplo, las regiones y las culturas devoran a los imperios: lo estamos viendo en la Unión Soviética, lo estamos viendo en el Islam, lo estamos viendo en todo el mundo. Entonces nosotros tenemos la extraordinaria ventaja de que, por lo menos en nuestro caso, debido a una serie de factores que creo que vienen desde la conquista y la colonia, hemos sido capaces de crear centros de incorporación en América latina y de hacer coincidir en gran medida a la nación con la cultura. De manera que no tenemos los problemas de separatismos, regionalismos, irredentismos que encontramos en otras partes del mundo en este momento y que hacen muy difícil que coincida la cultura nacional con la integración global de la economía. De manera que si los latinoamericanos, disculpe, indo-afro-iberoamericanos, mantenemos la vitalidad de nuestros componentes, haciendo presente nuestros pasados, entonces verdaderamente tenemos un porvenir.

– Pero eso suena muy feo para quienes encuentran que ya es hora de que seamos serios... Nuestros políticos más prominentes ven la modernidad lejos de nuestros mitos...

– Pero es que la América latina, indo-afro-iberoamérica, ha tenido una extraordinaria capacidad de imaginación artística y literaria y muy poca imaginación política, una falta de imaginación política alarmante.

– Esa falta de imaginación se ha dado desde la independencia, desde que se aplicaron las ideas de la Ilustración al pie de la letra, sin intentar ninguna adaptación...

– Me lo dice a mí. Acabo de escribir una novela sobre eso, y se llama *La Campaña*. Empieza en Buenos Aires, la noche del 25 de mayo de 1810, y termina en Veracruz, México, diez años después; y son las aventuras, precisamente, de la Ilustración en tierras de aztecas y de incas y de negros y de esclavos y todas estas cosas. De modo que concuerdo plenamente, y no niego el efecto liberador que tuvo para las clases criollas, para las emergentes clases medias la influencia de Rousseau, de Voltaire, de Diderot, etcétera[4]. Eso no lo niego, además creo que lo que

4- La generación de Voltaire (el mayor del grupo), Rousseau y Diderot -que hoy lla-

distingue a España y a la América española, en sus mejores momentos, es la capacidad de incluir, no la de excluir. Ser centro de inclusión y no de exclusión. Cuando hemos sido fieles a esta tradición nos ha ido bien. Cuando hemos decidido excluir grupos, fueran judíos, fueran moros, fueran indios, fueran españoles, nos ha ido mal. Entonces, recuperar la capacidad de inclusión, de enriquecernos con todo lo que hemos sido, creo que es casi la receta de un futuro bueno para nuestros países.

– ¿Cree usted que lo que nos diferenció definitivamente de los Estados Unidos fue que ellos tomaron las ideas de la Ilustración y las hicieron suyas, adaptándolas y no imitándolas sin mayor reflexión como en la América española?

– La historia de Estados Unidos empezó con la Ilustración; es muy distinto. Doy una clase en Harvard sobre las tradiciones culturales de la América ibérica, y tengo que hablar, por ejemplo, de Séneca, del estoicismo, del derecho romano[5], tengo que hablar de Santo Tomás de Aquino que es el profesor de política de los latinoamericanos. Desde México hasta Argentina todo lo que sabemos de política nos lo enseñó Santo Tomás por tres siglos. Los estudiantes me preguntan: ¿por qué se va tan lejos? ¿El imperio romano? Esa es una película de Charlton Heston.

– ¿Qué tenía que ver con la realidad?

– Yo les devolvía la pregunta, ¿pues, cuándo empieza la realidad histórica para ustedes? Y todos me decían, invariablemente: 1776. Ellos tenían una fecha para el inicio de la historia. En este sentido, los Estados Unidos, como dijo Gertrude Stein[6], son la primera nación moderna y, en consecuencia, son la nación más vieja del mundo, porque ser la primera nación moderna es hoy ser la nación más vieja del mundo. En cambio, podernos referir a San Agustín, a Santo Tomás y a Séneca y a la ley de las doce tablas es una manera, para nosotros, de ser modernos.

– ¿Usted se siente latinoamericano?

---

maríamos de 1750- es la que antecede a la de la Revolución francesa. Estos tres pensadores acentuaron el proceso europeo de secularización de la cultura en el siglo XVIII. Con sus ideas influyeron eficazmente en la época de la independencia americana.

5- Vía España, en efecto, América latina quedó incluída, encerrada, en la tradición latina, una de cuyas expresiones es el derecho romano.

6- Gertrude Stein (1874-1946), famosa escritora norteamericana homosexual, conocida por sus ensayos y especialmente por su *Autobiografía de Alice B. Toklas*.

– Me siento indo-afro-iberoamericano, me siento parte de esa tradición que incluye el Mediterráneo, Europa, la Edad Media y las raíces indígenas, en el caso mío mexicanas. Raíces africanas yo tengo pocas, pero raíces indígenas tengo muchas.

– ¿Además de latinoamericano se siente otra cosa?

– Bueno, me sentiría nacionalmente mexicano. Por arraigos especiales, me sentiría nacionalmente chileno por haber crecido en Chile y haber estudiado allí mucho tiempo; me sentiría nacionalmente argentino por los mismos motivos. Yo tengo un gran afecto hacia Buenos Aires, le debo mucho a esa ciudad, me formó mucho. Le debo mucho a los Estados Unidos, le debo mucho a Suiza, y le debo mucho a Francia y a España. ¿Cómo reducirme, cómo limitarme a un barrio, si una ciudad entera es mía?

– De acuerdo a lo que usted dice, se confirmaría que el latinoamericano tiene un sentido de otredad, un sentido de no estar donde debe y de querer estar siempre en otra parte. ¿Cree usted que eso es así?

– No sé, yo me siento muy contento en muchas partes del mundo y las añoro a todas; en ese sentido tengo esa otredad porque quisiera a la vez estar en Buenos Aires o en Santiago o en Caracas y no estoy, estoy en otra parte. En ese sentido, sí.

– ¿No cree que ésa es una característica de lo latinoamericano?

– Es posible, pero no es una mala característica en el sentido de que implica la idea de desplazamiento, de transformación, de cambio, que es la raíz de la ficción, por ejemplo; es también la raíz del sueño, es la raíz del viaje desde luego, es la raíz de la transmutación de una cosa en otra, es la raíz de la metamorfosis. En ese sentido no me parece mal. Tener una idea absolutamente segura de la propia identidad, creo que es no tener una identidad; la identidad se está formando todos los días, se está creando a partir de influencias, de contactos. Creo que una identidad segura de sí misma es una identidad que va a perecer de la misma manera que una cultura que no se comunica, que no se contagia de otras culturas.

– Yo lo decía en otro sentido. Por ejemplo, nuestras clases dirigentes siempre estuvieron con la cabeza en otros lugares, primero en España, después en Francia, luego en Inglaterra, más tarde en Estados Unidos; y muy pocas veces estuvieron construyendo sus propias naciones, consolidando sus propias instituciones políticas. Por otro lado, los dirigidos, aunque son muy distintos de un país a otro, en general, o estuvieron

siempre encerrados en sí mismos o su otredad la desplazaron radicalmente hacia una utopía que les aseguraba una futura otra parte donde serían felices.

– Hay una cosa muy buena que dice de Hispanoamérica un compatriota suyo, Claudio Véliz[7], en su libro sobre la tradición centralista: en el siglo diecinueve, las clases dirigentes de la América española, de la América portuguesa, fueron muy hábiles para copiar los modos de consumo de las clases altas de Europa, pero muy poco hábiles para copiar los modos de producción. Siempre hemos sido espléndidos para copiar modos de consumo, pero muy malos para copiar modos de producción. Por otro lado, hemos creído en una especie de reaganismo de nopal[8], en virtud del cual la idea es que si se acumula la riqueza en la cima, tarde o temprano, el *trickle down*, el goteo, llegará hasta abajo. Esto no ha sucedido en ninguna parte del mundo. No es cierto. Si no hay una acción política que asegure una repartición más equitativa de las riquezas y ciertos derechos fundamentales para el trabajador, esto no ocurre. Pero por otro lado somos herederos de la gran tradición utopista, renacentista, que nos fundó. Somos hijos de Maquiavelo, pero también somos hijos de Tomás Moro, y América es fundada como una utopía de Europa, que le dice a Europa: puedes lavar tus crímenes históricos en una tierra que representa la edad de oro y está habitada por el buen salvaje. Destruye la edad de oro, mata al buen salvaje, pero no pierdas tu concepto de la utopía, tu sueño utópico. En gran medida hemos sido herederos, sobre todo en la izquierda latinoamericana, de esa idea utópica. Nos toca —va a ser lo más difícil para nuestra cultura, para nuestra literatura, para nuestra filosofía, para nuestra política, para nuestro arte—, crear una cultura trágica en América Latina. Creo que en realidad sólo hay un gran escritor trágico en el continente americano, Faulkner, que fue capaz de ver la tragedia del sur de los Estados Unidos no como un drama maniqueo de la lucha entre el norte industrializado y el sur feudal y agrario, sino como una tragedia de conflictos con uno mismo, una tragedia que el sur ya portaba en sí mismo por la esclavitud, por su negación del otro, por su relación conflictiva consigo mismo, independientemente de la existencia del norte industrializado. En la América

7- Claudio Véliz, *La tradición centralista de América latina*, Barcelona, Ariel.
8- Nopal: cáctus originario de México

española y portuguesa no hemos creado una cultura trágica porque no hemos perdido nunca nuestra esperanza utópica. Y entregarnos a los hermanos Marx o a los chicos de Chicago, son finalmente dos maneras de la utopía, de esperar que la solución venga de fuera, que la utopía nos venga como un regalo del desarrollo al subdesarrollo. Esto no puede ser, tenemos que crear una cultura de conflictos trágicos, en la cual sepamos que somos fieles a nosotros mismos, fieles a nuestras tradiciones múltiples y contradictorias, fieles a nuestros valores. Saber que podemos fracasar, que seguramente vamos a fracasar, pero que a partir del fracaso podemos construir algo.

– ¿Y qué nos pasará ahora que moros y cristianos dicen que las utopías ya no valen?

– La utopía se ha suplido rápidamente por la idea de una modernidad remozada en la cual rápidamente vamos a integrarnos, vamos a formar parte del mundo de la era postindustrial, de la economía global, de la economía integrada. Vamos a ser felices, vamos a ser parte de los grandes bloques económicos internacionales y habrá un final feliz nuevamente, lo cual tampoco es cierto, ¿verdad? Los problemas van a seguir, los conflictos van a seguir y más vale que nos despertemos ante ese hecho y que tengamos respuestas políticas, culturales, intelectuales ante una serie de conflictos que van a venir.

Lo vemos claramente en los eventos de los últimos quince meses. El señor Fukuyama, desde un cubículo del Departamento de Estado anunció que la historia había terminado[9]. Todos celebramos con gran euforia la caída del muro del Berlín, los cambios en la Unión Soviética, la perestroika, la unificación de Alemania, el derrumbe de estas dictaduras escleróticas de Europa central, el surgimiento de las democracias en América latina, la Europa unida, la casa común de Europa, todo esto. Quince meses después estuvimos en una guerra, la guerra del Golfo, que demostraba que todos participamos de la derrota y de la muerte, todos sin excepción. Y estamos en un mundo lleno de problemas en la Unión Soviética, en la Europa central, en la Comunidad Europea, en América latina, en los Estados Unidos; estamos capturados en la historia

9- Francis Fukuyama, funcionario del Departamento de Estado, publicó un artículo polémico. Su tesis: se acabaron las disputas ideológicas, triunfó el capitalismo, no habrá más cambios fundamentales y, en este sentido, la historia habría terminado.

y tenemos que dar respuestas humanas a sus conflictos. De manera que este tipo de utopía de la modernidad también creo que se ha venido abajo o se está viniendo abajo. Pero como siempre, en América latina, estamos en el furgón de cola y seguimos creyendo que vamos a poder embarcarnos en el ferrocarril de la modernidad a esta hora tardía y que de allí en adelante va a ser miel sobre hojuelas; pero no es así.

– ¿Usted cree que tiene alguna diferencia el papel de la utopía en las sociedades desarrolladas y en las subdesarrolladas?

– Creo que sí, porque en las sociedades desarrolladas la utopía se busca en otra parte, *ailleurs*, y en la subdesarrollada la utopía nos es impuesta. Nosotros somos la utopía, qué bendición, cómo lo vamos a hacer para estar a la altura de la utopía, nuestra rueda de molino, hay que comulgar con ella. Es la diferencia.

– Pero el modelo más válido parece seguir siendo el norteamericano, a pesar de los problemas que tiene Estados Unidos...

– Nadie tiene más problemas en este mundo americano que los Estados Unidos de América y quizás terminemos al cabo reconociéndonos, los norteamericanos y los iberoamericanos, más en la desgracia y en la derrota que en la separación del éxito y de la derrota.

– Eso es muy interesante. América latina se está de alguna manera desgajando como concepto, justamente por este fantasma de la «modernidad acelerada» impuesto desde arriba. Algunos sectores, e incluso países, están tomando actitudes muy pragmáticas. Hay ejemplos, como el de México en su alianza económica con Estados Unidos, como el de Chile. ¿Hacia dónde conduce todo esto? Hacia la ruptura de un posible proyecto latinoamericano, hacia la unión en la desgracia con Estados Unidos, o simplemente no sabemos hacia dónde?

– Yo creo que en todo esto hay una enorme falacia y es creer que existe una economía nacional norteamericana. Esto no es cierto. Ya no existe tal cosa. Existen problemas internos, sociales, económicos, políticos de los Estados Unidos que les toca a los norteamericanos resolver. Son problemas enormes que tienen que ver con decenas o cientos de miles de gente sin techo, tienen que ver con la desintegración del sistema educativo, con la desintegración de las bases de la infraestructura norteamericana, tienen que ver con el deterioro de la ciudad, con el crimen, con la droga, con la deuda externa, con el doble déficit presupuestario y de balanza de pago de los Estados Unidos, tienen que ver con veinte mil problemas que les toca a ellos resolver y que les van a impedir a la postre jugar el papel de imperio, el papel de *globocop* o gendarme de la *pax americana* que en este momento, después del triunfo de la tecnología armada en la guerra del Golfo, están pretendiendo desempeñar. No va a ser posible, van a tener una serie de problemas enormes los norteamericanos y nosotros, con ellos o sin ellos, también. Lo que tenemos es una economía supranacional, una economía global que funciona de otra manera distinta, que es el anuncio del futuro y que tiene muy poco que ver con las economías o con las políticas nacionales.

– Se acaba la nación como concepto matriz de modelos económico-políticos hegemónicos...

– Yo quiero saber cómo se va a impedir, por ejemplo, la entrada del Japón o de Europa occidental, de la Comunidad Europea, a cualquiera de nuestros países si usted tiene un teléfono celular que ha sido diseñado en Italia a partir de la información de un laboratorio alemán con tecnología japonesa, con una agencia de publicidad norteamericana que lo anuncia, con un banco británico detrás, con un barco de Taiwán que lleva los productos y con componentes mexicanos o argentinos. ¿Dónde está el elemento nacional, cómo los vamos a separar, cómo vamos a impedir el ingreso de estos factores supranacionales de economía global, de economía integrada en cualquier país del mundo? Es imposible. De manera que hablar todavía de hegemonía como en el siglo diecinueve ya no es posible en el mundo actual.

– ¿Ve los paradigmas de los sesenta, Cuba y Estados Unidos, totalmente agotados?

– Hoy es prehistórico, se oye prehistórico eso que usted dice...

– ¿Cuál es el paradigma de hoy para América latina?

– El paradigma de hoy tiene que salir de nosotros mismos; allí está lo cabrón de este asunto, ahí está lo difícil, ahí está el desafío. Por primera vez en nuestra modernidad no podemos decir: ¡ah, el modelo francés! ¡el modelo británico! ¡el modelo soviético! ¡el modelo norteamericano! Tenemos que decir: el modelo nuestro, el modelo que tome en cuenta nuestro pasado, que tome en cuenta todo lo que hemos sido, porque resulta que hoy somos todo lo que hemos sido. Y en el futuro sólo podemos ser todo lo que hemos sido. Este es un enorme problema;

crear modelos de desarrollo consonantes con lo que hemos sido, con lo que somos y con lo que queremos ser. Ese es nuestro máximo desafío.

– Retomando un poco aquella prehistoria de la que hablábamos, se suponía que había una lucha ideológica entre ideas liberales y socialismo, a grosso modo. ¿Cree que finalmente ganó esa guerra el liberalismo?

– No. No creo que la ganó, porque el liberalismo no resolvió los grandes problemas sociales y económicos del continente; tampoco los resolvió el socialismo.

– Los intelectuales latinoamericanos, usted entre ellos, estuvieron en un tiempo muy abanderizados con la idea de la revolución al estilo cubano, y después cambiaron radicalmente. ¿Por qué?

– Mi evolución y la evolución de muchos intelectuales latinoamericanos en una dirección o en otra creo que es debida a que el mundo mismo evoluciona y hay cambios constantes y hay respuestas diferentes ante esos cambios. El mundo de hoy no es el mundo de 1960. En el mundo de 1960 Nikita Kruschov era capaz de hacer un discurso ante el plenum del Partido Comunista de la Unión Soviética diciendo que en 1980 la Unión Soviética y el mundo comunista habrían sobrepasado al mundo capitalista en producción, en tecnología, en todas las cosas; y todo el mundo se lo creía, incluso los capitalistas occidentales. Bueno, hoy nadie lo cree ¿verdad? Es obvio que no fue así, simplemente no resultó esto. Entonces ha habido una evolución dictada por la evolución del mundo, por un mundo muy distinto hoy al de hace treinta años.

– Este fracaso cambió de alguna manera el papel de los intelectuales...

– Sí. Tradicionalmente, siendo muy débiles las sociedades civiles de Iberoamérica, se le daba al intelectual, y en particular al escritor, un papel preponderante en que se decía: bueno, como no hay parlamento, como no hay partidos políticos, como no hay sindicatos, el escritor es la voz de la sociedad, el escritor es el parlamento, el escritor es el sindicato, el escritor es el partido político, el escritor es el redentor de su sociedad. Pero a medida que la sociedad civil se ha fortalecido y ha tomado iniciativa y se ha convertido en protagonista de lo que sucede en América española y portuguesa, yo creo que el papel del intelectual se ha vuelto bastante secundario al respecto, o sin sentido protagónico. Más bien estamos frente a un intelectual que participa en la vida de la sociedad civil, en el movimiento de la sociedad civil en tanto ciudadano, en tanto miembro de la sociedad civil. Creo que, a pesar de las apariencias, Mario Vargas Llosa fue una personalidad en la política peruana como ciudadano, como escritor o intelectual participante de la sociedad civil sin más derechos finalmente que los de un zapatero, un hombre de negocios o una ama de casa. En ese sentido, me parece que ha habido un avance, que no se le dan al escritor responsabilidades extremas como se hacía naturalmente en la época de Sarmiento o José Cecilio del Valle o Francisco Bilbao[10]. Me parece más normal que estemos en una situación de ciudadanos, de miembros activos de la sociedad civil con estas convicciones, con estas ideas, con nuestros puntos de vista, equivocados o no, pero no como redentores o portadores del todo social y como anuncio del futuro; eso me parece una exageración, siempre me pareció y estoy muy contento de que se haya acabado todo eso.

– Como ciudadano ¿cuál es su evaluación de la revolución cubana hoy, esa de la cual usted fue un gran entusiasta?

– Mucho lo fui, mucho, mucho, ya lo creo. Creo que la revolución cubana fue un hecho necesario, porque las revoluciones no ocurren porque sí. Creo que las revoluciones no son como los plátanos y las coca-colas, no se importan ni se exportan sino que se dan nacionalmente, se dan en un lugar concreto o no se dan. No es posible inventar una revolución. La revolución cubana fue una revolución genuina y es una revolución que ha logrado transformaciones profundas en la sociedad cubana. Ha logrado éxitos muy notables en el campo de la educación, de la salud, incluso en ciertos renglones de la tecnología avanzada, de la microbiología, etcétera; pero no ha sido capaz de transformar esas conquistas sociales en instituciones políticas verdaderamente representativas y comparables a sus conquistas sociales. No es posible que una revolución después de treinta y tantos años siga dependiendo de un solo

10- Domingo Faustino Sarmiento (1811-1888), escritor y político argentino. Su obra y su acción son fundamentales en el desarrollo de la educación en Argentina y en Chile (estuvo exiliado durante la dictadura de Rosas). Su obra más conocida es *Facundo*.

José Cecilio del Valle (1780-?) político y escritor hondureño, redactor del acta de Independencia, fue vicepresidente de la República.

Francisco Bilbao (1823-1865), político y escritor chileno; liberal, sufrió destierro varias veces. Su obra más conocida: *El Evangelio Americano*.

hombre, siga siendo representada por un solo individuo y no tenga instituciones capaces de sobrevivir a ese individuo. Esto me parece una anomalía, me parece una perversión revolucionaria; y a esto podemos añadir políticas que me hicieron crítico de la revolución cubana y que tienen que ver con la vida intelectual, con la vida de creación, con la vida personal, la persecución a los homosexuales, las actitudes contra la libertad de creación, contra la libertad de la escritura, el caso de Padilla, el ataque contra Neruda, que es un ataque que me agarró a mí de coletazos también, encabezado por Fernández Retamar, Lisandro Otero[11] y Nicolás Guillén. Todas estas son cosas que me enfriaron respecto a la revolución cubana, pero sin acceder jamás al derecho de los Estados Unidos a manipular y a manejar los asuntos de Cuba como si fuera su colonia, sin aceptar jamás derecho alguno del gobierno norteamericano para intervenir en Cuba o definir el destino de Cuba. Creo y sigo creyendo que el destino de Cuba lo van a definir los cubanos. En este momento creo que hay dos muros, el muro de La Habana y el muro de Miami, es decir, que hay una cerrazón de Fidel Castro frente a la posibilidad de cambios internos que creo más y más que la sociedad cubana interna va a exigir, y por otro lado una cerrazón total por parte de la vieja emigración cubana en Miami y del gobierno norteamericano, incluyendo el gobierno de George Bush, que no quiere ver a Cuba reformada sino a Cuba vencida, de rodillas. Eso no se lo va a dar Castro; Castro es un personaje numantino, es un caudillo hispano-árabe que está dispuesto a morirse trepado en la ciudad de Numancia y a que se mueran todos los cubanos con él antes que ceder. Entonces esto tenemos que evitarlo.

– ¿Qué puede hacer Latinoamérica frente a eso?

– Los latinoamericanos, los iberoamericanos, debemos procurar, a través de nuestra diplomacia, que la sangre no llegue al río y sea posible llegar a un acuerdo, a una moderación, a una evolución de los asuntos de Cuba y de la relación norteamericana frente a Cuba y de la relación de la inmigración frente a la realidad cubana. Allí creo que serán decisi-

---

11- Lisandro Otero (n. 1932), escritor cubano. Obras destacadas: *Bolero* y *La Situación*.
Roberto Fernández Retamar (n.1930), ver entrevista en este libro.
Nicolás Guillén, poeta cubano (n. 1902)

vas las juventudes de una y otra parte, la juventud dentro de la isla, que cada vez está más harta de los eslogans como marxismo-leninismo o muerte y todas estas balandronadas numantinas. Y del otro lado los hijos de la inmigración en Miami, que están hartos del afán de sangre y de violencia de sus propios padres. Cuando esas dos juventudes, la de la isla y la de afuera se encuentren, entonces creo que la Cuba de Martí, que es la Cuba de una república que abraza a todos o no es república, como decía Martí, será una realidad; pero con mucha ayuda de parte de la comunidad internacional y especialmente de los gobiernos del continente iberoamericano.

– A propósito, ¿cree en el nuevo orden mundial que propone Bush?

– El nuevo orden mundial no existe, hay que crearlo. O lo crea el presidente Bush o lo creamos nosotros. Si lo crea el presidente Bush estamos jodidos; el nuevo orden creado por el presidente Bush, o por quien sea, va a ser oportunista, va a ser falso, va a ser explotador. En cambio, un nuevo orden internacional multipolar, en el que todas las culturas tengan igual dignidad y en la que todos podamos participar para crear un orden social, jurídico y político más justo, pues es el orden que está por verse, muy difícil de crear; pero si va a haber nuevo orden internacional va a depender de nosotros y no de una sola potencia ni de un grupo de potencias.

– Pero da la sensación de que hay un triunfalismo liberal que incluso grandes sectores de la izquierda latinoamericana han asumido.

– Sí, hay un triunfalismo liberal, pero no tiene pies. Está flotando en el aire; simplemente lo que celebra es la derrota del comunismo estalinista; pero una vez que desaparece el comunismo estalinista siguen de pie problemas de desempleo, inflación, falta de techo, de educación, hambre y enfermedad de la inmensa mayoría de América latina. ¿Cómo se van a resolver? ¿Los va a resolver el liberalismo o una izquierda que ya no tiene por qué mirar hacia la Unión Soviética, que ya no tiene por qué estar enajenada en dogmas marxistas, que ya no tiene por qué sentirse perseguida por la idea del comunismo internacional o por la posibilidad de que los Estados Unidos intervengan diciendo que el gobierno de Guatemala o el de Chile o el de tal país se cae porque es comunista. Esto se acabó, eso creo que le da a la izquierda democrática de América latina una oportunidad que no hemos tenido en nuestra historia.

– Usted decía que la economía se ha internacionalizado, que ya nadie depende exclusivamente de alguien. Quizás implica grupos de poder más sutiles, que controlan más subrepticiamente la economía mundial...

– Muchos menos que antes, porque si usted dice IBM, Siemens, Sony, dice grupos de poder que ya dependen de tantos factores dispersos, internacionales. Finalmente dependen de una red de cerebros difíciles de localizar como grupos de poder, que aportan ideas para identificar problemas o dar soluciones, inventar cosas nuevas. El dinero ¿qué es hoy? El dinero es un bip electrónico simplemente, que va a la velocidad del sonido de un continente a otro. Es muy difícil hablar en términos de la United Fruit Company, de la Anaconda, de todos los viejos monstruos imperialistas del pasado. Es muy difícil hablar de eso ahora.

– ¿No cree usted que se pueda producir una concentración del poder transnacional que reemplace al antiguo imperialismo?

– Me parece muy difícil, por la dispersión misma de estas redes de información, de solución de problemas, de invención, que existe hoy en el mundo y en las cuales participan no sólo centenares de compañías en la fabricación de cualquier producto moderno que a usted se le ocurra mencionar, sino centenares de cerebros que están ubicados en la universidad x de Alemania, en el centro de diseño z de Italia, en un laboratorio argentino, en una fábrica mexicana, qué sé, es muy distinto. ¿Recuerda usted la época en que la IBM se salió de la India porque no quería darle participación de utilidades a sus empleados hindúes? Hoy es una compañía hindú y participan los hindúes y se acabó ese problema. De manera que estamos entrando en una era muy nueva, en la que ya no caben los viejos cartabones ni del capitalismo tradicional ni de la crítica socialista del capitalismo; es una cosa distinta...

– O sea que ya no es necesaria la revolución...

– Posiblemente sea necesaria en algunos casos; en unos casos será revolución, en otros casos será elecciones, en otros casos será movimiento de masas. Yo creo que lo que es necesario es el fortalecimiento de las sociedades civiles de América latina. Finalmente, en la situación que estamos viviendo, en que se nos han caído teorías económicas y políticas, la política de nuestros países se ha revelado como una entidad balcánica, fracturada, sin continuidad, y la economía, por su parte, se ha mostrado desastrosa, anticuada, anacrónica, injusta; y lo único que ha quedado en pie es la cultura: una realidad cultural, una creación cultural aportada por la sociedad civil que es su creadora. Las soluciones tienen que salir entonces de la sociedad civil y de su identidad con la cultura. La identidad de sociedad y de cultura es lo que creo podrá ofrecerle soluciones a nuestros países, desde México a Chile y Argentina en las décadas que vienen. Es un gran desafío. Se tiene que romper con los cartabones del pasado. Nuestros países son un enorme hecho que está allí, un enorme acontecimiento, sociedades de tradición indo-hispánica, que han sido regidas desde el centro y desde arriba, y que se encuentran ahora en un desafío desde las bases y los márgenes de la sociedad. ¿Qué va a resultar de esto? ¿Cómo lo vamos a llamar? Yo no sé.

– ¿Y qué hacemos con aquellas instituciones anquilosadas, añejísimas, que son la columna vertebral de América latina?

– Las instituciones son, en términos generales, muy débiles; claro que hay casos nacionales especiales. A partir de 1820, en general, ha habido un desarrollo nacional que no se ha distinguido mucho. Pero no es lo mismo hablar de las instituciones en Argentina que en México, para irme a dos extremos. ¿Qué hemos tenido en Argentina? Una sociedad civil bastante fuerte, homogénea, educada, alimentada; y en México una sociedad civil desbaratada, heterogénea, de indios y mestizos, una clase criolla; y dividida por el rencor social, por la falta de educación, por desigualdades sociales tremendas; y sin embargo a partir de esas debilidades se tuvo que crear un estado nacional mexicano fuerte, impulsado por la Revolución mexicana. En México fue la Revolución mexicana, a través de políticas de desarrollo y de educación, la que determinó una sociedad civil fuerte y la educó además en la fe en la democracia y en la justicia social. Y hoy la sociedad civil le dice al estado: dame la democracia y la justicia social en la que me educaste, y el estado no sabe qué hacer y se siente débil. En Argentina simplemente se trata de que una sociedad civil bastante fuerte encuentre instituciones políticas, sepa crear instituciones políticas consonantes con la sociedad civil. De manera que son distintos los problemas; pero, si yo quisiera generalizar en este asunto que es difícil, sí creo que en el siglo veintiuno vamos a tener un gran problema que es el de lograr una simetría más grande entre las instituciones y la sociedad civil y el contenido cultural de la sociedad. En el momento actual están totalmente disparadas las dos, totalmente divorciadas, y por eso las sociedades son más fuertes que las instituciones. El día en que las instituciones y las sociedades se vuelvan simétricas tendremos una realidad nueva, mucho más positiva en América latina.

– ¿Y éso cómo se hace?

– A través de la acción cotidiana de la sociedad civil, a través de su acción política, económica, cultural, social; a través de la acción de tecnócratas, burócratas, estudiantes, intelectuales, empresarios, cooperativas agrarias, sindicatos obreros, organizaciones femeninas, medios de información. A través de esa acción diaria, yo creo que podemos llegar a tener una sociedad civil fuerte que se refleje en instituciones civiles fuertes. Toma tiempo, lo repito, pero no veo otro camino; es el camino como las demás sociedades del mundo se han hecho fuertes, es el secreto de la fuerza de los Estados Unidos cuando la tuvo.

– Pero hay instituciones fuertes que nos han marcado, como la Iglesia, el Ejército y el aparato público, que para bien o para mal nos han dado una identidad...

– Creo que son instituciones que se están debilitando, a pesar, a veces, de las apariencias. Claro que hablo como mexicano. Usted en Chile tiene un ejército fuerte todavía; en México hace tiempo que domesticamos al Ejército, lo cual demuestra que se le puede domesticar. El Ejército finalmente, y los generales en América latina, no resisten lo que el general Obregón en la Revolución mexicana llamaba un cañonazo de cincuenta pesos. Súbalo a cincuenta mil dólares y tiene el equivalente actual. Y se puede domesticar y corromper al Ejército para que esté tranquilo y haga negocios y no se meta mucho en lo político. Con la Iglesia se puede hacer lo mismo y hay que hacer lo mismo con el Estado; hay que domesticar a los tres centros tradicionales de poder en Iberoamérica, que son Estado, Iglesia y Ejército, hay que domesticarlos a fin de asegurar la supremacía de la sociedad civil y si es necesario coparlos y corromperlos. Yo lo haría encantado de la vida.

– Fíjese que las instituciones religiosas se han ido fragmentando en América latina. Se han multiplicado una serie de sectas protestantes que han ido reemplazando a la iglesia tradicional católica, sobre todo en los estratos populares. ¿Cree que esto podría deberse también a una cierta falta de mitos y rituales propiamente religiosos que la Iglesia católica no ha podido o no ha sabido mantener?

– Supongo, aunque no conozco el problema muy bien, supongo que es por un fracaso de la Iglesia católica en su misión terrena; también, incluso en su misión espiritual, no sé. Pero por algo la Iglesia católica, que es posiblemente la institución con más tradición en Iberoamérica, ha tenido que ceder tanto campo a sectas con las cuales yo no simpatizo mucho. Debo decirle que, aunque yo no sea creyente, creo más en la Iglesia católica, porque es parte de mi cultura, que en las sectas protestantes. A pesar de que éstas representan una iglesia mucho más identificada con el progreso moderno y con el capitalismo que la católica, que fue siempre el baluarte contra el capitalismo y la modernidad. Cuando se tiene de espíritu rector a Santo Tomás de Aquino, que dice que el principal crimen contra el Espíritu Santo es la usura, entonces, en América latina, Wall Street no podría abrir, la bolsa de París tampoco, ni la City de Londres. Ya sabemos por Max Weber[12] que el capitalismo y el protestantismo son hermanos y también sabemos que en América latina siempre se dio la enorme contradicción de ser católicos en religión pero protestantes en economía, por lo menos en las clases altas. Quizás las sectas protestantes nos van a salvar de esa contradicción, pero a costa de un sacrificio de muchos factores culturales que son capaces de darnos un *Paradiso* de Lezama Lima o un barroco latinoamericano, qué sé yo.

– México es uno de los países más importantes de América latina, histórica y culturalmente. ¿Cómo se dio el divorcio entre ideas de la Ilustración y la realidad que es México? ¿Cómo es la historia de ese divorcio?

– En México lo que pasó fue en primer lugar que la guerra de Independencia fue una revolución de masas, una revolución en la que las masas iletradas, campesinas, indias, se levantaron en armas, con los curas Hidalgo y Morelos, armadas de picas, de palos, de azadones. Esto es muy diferente de lo que sucedió en el resto de las colonias españolas, donde se dieron revoluciones básicamente encabezadas por élites criollas. Claro que esta revolución independentista en México fue traicionada por la propia élite criolla de Iturbide[13] y entonces un modelo, más

12- Max Weber (1864-1920). Pensador y economista alemán. Su obra, crítica de la sociedad burocratizada, ha adquirido nueva relevancia desde el fracaso práctico de los regímenes derivados del marxismo.

13- Agustín de Iturbide (1783-1824). Militar y político mexicano, de trágico destino. Llegó incluso a ser coronado emperador (Agustín I).

bien un no-modelo de desarrollo fue impuesto a México, en el fondo una continuación de la colonia con disfraz republicano, que fue el régimen de la república santanista: los años de gobierno o desgobierno del general Antonio López de Santana, la pérdida de la mitad del territorio nacional en la guerra con los Estados Unidos, la carencia de instituciones y la reacción liberal de Benito Juárez y del grupo liberal contra ese estado de cosas. También las leyes de reforma, la reacción europea contra las leyes de reforma apoyando a los conservadores, el imperio de Maximiliano, la intervención de Napoleón III y la solución porfirista, que fue decir: progreso sí, pero sin democracia; progreso pero a partir de una mascarada filosófica que es la máscara del positivismo comtiano impuesta a México para darle una legitimidad filosófica a un sistema de desarrollo acelerado sin democracia, sin libertad política. Hasta que vino la revolución[14].

– ¿Entonces la revolución nace de la necesidad de unir proyectos con realidad?...

– Claro, el evento clave de la historia moderna de México es la Revolución mexicana, que es un hecho político, puesto que finalmente la revolución la hizo Madero[15] para traer democracia, voto, elecciones, poder legislativo independiente, partidos políticos pluralistas, etcétera. Un evento social y económico, puesto que fue un movimiento de masas, el movimiento de Villa y de Zapata a favor de la restitución de tierras, la reforma agraria, la mejoría social, la justicia social; pero sobre todo fue un hecho cultural que significó el fin de los disfraces mexicanos. La afirmación de México como país indio, como un país español y como un

14- Antonio López de Santana (1795-1876), militar y político mexicano. Once veces presidente de la república, su variable actuación pública y sus errores colaboraron a la pérdida de Texas (1836) y a la guerra con los Estados Unidos (1847-48) con la cual México perdió parte importante de su territorio.

Benito Juárez (1806-1872), político mexicano. Su oposición a un golpe de estado dio origen a una guerra civil que terminó con su triunfo y con que fuera presidente por tres períodos consecutivos (1861-72).

Porfirio Díaz (1830-1915), militar y político mexicano. Luchó contra las tropas francesas y contra Maximiliano. Encabezó movimientos contra Juárez. Fue presidente de la república dos veces.

15- Francisco Madero (1873-1913), político mexicano. Encabezó una rebelión «democrática» contra la reelección de Porfirio Díaz en 1911. Presidente entre 1911 y 1913, fue derrocado por una contrarrevolución conservadora.

país mestizo. Las grandes cabalgatas de Pancho Villa o de Zapata del norte al sur de México significaron sobre todo una cosa: la ruptura de las barreras que tradicionalmente habían separado a un mexicano de otro, el encuentro de los mexicanos con los demás mexicanos, el descubrimiento de México por sí mismo. Entonces esto es lo que ha definido la cultura, la política de México a partir de ese momento: no engañarnos, no pretender que éramos otra cosa. Si usted ve las paradas del Ejército mexicano en tiempos de Porfirio Díaz, parece que ocurrieran en Berlín o en Viena: pasos de ganso, penachos, cascos germánicos. La Revolución reveló lo que era México y esto inmediatamente se manifestó en la cultura, en la pintura, en el muralismo, en la literatura, en la novela, en el cine mexicano, en la arquitectura, y le trajo al país una especie de comodidad consigo mismo.

– ¿No es un problema cuando un país se siente totalmente cómodo consigo mismo?

– La comodidad fue tan grande y tan peligrosa que en cierto modo le dio carta blanca al gobierno para decir: dame cultura, dame desarrollo económico, dame estabilidad, dame ausencia de guerras civiles y de muerte, y haz de mí políticamente lo que quieras. Pero como decíamos hace un momento en nuestra conversación, el gobierno, para legitimarse a sí mismo como gobierno revolucionario, dio educación, dio eslogans, dio legitimaciones de tipo revolucionario que acabaron por educar a una población que hoy le está exigiendo al estado y al partido en el poder todas esas promesas.

– Democracia incluida...

– Claro, porque en México, por la vecindad con los Estados Unidos, se pudo hacer fácilmente el trueque de aplazar la democracia en nombre del nacionalismo. En nombre del nacionalismo mexicano, que significó aplicar la reforma agraria, la nacionalización del petróleo, una educación nacional, todas las cosas que los norteamericanos no querían o que nos presionaban para impedir que las hiciéramos, en nombre de esas conquistas revolucionarias pedimos unidad nacional y aplazamiento de la lucha de partidos y de la democracia.

– Pero es un círculo vicioso...

– Que se acabó en 1968. En 1968 la clase media mexicana, los jóvenes de la clase media mexicana entraron en revuelta contra esta situación, dijeron que no había tal milagro mexicano, que había una injusticia social rampante, una gran falta de democracia, y se lanzaron a las calles, y la respuesta del gobierno fue la masacre, fue la matanza porque no tenía respuestas políticas a un desafío político. No estaban acostumbrados a ello. A partir de entonces lo que ha habido en México es un ajuste difícil, en virtud del cual hoy creo que estamos entrando o vamos a entrar a una democracia pluralista como única posibilidad para tener un auténtico desarrollo económico en el país.

– Con esto del fin del imperio soviético, supuesto imperio, y de la celebrada caída del muro de Berlín, se acabaría la confrontación este-oeste. ¿Se terminarían también otros muros invisibles como el norte-sur?

– Yo creo que si bien se acabó la cortina de hierro, que Churchill anunció hace ya cuarenta y cinco años en Fulton... Pensar que el discurso de la cortina de hierro fue hace cuarenta y cinco años, ¡qué barbaridad!... En cambio nos amenazan varias nuevas cortinas, varios nuevos muros. Uno, para ir a lo más lejano, es un muro que yo temo mucho, que es el muro del cordón sanitario en las fronteras europeas de la Unión Soviética. El cordón sanitario creado por Polonia, Checoslovaquia, Hungría, con la ayuda de la Otan, para impedir que la Unión Soviética vuelva a avanzar y que es la mejor fórmula para crear paranoia y un regreso a la economía de mando y al militarismo en la Unión Soviética; le temo a ese muro. Le temo al muro de Europa, un muro a lo largo del Elba, entre el desarrollo y el subdesarrollo, entre el bienestar y la pobreza en Europa misma, le temo mucho a ese muro también. Le temo mucho, finalmente a lo que usted acaba de decir, el muro norte-sur, la cortina de hierro entre el norte y el sur, que no parece que se vaya a resolver ni mucho menos en la situación actual. Parece que se va a agravar; entonces tenemos que estar muy alertas. Como le decía a usted, la historia no va a ser feliz, la coincidencia de la historia y la felicidad se da raramente. Nietzsche ya advirtió sobre esto en su crítica de Marx y Hegel, de manera que vamos a tener que luchar diplomática, política, económicamente para destruir estas nuevas murallas, estas nuevas cortinas que se cierran en el mundo de la postguerra fría.

– ¿No cree que, más bien, a la Unión Soviética, o como se llame lo que quede de ella, la van a tratar de integrar de una manera absolutamente instrumental?

– Pueden tratar de integrarla, pero en este momento los gobiernos de Praga, de Budapest y de Varsovia tienen miedo sobre todo de que la Unión Soviética pueda volver a restaurar el statu quo de la guerra fría en sus países y están buscando crear este cordón sanitario del que le hablaba, cosa que sería fatal. Creo que sí, que sería mejor integrarla, y en eso la política alemana ha sido la más lúcida desde hace muchos años, la de Willy Brandt, la política de Genscher, que consiste en darle a Alemania la máxima oportunidad de su historia, que es lograr sin un disparo lo que Hitler quería: un imperio que va del Elba hasta el Pacífico, que va desde el Elba hasta Vladivostock...

– Y ahí se unen con los japoneses de nuevo...

– Y ya la armaron, y ya nos chingamos como decimos los mexicanos, ahí se apoderan del mundo. Claro que sí, no estoy diciendo que el cordón sanitario sea inevitable, estoy diciendo que es un peligro y yo prefiero francamente una Alemania y un Japón pujantes que logren restaurar la economía de Rusia —un país sin la menor tradición de economía de mercado, un país sin la menor tradición de una cultura empresarial, sin una cultura de consumidores modernos— y que sea capaz de poner en pie sus enormes recursos que, después de todo, corresponden a una nación que abarca la sexta parte de la superficie mundial. Pero el día en que eso ocurra estaremos ante un hecho político y económico de un tamaño tan grande que seguramente estamos hablando de la superpotencia del siglo veintiuno. Yo no sé si los norteamericanos están dispuestos a aceptar eso.

– Ya no les queda mucho que patalear...

– No les queda mucho, pero de todas maneras, si imagina lo que estamos hablando, ¡qué imperio! ¡Ese es un imperio!

– Dentro de esta perspectiva, toda esta América nuestra, que en algún momento fue la utopía europea y fue el mundo necesario para la Europa de entonces, se trastroca completamente y se nos africaniza.

– No, yo creo que tenemos demasiados recursos para africanizarnos y creo además que, a pesar de las apariencias, seguimos hacia un mundo multipolar. No creo que la guerra del Golfo haya consagrado un mundo monopolar con una potencia única, porque, le repito, creo que Estados Unidos es un imperio con pies de barro, un imperio pobre finalmente, el primer imperio pobre de la historia, un imperio que tiene que salir a mendigar ante Japón y Alemania para que le paguen su guerra. De acuerdo con esta lógica, los Estados Unidos en el Golfo Pérsico habrían sido mercenarios de sí mismos. Es una cosa terrible, creo que no le había pasado nunca a nadie, ni siquiera a la pobre España de Felipe IV. Entonces las cosas no son tan definitivas como parecen, y las oportunidades que tenemos los iberoamericanos de movernos en el mundo son más amplias de lo que a primera vista podría parecer. Creo que debemos aprovechar la oportunidad de la integración en favor nuestro, negociando muy duramente, negociando muy seriamente, sabiendo que sacrificamos ciertos grados de soberanía, pero si sabemos sacrificar grados de soberanía para aprovechar los grados de integración en beneficio de las mayorías latinoamericanas habremos salido ganando.

– ¿Pero ante esto, cuáles son las alternativas: recolonización, reabsorción, o un relanzamiento a través de una integración propia?...

– Es poco posible, porque un matrimonio de pobres va a la casa de empeño rápidamente, va al monte de piedad. No, visto en un sentido positivo, las opciones no pasan por una autarquía imposible en el mundo actual. Aun cuando nos unamos entre nosotros, vamos a seguir siendo autárquicos o pretendiendo ser autárquicos, y no vamos a poder vivir fuera de los circuitos modernos de la economía, del comercio, de la importación de tecnologías, de las inversiones, de la comunicación. Esto va a ser, yo creo, imposible. La alternativa es aprovechar la integración en beneficio propio, saberla negociar; y sólo se puede negociar a partir de estados nacionales fuertes, pero fuertes no por sí mismos, no por la represión o la opresión, sino porque son estados democráticos que se basan en el consenso social, cultural, con el apoyo de sus poblaciones, porque son estados que administran la justicia social, que vigilan la administración de la justicia social. Si logramos hacer esto en América latina, entonces podemos participar de la integración económica mundial con mucho mejores títulos y mucho mejores posibilidades que en la actualidad. De manera que se trata de lograr regímenes plenamente democráticos, de democracia social y distributiva de pleno apoyo popular, a fin de saber negociar y participar en la economía mundial en beneficio de las mayorías. Si logramos hacer eso, estaremos bien en el mundo del siglo veintiuno; si no lo logramos, vamos a seguir en un sistema colonial que no se ha interrumpido nunca, que no es nuevo, que sería una prolongación de lo que hemos sufrido desde 1492.

– ¿Cree que hay conciencia entre los intelectuales y la clase política latinoamericana de que América latina ya no es esa mezcla de lo hispánico, lo indígena, y lo negro, sino que además hay un componente multinacional que a partir de mediados del siglo veinte cambia la cultura postcolonial o postindependencia e inyecta elementos totalmente nuevos? Me refiero a las inmigraciones europeas no españolas, a la inmigración japonesa, coreana, árabe, judía, etcétera. Tenemos como presidentes a un descendiente de árabe en Argentina, de un inglés en Chile, de un japonés en Perú.

– Ya hubo un checo en Brasil, que fue Kubitscek, y un judío alemán en Estados Unidos que se llama Kissinger; pero creo que eso también es parte de la comunicación, de la información mundial y va a ser inevitable. Usted está hablando con un mexicano y allí la situación es muy distinta. México prácticamente no ha tenido inmigración europea, es un país mestizo, es muy difícil señalar un mexicano que no tenga sangre india; la minoría blanca es eso, una minoría; la minoría india también es eso, una minoría. Son cuatro millones de indios puros y luego hay noventa millones de mestizos que somos todos nosotros. De manera que ahí se ha logrado otra cosa muy distinta. Yo tengo que hablar un poco a partir de mi experiencia nacional, que en ese sentido es un poco distinta, pero no lo quiero interrumpir en su razonamiento...

– Esta situación, que no ha sido suficientemente estudiada, cambia ciertas premisas. En las clases medias profesionales, que en algunos países están siendo dominadas por estos nuevos grupos, hay mentalidades y supuestos culturales totalmente distintos a lo tradicionalmente considerado hispanoamericano. Tienen una visión más fragmentada e individualista de nuestra historia...

– Sí, pero yo me pregunto si el día que seamos realmente modernos, que no lo somos todavía, ese factor de modernidad trasplantada no va a hacer crisis como en sus países de origen. Vamos a ver la necesidad de resucitar, de recuperar una serie de elementos que nos da la presencia india o negra, que hoy parecen deleznables pero que quizás sean muy importantes en el futuro, para hacer frente a problemas como la droga. Es muy distinto tomar droga en una comunidad zapoteca de Oaxaca, en México, que tomarla en un apartamento de clase media en Buenos Aires o en Santiago de Chile. Es muy distinto, porque una es una experiencia religiosa, colectiva, y la otra es un acto de destrucción de clase media, individualista. Hay respuesta a problemas como la relación con el mito, la capacidad para vivir seriamente un mundo ritual, respuestas ante la muerte, ante la naturaleza, que son mucho más válidas en el mundo indígena que en el mundo de clase media europeizada.

Por alguna razón pasó una cosa muy notable en Colombia: el gobierno colombiano le ha devuelto a los indios la Amazonia colombiana. Les dijo: ustedes siempre supieron mantener esto bien, sin contaminación, sin problemas; por eso se los devolvemos, adminístrenlo ustedes mismos ya que lo saben hacer y que nosotros obviamente no lo sabemos.

Yo espero que casos como ése se repitan. Pero, más allá de la pregunta de usted, resulta que en este momento México, por ejemplo, es un país de muy escasa inmigración, pero de emigración masiva, y esa emigración va hacia Estados Unidos y los mexicanos que cruzan la frontera con Estados Unidos dicen ¿cuál frontera? Esta siempre ha sido tierra mexicana, siempre ha sido tierra hispana, fue parte del imperio español, fue parte del mundo indígena, estamos regresando a nuestra tierra. Y son los Estados Unidos los que tienen que responder al desafío de una presencia hispanoparlante masiva con la cual no saben exactamente qué hacer y que los pone mucho más en peligro a ellos con respecto a su cultura angloamericana tradicional que a nosotros respecto a nuestra cultura indohispánica tradicional.

– Después de esos comentarios, ¿qué le dice el Quinto Centenario como celebración?

– Creo que no hay que incurrir en los extremos de la hipercelebración o de la hipernegación. Por un lado, yo me preguntaría: bueno, ¿vemos alrededor de nosotros, en Hispanoamérica, Iberoamérica, y tenemos algo que celebrar? ¡Parecería que no! Parecería en principio que no; pero, un poco más seriamente, creo que sí tenemos algo que celebrar y es la cultura que hemos hecho juntos todos, en los últimos quinientos años, descendientes de indios, africanos y europeos en este continente. Eso es digno de celebración, eso no estoy dispuesto a condenarlo ni a echarlo por la borda, de ningùn modo.

– ¿Quién ha puesto a las dictaduras en América latina, sus pueblos como conjunto, los Estados Unidos, sus burguesías, o son producto del padre que siempre estamos buscando fuera de nosotros y que no hallamos?

– Indudablemente Estados Unidos no inventó a Rosas ni a Santana ni al Doctor Francia[16]. Lo que le reprochamos a los Estados Unidos es que en nombre de la cruzada anticomunista, en los últimos cuarenta años haya dado apoyo económico, armas, absoluto respaldo a estas dictaduras, autorización, luz verde para que desaparecieran a los habitantes de Chile, Argentina o Uruguay. Eso se le reprocha. Las dictaduras son invención nuestra, pero el respaldo y la posibilidad de perpetuarse en gran medida es una responsabilidad también de los Estados Unidos.

– En todo caso, las características de esas dictaduras son bien propias... ¿Dónde se originan?

– En el enorme vacío que se creó, a raíz de la Independencia, entre la ley y la realidad y con la ausencia del Estado español, de la monarquía española que nos había gobernado durante trescientos años y que de repente se fue. ¿Cómo nos íbamos a gobernar y quién es nuestro padre sustituto? Pues a buscarlo, y ahí llegaron Antonio López de Santana, Juan Manuel de Rosas y el Doctor Francia y toda esta gente. De manera que hay razones claras para la aparición del hombre fuerte, del dictador latinoamericano.

– Y las dictaduras recientes... ¿Significan que todavía no hemos resuelto el problema del padre?

– Significa que no se ha resuelto el problema del vacío entre la ley y la realidad, y que el hombre fuerte aparece para colmar ese vacío y para dar una impresión de orden, de legalidad y de progreso. Pero a la postre no logran ninguna de las tres cosas. Es un enorme mito, un enorme espejismo.

– Desde este punto de vista, desde nuestra historia más oculta y oscura, ¿cuál cree que son los hitos que nos definen más certeramente, no las efemérides?

– Creo que el trauma de haber asistido a nuestro propio nacimiento, a nuestra propia creación. El haber estado presente en el momento en que nuestro padre viola a nuestra madre y nos engendra. Ese es un hecho extraordinario y muy traumático para una cultura. Enseguida creo que trans-

---

16- Juan Manuel Ortiz de Rosas (1793-1877), militar y político argentino. Una de las figuras más controvertidas de la historia argentina. Gobernó el país con mano de hierro por más de veinte años, hasta 1852, en que, derrotado, debió huir a Inglaterra, donde murió veinticinco años después. Su nombre y su período aún hoy encienden pasiones políticas en Argentina.

Gaspar Rodríguez de Francia (1766-1840), político paraguayo, gobernador dictatorial de su país entre 1814 y 1840.

formamos la necesidad en virtud, creando lo que Lezama Lima llamó una cultura de la contraconquista. Para mí es un hecho fundamental, una respuesta a lo puramente europeo que ya no es puramente europeo, sino que es mestizo y africano e indígena, y crea un gran barroco, un sincretismo religioso. Es decir que le da a América latina lo mejor de España, que la propia España había sacrificado, su capacidad de incluir, su capacidad de asimilar esa policultura mora, judía y cristiana que España sacrificó con los reyes católicos y que en cierto modo se restaura en América latina creando el centro de inclusión indígena, africano y europeo en la mayor parte de nuestros países. De manera que eso me parece algo muy definitivo. También el haber ido a la escuela de Santo Tomás de Aquino durante tres siglos me parece un hecho definitivo para entender la política latinoamericana. Haber sido discípulos de una filosofía que dice que el propósito de la política es conseguir el bien común, es la obtención del bien común, y que el bien común no se obtiene mediante el pluralismo sino que se obtiene mediante la unidad y mediante la autoridad asegurada por un sólo gobernante, un gobernante único, no mediante la votación de múltiples electores. Este es un hecho que nos marcó enormemente, porque es lo que se nos enseñó desde la Universidad de México hasta las escuelas de Chile y Argentina durante tres siglos. Todo esto me parece definitorio. Me parece definitoria la repulsa de ese pasado en nombre de la iluminación, el progreso a la medida, la democracia instantánea mediante actos de magia legislativa, que es lo que marcó, me parece, nuestro siglo diecinueve, y me parece definitivo recobrar la herencia pluricultural del pasado para crear modelos de progreso a tono con esas realidades en el siglo veinte y en el veintiuno.

– ¿Cree usted, entonces, que la idea de América latina no ha sido más que un invento literario de pensadores y escritores como usted, desde los próceres-intelectuales-militares de las independencias de nuestras repúblicas, en el siglo diecinueve, hasta los del *boom* del sesenta y los cientistas sociales de los años posteriores, potenciados además por el triunfo de la Revolución cubana?

– Yo creo que fue un invento. Repito: América latina fue un invento político francés-europeo conveniente; pero indo-afro-iberoamérica es una realidad actuante, una realidad orgánica, una realidad cultural que se mueve, que es consciente de su pasado, que tiene proyectos para el porvenir.

En cuanto a la literatura, creo que independientemente de la Revolución cubana, nunca he visto el porqué de esta insistencia en ligar el famoso *boom* literario de los años sesenta con la Revolución cubana. Es un hecho que está ligado al desarrollo cultural y literario del mundo iberoamericano. Si puedo decirlo de una manera muy personal, yo publiqué un libro de mucho éxito, *La región más transparente,* antes de la Revolución cubana. E incluso uno de los peores críticos de ese libro fue un hombre que fue muy amigo mío y muy querido mío, Raúl Roa, que fue ministro de relaciones de la Cuba revolucionaria y le pareció abominable este libro porque degradaba la idea latinoamericana, porque degradaba la idea de la Revolución mexicana, porque nos presentaba bajo una luz muy oscura y le hacíamos el juego al imperialismo norteamericano al criticarnos. Hoy nadie puede repetir un argumento como el de Raúl Roa. Pero volviendo a mi argumento central, creo que nuestra literatura, la literatura que se escribió en los años cincuenta, sesenta y setenta es el resultado de un desarrollo literario que es precedido por un boom poético, no lo olvidemos. Detrás de nosotros está Neruda, está Lugones, está Vallejo, está Rubén Darío, está López Velarde[17], y detrás de estos están muchísimos ensayistas y todos los ensayistas que hicieron una filosofía en torno al fenómeno iberoamericano durante todo el siglo diecinueve y el siglo veinte: Vasconcelos, Samuel Ramos, Sarmiento, del Valle, Calderón[18], etcétera. Entonces, me parece que lo que ha pasado tiene mucho menos que ver con la Revolución cubana que con una percepción occidental europea y norteamericana en función de sus intereses en la Revolución cubana. En los asuntos latinoamericanos, a partir de esta revolución, se descubrió que había una gran literatura que contaba nada menos que con una pléyade de escritores que se extendían de Asturias y de Borges hasta Vargas Llosa y García Márquez, qué maravillas, qué literatura teníamos de repente. Es que fue la revelación, en un instante, de cuarenta años de literatura apocopados como algo que hubiese sucedido en ese momento. Es deslumbrante, es como si tomásemos la literatura francesa, desde Flaubert hasta Proust, Gide,

17- Ramón López Velarde (1888-1921), poeta mexicano.
18- José Vasconcelos (1881-1959), filósofo y ensayista mexicano.
Samuel Ramos (1897-1959), filósofo y escritor mexicano.
Fernando Calderón (1809-1845), poeta y dramaturgo mexicano.

Genet, Camus y Sartre y dijéramos: ¡qué maravilla! Acabamos de descubrir esto, ¿qué les parece? No, no es serio francamente lo que pasó.

– Pero lo paradójico, sin embargo, es que América latina tomó conciencia de sí a través de Europa en ese momento...

– No, definitivamente no.

– De una manera masiva, pienso que sí. Se tomó conciencia de lo latinoamericano a través de la Revolución cubana, y de fenómenos que aparecieron a propósito de la Revolución cubana, de la Cepal[19], y del boom literario.

– No. Permítame decirle una cosa. Ese es un fenómeno que se ha repetido muchas veces en nuestra historia. Le recuerdo los años veinte: la conciencia que América latina tuvo de sí misma a partir de José Vasconcelos, de la famosa raza cósmica, de los ensayos de Manuel Ugarte, del muralismo mexicano, de los movimientos de la libertad universitaria en Córdoba, Argentina, y veinte mil fenómenos que nos dan una conciencia en ese momento[20]. Y en los treinta dígame si no hubo una conciencia latinoamericana a partir de Cárdenas, de la expropiación petrolera, de Víctor Raúl Haya de la Torre, de la poesía de Neruda, del Apra, ¿quién sabe cuántas cosas? Y en cada década casi se puede hablar de una renovación de este tipo de conciencia político-cultural a partir de una constelación de hechos que se van renovando.

– Pero siempre se hizo a través del espejo de Europa y nunca de una manera tan universal como en los sesenta...

– Yo diría que también se hizo a partir del espejo europeo. Pero a veces no. Por ejemplo, la expropiación petrolera en México y la Revolución mexicana fueron hechos que conmovieron al mundo y, en gran medida, a los Estados Unidos, y tuvieron efecto sobre la política europea, sobre la política del Kaiser, que hasta significó la traducción de Mariano Azuela en París, por ejemplo. También está el efecto de Neruda sobre la poesía española, sobre la guerra civil de España.

19- Comisión Económica para América latina y el Caribe, organismo de Naciones Unidas. En los años sesenta se desarrolló allí la teoría de la dependencia de América latina de los centros desarrollados.

20- El movimiento de reforma universitaria, que empezó en Córdoba, Argentina, en los años veinte de este siglo, tuvo prolongada influencia en toda América latina. Insistió en la autonomía universitaria, en la generalización y en la mejor calidad de la enseñanza.

Yo creo que siempre podemos encontrar un reflejo mayor o menor de lo que ha ocurrido en nuestra cultura y de lo que ha ocurrido en nuestra política, en nuestra historia, sobre el espejo europeo. Lo que pasa es que que tenemos más candente en la memoria el ejemplo de la Revolución cubana, porque está mas cerca, o de la revolución sandinista en Nicaragua, pero a lo largo de la historia han pasado muchas cosas...

– La conciencia europea sobre América latina está hoy en su punto más bajo.

– Estamos en un momento en que parece que no contamos para nada, como le decía, en que estamos en el furgón de cola, en que no es posible reanimar ningún tipo de conciencia europea sobre América latina.

– Eso nos privará, al menos por un tiempo de una conciencia de nosotros mismos...

– No, no, porque para mí esto anuncia que va venir otro evento, que va a reactivar esa simbiosis de la que usted está hablando.

– ¿Pero por qué ocurre que siempre tenemos que reconocernos a través de un filtro europeo o norteamericano? ¿Por qué no tenemos nuestra propia conciencia...?

– Eso es muy serio y muy grave. No tengo una respuesta, porque yo mismo me he beneficiado en gran medida de ello, de manera negativa y positiva. Yo tengo una promoción y venta mundial de libros mayor que en México y América latina. Pero eso, al mismo tiempo, me crea suspicacias, me resta simpatías y me crea problemas en mi propio país, en México. De manera que conozco bien ese asunto. Creo que estamos viviendo en realidad los vestigios de una situación en la que había culturas centrales y culturas excéntricas, o culturas nacionales y culturas cosmopolitas. En la actualidad, creo que ya no hay culturas centrales; muy pronto va a ser imposible tener una conversación como la que estamos teniendo usted y yo. Va a ser imposible, porque yo veo cada vez menos una centralidad de la cultura ubicada en París, o en Londres o en Nueva York o en Madrid. En Madrid en cierto modo para nosotros sí, porque las empresas editoriales son mucho más fuertes debido a algunas sabias leyes del franquismo, y nosotros no supimos proteger a nuestras casas editoriales frente a la competencia de otros países de habla española. En fin, pero creo que estamos viviendo la excentridad de todas las culturas al grado de que la única manera de ser central en el siglo veintiuno va a ser siendo excéntrico; si no, no será posible participar de ninguna cultura universal.

Por otro lado, estamos llegando, en el terreno puramente literario, al gran ideal de Goethe que es la *Weltliterature*, la literatura mundial, este cosmopolitismo que tanto se condenó a lo largo de nuestra historia cultural nacionalista en el siglo diecinueve y en el siglo veinte y que hoy es un hecho. Yo creo que nadie lee a Gabriel García Márquez o a Milan Kundera porque sean latinoamericano el uno o centroeuropeo el otro, nadie los lee ni siquiera, lo cual sería un dato más importante, por su lengua, porque escriben en español o en checo. ¿Por qué los leen? Los leen por la calidad de su imaginación literaria, que es un hecho comunicable universalmente. Y Kundera o García Márquez pasan a formar parte de una constelación de escritores propiamente internacionales en los cuales yo incluiría Günther Grass, a Nadine Gordimer, a Salman Rushdie, a William Styron, a una serie de escritores que están en esa constelación independientemente de su nacionalidad y de su lengua. De manera que rápidamente nos alejamos de los criterios puramente nacionales para juzgar el hecho cultural o de los criterios puramente imperiales, cosmopolitas o céntricos, de metrópolis cultural. Las dos cosas están a punto de desintegrarse me parece a mí, para crear una cultura selectiva, una cultura de élites, si quiere usted, pero una cultura, al mismo tiempo, mundial.

– En América latina parece que cada vez se está leyendo menos. Como usted dice, nuestros escritores más importantes son más leídos afuera, y generalmente más valorados... ¿Ustedes influyen menos hoy día en América latina?

– Es muy grave, porque esto además está vinculado con un problema económico muy severo. Vivimos en un continente donde la mitad de la población tiene quince años o menos. Hasta ahora había habido un proceso de porosidad, de ascenso social, si usted quiere, por el cual muchos jóvenes de la clase agraria, de la clase campesina, de la clase obrera, ingresaron poco a poco a la clase media. Este proceso se está deteniendo, y más bien la clase media está descendiendo hacia niveles sociales previos. Y una manera como un muchacho, o una muchacha, hacía saber su ascenso social era comprando libros. La gente que mantuvo el *boom* literario de América latina fueron jóvenes de diecisiete, dieciocho y diecinueve años, que salieron a comprar su primer libro de Neruda o de Borges como un emblema de pertenencia a una cultura y a una clase social. Hoy esa gente no puede comprar libros, no tiene el dinero para hacerlo, muchos muchachos y muchachas de nuestra clase media inferior tienen que salir a ganarse el dinero para sus familias a los once o doce años, tienen que dejar la escuela, tienen que convertirse en vendedores de chicles o de *kleenex* en las esquinas cuando no en tragafuegos, cuando no en bandidos, de manera que la literatura pasa a un plano muy secundario, en el cual no podemos esperar que se compren y se lean nuestros libros. Estos son problemas gravisímos para la literatura y para la cultura y la sociedad de América latina.

– Podemos sacar, como una conclusión de lo que hemos conversado, que tanto la derecha como la izquierda fracasaron en América latina. ¿Son comparables estos fracasos?

– Creo que son muy comparables. Aunque es más grande el fracaso de la burguesía, porque ha llevado más tiempo en el poder que la izquierda. Están en el poder desde 1821 y han hecho un desmadre total, han logrado muy poco, no han estado a la altura de su propia filosofía, nos han librado a las leyes del mercado, pero sin la capacidad competitiva y productiva que nos harían realmente sujetos de una economía de mercado. Hemos sido gobernados por el capitalismo desde 1821; que no me vengan a decir ahora que el capitalismo nos va a salvar en 1991. Porque ya tuvo una oportunidad. Y el socialismo también fracasó. El socialismo no ha logrado resolver los problemas del hambre y de la injusticia en América latina, a pesar de sus esfuerzos. Y no sólo por la intervención norteamericana, como en el caso de Chile, Guatemala, Cuba y Nicaragua, sino porque las viejas tradiciones centralistas y de gobiernos desde arriba no fueron transformadas en profundidad por los regímenes socialistas o de izquierda en América latina.

De manera que como decíamos al principio de la entrevista, pues, ahora hay una gran oportunidad de hacer una izquierda renovada y que no tenga deudas hacia la Unión Soviética, hacia el comunismo, hacia el estalinismo, hacia este tipo de enajenación. Que no le dé pretexto, en consecuencia, a los norteamericanos de intervenir en nombre de una guerra fría que ya no existe, del comunismo internacional que tampoco existe, o de la seguridad nacional que sí sigue existiendo, pero generalmente ha sido aplicada a América latina como una forma de inseguridad nacional de Estados Unidos respecto a América latina, pues se ve reflejado inseguramente en nuestras culturas, en nuestras políticas. Es la oportunidad, finalmente, de abordar los problemas de nuestros países de una manera intrínseca, por lo que representan en sí mismos, y de tratar de resolverlos con buena fe. Yo no excluyo a nadie de este proyecto, a nadie que tenga buena fe, venga de la izquierda, de la derecha, del centro. Creo que estamos ante una oportunidad, ante un desafío muy grande en nuestros países y hay que saber responder a él porque no sé si tengamos otras oportunidades en el futuro. Pero no nos engañemos, no existe el capitalismo puro, el capitalismo de mercado como tal, en ninguna parte del mundo. Lo estamos viendo en este momento en esta increíble charada, mediante la cual el occidente le propone a la Unión Soviética una economía de mercado químicamente pura que no se practica ni en los Estados Unidos, ni en Francia, ni en Inglaterra, ni en España, ni en Italia, ni en Alemania, ni en Japón. Eso no existe. Vivimos en regímenes de economía mixta que son inconcebibles sin la intervención del estado, y una intervención muy decisiva del estado. ¿Quien salva a los Estados Unidos de la bancarrota, de los fraudes en los bancos de ahorros como el que acaban de pasar y en el cual se ha visto implicado hasta el propio hijo de Bush? ¿No es el propio estado americano el que tiene que pagar los platos rotos de la iniciativa privada? ¿Es concebible el desarrollo de Francia sin el Estado nacional, intervencionista, centralizante, creado por Colbert y Luis XIV desde el siglo diecisiete? ¡No es concebible! De manera que vayamos siendo serios en esto y aceptemos que vivimos en un capitalismo creado por Franklin Roosevelt y por John Maynard Keynes y por John Kenneth Galbraith... y por François Mitterand, Felipe González y otros estadistas contemporáneos también.

– ¿Hasta que punto el fracaso de la derecha y de la izquierda en América latina se debió a que ambas tuvieron siempre una doble personalidad, a que nunca tuvieron un desarrollo propio, a que siempre estuvieron mirando demasiado por la ventana?

– Sí, creo que en gran medida ha habido un elemento de enajenación tremendo. En la izquierda, obviamente en este siglo, enajenación frente a la izquierda internacional, fundamentalmente a la política soviética. Y en el caso del capitalismo, pues también una enajenación que viene de mucho más lejos, más lejos que el siglo diecinueve, debido a la calidad de subsirvientes de las pequeñas burguesías latinoamericanas mal formadas, que pasaron de regímenes básicamente agrarios de explotación de la tierra, de las minas y de los campesinos, a exportadores e importadores intermediarios de un sistema de exportación e importación que se confundió con capitalismo pero que no existía en América latina. Ha llegado el momento entonces de modernizar radicalmente el capitalismo y de modernizar la idea social, la idea socialista, la idea de izquierda en América latina. Pero, curiosamente, podemos hacer esto a partir de una recuperación del pasado, a partir de una comprensión de que sin la presencia del pasado vamos a repetir los errores una vez, otra vez y otra vez.

– Pero en ese pasado hubo cosas que también fueron muy negativas...

– Claro que sí, se trata de hacer un proceso selectivo, pero se trata de entender también que tenemos todos esos factores que forman nuestra tradición, nuestra cultura; de todos ellos es muy difícil hacer *tabula rasa*. No es posible hacer *tabula rasa* de herencias como el derecho romano, de una mentalidad legalista que obedece a la ley escrita, del valor que se le da a la ley escrita, del tema tomista que es mencionado en esta entrevista, de las tradiciones indígenas que a veces persisten en nuestra mente, de la formación cristiana católica, de la Iglesia Católica que invade, permea nuestras vidas y se manifiesta de mil maneras. Todo esto no se puede negar de un plumazo para ser modernos. Hay que ser modernos con todo lo que hemos sido.

Londres, 12 de junio de 1991.

Guillermo Cabrera Infante

Lo conocía sólo de voz y por unas fotos antiguas de Sara Facio y Alicia d'Amico. Me abre la puerta él mismo. Tiene un gran parecido con el león de la Metro, aunque con gafas.

–¿Usted vino de Chile para verme a mí?

En medio de la sala: una mesa isla está rodeada de innumerables libros, discos y videos. Más adelante me daré cuenta de que siempre habrá una isla en su cabeza y en su sangre: es obsesivo. Junto a la mesa, Miriam Gómez, frágil musa de toda su vida, me mira divertida. Es sin duda el gran motor de ese apartamento de Gloucester Road que queda también en el eje de la avenida Cromwell donde parecen agruparse tres próceres de este libro: lo suficientemente cerca como para vigilarse, lo bastante lejos como para hacerse los desconocidos.

Está totalmente canoso este G.Caín, el crítico de cine, el traductor de Joyce, el feroz y sardónico opositor de Fidel Castro. ¡Cómo cuesta sacarlo del tema del anticomandantismo!

–Usted quiere hablar de generalidades de las que yo no sé. América latina no existe. ¿Cómo se le ocurrió ese tema? Claro que sí. La inventaron los franceses, entre otros.

–¿De qué hablamos, tigre?

–Podríamos hablar de temas más importantes como la felicidad del hombre, por ejemplo. Porque nosotros no conocemos multitudes, conocemos personas. ¿Cuántos chilenos conoce usted? ¿Mil? ¿Y cuántos son? ¿Catorce millones? ¿Cómo puede hablar usted en nombre de los chilenos, entonces?

En un convertible no es fácil darse cuenta si es de día o es de noche, dicen los *Tres Tristes Tigres*. Tiene sesenta y tres años y no se le cuentan más de cincuenta. En la calle podría ser cualquiera de los personajes que circulan por Gloucester Road, zona cosmopolita de Londres: un pakistaní, un maldivo, un maltés. A veces parece triste, Cabrera; a veces eufórico. Se emociona en la entrevista. *La Habana del Infante Difunto* pena: Subí, subimos, la que era para mí entonces una suntuosa escalera: en el pueblo había muy pocas casas que tuvieran más de un piso y las que lo tenían eran inaccesibles. Este es mi recuerdo inaugural de La Habana: ir subiendo unas escaleras con escalones de mármol.

Ruge Cabrera Sentimental León.

Utopía termina en Etiopía

– Algunas ideas del siglo diecinueve se descascaran, otras se han venido abajo. La idea de América latina parece ser una de ellas... ¿Cree usted que en estos momentos está perdiendo sentido lo latinoamericano?

– Llevo no sé cuántos años combatiendo la idiota idea de llamar a todo ese continente y medio América latina. Me parece absurdo y peligroso. Absurdo porque no es verdad, peligroso porque se ha podido utilizar como punto de partida para una hegemonía política. Es decir, usando una hegemonía geográfica que no existe, o una hegemonía humana que tampoco existe, se ha pretendido fundar una hegemonía política. Esto de América latina, claro, usted lo sabe muy bien, lo inventaron los franceses en el siglo pasado; y los americanos lo adoptaron en el mismo momento en que decidieron usurpar el nombre de América como parte del nombre de los Estados Unidos, porque se llamaban Estados Unidos y nada más. Les pareció que era poco o que era un nombre muy abstracto y le añadieron «of America». Entonces, encontrándose con el adjetivo latino viniendo de Francia, como muchas otras cosas que los americanos han adoptado de Francia (la estatua de la libertad por ejemplo), lo aplicaron literalmente al resto del continente. Yo he combatido este uso, que es abuso, extraordinariamente. Ya en el año ochenta estuve en una asamblea académica en Montclair College, donde dije, creo que por primera vez en público, que la idea de América latina era en primer lugar denigratoria, en el mejor de los casos; y que, en segundo, era falsa, y, en tercero, peligrosa. La idea de América latina le ha convenido mucho a Fidel Castro, en su afán de dominar todo el continente. Hay una vieja ley de geopolítica que declara que las islas siempre tienden a dominar al continente a que están próximas, como, por ejemplo, las islas del Mar Egeo, primero, después Inglaterra, después

Japón y ahora desgraciadamente Cuba. Un campeón de esta idea, un campeón literario convertido en campeón político de Castro, ha sido García Márquez, que también ha hablado mucho de América latina, de que debemos ser una sola nación. Ha sacado a relumbrar a un Bolívar decrépito, ha hecho una campaña prácticamente electoral, y yo me alegro mucho de que se esté derrumbando, como tantas otras cosas, esta idea imbécil.

– Más allá del término, este sueño bolivariano, sueño de Miranda, sueño de varios próceres de la independencia...

– Y de algunos impróceres como Fidel Castro...

– ¿Tiene sentido, es viable, sirve para algo?

– Creo mucho en los nombres. Creo que hay un determinismo del nombre, y que el hecho de que una parte del globo se llame Europa hace, de alguna manera, surgir transformaciones. La prueba es ahora España, donde de pronto se han sentido europeos simplemente porque han entrado en el Mercado Común Europeo. Es la magia del nombre que los protege de alguna manera o los conmina a sentirse europeos. El nombre es determinante y el hecho de que tanta gente al sur del Río Grande aceptara llamarse latinoamericanos, o peor todavía llamarse latinos, como si vivieran en el Lacio, como si todos hablaran latín, es de un ridículo extraordinario, a la vez que se permiten el racismo de no considerar latinas a ciertas naciones latinoamericanas, como por ejemplo a la pobre Haití, porque está toda hecha de negros. Entonces, ¿qué ocurre con la Guyana, con Surinam o con Trinidad? ¿Son latinos los negros de Trinidad? Todo eso me pareció siempre ridículo, y cuando tuve la oportunidad, al salir de una larguísima enfermedad que me tomó desde al año setenta y dos hasta el año ochenta, empecé a atacar ese concepto por su nombre, porque sé que los nombres determinan, siempre determinan. Era la forma más eficaz para, de alguna manera, atacar este concepto. Creo que el concepto es tan falso como el nombre.

– ¿Cualquier proyecto o sueño o utopía de integración lo ve como imposible?

– Hubo un sueño de Bolívar. Pero Bolívar a mí siempre me ha parecido un personaje detestable, a pesar de cuánto lo quería José Martí. Relata Martí que llegó a Caracas y, antes de preguntar dónde se comía y dónde se bebía, directamente, sin quitarse el polvo del camino, fue a orar delante de la estatua del Libertador. Yo no haría eso nunca.

Para que sepa cómo era Bolívar, le puedo contar que hay algo muy presente en la historia cubana, que fue una logia política llamada de los Soles y Rayos de Bolívar. Cuando el ejército de ocupación español se enteró de que esta fraternidad conspiraba contra España, asaltaron las casas de los líderes y los juzgaron y los fusilaron. Cuando el Libertador se enteró de que la fracasada fraternidad llevaba su nombre dijo: «Mejor así. ¿Para qué tener otra Haití en el continente?» Bolívar, que era un mulato, se permitía ese desdén. Desde que lo supe le cogí una aversión verdaderamente carnal.

– América latina no sólo tiene el nombre francés. Toda la imaginería institucional y política alrededor de la cual se van formando los estados latinoamericanos también es hija directa de la Ilustración...

– Más que de la Ilustración, creo que fue hija de esa aberración de la Ilustración que se llamó Revolución francesa. En la historia de Cuba, la primera sublevación importante después de muchas conspiraciones menores, y después de muchos peligrosos trastornos, fue la insurrección de 1868. La encabezó Carlos Manuel de Céspedes, abogado, dueño de un ingenio azucarero. Era un hombre rico, ilustrado, que hablaba francés perfectamente, y toda su imaginería independendista y revolucionaria venía de la Revolución francesa. Había bloqueado mentalmente por completo toda la parte terrible de ese acontecimiento, de la guillotina, del Terror y se quedó solamente con la liberté, la egalité y la fraternité.

– ¿En qué estuvo el error de inspirarse en la Revolución francesa?

– El error comienza porque adoptaron la Revolución francesa, que fue una revolución destructiva y dio lugar a ese espantoso personaje que se llamó Napoleón Bonaparte y no adoptaron, por ejemplo, la Revolución americana que fue una revolución pacífica, una revolución que aceptó todos los ideales democráticos que venían de la Inglaterra que combatieron militarmente.

– Pero también los norteamericanos tomaron muchas cosas de Francia...

– Sí, las adoptaron de Francia, efectivamente, pero de la Ilustración francesa y no de la Revolución francesa, porque la Revolución francesa vino, por supuesto, después.

– ¿Pero qué diferencia haría usted entre la inspiración independentista norteamericana y la de los países latinoamericanos?

– Creo que en realidad todas las guerras de independencia americanas, sean o no revolucionarias, se debieron en parte a España, pero también a intereses locales y a más o menos políticos efervescentes verdaderamente dispuestos a cualquier forma de horror posible por llegar al poder. En el caso concreto de Cuba, España cometió errores, uno tras otro, hasta que vino la intervención de Estados Unidos en 1898. España pudo, desde 1868, haber establecido una forma de gobierno diferente en Cuba, en la cual participaran los cubanos. No ocurrió así. Siempre he pensado ¿qué es lo importante? ¿Es importante la independencia o es importante el bienestar de los supuestos independizados? El ejemplo concreto más a mano es Canadá. En Canadá no se derramó ni una gota de sangre por la independencia de que gozan ahora, mientras que Cuba ha tenido una historia, desde el año 1902 hasta hoy, verdaderamente horrorosa o espantosa, y además insoportable. Ahora mismo hay cerca de dos millones de cubanos que viven en el exilio. Eso no tenía por qué haber sucedido. Esa gente hubiera podido de alguna manera ofrecer al país lo que podía hacer, como lo han hecho en Miami, por ejemplo, y han convertido esa ciudad en un emporio. Siempre pensé que la solución para Cuba pudo haber sido —en el siglo pasado se consideró una herejía política— una forma de entendimiento con España, no una anexión a Estados Unidos como proponían algunos, sino una autonomía de parte de España. Nunca se consiguió. Por culpa, por cierto, de España.

– ¿La idea de haber seguido formando de alguna manera parte de España podría haber tenido algún éxito?

– No creo que hubiera tenido éxito, porque todos los cubanos estaban intoxicados con la idea francesa de la revolución, con las ideas bolivarianas de independencia, y, en realidad, uno de los cubanos más extraordinarios de todos los tiempos, José Martí, fue el promotor y el motor de la segunda guerra de independencia. Creó además el Partido Revolucionario Cubano, que en su nombre lo decía todo. A partir de entonces todo lo que se ha querido santificar en Cuba se ha llamado revolucionario, sin por un momento ponerse a pensar exactamente qué significaba la revolución. Si la revolución significaba la Revolución francesa, era realmente deplorable. Todavía lo es.

– ¿Por qué la encuentra tan deplorable, más allá del filo de la guillotina?

– Tengo una idea muy concreta que no la he formulado por escrito, pero de la que he hablado muchas veces, y hasta la he formulado en charlas: las revoluciones son el final de un proceso, no el comienzo. La Revolución francesa fue la culminación de la Ilustración. La verdadera revolución la hicieron los enciclopedistas, Diderot, Voltaire. Los que vinieron después fueron los políticos, políticos verdaderamente sangrientos y espantosos como Robespierre, como Saint-Just y como el mismo Dantón. Todos de espanto.

Ocurrió también en la Unión Soviética. Es decir, la Revolución rusa ocurrió antes de la toma del poder por Lenin, y la toma de poder por Lenin no fue más que un golpe de estado a un gobierno más bien demócrata y pacifista que era el que realmente había destronado a los zares. Su ministro de justicia era nada menos que el padre del escritor Nabokov... El golpe de estado de Lenin ni siquiera fue una guerra civil, fue una serie de escaramuzas en San Petersburgo, y allí terminó el período democrático ruso y no se volvió a hablar de democracia en Rusia hasta ahora.

En Cuba ocurrió lo mismo. Se conoce solamente lo que la propaganda posterior ha creado. Si la Revolución francesa propagó lo degenerado que eran los nobles, como se comían niños crudos, como se fornicaban a todas las vírgenes, etcétera, en Rusia se propagó el despotismo de los zares, el estado de penuria en que vivían los siervos, etcétera. En Cuba, pues, se propagó que antes la isla era un burdel para los americanos, que era un casino...

– ¿Y no era cierto?

– ¡Todo eso era absolutamente falso! Esas nociones están impulsadas totalmente por la propaganda, no están basadas ni en una sola verdad.

En Cuba hubo un momento de explosión cultural en todos los órdenes antes de 1959. No sólo había surgido la revista *Orígenes*, en los años cuarenta, dirigida por Lezama Lima. El mismo Lezama, su poética, era un producto cultural. Es decir, la culminación de un proceso. Como lo eran Nicolás Guillén, Alejo Carpentier, Virgilio Piñera, Labrador Ruiz y hasta investigadores de la nacionalidad como Fernando Ortiz y Lydia Cabrera, esa eminente antropoeta. Todos formaban parte de una cubanía que era la expresión de la nacionalidad formada en el siglo pasado, originada después de la toma de La Habana por los ingleses, ocupación que mostró a los cubanos que el mundo no estaba poblado sólo por españoles. En esos años cincuenta hubo el estallido musical del mambo, del bolero, del chachachá que venían de la rumba ancestral, de los dazones y del son. Todavía se ven los rezagos en la salsa. Había un fermento teatral y radial, había posibilidades en el cine que luego se transformaron en pura propaganda bajo Castro. Cuando llegó la televisión, en 1950, Cuba tenía más televisores que toda Italia, aunque parezca increíble, y en 1958 tuvo televisión en colores primero que en ningún otro país del mundo excepto los Estados Unidos. Todo esto lo ha opacado, lo ha obliterado, lo ha hundido en el mar de Marx, Fidel Castro y su maquinaria de propaganda. Y por supuesto los repetidores extranjeros de su propaganda. Se habla por ejemplo de burdeles en La Habana; sí había burdeles en La Habana. Pero había menos putas en las calles que las que se ven hoy en Barcelona. Recuerdo una visión única habanera al salir una tarde de sábado de la casa de mi mentor, que era el jefe de redacción de la revista *Bohemia*, que vivía en la frontera del barrio de las putas, con unos libros que me prestaba, y ver cruzar a una puta de una casa a otra, completamente desnuda. Para mí fue una visión deslumbrante, no porque la muchacha fuera realmente bella, que lo era, sino porque no se veían nunca mujeres desnudas en la calle. A La Habana llegó en 1948 un *burlesque* americano y se les ocurrió, como propaganda —Lady Godiva en el trópico— hacer recorrer la ciudad a una americana rubia con una tetas enormes que se llamaba Bubbles Darleene. Bubbles Darleene, que era su nombre de guerra, ¡se paseó por la calles céntricas de La Habana vestida con un impermeable transparente! Inmediatamente la arrestaron y todo se volvió un escándalo mayor. Entonces, como decía Néstor Almendros[1], lo que había en Cuba era todo lo contrario, era una moralina pacata, postvictoriana, insoportable. Cuando uno se pasea ahora por Barcelona yo me escandalizo de realmente ver

---

1- Néstor Almendros, fotógrafo de cine. Uno de los grandes fotógrafos españoles de los últimos treinta años. Murió en el mes de marzo de 1992.

varias cuadras de las ramblas, el paseo más central de la ciudad, flanqueadas por prostitutas jóvenes, viejas, y de regular tiempo, a la izquierda y la derecha, travestis y transexuales. A las dos de la tarde en cualquier día de la semana. Jamás vi eso en La Habana, se lo juro. Había burdeles, sí, pero había más burdeles en Irlanda en época de Joyce que los que había en La Habana en mi tiempo. No es para enorgullecerse, no, es simplemente para ilustrar cómo una mentira puede circular mucho más lejos que la verdad, ilustrando el axioma totalitario de Goebbels: «Mientras más grande sea la mentira mejor se creerá».

– Bueno, ya vamos a tocar el tema de Cuba especialmente...

– Como usted quiera. Lo que quiero decirle es que realmente La Habana y toda Cuba en los años cincuenta fue un lugar extraordinario, un lugar de fermento de ideas, de acciones, de diversas explosiones culturales. Fue verdaderamente maravilloso vivir allí en ese tiempo.

– De esto que se llama América latina que usted rechaza...

– No, yo rechazo el nombre...

– Y el proyecto...

– El proyecto de considerar a un continente y medio como un solo país, sí, porque lo considero verdaderamente ilógico, totalmente absurdo. Además, ¿qué tienen que ver cubanos con mexicanos, o venezolanos con ustedes, los chilenos, que viven en el mismo continente?

– ¿Cuál es su idea de eso que se llama América latina?

– A mí me parece que es muy importante que cada país conserve su identidad. A mí me parece muy sano que ustedes los chilenos sean tan diferentes de los argentinos, aun hablando. A pesar de que hablamos más o menos versiones de un mismo idioma, a mí me parece esencial la diferencia.

– O sea a usted le parece que no existe la tan manoseada identidad latinoamericana...

– Antes de responder a su pregunta quiero darle una respuesta sin pregunta que es la historia de una afrenta. Existen millones de seres humanos en todo el continente, desde México hasta Paraguay, pasando por Nicaragua, Colombia, Perú, Bolivia, que no hablan español siquiera. ¿No es una burla llamarlos latinos? Mejor hacían los griegos al llamar bárbaros a los que no hablaban su idioma.

No, no existe esa identidad. Existe la geografía sudamericana y la geografía centroamericana y la geografía norteamericana. Para mí la geografía siempre ha sido mucho más determinante que la historia.

– Pero no le sorprende que mucha gente importante hable de esto todo el día y que haga depender una supuesta felicidad histórica a partir de la realización de esta idea...

– No me sorprende que mucha gente crea esto. Es decir, mucha gente creyó durante siglos que la Tierra era plana, mucha gente cree en fantasmas. Hay gente que cree en otras cosas menos reales que los fantasmas como, por ejemplo, la felicidad histórica o en el más allá histórico, que es más fantástico todavía que la felicidad histórica. No tengo un mensaje particular para ellos, porque no creo que además esa gente sea real. Cuando usted me la menciona, quizás me puede mencionar tres o cuatro personas que usted conoce o veinte o doscientas o dos mil pero no son muchedumbre. Unicamente un demagogo gárrulo como Hitler, por ejemplo, como Mussolini, o como Castro, puede aspirar a ilustrar multitudes. Creo que es un ejercicio inútil, que se puede estar hablando horas desde una tribuna frente a un *rally*, frente a una concentración, a una manifestación, y pregúntarse por qué la gente está allí. Siempre me lo he preguntado. Una de la manifestaciones más útiles que yo he visto en mi vida fue la manifestación que derrocó a Ceausescu, porque es una de las pocas en que la gente sabía por qué estaba allí. Pero yo me pregunto qué pensaba la gente que estaba en los grandes *rallies* de Nuremberg, por ejemplo, tan exaltados por el cine de Leni Riefenstahl[2]. Por cierto que yo también inventé un personaje propagandístico mítico que era un derivado de Leni Riefenstahl y se llama Lenin Rifenstalin.

– Usted se siente básicamente qué, ¿cubano?

– Me siento cubano totalmente. Es lo que yo soy. Pero a mí la idea de que yo sea un latinoamericano realmente me revienta el hígado.

– ¿Lo considera falso?

– La enorme falsedad de vivir bajo pretensiones inútiles. Además, si dijera soy americano, bueno, eso tiene un sentido porque todo el continente es América. Pero decir que yo soy latinoamericano, ese prefijo

2- Leni Riefenstahl, cineasta alemana. Su obra es conocida especialmente por su vinculación a la propaganda nazi, como el caso de *El Triunfo de la Voluntad* (1936), que documenta el primer congreso de Nurenberg.

me parece odioso. Además me resulta de unas pretensiones, en el mejor de los casos, extraordinarias y, en el peor de los casos, de una segregación pésima.

– ¿Le parece que, de alguna manera, es un invento literario América latina?

– En la medida en que es un invento francés, es un invento literario. En la medida en que es una adopción forzada por los Estados Unidos, no es nada literario, es producto de intereses geopolíticos.

– Pero los llamados países latinoamericanos tienen una cierta conciencia de sí como tales...

– Eso es exactamente como que si usted padeciera de alucinaciones y tomara conciencia de ser Batman y volara como un murciélago. Me parece verdaderamente fantástico. Es decir una noción de una historia fantástica.

– Así será, pero los grandes impulsores de esta idea son los escritores-próceres del siglo diecinueve, entre ellos Martí... y posteriormente los escritores de los años sesenta, su generación.

– Pero Martí se equivocó en eso fundamentalmente. También añoraba la independencia de Puerto Rico. Cosa que además no tenía por qué interesarle en absoluto, porque él era un cubano que ni siquiera había visitado Puerto Rico. Entonces la idea de la independencia de Puerto Rico fue todavía más dañina a los portorriqueños que la idea de la independencia de Cuba a los cubanos. Y en cuanto a los escritores de los años sesenta, dígame cuál de esos escritores no estaba al servicio de la propaganda cubana.

– Usted los conoció mejor que yo...

– Hay muchas maneras de estar en sintonía. Usted enciende la radio, consigue una emisora y simplemente le vienen las ondas herzianas por el aire y le penetran por los oídos. No tenían que recibir órdenes de La Habana, pero sí estaban en realidad en sintonía con Castro.

– ¿Por qué le parece que sucedió eso de una manera tan masiva?

– Masiva no.

– Usted estaba entre ellos...

– Es bien diferente. Yo era un cubano que había padecido a Batista, que deseaba la independencia política de Cuba, que quería que hubiera un juego político que Batista interrumpió por su propio afán de enriquecimiento personal. Y fui engañado realmente, porque el principal promotor de la idea de independencia política lo que creó fue más opresión y más dependencia política a su persona y finalmente a la Unión Soviética y al comunismo.

– Pero usted estuvo mucho rato con la Revolución...

– Me separé del proceso castrista en secciones. La primera sección ocurrió exactamente después del triunfo de Bahía de Cochinos. Estuve en Bahía de Cochinos como corresponsal de guerra del periódico *Revolución*. El magazine que yo dirigía, *Lunes de Revolución*, realmente alabó esa batalla, elogió esa victoria y dedicó números a toda clase de literatura bélica. Pero ocurrió algo muy interesante entonces. Mi hermano había dirigido un documental llamado *PM* y la Comisión Revisora de películas, que era en realidad la censura cubana que seguía funcionando como en época de Batista, no le dio el certificado para exibirla en un cine y secuestraron la copia.

– ¿Qué salía en la película?

– Solamente gente, mayormente negros, divirtiéndose en bares, en un cabaret, cruzando la bahía en un bote, etcétera. Se llamaba *PM* por Pasado Meridiano: la noche en La Habana. Organicé una protesta porque jamás se había censurado en Cuba ningún material por lo que decía y mucho menos por la forma en que lo decía. Hicimos un manifiesto que firmamos como doscientos escritores, pintores, músicos, y yo personalmente se lo llevé a Nicolás Guillén, que estaba en trámites de ser presidente de la Uneac, la unión de escritores y artistas de Cuba. Guillén que era un hombre muy temeroso, se asustó mucho y pensó que íbamos a protestar públicamente en un próximo congreso internacional de escritores que habría en La Habana. Se nos convocó a tres reuniones que se celebraron cada una un viernes del mes de junio de 1961. Es decir, tres meses después del ataque de Bahía Cochinos y del triunfo aplastante por las huestes castristas sobre los invasores. En estas tres reuniones salieron a relucir muchas cosas. Por ejemplo, si estaba presente un escritor malo que había sido criticado en *Lunes*, criticado literariamente, pues ese escritor se paraba a difamarnos políticamente frente a un micrófono junto al estrado en que estaban todos los miembros del gobierno y otras personalidades: el presidente Dorticós, Fidel Castro, Nicolás Guillén, el hoy ministro de Cultura, Hart, que entonces era de

Educación, Carlos Rafael Rodríguez, yo, Alfredo Guevara como director del Instituto del Cine y Carlos Franqui como director del periódico *Revolución*. Le estoy dando una medida de la importancia que el gobierno le dio a estas reuniones. Todos estos escritores afectados por lo que se les criticaba en *Lunes de Revolución* se arroparon inmediatamente con toda la ortodoxia revolucionaria posible y atacaron bestialmente al magazine. Pero no solamente al magazine, que eso hubiera sido lo menos importante, aunque hubiera sido muy importante para mí, pero era lo menos importante para la cultura cubana, en ese momento, sino a la libertad de la cultura. Fidel Castro tuvo la última palabra, como siempre, en el tercer viernes. Dio la vuelta al estrado de su sillón central para pararse frente al micrófono pero antes de hablar se quitó el cinturón con la cartuchera y la pistola enorme que siempre lleva y la dejó sobre la mesa. Ese fue un gesto metafórico, realmente. Empezó a hablar, y comenzó a decir que aquí todos hemos sido muy cultos, acentuando la palabra culto con su sorna habitual.(Porque Castro no tiene ningún sentido del humor, pero sí tiene un sentido de la sorna extraordinario). Terminó diciendo: «con la revolución todo, contra la revolución nada», que es una de las formulaciones más estalinistas que se ha podido oír jamás en ningún lugar del mundo excepto Rusia. Inmediatamente todos estos amigos de Cuba, que jamás en la vida habían disparado ni una piedra con un tiraflechas, empezaron a repetir esta infamia como un credo revolucionario. Vean cómo esta revolución es de tolerante que admite todo lo que sea a su favor. Es decir, como si yo admitiera todos los elogios que usted pudiera decirme, pero en cuanto usted me dedicara la menor crítica yo le caía encima y lo abofeteaba hasta la sangre. A mí la frase, la consigna me pareció una enormidad malévola.

– Le cerraron el magazine...

– A partir de ese momento *Lunes de Revolución* quedó clausurado y su clausura se efectuó con una hipocresía o pericia política extraordinaria y con eficacia. Se determinó que el magazine terminaría en octubre, y se publicó una esquela en el periódico *Revolución* diciendo que el *Lunes* terminaba su existencia ¡por falta de papel! Inmediatamente fue sustituido por la revista de la Unión de Escritores y Artistas y por la *Gaceta de Cuba*, también de la Uneac. Es decir una publicación cesaba por falta de papel y surgían dos publicaciones verdaderamente generosas con el papel.

Allí empezaron mis reservas, aunque ya tenía algunas otras sobre lo que sucedía en Cuba. Pero como formaba parte del equipo cultural, no les había dado toda su importancia. Aunque sí adquirí la noción personal, al viajar en el *entourage* de Castro desde Washington y Nueva York hasta Buenos Aires, en abril de 1959, durante veintiún días, de que el antiguo matón que era Castro se había convertido en un *bully* político. Fue entonces que debí exiliarme pero lo que hice fue refugiarme en la cultura. Es que es más fácil dejar un partido político que abandonar su país. Pero quiero decirle que la protesta por el secuestro de *PM* fue la única manifestación anticastrista, en el terreno de la cultura, que ocurriera jamás en la Cuba castrista. Ahora mismo acaban de prohibir otra película, *Alicia en el pueblo de la maravilla,* treinta años más tarde, en una especie de noche cíclica y nadie ha protestado en Cuba. El mismo director, al que organizaron una rueda de prensa de manera estaliniana, pidió perdón por haber *causado* la censura de su película. Fue, como su título, una intervención de Lewis Carroll: primero la condena, después el veredicto, después la confesión de la culpa.

– Pero después a usted lo eligieron vicepresidente de la Unión de Escritores... y lo nombraron agregado cultural en Bélgica...

– Efectivamente, me eligieron sin que nadie votara por mí.

– Y eso no significaba nada...

– *Lunes de Revolución* cesó y yo me quedé sin trabajo. Sólo pude subsistir porque ya vivía con Miriam Gómez, que era una actriz con mucha demanda en Cuba y vivía de lo que ella ganaba. Empecé a decir que era el primer chulo del socialismo.Y comencé a reunirme en mi casa con toda la gente que antes trabajaba y se reunía en *Lunes de Revolución*. Hablábamos de literatura, pero también hablábamos mucho contra el gobierno. Fue entonces cuando me enviaron a Bélgica. Tenga en cuenta usted que Bélgica, en Cuba, era prácticamente como el otro lado de la luna. Esa fue mi Siberia.

– Pero irse a Europa cuando comenzaba a ser conocido como escritor, ¿era tan malo?

– ¡Ni siquiera sabía que idioma hablaban en Bélgica! Me enviaron como agregado cultural y allí estuve tres años. Allí me enteré de todas las patrañas posibles del mundo diplomático no sólo cubano sino del llamado campo socialista que ahora es un descampado.

– **Y decidió quedarse en Europa...**

– No. El 2 de junio de 1965 me llamaron de La Habana para que regresara porque mi madre estaba muy grave. Murió ya en camino. Después de su funeral, cuando estaba en el aeropuerto para volver a Bélgica, me impidieron coger el avión y como de veras el universo comunista tiene su equivalente literario en Kafka, me citaron para ir al ministerio al día siguiente, a las nueve de la mañana. Se suponía que el ministro me quería ver, pero al único que vi fue al viceministro que me había llamado por teléfono al aeropuerto. Pregunté por el ministro pero nadie me dijo nada. Tampoco pude saber nada más de la llamada. Algo olía muy mal porque el hecho era que no podía viajar. Eso era muy peligroso para mí en ese momento: alguien no quería que yo saliera de Cuba.

Finalmente las gestiones para salir de nuevo culminaron con un señor muy importante que se llama Carlos Rafael Rodríguez, ahora tercero en el régimen. Había conocido a Carlos Rafael Rodríguez en el periódico *Hoy*, el órgano del partido comunista, donde mi padre era redactor. Me conoció a mí desde que tenía doce años y me decían Guillermito. Rodríguez se encargó de hablar con el presidente de la república y el presidente de la república admitió mi salida de Cuba con el pretexto de que mi libro *Tres tristes tigres* iba a ser publicado en España, pero no como funcionario del régimen. Carlos Rafael sabía muy bien que yo no iba a regresar a Cuba. La noche antes de embarcarme definitivamente hubo una entrevista muy curiosa en su despacho, en la que exhibió un tacto extraordinario. Me habló mal de Alejo Carpentier, cosa que a mí me agradó mucho, pero lo que dijo de Alejo Carpentier se podía aplicar mejor a mí. Me dijo: «Alejo es un hombre que no entiende la revolución. Nosotros estamos muy preocupados con él, con ese libro suyo de ahora. (Un libro que empezó Carpentier y nunca terminó). «Este libro del que han publicado dos capítulos en la revista *Bohemia*, nos preocupa», me dijo Carlos Rafael, «nos preocupa mucho porque no queremos tener un caso Pasternak en Cuba»[3]. Entonces me dijo: «Es

3- Se refiere al problema que se creó en el gobierno de la URSS cuando en 1958 se concedió el premio Nobel de Literatura a Boris Pasternak.

bueno que te vayas, es bueno que te salves». Y a mí me sorprendió muchísimo esta extraordinaria revelación y esta especie de despedida literaria de Carlos Rafael Rodríguez, que era y es un hombre muy inteligente. Ese sí ha leído libros. Ninguno de los otros lo ha hecho. Pero Carlos Rafael además de hombre de letras, es un economista y de veras que había leído las cosas mías y habíamos tenido bastante contacto antes. Entonces así es cómo salí de Cuba.

– Fue una lección...

– La Habana fue una lección de historia que completó mi educación política. Ya había comenzado en 1961 con la prohibición de una película y terminó en 1965 con la prohibición de embarcarme de nuevo para Europa.

– Decíamos que este fantasma de América latina podría ser un invento literario. Usted estaba de acuerdo en que había sido un invento francés... ¿Pero no cree que los propios latinoamericanos, sus escritores y cientistas sociales y políticos, la propia gente de estos países, toman una cierta conciencia falsa de sí mismos a través de esto que se llama la imagen de América latina, a través de sus escritos?

– Es posible. ¿Se siente usted formando parte de la república de Haití? Por cierto, Haití era, en el siglo dieciocho, la más próspera colonia de todo el mundo conocido. Hubo una rebelión de los esclavos que se volvió una revolución donde los esclavos imitaron a los amos no sólo en la ropa y en el hablar sino en sus ideas políticas. Hubo juicios sumarios, hubo ejecuciones, como en la Revolución francesa y hubo un Napoleón negro, el tirano Henri Cristophe, que se proclamó emperador y los esclavos de los blancos se hicieron esclavos de los negros y Haití dejó de ser la colonia más próspera para convertirse en la república más miserable de América. Irónicamente, los ricos esclavistas huyeron con sus esclavos a Cuba, a la que hicieron la colonia más próspera de América. Ahora, en nuestro siglo, imitando no a la Revolucion francesa sino a la rusa, Fidel Castro ha empobrecido a una isla próspera al reducirla al nivel de Haití. Mientras los cubanos que huyeron de Castro han hecho de la Florida, uno dc los estados más pobres de la Unión, un emporio visible y aprovechable para toda la América hispana: la geografía se repite tanto como la historia. Hay un concepto falso. Eso es como esa señora que vive su vida de acuerdo con la letra de los boleros. Paso a ilustrar esta tendencia en un momento, para que vea lo grave que es. Mi primera mujer, cuando yo llegaba tarde, me preguntaba «¿dónde has estado?» Y yo decía: he estado trabajando en el periódico. Inmediatamente me cantaba: miénteme más, que me hace tu maldad feliz». Ella lo relacionaba todo a letras de boleros, cantaba canciones de Olga Guillot cuando no de Lucho Gatica.

– Pero muchos jóvenes de los sesenta tomaron conciencia del continente a través de los escritores, incluido usted.

– Entonces son malos lectores. Porque ¿cómo se puede tomar conciencia política a través de una obra de ficción?

– No, no conciencia política, es conciencia de pertenencia.

– Es una conciencia política. Si se habla del continente como de América latina no se habla de una geografía, se habla de historia y se habla de una historia política. A mí me parece que, en realidad, si se han creído la idea de América latina a través de los escritores, no están más que repitiendo el caso de la pobre Emma Bovary, que confundió la vida con las novelas.

– ¿No cree que es una característica de América latina confundir la historia con las novelas?

– Eso es muy grave. Fíjese como terminan todas estas historias...

– Se habla mucho del fin de las utopías, del fin de las concepciones globales...

– ¿Sabe cómo terminan las utopías? Terminan en Etiopía. Eso es lo que es grave. No que terminen en distopías, sino que terminan siempre en Etiopías.

– ¿Le parece que la utopía todavía tiene que jugar algún papel en nuestros países?

– Mire, no sé. El iluso Oscar Wilde escribió un ensayo que se llamaba *El alma del hombre bajo el socialismo*, que era muy ingenuo porque pretendía que bajo el socialismo los hombres iban a ser más libres. Y decía que él no concebía que pudiera existir un mapa del mundo donde no hubiera una utopía. La utopía es una invención inglesa. Es Tomás Moro quien inventa el nombre y plantea la necesidad de que exista una utopía. Creo que las utopías son muy peligrosas.

– ¿Pero son necesarias?

– Son necesarias como son necesarios los sueños, pero siempre y cuando los sueños se terminen, al despertar. O no se vuelvan pesadillas. Creo que las utopías manejadas por hombres como Lenin, como Stalin, como Mao Tse Tung, como Hitler, como Mussolini, que todos pretendían alcanzar diversas utopías, son muy peligrosas.

– Ahora, como alternativa al socialismo, al comunitarismo, ¿usted cree en el liberalismo?

– No, yo creo en la democracia. No creo en la democracia con sobrenombre, como esas democracias populares que había en el Este de Europa y que han terminado para siempre. Ni en la democracia burguesa, que es un término inventado por Lenin. No creo que existan democracias con apellido, creo que la democracia es la democracia desde los griegos hasta hoy.

– ¿Está de acuerdo en que nuestros países fueron creados a imagen y semejanza de ideas que respondían otras realidades históricas?

– Pero ¿cómo puedo opinar yo? Y ese es el problema grave de tantos escritores en América, ¿cómo puedo opinar sobre lo que no conozco?

Además, estos países no tienen que ver nada unos con otros, sino que se odian entre sí. Los venezolanos odian a los colombianos, los colombianos odian a los panameños, los nicaragüenses odian a los hondureños, los guatemaltecos odian a los mexicanos, los mexicanos odian a los americanos. Eso es lo que yo veo en realidad como profundo y movedor más que conmovedor.

Mire, déjeme ilustrarle la medida del odio *soi-dissant* latinoamericano con una breve crónica de viaje. En abril de 1980 fui invitado por mi editora española a hacer un viaje de promoción a México, Colombia y Venezuela. Viajé de Bogotá a Caracas y al llegar al aeropuerto y al estar haciendo la cola para la inmigración, se acercó a nuestra fila un hombre cetrino con una varita en la mano y empezó a tocar con la varita, que era de veras mágica, a uno que otro pasajero que hacía la cola al tiempo que decía, «Usté para allá» y volvía a la fila a tocar a otro pasajero. Miriam Gómez, siempre curiosa, le preguntó al mago venezolano que por qué separaba a unos pasajeros de otros. «Esos, señora», declaró como si Venezuela fuera el paraíso, «no van a entrar». «¿Por qué?», inquirió Miriam Gómez. «Porque son chilenos y colombianos y aquí no los queremos». Era evidente que los chilenos eran más blancos que los colombianos, pero los colombianos eran tan oscuros como el funcionario de la varita. «¿Y cómo usted sabe que son colombianos?», quiso saber Miriam Gómez. «Es que a los colombianos», dijo el agente cetrino, «yo me los huelo» y se tocó la nariz con su varita. ¿Con qué sexto sentido distinguiría a los chilenos?

– ¿Y ve alguna necesidad de destino común entre nosotros? Por ejemplo, el caso de Europa; son pueblos muy diferentes pero vieron en algún minuto que tenían que tener un destino común, y se han peleado entre ellos, y se han odiado entre ellos...

– Usted sabe que yo vivo en un país, Inglaterra, donde la gente, el hombre común, no tiene nada en común con Europa, y donde la idea del Mercado Común es una idea importada y artificial para salvar una economía que no tiene salvación. Europa no ha traido a Inglaterra más que invasiones. O amenazas de invasión. Así que, imagínese, si para Inglaterra, estando en Europa, es tan difícil concebir la idea de una Europa unida, no creo que haya ninguna posibilidad de unión en América latina. Es decir, yo creo que hay la posibilidad de un Mercado Común Andino de diversos países alrededor de los Andes, porque tienen fronteras comunes y tienen intereses más o menos comunes. Pero ahí para la cosa. Es decir, no creo que pueda haber una identidad política.

– Hasta hace pocos años se hablaba de la lucha ideológica, que llegó a ser un concepto muy extendido, entre el socialismo y el liberalismo o el capitalismo. ¿Le parece que hoy día, con el derrumbe de los países socialistas, se podría decir que ganó esta lucha ideológica el liberalismo o el capitalismo?

– Creo que la había ganado mucho antes, creo que la ganó desde el principio. Lo que pasa es que todo en el mundo comunista está enmascarado por la propaganda y no se puede ver lo que está ocurriendo realmente. Como pasa ahora con la Unión Soviética. Uno se da cuenta de que este país tan enorme, con esa cantidad de recursos que tiene, se ha convertido en vendedor de territorios: cedieron Alemania Oriental por dinero, igual iban a vender las islas Kuriles al Japón y ahora están mendigando de los Estados Unidos y de Europa Occidental. ¿Se acuerda de lo que dijo un importante periodista americano después de ir el año 1919 a la Unión Soviética? Al regresar a los Estados Unidos, produjo una frase de propaganda rusa que traen todos los libros de citas y que es verdaderamente ridícula: «He visto el futuro y funciona». Bueno, pues, no era el futuro ni funciona.

– El liberalismo no es una utopía también...

– No creo que sea una utopía, porque ha estado funcionando durante siglos. Funcionó bajo otro nombre, funcionó en la Grecia antigua y ha funcionado en el mundo moderno. En este país, Inglaterra, por ejemplo, funcionó desde el siglo diecisiete. No creo que sea una utopía, al contrario.

– ¿Ni siquiera en los países más pobres?

– No sé qué ocurre en realidad en los países más pobres, porque si usted lo piensa bien, Rusia era un país pobre simplemente porque no sabían qué hacer con las riquezas que tenían y no eran nada liberales. Todo lo contrario. Pero allí, al mismo tiempo, se estaba originando una gran explosión liberal. Si usted ve el siglo diecinueve ruso, es un siglo extraordinario: no solamente se liberan los siervos, que eran una tara espantosa que traían de siglos atrás, sino que hay una explosión espiritual, hay una explosión literaria, hay una explosión política. Es decir, Lenin, Trotsky y Bujarin, por ejemplo, son hombres del siglo diecinueve, no son hombres del siglo veinte. Son hombres formados en esa Rusia y esa Rusia permitió también hombres como Tolstoi, Dostoievsky, Chejov, Gogol. Me cansaría de recitar los nombres nada más de grandes escritores. Y no solamente escritores, sino que hubo grandes músicos y hubo grandes científicos. Todo era producto de un sistema que no era liberal, pero ellos mismos eran resultado del liberalismo, porque todos, todos, a pesar de que se declararan eslavófilos, todos miraban hacia Occidente, de una manera o de otra. Incluyendo a Lenin que miraba a Marx aunque Marx no lo mirara.

– Con el fin del fantasma comunista, ¿usted cree que se van a agudizar las tensiones entre el norte y el sur, entre países desarrollados y países subdesarrollados?

– Norte y sur en realidad es otra división falsa, como lo es la división del Tercer Mundo. ¿Dónde está el segundo mundo y cuál es el primer mundo? La idea de norte y sur no tiene sentido. Por ejemplo, Canadá es menos desarrollada que Estados Unidos y está al norte de Estados Unidos y más al norte todavía está Alaska.

Si se refiere a desarrollo-subdesarrollo como metáfora norte-sur, le puedo decir que estas metáforas son peligrosas porque son lugares comunes y obligan a pensar en términos de lugar común. Usted habla de norte y sur y yo tengo inmediatamente que pensar que Australia, que está al sur, es un país de una economía extraordinaria, mientras que Indonesia, que está al norte de Australia, es un país pobre. ¿Entonces, dónde comienza esa metáfora y dónde termina? ¿Y dónde puedo yo situarme para que no me afecte? Lo que yo trato de evitar, que lo hago también cuando escribo, son los clichés. Los clichés literarios no tienen mayor importancia ni tienen mayor consecuencia, pero los clichés políticos suelen ser muy peligrosos. Los loros castristas repiten, por ejemplo, que a pesar de todo (y *todo* significa el único régimen totalitario de América) en la Cuba de Castro se ha avanzado mucho en educación y en salud pública. Es un punto debatible, pero como cliché no tiene más valor que decir que cuando Mussolini los trenes italianos llegaban a tiempo. O que Hitler libró a Alemania del marasmo de la república de Weimar mientras inventaba las *auto-bahnen*, formidables carreteras que sirvieron, por cierto, para la invasión de Austria, Checoslovaquia, Polonia, los Países Bajos, Dinamarca y, por supuesto, Francia. Otro lugar común de la izquierda atacada de psitacosis es que La Habana era un casino y un prostíbulo. Berlín fue un modelo de la decadencia con que terminó Hitler. ¿Era necesario Hitler para dar un fin de fiesta a la decadencia?

Todos éstos son términos que de alguna manera tuvieron un sentido en el momento en que se originaron y, como todos los clichés, han caído no en un desuso sino en un maluso. Todos deseamos ser ricos, muy poca gente desea ser pobre. Unicamente Gandhi y Diógenes o tal vez Cristo, que es una figura más interesante que los otros dos, deseaban ser pobres y estar con los pobres de la tierra, etcétera, etcétera. Pero los demás deseamos ser ricos. Yo, por ejemplo, podría llevar una vida mejor hasta el fin de mis días con un par de millones de dólares. Me imagino que a los países les ocurre lo mismo. Detesto pensar en términos de países, porque no conozco a la humanidad, conozco a dos o tres personas nada más. Entonces no puedo opinar ni siquiera de países concretos, porque, por ejemplo, yo nunca he estado en Chile. Conozco a dos o tres chilenos y a nadie más en Chile.

– ¿No hay conceptos políticos generales?

– No hay, porque le podría decir que las falacias políticas son interminables. Dentro de poco habrá una generación que volverá a creer en todo lo que se ha demostrado ahora que es falso y nefasto. No hay la menor duda de eso, porque nadie se convence por la experiencia ajena. Como decía Oscar Wilde, la experiencia es el nombre que le damos a nuestros errores. ¿Qué pasaría si yo le dijera que dos detestables dictadores fueron beneficiosos para sus países y que dos o tres dictadores deliciosos (vamos a llamarlos así para seguir con la aliteración) han sido nefastos para sus países. Pienso, por supuesto, en Pinochet, que ha permitido que Chile sea una nación mucho más rica que lo fue con Allende o que lo fue con los presidentes anteriores. Pienso en la España de Francisco Franco. Cuando muere, España, la nación que dijo «que inventen ellos», era una nación casi industrializada en su totalidad, y gracias al turismo se convirtió en una nación mucho más rica que lo que fue nunca, excepto en su historia renacentista. Es decir al final del siglo quince, en el siglo dieciséis y en el siglo diecisiete. Otros dictadores benéficos o beneficiados por la propaganda comunista, como Fidel Castro o Ceausescu, han resultado espantosos para sus países, aunque la propaganda haya sido muy buena para ellos. Está claro el caso del pobre Ceausescu, que tuvo un mal final. Espero que Fidel Castro tenga un final tan atroz como el de Ceausescu o tal vez peor. Pero en realidad ambos se nos han mostrado como ideales. Usted no tiene idea cómo en este país se exaltaba a Ceausescu, cómo la reina lo condecoró con la orden más alta. No tengo que hablarle a usted de la exaltación sistemática de Fidel Castro. ¿Entonces, cómo podemos hablar de situaciones políticas óptimas para países tan diversos? Quiero decirle que en España, en televisión, una bella locutora, tratando de definirme, me dijo: «Bueno, y usted ¿dónde se coloca, en esto, políticamente?» Ella estaba muy exaltada y yo le dije: «Bueno, usted me puede considerar a mí un reaccionario de izquierda». Y, claro, la lancé, saltó al vacío, disparada de su asiento, porque se sintió tan sorprendida que pensó que era una broma y lo consideró y lo reconsideró y se dio cuenta de que era un despropósito que ella no podía de ninguna manera aceptar. Eso es lo que yo pienso de todas las situaciones políticas. Creo que en realidad, en mi opinión desde hace tiempo, que la historia no existe, que la historia es un libro que se llama historia y que la inventó un señor que sabemos que se llamaba Heródoto y que antes de él no había historia y simplemente la hubo porque él escribió un libro que llamó *Historia*.

– La historia indudablemente ha sido una especie de arnés que nos ha determinado a partir de un cierto momento... Pero nadie se libra de ella, ¿o usted sí?

– Ha determinado a algunos, otros han vivido contra la historia, pueblos enteros han sido ahistóricos. Los aborígenes de Australia ahora, por ejemplo, no tienen historia. Tienen una mitología verdaderamente encantadora, relacionada con los sueños. Siempre, desde hace unos años, a partir del momento en que me fui de Cuba, comenzó a parecerme lo que le parecía a Joyce: la historia es una pesadilla de la que trataba de despertarme. Después reconsideré y me di cuenta de que no era una pesadilla, que la historia era una forma de literatura como es una forma de literatura la biblia. La biblia tal vez con más solidez que la historia, porque la historia la escribe un solo individuo o diversos individuos a lo largo del tiempo, mientras que la biblia es una obra colectiva. Pero la historia, como la biblia, en realidad no es más que literatura. Hay gente que cree en los libros. Madame Bovary creía firmemente en las historias, don Quijote creía en los libros de caballería. ¿Por qué no va a haber seres humanos que creen en la historia como si fuera una obra de ficción?

– ¿Le parece que la historia atenta contra sí misma al momificarse en un texto o en una versión? ¿Se transforma así en literatura?

– Fidel Castro tuvo una frase, en su juicio después del asalto al cuartel Moncada, que estaba tomada de Hitler y le puedo mostrar *Mein Kampf* donde Hitler lo dice exactamente. Dijo: «La historia me absolverá». Esa fue una frase que ha viajado por toda Cuba y el mundo como usted no tiene idea. Un periodista cubano le contestó en una columna, después de caído Batista, y escribió: la historia te absolverá pero no la geografía. Al día siguiente ese periodista se tuvo que asilar en una embajada y ahora vive en Venezuela desde hace muchos años. El concepto de historia, como ve, puede ser muy peligroso.

– ¿Atenta, por ejemplo, contra lo que se podría llamar el individuo y su felicidad personal, por ejemplo?

– Hay gente que considera a la historia como una forma de posteridad, pero yo prefiero realmente la posteridad a la historia. Porque «pasaré a la historia», «esto es un momento histórico», no son nada más que palabras, no significan nada. La historia es y significa de acuerdo con quien la escribe. Eso ya se sabe desde hace mucho tiempo: un dicho dice que sólo los vencedores escriben la historia. Y es verdad. Es decir, la historia del mundo sería muy diferente si Hitler hubiera ganado, pero al mismo tiempo la escritura de esa historia sería también enormemente diferente. Además, en los países totalitarios hay una cosa más grave aun que es la reescritura de la historia: reescribir el pasado de acuerdo con el presente. No ya hablar del futuro que lo tienen garantizado porque es una utopía, sino ser dueños totales del tiempo. Para creer en la historia prefiero creer en la inmortalidad del alma que es tan absurda como la misma historia.

– Ahora, saliéndose de los parámetros tradicionales de lo que ha sido...

– Esa es una palabra que yo detesto.

– ¿Parámetro?

– Parámetro, sí. Igual que la problemática. Son palabras que de pronto han aparecido en el idioma y que obviamente tienen un origen griego pero que lo aplastan a uno porque todo el mundo las usa pero la mayor parte de la gente no sabe qué quieren decir. He preguntado en muchos lugares: ¿qué quiere decir parámetro, por favor? Y me han dado diferentes versiones de la misma palabra. Usted sabe que hay un dicho muy ducho, que dice que lo peligroso de la palabra metafísica es que sirve para casi todo. Y metafísica, el concepto de metafísica me parece muy interesante, me parece un artefacto, una invención literaria extraordinaria. Pero lo de parámetro, si usted me pregunta por parámetro yo no sé que decirle, tendría que mandarle a Paraguay que a la vez es una especie de parodia de Uruguay.

– Le parece entonces que ciertas abstracciones atentan contra la felicidad individual. Me refiero a algunas que definen la modernidad, como la historia, el progreso...

– De entrada, le puedo decir que la felicidad y lo que usted llama la felicidad individual es algo en lo que yo no creo mucho. Creo que toda la vida somos infelices. Todos somos infelices porque siempre uno tiene que morir. El otro día estaba viendo un programa de televisión sobre la vida de Cole Porter, del que uno piensa, ¡qué compositor!

¡cuántas alegrías nos ha dado! ¡cuánto placer! ¡qué hombre más afortunado porque surgió de una familia rica, heredó millones, ganó más millones con su música, se casó con una mujer bella! Bueno, Cole Porter, a partir de los cuarenta años, vivió una vida miserable, porque tuvo un accidente montando a caballo. El caballo lo tumbó y le cayó encima sobre una pierna, se revolcó y le aplastó la otra pierna y no se las amputaron porque un médico de la familia se empeñó en que Porter pudiera conservar sus piernas. A partir de entonces sufrió sesenta y siete operaciones, tuvo dolores espantosos, no podía caminar. Terminó componiendo con un piano en la cama, que se retraía hacia él mismo. Fue homosexual, con muchos líos homosexuales, se casó con una mujer bella, esta mujer bella era lesbiana, esta mujer que le llevaba diez años se murió antes que él, sufrió mucho porque esta mujer había desaparecido, y finalmente murió espantosamente, totalmente inválido. Entonces esta vida, que usted puede imaginar desde afuera tan gloriosa, cuando se examina se ve que es profundamente infeliz. A Miriam Gómez, mi mujer, no le gusta que yo lo diga, pero en realidad pienso que todas las vidas son infelices porque al final todas terminan mal. Aún las que terminan bien, terminan mal. Entonces... (Miriam Gómez: la felicidad de la gente es muy importante)... Sí, la felicidad es muy importante, pero yo creo que la felicidad es como la vida, es muy...(Miriam Gómez: pero dices que lo mejor que se le puede dar a un pueblo es la felicidad)... Sí pero es muy momentánea y es muy ilusoria que es lo peor. Todo el mundo aspira a la felicidad, pero yo creo que todo el mundo aspira a la felicidad como muchos aspiran al cielo.

– **¿Por qué le interesa a usted vivir hoy día?**

– ¡Ah no! Yo creo que la vida tiene muchas retribuciones, creo que la vida no siempre es grata pero es siempre interesante, fascinante, cautivante. Ahora mismo, en esta semana pasada, yo perdí a dos amigos, una señora extraordinaria, una cubana que vivía en Madrid exiliada, una gran persona, una persona con una vitalidad extraordinaria, y otra, un compositor cubano que vivía en Nueva York, que murió en Miami, un hombre de un talento excepcional, y los dos murieron de cáncer y murieron entre sufrimientos absolutamente innecesarios. En realidad la vida es una gran disfrazada. La vida es la que nos destruye y la vida se lo achaca a la muerte con mucha habilidad. Pero no es la muerte la que nos destruye. Es decir, la vida nos va gastando y ya lo expresó mucho mejor que yo Jorge Manrique en el siglo quince. Creo que la vida construye hasta un momento, construye hasta que se tiene alrededor de veinticinco años y de allí comienza a conspirar para destruirte y finalmente lo consigue y es tan hábil, tiene tan buen servicio de propaganda que todos le echan la culpa a la muerte.

– Al escucharlo hablar así me viene a la cabeza un lugar común, pero creo que es importante saber si usted lo relaciona con sus sentimientos. Octavio Paz ha escrito que los habitantes de nuestra América viven con una especie de máscara, una especie de doble personalidad, son cubanos, chilenos, mexicanos, pero además siempre aspiran a otra cosa. Se podría agregar que siempre sienten que no están en el lugar en que deberían estar y, por lo tanto, no son felices. ¿Qué opina de eso? ¿Le parece verdadero?

– Creo que Octavio Paz, junto con Borges, es de los pocos escritores en nuestro idioma que ha conseguido llevar la información a conocimiento y el conocimiento a sabiduría. Hablé bastante con Borges en sus últimos años y nadie me ha dado más la impresión de ser un sabio. Y Octavio Paz es un sabio también, pero Octavio Paz está contenido por una realidad muy pesante, que es la realidad mexicana. En los mexicanos (y yo no conozco otro pueblo igual en América) siempre hay una máscara, producto quizás del indio que todos llevan dentro. Más o menos, aún los que tengan aspecto de español, o de extranjero, siempre piensan como indios, y esa mentalidad es difícil de penetrar. Cuando Octavio habla de estas máscaras, en realidad no puede hablar más que en nombre de los mexicanos. Lo que dice no es evidente en los argentinos ni es evidente en los chilenos que yo conozco. Y es mucho menos evidente en Cuba, donde la gente, por la extraordinaria mezcla de españoles del sur, de andaluces y de negros que apabullaron finalmente al carácter indio. La gente es muy exterior. Los andaluces son gente muy exterior en Europa y los cubanos son gente muy exterior en América, porque los negros son muy determinantes en Cuba y el negro es siempre exterior. No conozco filósofos negros, la cogitación no existe en el espíritu negro. Es todo lo contrario: tienen una enorme vitalidad, son excelentes en deporte y música, pero en cuanto a lo que sea un pensamiento profundo no lo veo. Ni lo veo en los negros de los Estados Unidos tampoco. En el caso de los cubanos, no estoy de acuerdo. Para nada. No hay máscaras en el trópico. Hay nada más que cuerpos. Y los cuerpos sólo se enmascaran con la ropa.

– Y después de todo lo que me ha dicho, lo del barullo del Quinto Centenario, ¿qué le parece?

– Soy verdaderamente un fanático de Cristobal Colón por una razón muy simple: sin Cristóbal Colón yo no estaría hablando con usted ahora y eso me parece, desde mi punto de vista, vital. Creo que hay dos personajes de consecuencia universal en la historia del mundo. En la historia del mundo que a mí me interesa, porque la historia china yo no la conozco y no me interesa para nada, ni mucho menos la historia japonesa o la historia hindú. Y estos personajes son Jesús y Cristóbal Colón. Jesús cambió la historia, pero creo que Colón fue inclusive más importante, porque cambió, además, la geografía.

– Entonces, está por celebrar...

– Estoy por la celebración más exaltada del descubrimiento. No creo que Colón tenga que responder por culpas futuras. Nunca pudo prever a Pizarro ni a Orellana ni a otros conquistadores españoles. Sin embargo, creo que Cortés fue un gran beneficio para los mexicanos, aunque lamento la destrucción de la antigua ciudad de México. Por los relatos de Bernal Díaz del Castillo, parece haber sido extraordinariamente apabullante en el sentido visual.

– ¿Es posible el nuevo orden internacional que propone Bush?

– No, porque creo que los países solo tienen intereses. Esa es una frase de De Gaulle y creo que es muy inteligente. Los países no tienen ideales. Eso se ha visto a lo largo del tiempo. ¿Se da cuenta cómo evito la palabra historia?

– Pero no puede evitarse usted mismo conversando conmigo un poco para la historia...

– Para un escritor en funciones, para un escritor que escriba, no existe la realidad, no existen más que las ficciones y todo lo que se escribe es ficción. Por supuesto, la mayor ficción es la historia, que es la que pretende ser más real.

– ¿Y el periodismo es el sacristán periódico de la historia?

– El periodismo es la historia de cada día. Es hacernos creer como reales las noticias que nos presentan ya masticadas. Son versiones de la realidad, en efecto.

– Ahí también está parte del interés de este libro, hacer de la ficción realidad...

– No sé si seré interesante. Me imagino que ya hace como una hora que la mayor parte de los lectores se habrá dormido. Conmigo, quiero decir.

– Usted toma mucha agua...

– Tomo mucha agua, ¿sabe por qué? Porque, gracias a un descubrimiento originado en los indios de América del Sur, yo estoy hablando con usted ahora. Tomo, para de alguna manera balancear una manía depresiva. Es decir, no es una sicosis pero fue una sicosis; tomo algo que se llama sales de litio. Estas sales fueron descubiertas por una tribu en Sudamérica que era particularmente pacífica y benigna. Se extrañaron los extraños y comprobaron que tomaban el agua de un manantial donde había litio, que es un metal conocido, un metal posiblemente descubierto por los griegos. Dedujeron que la mansedumbre de los indios, que se suponía que debían ser feroces y terribles, venía de que tomaban el agua con sales de litio. Se la comenzaron a administrar en los últimos años a los ezquizofrénicos y dio magníficos resultados. Después decidieron dársela a los maníaco depresivos. Simplemente porque los maníacos depresivos somos gente que nos exaltamos mucho y caemos después en depresiones muy profundas llamadas depresiones clínicas. El litio es un nivelador: baja la manía, no se está tan exaltado, no se es tan brillante, pero tampoco se está tan deprimido. Como consecuencia del litio, porque es otra sal en el cuerpo, es como si yo estuviera comiendo arenques todos los días a toda hora. Por eso es que tomo tanta agua...

¿Usted sabe que yo creé un personaje mítico, histórico, político que se llama Pinochet Guevara, sí?

– No, ¿y cómo es?

– Con características similares a sus originadores, y además una especie de matrimonio de los contrarios.

– ¿Y funciona?

– Lea mi nuevo libro, que es una recopilación de todos mis ensayos y artículos políticos, que se llama *Mea Cuba* y conocerá a este centauro político. El *quid* es dónde está la bestia.

– ¿Y cuál es su característica básica?

– Lea el libro. Si voy a dar demasiados avances, los lectores se van a sentir después verdaderamente estafados por haber comprado un libro y decepcionados porque anunciaba lo que no decía.

– ¿Piensa, entonces, que al escritor latinoamericano le queda todavía algún papel social o político que jugar?

– El escritor tiene el papel con que escribe y nada más. Y eso ya es bastante.

Londres, 13 de junio de 1991.

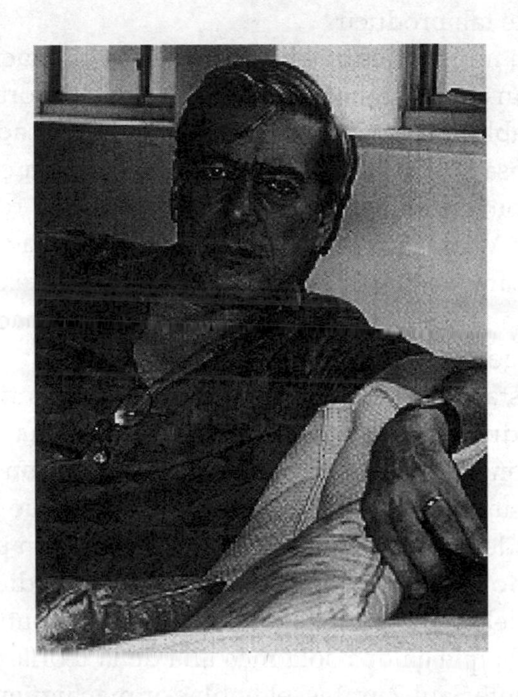

Mario Vargas Llosa

Knightsbridge es un barrio hermoso de Londres, en el eje de Cromwell Road. Allí está su refugio. Me sorprende que me abra personalmente la puerta de su apartamento. No está allí el vehemente personaje que fue candidato a la presidencia del Perú. Hay un Llanero Solitario... cansado. Parece haber retornado de un viaje por las praderas desgastadas del este y del oeste de la oligarquía peruana y haber salido rasguñado. Sin embargo, su entusiasmo por América latina es abismante. Se la cree entera. Piensa firmemente que tenemos destino, que podemos ser un día como Singapur o como Australia. Chile, para él, es un ejemplo. ¿Lo creerá de verdad?

Lo escucho decir cosas que no me imaginé que dijera de buenas a primeras: nuestras burguesías, con honrosas excepciones, han sido malas para trabajar en serio, a veces parasitarias y corruptas. En general, deben aprender algo primordial e inherente a toda burguesía que pueda enorgullecerse de tal: producir.

Patricia, su mujer, escribe a máquina en la habitación contigua, y desde el fondo un afiche gigantesco de la Chunga decora un estudio de escritor bien establecido. Su casa es como él: bien pensada.

Vargas Llosa se da a sí mismo, frente a mí, una conferencia brillante, y logra convencerse. Es coherente, demasiado rotundo, quizás. ¿No tiene dudas Vargas Llosa? Da la sensación de que es un *bulldozer* que puede arrasar con lo que se le ponga por delante... Pero también pareciera que una pequeña piedrita pudiera trancar y hacer estallar todo su sistema inteligente de engranajes.

Hoy, en esta extraña soleada tarde de Londres tiene un aire de tristeza. Algo le duele. ¿El jodido Perú? ¿América latina? ¿Los éxitos del japonés que entonces le había copiado su programa con un éxito relativo? Esta tarde está triste, amable y hablador. Como que hubiera necesitado hacerlo desde hace mucho tiempo... Como que un poco de ripio se le hubiera metido en algún zapato y ahora comprendiera que a veces hay que salirse del libreto para llegar a una verdad contundente: la que no tiene marco, la que galopa sola más allá de la teoría y la lógica. Está levemente presente Saúl Zuratas, el hablador machigüenga.

Es el más joven de este libro. Nació en 1936. Es, quizás, el más popular. Es una mixtura venerable de aquel contendor iluminista de Fujimori que tanto vimos por la televisión y del cadete de *La ciudad y los perros*, de conquistador y conquistado, de criollo y europeo, de humillador y humillado: un latinoamericano *cento per cento*. Posee los misterios de lo nuestro en la punta de la lengua, pero al salir se le transforman en razón enciclopédica con toda la pérdida que eso puede suponer, en algunos casos, para llegar al fondo de la histeria latinoamericana. Muchas veces da en el clavo oxidado que todos llevamos en nuestro costado. Y duele, cuando tiene razón.

Comedia de equivocaciones

–¿Está usted de acuerdo en que el concepto de América latina, al igual que otros conceptos del siglo diecinueve, no es más que una ficción que ya ha perdido su sentido y ha pasado de moda?

– No me parece que el concepto de América latina sea una ficción ni una moda. Creo que responde a una realidad de tipo histórico, de tipo cultural, de tipo geográfico, una realidad muy compleja, muy diversa, la de un mosaico en el que la diversidad es tan importante como el común denominador. Creo que si usted examina los conceptos de nación en América latina, verá que son mucho más frágiles y artificiales que el de América latina entendida como una unidad.

– ¿Pero cómo se materializa esa unidad?

– Es una unidad, pues, que hasta ahora ha tenido más una existencia literaria, retórica. Ha habido muchos factores que han conspirado contra su materialización. Pero yo diría que, más bien, en el contexto del mundo actual, en el que uno de los fenómenos más estimulantes y positivos es la internacionalización de la vida junto a la disolución de fronteras, hay una nueva posibilidad para que la realidad latinoamericana se concrete, y para que, también, sus fronteras comiencen a disolverse.

– Pero da la impresión de que lo que se considera una entidad reconocible no fuera más que un invento literario, retórico, primero de los escritores de lo que se llamó el descubrimiento y la conquista y después de la independencia hasta llegar finalmente a la generación suya, la paralela a la Revolución cubana, la del boom. Por otro lado, las ciencias sociales, que de alguna manera también podrían considerarse literatura, simultáneamente, academizaron el término América latina que, de por sí, es bastante racional, hijo de la Ilustración...

– No me parece, no creo que eso sea verdad. El concepto de América latina tiene más sentido todavía. Europa es un concepto, si quiere, originalmente más artificial que el de América latina, y sin embargo ha habido una evolución hacia la realización del concepto de Europa...

– Pero la historia de Europa viene de abajo, viene de pueblos que se fueron mezclando, física e ideológicamente, y nunca se les impuso desde arriba una manera de ver o de ordenarse o de rezar...

– Pero en América latina la imposición es muy relativa, sabe. Porque yo no me refiero a América latina sólo en su versión literaria, sino desde el punto de vista étnico, desde el punto de vista sociológico. Hay una realidad latinoamericana más fuerte que la de las fronteras. Para un indio quechua o para un indio aymara hay una realidad étnica que prevalece, evidentemente. Y, después, hay unos conceptos culturales, unas realidades culturales, más que conceptos, que prevalecen en la existencia cotidiana de la gente sobre todas las nociones administrativas. Para mí, América latina es fundamentalmente eso: una especie de vórtice de toda clase de tradiciones, corrientes culturales, modos de vida, comportamientos, y también de ideas y manifestaciones artísticas. Es una forma muy diversa, pero que de alguna manera va, está yendo, hacia una correspondencia. De hecho, los fenómenos se han dado mucho más con un carácter continental que con un carácter nacional. En los fenómenos literarios es evidente. No se pueden entender ni el romanticismo ni el modernismo, y mucho menos lo que es la narrativa contemporánea, si no se lo hace dentro de un contexto latinoamericano.

– En lo cultural parece ser cierto lo que usted dice... ¿Pero no encuentra que hay un desfase entre estas realidades culturales y la manera cómo se ha regulado y ordenado el Estado con sus instituciones y sus leyes, creando así un abismo entre país imaginado y país real?

– Hay un fenómeno hoy día muy interesante en América latina: la proliferación de regímenes civiles, la desaparición de dictaduras militares, el arraigo de sistemas que se puede llamar democráticos con todas las imperfecciones que puedan tener. Y ése es un fenómeno clarísimamente continental, que está creando otra vez una tendencia, como fueron en una época las dictaduras militares o en otra las guerrillas. Estos movimientos, tanto históricos como culturales, se han dado con prescindencia de fronteras, a pesar de todos los intereses de tipo político y de tipo económico para mantener la balcanización. Hay en América latina una dinámica que viene de abajo, mucho más que de arriba —aunque arriba también hay un fenómeno intelectual, desde luego—, pero que responde a una realidad étnica, sociológica, y a una problemática que también se da de una manera mucho más regional que nacional. Pero eso no pronostica nada para el futuro. Creo que, como el futuro no está escrito sino que es algo que se elige, América latina puede llegar a ser lo que pienso que sería lo mejor para ella: un continente que, como está ocurriendo en Europa, vaya hacia una integración política y económica y hacia una disolución de las fronteras.

– ¿No ve ningún peligro de retroceso?

– Puede que se dé un retroceso brutal, que se produzca más bien una reafirmación del movimiento hacia el aislamiento y el nacionalismo. Todo eso puede ocurrir... Es una opción que está abierta.

– ¿Cómo ve el hecho de que México, especie de padre del latinoamericanismo durante mucho tiempo, hoy día privilegie una alianza económica con Estados Unidos? Chile está haciendo algo parecido.

– Justamente para mí la buena tendencia es aquella que rompe el nacionalismo. La mala tendencia es el nacionalismo, la buena es la evaporación de las fronteras. Es decir, mientras más rápido se vayan desvaneciendo las fronteras, todas, más pronto América latina va a poder despegar, va a poder liberarse de los que han sido los grandes factores que han frenado sus posibilidades de desarrollo y modernización. Creo que algunos de los factores más tenaces y perversos han sido el nacionalismo político y económico; el nacionalismo cultural no se diga, pero hoy en día eso también está cediendo. Bueno, los casos de Chile y de México son muy evidentes, porque la opción económica es a favor de la internacionalización. Pero en el resto de América latina hay también manifestaciones muy interesantes. Los países entienden que, si no van en esa dirección, su desarrollo estará comprometido; y eso es lo que va a traer una integración más rápida, en el buen sentido de la palabra: no contra el mundo sino para integrarse más rápidamente al mundo.

– Eso llevaría a una América latina unida a Estados Unidos o unida a Europa...

– Unida al mundo.

– ¿Pero no cree que, como se están dando las alianzas en el mundo, la única posible de América latina es con Estados Unidos y Canadá, una alianza americana global?

– No, no; el mercado, el tratado de libre comercio, debería evolucionar hacia una apertura de estos países al resto de América latina, y después hacia el mundo. Esa es la tendencia y ésa debería ser la opción latinoamericana. No hay que quedarse fuera de esa posibilidad, que es enormemente provechosa para países como los nuestros que son pequeñitos y tienen mercados muy reducidos y una enorme urgencia de modernización y de entrada real a los mercados del mundo. Creo que ésa es una opción que para nosotros va a ser muy positiva y que va a depender en gran parte de que hagamos lo que han hecho países como Chile y México.

– Ahí se diluirá la idea de América latina...

– No, porque creo que su verdadera identidad aparecerá en la medida en que se integre al resto del mundo. Es decir, todo lo que es artificial, lo que no responde verdaderamente a una tradición de tipo cultural, de tipo histórico, que pueda sobrevivir a la modernidad, va a desaparecer en ese proceso de internacionalización. Lo que es bueno, ya que quedarán solamente los verdaderos factores de unión.

– A su juicio, ¿cuáles son?

– La cultura, la tradición, la lengua, una cierta idiosincrasia, una cierta ideología que tiene que ver con una historia que es muy antigua y que va a coexistir con la modernidad. Como creo que va a coexistir una cierta identidad del mundo de lo francés, del mundo de lo inglés, en la Europa sin fronteras. Para mí, ésa es la gran esperanza para América latina, es lo que habría que intentar. Así como creo que es muy bueno que los escritores latinoamericanos se sientan latinoamericanos antes que chilenos o peruanos, creo que también va a ser importantísimo que todos los peruanos, chilenos y mexicanos se sientan latinoamericanos antes que de sus nacionalidades. Y americanos antes que latinoamericanos, y gente de su tiempo antes que nada.

– Eso es un cambio total del concepto de latinoamericano que se manejaba hasta ahora...

– Claro, pero no se trata de que este concepto de América latina tenga la menor relación con eso que el verso de Rubén Darío expresa diciendo «tantos millones de hombres hablaremos inglés»... Eso estaría completamente reñido con la modernidad; ésta no implica, por supuesto, que debamos asimilarnos a la cultura anglosajona. En todo caso, no hay que perder de vista que América latina tiene, por desgracia, otra opción por la cual están fuerzas muy poderosas, todavía muy gravitantes, que es la de dar marcha atrás. Si incluso en estos países se produce, como puede producirse, un gran fracaso económico, un gran retraso, si quedan muy rezagados ciertos países respecto de otros, vendría esa especie de reflejo aislacionista, nacionalista; y entonces se frustraría todo.

– **¿De qué lado pueden venir esas fuerzas?**

– Pueden venir del hecho de que el fracaso económico pueda socavar profundamente lo que hoy, y creo que por primera vez en la historia de América latina, es un respaldo popular masivo al sistema democrático. Creo que por primera vez en América latina hay un respaldo popular masivo, en algunos casos entusiasta, en otro casos resignado, a la democracia. Se ha llegado a un consenso de que el sistema democrático es menos malo, para algunos el mejor, para otros el menos malo, y que dentro de ese marco se debe luchar por el desarrollo, por la justicia. Creo que eso es algo extraordinario, pero algo precario también: una democracia como el caso del Perú, por ejemplo, no solamente no satisface las expectativas de mejoras, sino que, por el contrario, ha significado que en los últimos once, doce años, los niveles de vida hayan ido cayendo mientras la violencia social iba aumentando. Es una democracia que de alguna manera está muy amenazada, puede perder su legitimidad en cualquier momento, y eso puede significar el regreso a las dictaduras o el regreso de la utopía revolucionaria con una larga base popular. O sea, el regreso a los años sesenta. Con la diferencia de que hoy día sí que hay países que han comenzado a despegar muy rápidamente; entonces lo que antes era ese desbalance tremendo entre los países del continente y del exterior, se va a producir en el mismo continente, un poco a la manera europea. Ojalá no ocurra eso, pero, digamos, ésa es una opción que también por desgracia está presente.

– **¿Usted se siente latinoamericano?**

– Sí, me siento latinoamericano, pero entendiendo que América latina forma parte de un mundo con el que no está esencialmente enfrentada, un mundo del que viene el idioma que yo hablo, del que vienen muchos de los autores y pensadores de las experiencias culturales, políticas e intelectuales de las que yo soy producto; de todo lo cual yo me siento, además, muy contento. Creo que es una suerte para mí, para lo que representa mi mundo, el estar entroncado por la lengua, por ciertas ideas, por ciertas instituciones, a lo que es la cultura occidental, a lo que es Europa. Pero América latina no es sólo eso; también es el mundo prehispánico, también es su geografía, también es una historia que le da naturalmente unos matices muy diferentes de lo que es Europa. Todo eso junto es América latina para mí. Por lo tanto, dentro de ese concepto me siento más próximo de un paraguayo, aunque conozca el Paraguay menos que Francia o Inglaterra, que de un inglés o de un francés.

– ¿Pero se siente además otra cosa?

– Sí, me siento un hombre de mi tiempo, un hombre que podría vivir en cualquier parte, creo que con muy pocas excepciones, integrarme, interesarme, preocuparme, comprometerme con cualquier otra sociedad. Creo que es una de las grandes cosas de nuestro tiempo, y hay muchas cosas que me parecen lamentables, pero una de las grandes cosas es que cada vez hay más gente que está en una situación semejante a la mía, que siente que el mundo está yendo a una especie de integración total, de internacionalización de la vida y que piensa que es bueno.

– En lo latinoamericano hay, siempre, una cierta otredad. Se es latinoamericano, se acepta lo latinoamericano, se quiere lo latinoamericano, pero siempre se está buscando ser otra cosa.

– El problema es que lo latinoamericano no es una experiencia autárquica; no lo es probablemente la de ningún continente o región. Pero América latina es lo menos autárquico que existe en el mundo. Los latinoamericanos hablan sobre todo lenguas de origen europeo, forman parte de tradiciones étnicas y culturales que tienen, la mayor parte de ellas, raíces muy profundas en Europa o en otros lugares del mundo como Africa, incluso Asia. Todo eso, naturalmente, ha tomado una coloración determinada en América latina por efecto del paisaje, de la experiencia, de una problemática particular, y eso ha creado unos matices: por ejemplo, el italiano que se fue a Argentina hace un siglo y medio es un argentino en que lo italiano está todavía muy presente, pero de todas maneras es muy distinto del italiano de Italia. América latina para mí, entre otras cosas, es una variante de Occidente. Y creo que ésa es una de las buenas cosas de nuestro continente.

– Pero siempre la mayoría de los intelectuales ha rechazado a Occidente...

– Exactamente. América latina podría y debería haber aprovechado mejor la tradición de Occidente; pero no ha ocurrido así, porque más bien se ha negado, se ha resistido mucho a esa posibilidad. Muchas veces en defensa de una autonomía, de una soberanía que era muy ficticia en la mayor parte de los casos.

– Sin embargo, las clases dirigentes latinoamericanas o lo que se llamó las burguesías nacionales, siempre tuvieron como modelos a Francia, después a Inglaterra, después a Estados Unidos...

– Las élites han sido siempre muy contradictorias en América latina, porque han vivido en función de patrones importados; pero toda su retórica y su comportamiento han sido nacionalistas y provincianos. Creo que una de las razones por la que en América latina toda la historia del siglo diecinueve es una historia de luchas intestinas feroces, de tremendas rivalidades y enconos nacionales, y, en definitiva, de la gran catástrofe latinoamericana, se debe a una manera de comportarse muy de campanario, con una visión del mundo muy pequeñita y recortada...

– Siempre estuvieron con la cabeza en otra parte...

– Sí, eso es verdad. La independencia de América latina fue también muy artificial, fue una independencia que no integró a las sociedades latinoamericanas, fue una independencia hecha por sectores relativamente muy pequeños ante la indiferencia o la confusión del resto de la sociedad. Por eso las naciones no llegaron a cuajar como naciones.

– A mí me interesa tratar de analizar esta especie de estar sin estar de los latinoamericanos: por una parte, las élites siempre pensando que su lugar estaba en otra parte, ordenando sus sociedades de acuerdo a una caricatura de las ideas ilustradas y, por otra, el pueblo, por llamarlo de alguna manera, viviendo una realidad totalmente distinta a esas ideas. ¿Está de acuerdo con eso?

– Sí, es verdad. Estoy pensando en el caso que conozco mejor, que es el del Perú. Hay una vida muy limitada a una élite, que es muy pequeña también, que es la que asume la representación del país. Su noción del país es una noción completamente convencional, abstracta, y frente a la cual la gran mayoría de los peruanos es totalmente indiferente, ajena, no participa, no entiende, ni siquiera se entera de que existe. Hay otro país que está allí funcionando de una manera muy desencontrada con el resto. Eso es verdad; ahora, a esa élite tampoco se la puede llamar europea: es una élite criolla, son unos criollos que...

– ...están mentalmente en Estados Unidos o en Europa...

– Pero muy relativamente, porque si hubiera habido esa identificación, salvo casos muy contados quizás en los países del Cono Sur, se podría hablar de una cierta identificación que se traduciría además en un esfuerzo muy grande por importar las instituciones y aclimatarlas. Pero tampoco se puede decir eso de América latina. Lo que llega son formas muy caricaturales, son versiones completamente bastardeadas, que no funcionan en absoluto, que son una pura farsa, que tienen una vida completamente retórica: la verdadera vida del país va por otros rumbos; jamás hay un esfuerzo de implantación de una cultura occidental, de unas instituciones occidentales.

– ¿En esa contradicción entre élite y sociedad no estará justamente uno de los graves problemas de América latina, en estas dos vías que van por lados totalmente distintos y que a veces se tocan y a veces no, y cuando una molesta mucho a la otra viene la represión o la insubordinación?

– Es un problema que arranca de la conquista y de la colonia. Allí hay una élite que es la que asume el control de la sociedad, y como esa sociedad no es democrática sino que en ella no hay ningún tipo de movilidad y todo está más bien congelado, el divorcio continúa, en algunos casos, hasta nuestros días. Y se agrava por la falta de desarrollo y de crecimiento. En todas partes eso ha ocurrido: en un principio todas las sociedades han tenido unas élites muy divorciadas de la masa —precisamente ése ha sido el signo de la evolución democrática en Occidente—, pero luego la democratización, el desarrollo, el progreso, van irremediablemente estableciendo un tipo de movilidad social y entonces esa enorme cesura entre la élite y la base social se aminora, va desapareciendo, hay una movilidad, una alternancia. Eso en América latina se produce de una manera muy reducida, en ciertos países más que en otros y en algunos prácticamente nada: esos son los países más atrasados.

– Esto que afirma ahora es contradictorio con lo que me decía al principio: que América latina se está encaminando hacia la democracia, que se está encaminando hacia una etapa política superior...

– No, porque creo que es un fenómeno evidente...

– Mi preocupación es que estas democracias no estén divorciadas nuevamente de las necesidades reales de la gente.

– Eso va a depender. La democracia, como un fenómeno político, no significa necesariamente ni un desarrollo económico ni una mayor justicia social. Eso es un error que viene del siglo diecinueve y que en América latina, por desgracia, todavía prevalece. La democracia política ha fracasado todas las veces —en el pasado esto se vivió como un fenómeno continental—, porque fue incapaz de traer desarrollo económico y justicia social. Entonces va a ocurrir ahora exactamente lo mismo. O esa democracia política se completa y se enriquece con una política económica que permita verdaderamente el desarrollo y abra el camino hacia la justicia social o corre el riesgo de fracasar y desplomarse también; porque, evidentemente, sobre sociedades tan profundamente escindidas, con unos desequilibrios y desigualdades tan gigantescos, muy difícilmente puede una democracia sobrevivir. Y sobre todo, si en lugar de haber un desarrollo económico, incluso con una mala distribución, lo que hay es un retroceso económico. Pero el fenómeno de la democracia política es un hecho. Hay hoy día gobiernos civiles, con la excepción de Cuba, prácticamente en toda América latina. Y esos gobiernos civiles no han sido impuestos, son gobiernos que responden a una evolución de la sociedad que ha presionado, que ha optado claramente por tener ese sistema. El gran desafío es ver si ese sistema es capaz de desbordarse de lo puramente político en una democracia económica. Eso para mí todavía no está garantizado en América latina, ésa es una enorme incógnita.

– Si uno hace un análisis socioeconómico de lo que es América latina, y sobre todo de los países que se han desarrollado más, como México y Chile, uno ve que la concentración del poder económico también es mucho mayor de lo que era antes...

– Creo que eso no es exacto. El caso de Chile es para mí un caso muy significativo. Creo que Chile es un país que ha iniciado un proceso de genuino despegue, y que la evolución económica está trayéndole no sólo crecimiento sino una profunda recomposición social a la manera de las democracias más avanzadas. Entonces, si ese proceso se mantiene, va a cambiar totalmente la cara de Chile, algo que creo está en proceso de ocurrir, no sólo sacando a Chile de la condición de los países del Tercer Mundo, sino elevando masivamente los niveles de vida de toda la población. Creo que, en el caso de Chile, sobre eso no tendría dudas, salvo un factor imponderable...

En el caso de México tengo más dudas, porque desgraciadamente la apertura económica, la política de mercado, la inserción en la economía mundial, los esfuerzos de privatización, se están haciendo desde arriba con un sistema que no es democrático, sino aparentemente democrático, pero que en realidad es una dictadura de partido y por lo tanto no creo que se estén haciendo probablemente con un consenso, con un respaldo popular sino al contrario: en contra de una resistencia popular, que puede echarlo abajo y retrotraer toda la cosa. En el caso de México tengo ciertas dudas, pero en el caso de Chile no.

– Pero en Chile la concentración de la riqueza ha sido mayor que nunca...

– Bueno, depende. El proceso de desarrollo económico dentro de una sociedad democrática implica necesariamente que haya algunas personas que tengan más éxito que otras; eso es inevitable, es una característica del sistema. En Chile, hoy día, hay mucha más riqueza de la que hubo nunca en su historia...

– Esa mayor riqueza se ha concentrado en menos manos...

– Eso creo que estadísticamente se puede discutir.

– En todo caso, ¿usted cree que las élites económicas latinoamericanas, las clases empresariales, están conscientes de que si no hay distribución del ingreso el sistema corre peligro?

– Las élites económicas en América latina, y en la mayor parte del mundo, son profundamente incultas, salvo excepciones. Pero estos procesos no van a depender en absoluto de su grado de cultura como no van a depender tampoco de su moralidad, de su honestidad o de su generosidad, sino que van a depender fundamentalmente del sistema dentro del cual estas élites tengan que actuar. Eso es lo fundamental, eso es lo que al final determina el comportamiento, la conducta de un empresario. Es lo que ha ocurrido en Chile. En Chile creo que se ha creado un sistema que obliga a un empresario, si quiere tener éxito, mucho más a tratar de favorecer a un consumidor que a corromper a un ministro, porque el sistema indica que tiene más éxito económico el que trabaja para satisfacer a un consumidor. Entonces, eso hace que ese empresario chileno sea menos pillo que un empresario peruano o que un empresario colombiano o que el empresario de un país donde el éxito se obtiene, más rápido y más fácilmente, corrompiendo a un funcionario o al presidente de la república. Depende de las características de las instituciones económicas. Los empresarios son gente que busca el éxito económico, su supervivencia, su crecimiento, su beneficio, y eso es lo que trae el desarrollo. Un sistema en el que se estimule a trabajar para el consumidor, servir al mercado impersonalmente, traerá rápido desarrollo. Ese sistema debe sancionar, penalizar, al que trabaje mediante fórmulas mercantilistas de acuerdo con el poder político, fuera de la legalidad, en contra de la legalidad. Un empresario chileno no puede ser nacionalista, porque hoy día la gran fortuna de Chile es que ese empresario puede trabajar para los mercados del mundo y puede organizar su empresa en función de las necesidades de un neozelandés, de un australiano o de un californiano. Pero en otras partes el sistema no funciona así, funciona al contrario, empujando al empresario a defender las fronteras, a defender el sistema que le permite tener dólares baratos, importar en exclusividad, tener mercados cautivos. Por allí creo es donde está la gran diferencia entre ciertos países de América latina.

– El problema es que incluso también en Chile hay un divorcio entre el sistema propugnado desde el gobierno, desde el Estado en general, desde las instituciones sociales y económicas, y lo que pasa abajo... Por ejemplo, un signo de ese divorcio es la delincuencia juvenil violenta, algo inédito en Chile.

– Pero esa delincuencia, desgraciadamente, es un fenómeno hoy día mundial...

– En Chile es un dato absolutamente nuevo, una delincuencia con una crueldad desconocida, ejecutada por adolescentes...

– Ese es otro problema. Así como la democracia política no garantiza el desarrollo económico y el mercado sí, el desarrollo económico no garantiza la civilización en términos morales, en términos culturales. Esa es la gran deficiencia de las democracias. El sistema democrático, que creo es el más civilizado y el que garantiza más rápidamente formas decentes de existencia para las mayoría de la sociedad, al mismo tiempo trae, sin embargo, una deshumanización de la vida, trae como un vacío de tipo espiritual, de tipo moral, que muchas veces se traduce en distintas formas de violencia, de delincuencia, de droga. Trae también un materialismo frenético, esa religión del consumo que puede ser profundamente destructiva en términos morales. Ese es para mí el gran talón de Aquiles del modelo.

– ¿Cómo se puede contrarrestar esta situación?

– Cuando yo era joven, pensaba que la mejor manera de humanizar la sociedad industrial moderna era con la cultura. Pensaba que la cultura podía contrarrestar ese vacío de la deshumanización y del consumismo frenético. Desgraciadamente no es así, porque un país puede ser culto y sin embargo esos fenómenos siguen dándose de una manera dramática. Entonces hay un problema que resolver que tiene que ver con la espiritualidad, con la moral, ya que la cultura en sí misma no basta, salvo en casos que son más bien minoritarios. Se necesita una creatividad muy profunda, que dote a esas sociedades modernas, prósperas, libres, de algo que contrarreste esas violencias, esas distintas formas de violencia que son para mí como las sombras del desarrollo.

– Hasta hace poco tiempo atrás se planteaba una especie de lucha ideológica entre socialismo y capitalismo o liberalismo. ¿Usted cree que esa lucha se acabó? ¿Cree que la ganó alguien?

– Se acabó. Yo creo que el socialismo está muerto en su versión marxista, en su versión clásica. La idea del socialismo como una sociedad igualitaria en la que la propiedad en lugar de ser individual sea colectiva está muerta, aunque queden todavía grupos o países que se proclamen de esa herencia. Creo que eso es una especie de disparo al aire; en la práctica, no hay hoy día ningún país socialista, salvo quizás Cuba, pero con los resultados que estamos viendo y que no pueden ser más dramáticos: los bueyes han reemplazado a los tractores, las bicicletas han reemplazado a los autos y además, desesperadamente, tratan de conseguir capitales para traer turistas norteamericanos. Es una farsa, ya ni siquiera Cuba mantiene una forma pura y clásica de socialismo.

– ¿El neoliberalismo no tendrá nada que se le oponga?

– La gran pugna en el futuro va a ser menos ideológica, y quizás será, probablemente, entre una fuerza que represente una opción socialdemócrata y una opción liberal. Va a ser siempre el Estado el punto de discrepancia. Una opción que acentúe, que subraye, que haga énfasis en la responsabilidad hacia el débil, hacia el que no puede competir en términos de igualdad con los otros; porque, bueno, la libertad, como dice esa frase de Isaiah Berlin[1] que es tan bonita, «la libertad absoluta no puede significar que los lobos se coman a todos los corderos». Entonces va a haber una tendencia socialdemócrata en la que estará siempre muy presente esa preocupación de que el Estado tenga la responsabilidad permanente de crear igualdad de oportunidades, defendiendo al débil, al anciano, al niño, al que por razones diversas no está en condiciones de competir y puede ser destruido por una sociedad de libre competencia. Y estará también la otra tendencia, que podemos llamar tendencia liberal, en la que habrá siempre una gran preocupación por la defensa del individuo por temor a que el Estado crezca demasiado e invada lo que son las libertades civiles, la privacidad, y destruya los incentivos que permiten la creación de la riqueza.

– ¿Y los conservadores?

– Probablemente a esa opción liberal se van a ir acercando, y confundiendo con ella, las opciones conservadoras de defensa de un sistema tradicional: unos valores tradicionales y una resistencia al cambio. Y al sector socialdemócrata se le van a ir colando de la misma manera los viejos superstites del socialismo, de la utopía colectivista. Por allí va a venir la gran tensión, si es que no viene también otra, que me parece más peligrosa, que es la de nacionalismo versus internacionalismo.

– Eso está casi más a la vista...

– Sí. Creo que tiene en lo inmediato mucha vigencia, porque hay un rebrote muy fuerte del nacionalismo. Precisamente, con el gran desplome del imperio soviético, se ha agudizado. Ese nacionalismo siempre brota en los períodos en que hay intentos de internacionalización. Se ve, desgraciadamente, incluso en los países más avanzados. El Frente Nacional en Francia es clarísimo. Aquí, en Inglaterra, incluso hay una cosa más moderada, pero hay también un sentimiento de enorme preocupación en ciertos sectores de lo que es Europa, de si no se irá a perder la identidad nacional. Creo que por allí es por donde van a venir otras tensiones, pero en ambos casos me parece interesante que hay una manera de pensar y de actuar, en términos políticos y en términos sociales

1- Isaiah Berlin, ensayista inglés contemporáneo. De filósofo derivó en historiador. Su último libro, *The Crooked Timber of Humanity* revisa, entre otros asuntos, nuestra herencia dieciochesca.

y filosóficos, que queda atrás, es decir que, exactamente como ocurrió a partir de la Revolución francesa o como ocurrió a partir de la Revolución rusa, hay una nueva etapa que va a requerir de una enorme creatividad en el campo de las ideas y de los modelos sociales.

– Sí, porque la diferencia entre los países y entre los grupos de personas dentro de cada lugar es creciente...

– Cierto. En esta etapa el desarrollo, por los progresos de tipo tecnológico, precisamente por esa internacionalización de los mercados, ha alcanzado un dinamismo que es casi imparable. Entonces, así como hace doscientos años la distancia entre un país rico y un país pobre y un país adelantado y un país atrasado era relativamente pequeña, ahora es gigantesca y cada día va a ser más grande, de tal manera que los países que se quedan no se quedan, retroceden violentamente; y es el riesgo de lo que ocurre en América latina: si un país latinoamericano se queda no se queda, retrocede, se africaniza, o sea, alcanza rápidamente a los que están en la base de la pirámide.

– ¿Como Perú?

– El Perú es el caso quizás más patético en ese sentido. En los últimos diez años, el Perú ha retrocedido a como estaba treinta años antes. Es un salto hacia atrás absolutamente feroz, que lo pone ya no a una distancia terrible de Estados Unidos, como estaba, sino de Chile. Para el Perú alcanzar hoy día lo que son los niveles modestos de desarrollo de Chile, en comparación con Estados Unidos, es una proeza que no la alcanzará una generación de peruanos. Eso le da una idea de lo que es el riesgo de desequilibrios, de distanciamiento entre lo que es un país desarrollado y un país atrasado.

– Bueno, entonces, mientras se tiende a acabar esta polaridad este-oeste, con el derrumbe de la Unión Soviética, ¿no se estará creando una brecha muy grande entre norte y sur, una especie de tierra arrasada que será absorbida por mucho tiempo?

– Bueno, eso no se puede descartar. Lo que creo interesante es que, si ocurre así, no habrá sido una evolución fatídica, determinada por unas leyes impersonales de la historia, habrá sido una opción de cada cual. La época nuestra tiene también otra característica y es que por primera vez en la historia los países pueden elegir si van a ser prósperos o van a ser pobres. Es una elección. Hoy día esto está al alcance de cualquier país; el país más pequeñito, más huérfano de recursos, si decide ser próspero es próspero. Si el sur se queda, el sur habrá elegido quedarse, habrá sido una opción y debe ser respetada en todo caso.

– Si la India elige mañana ser próspera, ¿de verdad puede serlo?

– Puede ser próspera. Y la India, más que cualquier otro país, es un país gigantesco; es un país que, si quisiera, podría solamente usar sus mercados y ponerlos en funcionamiento. Pero claro, ¿eso qué significa? Significa que la India tiene que dar unos pasos tremendos para rechazar toda una tradición cultural, unas creencias religiosas. Eso no es imposible, eso lo han hecho países asiáticos donde había también una tradición antiquísima. Podrían haberse mantenido estáticos, y sin embargo rompieron con eso y son potencias económicas con un ritmo de crecimiento vertiginoso...

– ¿Por ejemplo?

– Singapur. Entonces es posible, es una opción. Yo hice un viaje por el Asia durante la campaña, que para mí fue una de las experiencias más instructivas que he tenido en mi vida respecto a este tema, y siempre cito el caso de Singapur porque es el caso que me impresionó más, porque es un paisito, pero que tiene todo aquello que nosotros tradicionalmente aprendimos a considerar que eran obstáculos casi insalvables para el desarrollo: razas distintas, lenguas distintas, estar en los trópicos, vivir en el calor más tórrido: todos los supuestos caracteres de lo que es un país condenado a ser atrasado, perezoso, inútil. Y, sin embargo, Singapur es uno de los países, potencialmente, comparativamente, más ricos del mundo, con el más alto nivel de vida en el Asia, donde no hay pobres, donde las razas coexisten, trabajan por igual. Es un país que es un modelo, es una Suiza del Asia y es un país pequeñito, sin un sólo recurso natural, salvo quizás su posición geográfica con un pueblecito para poner un buen puerto allí. ¿Y cómo lo consiguieron eso? En treinta años, con una política que eligieron y que aplicaron de una manera consistente. Es una opción que cuesta, que tiene un precio, que es un precio alto, al principio sobre todo, pero se puede elegir. En el pasado eso no se podía elegir, en el siglo diecinueve un país no podía decir «yo voy a ser próspero»; eso dependía de muchos factores, dependía de su tamaño, dependía de su fuerza; podía venir otro país y decir simplemente: no, esto se acabó, usted es colonia mía. Hoy en día eso no ocurre así, ya hay suficientes mecanismos para defenderse contra eso.

– Siempre se ha dicho que el desarrollo de unos es imposible sin el subdesarrollo de los otros...

– Esa es una gran mentira, una gran falsedad, eso hoy día no es cierto, hoy día no es verdad que haya países ricos porque hay países pobres. Esa es una de las grandes ficciones ideológicas de nuestro tiempo, gran excusa para la inacción, gran excusa para la ceguera respecto de lo que son las propias responsabilidades de los países que se mantienen en el subdesarrollo. En el caso concreto de América latina, eso es flagrante; es decir, América latina podría ser hoy día un continente muy próspero, un continente que podría estar compitiendo con los países de la Cuenca del Pacífico, que eran más pobres, todos ellos, que los países latinoamericanos hace veinte o treinta años. No es verdad que América latina no se haya podido desarrollar porque los países prósperos se lo impidieron, no. Fueron determinadas políticas que se siguieron con una consistencia suicida, tanto por regímenes de izquierda como por regímenes de derecha, por regímenes civiles como por regímenes militares, y eso es lo que ha mantenido a América latina en la pobreza. ¿Por qué, si América Latina hubiera hecho lo que Singapur, Japón o Hong Kong, hace treinta años, no hubiera ocurrido lo mismo? ¿Por qué razón? La razón es, simplemente, que América latina no lo hizo, que más bien hizo exactamente lo contrario, hizo todo lo que trae pobreza y atraso a un país: practicó el nacionalismo económico, levantó fronteras, practicó la política suicida del desarrollo hacia adentro, quiso construir industrias y mercados defendidos contra el resto del mundo, cerró sus fronteras a los capitales, a las inversiones, con una política que los ahuyentaba. Entonces, el país que ha querido prosperar ha podido prosperar, y eso en el futuro va a seguir siendo una realidad, porque esa es la gran ventaja de la internacionalización de la vida. Hoy en día hay una internacionalización de la vida que hace que el país o el individuo busque su provecho por encima de cualquier consideración política o cultural. Ese es un hecho entonces, es la gran ventaja para un pequeño paisito, que siempre tendrá ventajas comparativas y podrá mostrarlas al mundo.

– La internacionalización de la vida, y la lucha por el provecho propio, ¿se han hecho posible por el fin de las utopías?

– Sin ninguna duda, es una praxis básicamente, no una ideología.

– ¿Qué piensa usted de este llamado fin de la utopías, que se ha enredado también con el fin de la historia?

– El fin de la utopía política y el fin de la utopía social me parece que es una evidencia. Es lo que está detrás del gran desplome del socialismo, de toda la noción de la sociedad colectivista. Pero yo no creo que el hombre pueda vivir sin utopías, creo que la sociedad no puede vivir sin utopías, sobre todo por lo que es la cultura nuestra; la cultura occidental es una cultura en la que la utopía ha sido tradicionalmente una protagonista esencial. Lo ideal sería que el desplome de las utopías sociales nos lleve a buscar la utopía en aquellas actividades donde no sólo no es perjudicial sino más bien muy positiva: por ejemplo en el arte, en la literatura, en la vida individual. En la vida individual la utopía es perfectamente respetable. Un individuo, si quiere ser santo o quiere ser demonio que lo sea; puede llegar a alcanzar una cierta forma de perfección que es lo que es la utopía. Eso debe ser estimulado, debe ser alentado, precisamente eso es lo que permite una sociedad liberal con un respeto absoluto hacia la privacidad del individuo, donde el individuo puede cultivar todas las excentricidades que quiera mientras no haga daño. Una de esas excentricidades puede ser la de la perfección, buscar la perfección; de alguna manera, en el sueño a través de las artes o de la creación artística o a través de la vida individual. Para mí lo ideal sería que el desplome de la utopía social lleve a nuestra cultura a estimular, a orientar cada vez más la búsqueda de la utopía en terrenos positivos, en terrenos donde no signifique violencia, donde no signifique terrible frustración, como significa siempre que se trata de buscar la utopía no para el individuo sino para la sociedad, para el conjunto, para la comunidad. No creo que la utopía vaya a desaparecer, la utopía es carne de nuestra cultura. Es decir, nosotros hemos sido formados dentro de esa tradición. Si los hombres la buscan en las novelas, en el teatro, en el sueño, no hay ningún problema. O en actividades como los deportes, la religión...; pero todo disociado de lo que es la historia, porque allí sí que la utopía significa inevitablemente violencia, destrucción, genocidio, represión, tortura.

– ¿No tiene miedo de que este liberalismo económico se convierta en una nueva utopía que traiga estos mismos males?

– No, porque el liberalismo no propone la sociedad perfecta. El liberalismo sabe que la sociedad va a ser siempre imperfecta.

El liberalismo económico es un sistema que parte del supuesto de su imperfección; por eso crea continuamente esos correctivos que son la confesión de culpa de una limitación. Además, el liberalismo económico lo único que dice es que de esa manera se consigue la riqueza, la prosperidad, el desarrollo. No dice cómo se consigue la felicidad. En eso los grandes pensadores liberales, como Popper[2], son clarísimos. Dice Popper: «la felicidad no es un problema del Estado». La felicidad no es un problema que debe importarle a ningún gobernante; es malo que un gobernante empiece a pensar por sus gobernados. La felicidad es un problema individual, es un problema de un individuo y de su grupo; para eso no hay recetas, no hay fórmulas. La felicidad debe buscársela cada uno como mejor le parezca y hay que darle libertad absoluta para que se la busque. Lo que sí hay que crear es una sociedad donde la gente no se entremate, donde haya un sistema que permita respetar los derechos humanos, que es el gran descubrimiento democrático, y crear un sistema que permita unos niveles de vida decentes para la sociedad. Eso es el mercado, eso es el liberalismo.

– En nuestros países, muchas veces, la implantación de este liberalismo económico ha sido extremadamente cruel, en términos sociales y políticos...

– Hay un ejemplo que da Friedman[3], que es bien interesante; dice: «sí, es costoso, significa sufrimiento, pero es el mismo sufrimiento del drogadicto o del alcohólico al que se le quita la droga o el alcohol, es dolorosísimo, es brutal». Mi tesis es que el liberalismo económico no puede ser una opción impuesta; es decir, yo no acepto el régimen de Pinochet, no acepté nunca el régimen de Pinochet, y soy muy crítico justamente de países como Corea del Sur o Taiwán, donde eso se aplicó desde arriba... Para mí eso no es aceptable, para mí el quitarse la droga o el alcohol es una decisión de una sociedad, una decisión que debe ser tomada libremente; si la toma y la acepta, entonces esa medicina la va a resistir como están haciendo los húngaros o los polacos hoy día; y lo han

---

2- Karl Popper, filósofo inglés (n. en Viena, 1902). Sus obras más conocidas en castellano: *La Sociedad Abierta y sus enemigos* y *La Lógica del descubrimiento científico*.

3- Milton Friedman, economista norteamericano de gran influencia en el pensamiento neoliberal contemporáneo.

aceptado porque quieren eso, han votado por eso y la están pasando muy mal, pero creen que no hay otro precio, que no hay otras maneras. El Perú no lo ha aceptado. ¿Y cómo está el Perú? Está peor de lo que estaba hace un año y hace un año estaba peor de lo que estaba hace cinco años; ¿entonces qué es más grave? Seguir indefinidamente así. Ahora tenemos el cólera, mañana tendremos el escorbuto, la piorrea. En todo caso, una política liberal debe venir acompañada de programas sociales; sobre eso no hay ninguna duda. Pero no hay alternativa: definitivamente la utopía no trae ni desarrollo económico ni justicia social y por eso todos los regímenes que han querido vivir el igualitarismo —que en nombre de nociones de solidaridad, rechazaron el mercado— sólo hicieron crecer el Estado. ¿Y qué cosas trajeron? Más pobreza, brutalidad policial, represión, frustraciones que se traducen en rebeliones abiertas de los obreros, de los campesinos, de quienes se suponía que ese sistema iba a favorecer. Entonces está claro que ése no es el camino.

– Pero pareciera que nuestras élites económicas sólo quisieran la parte buena del sistema, porque en todos los países donde ese sistema funciona relativamente bien los ciudadanos más ricos tienen deberes también importantes como, por ejemplo, pagar altos impuestos que permitan una redistribución del ingreso...

– Es que no se puede quemar etapas. No puede un país como Chile, con su estado de desarrollo, actuar como un país que ha alcanzado ya unos niveles de desarrollo semejantes a los de Inglaterra, o de Estados Unidos, porque entonces mata la gallina de los huevos de oro. ¿Qué hace que hoy día le interese muchísimo a un empresario inglés invertir en Chile? Que en Chile puede obtener una ganancia mucho más pronta, más rápida, que la que obtiene si invierte en Gales o en Escocia. Esas son las ventajas comparativas que Chile tiene hoy día. A Taiwán y a Hong Kong hace veinte años no les quedaba prácticamente otra alternativa que producir camisas baratas, pantalones baratos, porque así conseguían inversiones rápidamente. Podían competir muy bien con unas camisas y unos pantalones mucho más baratos que los de cualquier otro país desarrollado; pero hoy día producen computadoras finísimas y le roban el mercado a los alemanes, a los norteamericanos. Porque han alcanzado un desarrollo en el cual pueden permitirse eso perfectamente bien. Eso depende mucho de la habilidad, de la inteligencia y también de la voluntad del pueblo; por eso que el sistema democrático es fundamental que funcione tanto en el campo político como en el campo económico y que el pueblo vaya diciendo lo que quiere. Los suizos son consultados absolutamente para todo y toman decisiones que a un latinoamericano le parecen absolutamente alucinantes. He visto el otro día un cantón que ha votado en contra de que le bajen los impuestos. Quería el cantón bajar unos impuestos y sus habitantes, en un plebiscito, dijeron que no querían que se los bajaran.

Pero nada está escrito; puede haber una marcha atrás. El día de mañana puede haber una marcha atrás en Chile, y el gobierno considerar que ese país es muy próspero y empezar, por ejemplo, a subir los impuestos para obras sociales, con muy buena intención: para que los niños tengan mejores colegios, para que los ancianos reciban unas jubilaciones mejores. Y, en un momento dado, esa subida de impuestos puede desalentar de pronto la vida económica. Ese es un riesgo que se puede medir perfectamente bien. Entonces si hay, como debe haber en una sociedad democrática, una sociedad perfectamente sensibilizada, pues esa sociedad va a decidir si lo que quiere es eso. Todo tiene un precio; el liberalismo y el mercado tienen un precio, también la política social tiene un precio. Hay que ver hasta qué punto está uno dispuesto a pagar, hasta qué punto está dispuesto a hacer sacrificios por eso. Creo que estas decisiones no pueden ser arbitrio de un gobernante, sino de una sociedad en una cultura democrática.

– Dentro de esta perspectiva, ¿los intelectuales y los artistas deberán sólo dedicarse a sus oficios y ya no ser los oráculos que fueron antes, especialmente en América latina?

– Creo que los intelectuales tienen fundamentalmente el mismo papel que han tenido siempre y que no han cumplido. En el caso de América latina, lo han incumplido de una manera casi sistemática, diría yo. Pero creo que la función del intelectual y del escritor, del intelectual y del artista, es, por una parte, mantener vivo el sueño, la imaginación, la fantasía. Es fundamental que haya una activa vida de la imaginación, de lo imaginario; es muy importante para mí que el hombre sueñe, porque creo que el hombre mientras más sueña, mientras más fantasea, tiene más deseos, es más consciente de las tremendas limitaciones del mundo real, de lo pobre que es en comparación con el mundo inventado; y creo que ésa es una manera muy importante de mantener viva la insatisfacción humana, el espíritu crítico. Creo que ésa es una función principalísima que va a seguir siendo muy necesaria en la sociedad del futuro, sean sociedades prósperas o sociedades pobres. Y, por otra parte, creo que es muy importante que el intelectual siga siendo la personificación del derecho de crítica, el vocero de una permanente disidencia frente a los poderes, no sólo frente al poder político. Todos los poderes, todo poder, siempre entraña un peligro, en todo poder hay siempre una vocación irresistible a permanecer, a crecer. En todos los poderes, entonces, hay siempre una fuente de arbitrariedad, de abuso, de atropello, de injusticia. Creo que es muy importante que el intelectual tenga una sensibilidad perfectamente abierta para mostrar, denunciar, ejercer de una manera responsable, y a veces irresponsable también, ese derecho de crítica sin el cual no hay sociedades abiertas. Creo que en ello hay un grave peligro para las sociedades democráticas y una cosa buena de la sociedad liberal es la descentralización del poder, es decir, su pulverización en poderes particulares. Pero esto a veces trae como consecuencia una despolitización muy grande de la sociedad, que en muchos casos se traduce en una abdicación. La sociedad se desinteresa totalmente, y abdica de sus responsabilidades políticas en una pequeña clase de profesionales políticos. Eso para mí es un peligro gravísimo, porque esa sociedad que permite justamente la participación, que exige ciudadanos conscientes, responsables, activos, más bien crea en la práctica ciudadanos muy apáticos, indiferentes a lo que es la acción pública, la acción política y la responsabilidad social que, por el contrario, existe de una manera impresionante en los países represivos, en los países donde hay una tremenda limitación para esa participación. Allí sí que se crea una conciencia tremenda de quienes son víctimas, de quienes viven en servidumbre. Por eso es tan impresionante ir a Checoeslovaquia, Hungría, Polonia, y ver como esas sociedades tienen una sensibilidad extraordinaria hacia la cosa pública. Esa es una de las funciones del intelectual. Debe tratar de estimular, de contagiar la preocupación por los problemas sociales, por los problemas culturales, por los problemas cívicos, porque según haya esa participación o no la haya, la cultura democrática será una realidad o comenzará, como ocurre en muchas sociedades democráticas, a ser cada vez más una caricatura.

– Hay instituciones en América latina donde será muy difícil descentralizar el poder, por ejemplo en las fuerzas armadas. ¿Qué hacer con los ejércitos latinoamericanos?

– Hay que democratizarlos. En América latina lo que tenemos ahora son sociedades donde hay libertad política, donde hay elecciones. Hay una democratización en ese sentido, pero no tenemos sociedades democráticas. Ninguna sociedad latinoamericana es democrática todavía, porque las instituciones no son democráticas, no son democráticos los ejércitos, pero tampoco son democráticos los partidos políticos. Los partidos políticos todavía funcionan dentro de unos esquemas totalmente caudillistas. La mayor parte gira en torno a un líder o a una pequeña oligarquía que manipula enteramente a sus bases y decide de la manera más arbitraria. Los sindicatos tampoco suelen ser democráticos, suelen ser unas organizaciones verticales donde hay una tremenda manipulación de la base por las cúpulas. Y lo mismo puede decirse de muchas de nuestras instituciones: no son democráticas, porque nuestra sociedad no es democrática todavía; la democracia es una cosa muy reciente, muy virgen. La democratización de las instituciones es un proceso tan importante como la creación de auténticos mercados. La purificación y tecnificación de los estados es un proceso enorme y, además, es un proceso que nunca termina. Ese proceso nunca termina, porque, por ejemplo, el ejército tiene que actuar en democracia para democratizarse; pero siempre hay un peligro en una institución que es fundamentalmente disciplinada y vertical: en un momento dado, por distintos factores, puede dejar de ser democrática. Por lo tanto, tiene que haber una continua vigilancia y tiene que haber la producción de una cultura democrática, de unos valores, de un sistema de ideas y de unos modos de comportamiento que traduzcan en hechos algo que en América latina todavía es muy retórico.

– Idealmente, ¿qué deberían ser los ejércitos latinoamericanos? Me refiero especialmente a ellos, porque son las únicas instituciones cuya función es contradictoria con la descentralización del poder.

– Los ejércitos tienen que irse, como las fronteras, diluyendo en función de que vayan siendo obsoletos e innecesarios. A eso debemos tender, debemos tender a que el Ejército sea una institución cada vez más obsoleta e innecesaria. Esa es una realidad que, por desgracia, no es mañana, no es próxima, pero hay que entender que el progreso en ese campo va en esa dirección, clarísimamente.

– ¿Qué hacemos con la Iglesia?

– Las iglesias. Hoy día, en América latina, ya no se puede hablar de la Iglesia, son las iglesias...

– Podemos hablar de las iglesias, pero primero hablemos de la Iglesia católica que es como la gran madre dominadora...

– La gran madre de todas las iglesias lo va siendo cada vez menos en toda América latina. Es un fenómeno de los últimos años ver la proliferación de las iglesias evangélicas en nuestro continente.

– ¿Por qué cree que sucede eso?

– Creo que es una informalización de la religión, así como se ha informalizado la economía. La Iglesia católica ha pasado a ser el *establishment* en nuestras sociedades. En muchos lugares ha perdido contacto con la base; hay una base que ha quedado completamente separada, distanciada de esta iglesia que forma parte del establecimiento. Entonces allí ha llegado el catequista evangélico, que entra por la base con un enorme dinamismo y que exige además una participación, un tipo de entrega, de dedicación, de identificación, que la Iglesia católica ya no exige de sus fieles hace mucho tiempo; y han ido llenando progresivamente un vacío.

– ¿Tendrá que ver también con el fin de las utopías políticas?

– Sí, creo que sí tiene que ver, algo tiene que ver con eso, y creo además que va a traducirse en la búsqueda de la utopía también. Mucha gente va a ir a buscar cosas, a través de la religión, de la fe. No me parece mal, siempre y cuando haya en la sociedad una conciencia clara de que la religión pertenece al dominio de lo privado. Creo que eso es muy importante. Como tal, la religión no solamente debe ser respetada, sino que creo que debe ser alentada. A pesar de que yo no soy religioso, estoy convencido de que así como una sociedad no puede vivir sin utopías, nuestras sociedades no pueden vivir sin religión. La religión responde a una necesidad muy profunda, de la que sólo muy pequeñas minorías pueden llegar a prescindir o pueden sustituir; pero creo que el grueso de la sociedad necesita realmente una vida religiosa, una actividad religiosa que la defienda contra el miedo, contra la inseguridad y que, además, ataje la animalidad. Creo que, en nuestra tradición, la moral es indisociable de la religión. La muerte del espíritu religioso significa la barbarie para muchos. Creo que la religión es necesaria en términos estrictamente sociales, pero creo que es muy importante que la religión no pretenda suplantar al César ni controlar al César; esto es absolutamente fundamental.

– Pero en Chile, por ejemplo, hoy día el problema del divorcio y del aborto está paralizado directamente por la Iglesia, en relación con la supuesta deuda de los partidos de gobierno con ella por su defensa de sus derechos humanos durante la dictadura de Pinochet...

– Desgraciadamente hay allí colisiones inevitables. Hay ciertos derechos humanos que para mí son incompatibles con ciertas creencias, con ciertas doctrinas de tipo religioso. El derecho al control de la natalidad es para mí un elemento fundamental de los derechos humanos que tiene que ser garantizado por una sociedad democrática. Me parece perfectamente legítimo que las iglesias que están en contra de ese control de la natalidad lo expresen, hagan propaganda pública y exijan respuesta de sus fieles; pero no conviertan eso en ley, obligando a todo el mundo, porque eso sería un retroceso en el proceso de democratización de una sociedad.

– ¿Ve usted alguna relación entre lo que ha sido la Iglesia católica en América latina y el espíritu autoritario de las sociedades latinoamericanas?

– La Iglesia ha sido una institución autoritaria por definición, como toda institución de vocación ecuménica. La realidad es que la sociedad moderna, la cultura moderna, ha impedido a la Iglesia seguir ejerciendo esa vocación y la ha ido confinando a unas funciones que son compatibles con la sociedad democrática. Creo que a eso es lo que hay que aspirar, reconociendo y respetando los sentimientos que son mayoritarios en América latina a favor de la Iglesia católica. Pero no hay que olvidar que la Iglesia católica ha estado identificada con el poder y ha sido corresponsable de grandes iniquidades en la historia de América latina, desde la represión, la censura intelectual, hasta el dogmatismo. Todo eso forma parte de lo que es la presencia de la Iglesia en América latina. Entonces creo que hay que ser muy conscientes de eso. Así como en el futuro me parece muy importante que haya una actividad espiritual y religiosa, creo que es muy importante también que la Iglesia no desborde los límites de la privacidad y no entre en colisión con lo que debe ser la responsabilidad de un estado liberal que garantice todos los derechos humanos.

– En ese sentido, usted también está en contra de la llamada iglesia popular...

– Sí, totalmente en contra de la iglesia popular. La iglesia popular me parece otra forma de utopía y además no menos autoritaria que la otra. Es como la conjunción de dos utopías; pero creo que ha entrado también en un proceso de descrédito en América latina, y muy grande. Estuve hace poco en Nicaragua, donde no quedaba rastros de la iglesia popular. En el Perú hay todavía muchos sacerdotes que están dentro de esa línea, pero tengo la impresión de que incluso los grandes teóricos, como Gustavo Gutiérrez[4], están muy de vuelta de cierta inclinación que tendió en un momento a identificar la iglesia popular con la revolución, con el socialismo, con el colectivismo. Creo que hay en eso una gran revisión de esas formas, también utópicas, de entender la acción social de la Iglesia o la opción por los pobres.

– Cambiando de tema, ¿cuál es su opinión respecto a la celebración del Quinto Centenario?

– Lamento mucho este aniversario, porque creo que no va a servir para lo que debería, sino que va a servir, por una parte, para que venga toda una proliferación de discursos de una retórica más bien insulsa, aburrida, confusionista. Por otra, para que venga otra vez el aprovechamiento ideológico, a veces ingenuo y a veces muy interesado, que resucita polémicas totalmente obsoletas como ésa de los años treinta sobre si estuvo bien o estuvo mal que fueran los europeos a América latina. Servirá también para resucitar la leyenda negra, algo que creo que no sirve para nada, porque sólo contribuirá a cerrar los ojos, a distraer la atención sobre los verdaderos problemas de América latina, que no son los problemas de hace quinientos años, sino que son problemas de hoy día.

– ¿Pero comenzaron hace quinientos años?

– Muchos problemas de hoy día arrancan de esa época y eso es lo que deberíamos discutir, ¿no es cierto? Pero no se va a discutir sobre

4- Gustavo Gutiérrez: teólogo peruano, uno de los principales de la «teología de la liberación».

eso, creo que no va a haber ni una sola discusión importante, seria, sobre por qué las culturas indígenas en los países con población prehispánica, un siglo y medio después de la independencia, siguen, sin una sola excepción, siendo discriminadas, explotadas y viviendo en una condición de marginalidad total. Ese es un problema que ya no cabe achacar a los españoles, ése es un problema sobre el que tienen una responsabilidad las repúblicas; hay una responsabilidad allí fundamental, que no se puede disimular ni amortiguar con un debate sobre las barbaridades que cometieron los conquistadores hace cinco siglos. Creo que también sería importantísimo discutir por qué esa absurda compartimentalización que resultó de la conquista y de la colonia no han sido capaces de corregirla los países independientes de América latina, que se supone buscaron a través de la independencia corregir erroreseiniquidades del pasado. Esos serían los problemas interesantes que valdría la pena discutir en el marco del Quinto Centenario. Tengo la impresión de que no va a haber nada de eso; y va a haber una especie de debate puramente histórico, retórico, que va a servir para resucitar las viejas disputas entre hispanistas e indigenistas, que a mí me parecen totalmente inoportunas.

–¿Por qué esa insistencia en la separación entre lo hispano y lo indígena? América latina es mucho más que eso.

– Desde luego que sí, y por eso creo que el Quinto Centenario es una celebración inoportuna. América latina tiene mucho más que eso, aunque el encuentro con Europa, de hace cinco siglos, sea importante...

– ¿Por qué cree usted que siempre se da esa separación entre lo hispano y lo indígena, cuando es evidente que América latina a estas alturas ya es otra cosa?

– Porque vivimos mucho dentro de una retórica, vivimos dentro de una cultura que está hecha de estereotipos, de clichés, tan poco genuina, tan poco expresiva de lo que es nuestra verdadera realidad.

– ¿Por qué los intelectuales, sobre todo en los años sesenta, nunca tomaron en cuenta esos otros elementos, como las migraciones de otros países, en su reflexión sobre América latina?

– Creo que la visión que había era una visión muy condicionada ideológicamente, de acuerdo a unas categorías dictadas por una ideología mucho más que por la experiencia viva, práctica. Entonces los conceptos de clase prevalecían totalmente sobre, por ejemplo, los conceptos de realidades étnicas, que en América latina son muy importantes y que siempre debieron tenerse en cuenta. Esa visión ideológica fue una visión muy enajenante, creó una cortina de humo que impidió ver lo que era la auténtica realidad de América latina y su complejidad. Se simplificó tremendamente una realidad muy compleja, muy diversa también según las regiones, según los países; los particularismos pasaban totalmente inadvertidos para la ideología. Hay que hacerlo ahora. El Quinto Centenario debería servir para eso, para tener una visión más pragmática, derivada estrictamente de la experiencia, de los datos objetivos más que de las categorías abstractas de las ideologías.

– Me da la sensación de que en América latina hay una especie de fragmentación no resuelta entre los distintos grupos que llegaron a formarla, cosa que no se da en Estados Unidos.

– Ahora comienza a darse en Estados Unidos. Creo que quizás por primera vez en su historia hay un grupo étnico, cultural, al que el *melting pot* no ha disuelto: el latino. Es un grupo que está muy consciente de su propia identidad, que la defiende, y que, además, reclama, dentro de lo que es el sistema americano, el derecho a mantenerla. Es una cosa bien interesante. América latina entra ahí de la manera más inesperada, con unas consecuencias culturales indiscutibles.

– Pero de alguna manera Estados Unidos tuvo siempre una filosofía, el migrante que llegaba la tenía muy clara, incluso el migrante latino. Era una filosofía muy pragmática por lo demás, muy destinada al logro material dentro de una estructura democrática. En América latina se mezclaron mucho las motivaciones. No hubo detrás ninguna filosofía práctica...

– La hubo en Argentina, en un momento se estimuló mucho, se propició mucho, siguiendo el modelo americano, quiso ser un país de migrantes...

– Pero el resto es hijo de la casualidad, incluída la Argentina de hoy. No ha habido una filosofía arraigada en la gente común. Más bien hay una antifilosofía, que agudiza la fragmentación. Hay un sentido de no ser de ninguna parte, como veíamos, de no aspirar a nada y querer estar siempre en otro lado, ya sea geográficamente o sobre una utopía.

– Supongo que eso ha sido producto de las condiciones tan difíciles de América latina. No era el caso cuando los italianos partían a Argentina buscando la tierra de la promisión, la tierra donde había trabajo y espacio, donde se podía prosperar. Así como llegaban los emigrantes a Estados Unidos, llegaban también a la Argentina en el siglo pasado. Pero claro, la permanencia va a depender fundamentalmente del desarrollo. Si América latina se desarrolla, la gente va a querer salir menos, va a querer escapar menos, y, al contrario, mucha gente va a querer venir. Esa es una regla sin excepciones; si un país está mal y no es capaz de dar trabajo, de dar oportunidades a su gente, la gente querrá migrar.

– Da la sensación de que es algo más allá de lo económico, de que hay como una necesidad de llenar un cierto vacío casi metafísico...

– Pero no en el caso del grueso de la gente. Que los intelectuales hayan tenido tradicionalmente esa especie de hambre de hacer la experiencia europea o ahora la experiencia americana, es una tradición en América latina. Sí, desde luego, porque ha habido unos modelos artísticos, culturales, muy atractivos, y además existía esa especie de convicción de que sin la experiencia europea uno nunca llegaba a graduarse de intelectual, de escritor o de artista. Pero creo que en el grueso de la sociedad las grandes corrientes migratorias se han debido a razones económicas o a razones políticas, a las dictaduras, a los exilios obligados.

– Pero ¿por qué nunca el latinoamericano está satisfecho donde está?

– Los países nuestros han fracasado sistemáticamente, han sido incapaces de satisfacer expectativas, de dar oportunidades, de garantizar una estabilidad, un orden, un progreso, y eso crea una mentalidad transhumante, una vocación de migrar. Eso es algo muy normal.

– Pero hay una cosa más allá del traslado físico, es la condición de estar siempre con la mente afuera, que es distinto, y ésa la ha tenido incluso la gente que está bien...

– Esa gente ha sido muy atraída por los modos de vida, por los modelos... Pero creo que en América latina el que escapa, el que huye, el que sale, lo hace sobre todo por las mismas razones por las que salía el gallego o salía el calabrés: en busca de mejores condiciones de vida. Pero si se tiene unas condiciones de vida aceptables, como le ocurre a los gallegos y a los calabreses hoy día, se quedan allí, no emigran, no tienen ninguna razón para hacerlo.

– Pero en este sentido ¿se puede decir que el latinoamericano tiene una doble personalidad? Es un tipo de doble conciencia de sí mismo. Por un lado, el indígena que es y no es indígena, porque tiene un marco de referencia europeo. Por otro, el europeo, que lo es y no lo es a la vez, porque está dentro de una cultura mestiza...

–Esa es América latina, ésa es nuestra manera de ser, es lo que nos diferencia de un francés, de un inglés; somos al mismo tiempo varias cosas.

– ¿Es esta doble personalidad, que en algunos casos podría ser casi esquizofrénica, lo que nos ha llevado a una especie de incapacidad, a una especie de parálisis, y nos impide llegar a ser naciones sólidas que piensen por sí mismas?

– No creo que nuestros problemas se puedan plantear en términos culturales. El fracaso de nuestras sociedades para ser modernas, para vivir en su tiempo, para poder satisfacer o crear unas formas de vida que sean aceptables por lo menos para todos, es un problema básicamente de cultura política y de cultura económica. En eso hemos fracasado. Los países nuestros que han tenido un cierto desarrollo lo han tenido un poco a pesar de sí mismos. No como resultado de una elección, de una opción; entonces esto ha creado en América latina unas características, unas condiciones que son muy especiales y que han tenido efectos a otros niveles; pero no creo que haya un ser latinoamericano escindido y que en función de eso hayamos fracasado como naciones. No, creo que más bien es al revés. Creo que, porque hemos fracasado, porque hemos sido incapaces de optar por las buenas opciones cuando teníamos ocasiones de hacerlo, aunque en el pasado no siempre era posible optar. Pero cuando ha sido posible también hemos fallado, nos hemos equivocado; eso ha creado insuficiencia en todos los niveles salvo en algunos pocos, los que esas situaciones favorecen: como, por ejemplo, la creatividad artística. Esos caos, esos fracasos históricos monstruosos, esos cataclismos, a veces producen una extraordinaria creatividad artística; pero en lo otro, como sociedades, hemos fracasado indudablemente. Entonces, en la medida en que seamos conscientes de esa responsabilidad que tenemos, también vamos a poder superar más fácilmente esas deficiencias. Si la noción de arraigo es más débil en el latinoamericano que en otros, creo que no sería una mala característica, creo que facilitaría mucho más la inserción de América latina en el mundo.

– ¿Usted cree que ha habido en América latina burguesías nacionales en el sentido europeo? ¿Grupos que desarrollen y construyan, con un sentido nacional, un estado y una economía?

– No se puede decir que ha habido eso, porque nuestras burguesías han sido unas burguesías rentistas, unas burguesías parasitarias, muy poco creativas. Los tipos de modelos que llegaron a crear fueron mercantilistas, no han traído nunca desarrollo a nadie, han creado siempre una enorme asimetría social, eso es evidente; ése es el gran fracaso en América latina. Ahora, también creo que sería un estereotipo responsabilizar exclusivamente a las burguesías del fracaso de América latina. Hay unas élites políticas, hay una *inteligentsia* que ha contribuido muchísimo a esos errores, que ha sido muy ciega, también muy dogmática y muy estereotipada. Fue incapaz muchas veces de ver, por encima de los esquemas abstractos que importaba, lo que era la realidad viva de América latina. Para mí, en gran parte, el terrible error de América latina, que es el error de los últimos treinta o cuarenta años, ha sido la opción populista, que cobró un arraigo muy grande, y tanto que infectó por igual a gobiernos militares y a los nacidos de elecciones, a gobiernos conservadores y a los que se llamaban progresistas: todos han sido gobiernos populistas, con retórica distinta, y han traído el enorme desastre económico de América latina. Esto resulta en gran parte de una victoria cultural de la *inteligentsia*, de una élite intelectual que consigue imponer unos patrones de desarrollo, una mentalidad totalmente equivocada, que estaba en contradicción con lo que era la experiencia mundial, la experiencia internacional.

– Unos traían abstracciones de afuera y los otros no construían nada en el sitio propio, mirando la vida en otra parte; en el fondo ninguno quiso arriesgar nada...

– Eran burguesías rentistas, se contentaban con una renta, tenían un tipo de actividad económica que no traía el desarrollo, al contrario; y producía una gran deformación interna. Pero esa burguesía funcionaba dentro de unos países cuyos gobiernos eran incapaces de corregir eso, cuyos intelectuales no eran conscientes de dónde había que operar. Y donde muchas veces las fuerzas que se defendían, que luchaban por un cambio, luchaban por un cambio en la mala dirección. El fracaso de

América latina resulta entonces de esa...

– Comedia de equivocaciones...

– Comedia de equivocaciones...

– Pero también hay factores externos...

– Naturalmente, hay factores externos que son muy importantes también. Porque, en definitiva, todo se importa, pero se importa lo malo, lo no-bueno. Estados Unidos también importa, pero importa unos modelos, unos sistemas de pensamiento que le permiten un desarrollo muy rápido.

– Pero allí hay algo interesante: la adaptación que hace Estados Unidos de todos los pensadores de la Ilustración es totalmente distinta de la que hace América latina. ¿Por qué?

– Porque el europeo que va a Estados Unidos no va con la mentalidad del conquistador español o portugués... A Estados Unidos van religiosos, mercaderes, comerciantes, gente que va con un sentido totalmente distinto.

– Pero yo me refiero al período postindependencia, el de las constituciones nacionales. Estados Unidos adapta el pensamiento francés y lo aplica a su manera. América latina a mí me parece que nunca llega a aplicarlo a cabalidad.

– Claro, América latina importa pero no aplica. Nosotros tenemos constituciones que son muy buenas, pero que nunca se convierten en realidad. Son una retórica, quedan como letra muerta. Su práctica fue totalmente en contraposición con lo que fue la del Norte. En el Norte hubo desde un principio un enorme estímulo a la iniciativa individual. Siempre el Estado se vio como un árbitro de una actividad que era básicamente asumida por la sociedad civil; eso fue lo que trajo el desarrollo.

Y no eran ideas americanas, eran europeas, totalmente europeas, que llegaron allá con unos señores que eran comerciantes: gente de un individualismo acérrimo, gente que tenía la religión del trabajo. En América latina no había esa convalidación moral que tenía la ética protestante; eso fue muy importante también, contribuyó mucho y no hubo rentismo. No pudo brotar, porque el sistema no permitía el rentismo; entonces tenía que haber trabajo, tenía que haber creación de riqueza. América latina nació bajo el signo del rentismo. La colonia, la conquista, son la institucionalización, la universalización del sistema de rentas; el parasitismo es la institución más respetada y aplicada. Se extrae, se vive de una renta, pero no se crea; la creación de riqueza es algo ajeno a la historia de América latina.

– ¿De allí la contradicción con las ideas de la Ilustración, la idea de la libertad y la idea de la democracia, en nuestra élite?

– La Ilustración llegó como retórica. El liberalismo del siglo diecinueve en América latina existió mucho en esa retórica, se habló mucho de partidos liberales, de gobiernos liberales, de constituciones liberales; pero el principio fundamental del liberalismo, que es el mercado, no lo aplicó ningún país latinoamericano.

– ¿Ve importante la vuelta a la democracia, a pesar de su precariedad...?

– Muy importante; no es un paso menor, secundario, no. Es la primera vez que en América latina hay una ola democrática de un extremo a otro, con la sola excepción de Cuba. Es un caso realmente único en la historia de nuestro continente. Además, para mí, lo más importante no es solamente que existan estos gobiernos civiles nacidos de elecciones, sino que haya un consenso popular a favor del sistema.

– A partir de todo lo que hemos hablado, ¿usted cree reformulable el proyecto latinoamericano, cree que tiene sentido como proyecto?

– Bueno, el proyecto latinoamericano entendido en términos modernos, sí. Es decir, una integración de América latina para integrarnos juntos al mundo. Y no, como decía, una entidad defendida contra el mundo para afirmar una personalidad propia. Ese concepto creo que es un concepto obsoleto, que no corresponde hoy día a la realidad en absoluto; aunque sí creo que hay una realidad latinoamericana en términos culturales, en términos históricos, y sobre todo de opción. Eso debería servir para que nosotros trabajáramos juntos, para que podamos hacerlo muchísimo mejor, con mejores resultados para alcanzar el desarrollo, para afirmar la cultura democrática.

– Este nuevo orden mundial propuesto por Bush podría responder a ese modelo de integración de América latina con el mundo y con Estados Unidos.

– En principio, es una idea muy seductora: que bajo el signo de las Naciones Unidas, bajo el signo de la democracia, bajo el signo de la coexistencia democrática en la diversidad, haya unas normas éticas, políticas, internacionales, que garanticen la paz. Pero todo eso es muy quimérico. La realidad es que todavía hoy, en la mayor parte de los países del mundo, la democracia no existe, o la democracia es una burla, una farsa, donde las corrientes antagónicas a este ideal son muy poderosas y tienen un enorme dinamismo; de tal manera que no se puede pensar, por ejemplo, en el fin de la historia de Fukuyama, eso aún es una gran quimera. Creo que todavía hay un tercer mundo, aunque es un término que no quiere decir gran cosa, pero en fin, donde todavía no se ha determinado lo que va a ser el futuro. Así como creo que en los países democráticos el futuro está más o menos determinado, más o menos decidido, creo que todavía hay una incógnita enorme sobre lo que va a ser el futuro de nuestros países.

Londres, 11 de junio de 1991.

Adolfo Bioy Casares

Morel nos advirtió: Hoy en esta isla, ha ocurrido un milagro: el verano se adelantó. A la madrugada me despertó un fonógrafo. Huí por las barracas. Estoy en los bajos del sur, entre plantas acuáticas, indignado por los mosquitos, con el mar o sucios arroyos hasta la cintura, viendo que anticipé absurdamente mi huída.

El departamento mira hacia el cementerio de La Recoleta. También hacia la heladería La Biela. Me han avisado de que no hablará de nada que no sea literatura. ¿Huye Bioy? Las paredes están repletas de estantes, atestadas de libros y de fotografías de novias que podrían ser la novia de uno. La pintura de techos y paredes está descascarada. Su mujer Silvina Ocampo, diez años mayor que él, octogenaria, descansa en un departamento contiguo. Hace algunos años que no se levanta.

– No sé por qué lo recibí, señor. Si hasta me había olvidado de que vendría hoy.

Tiene algo raro este Bioy, algo perverso que le brota de unos ojillos celestes brillosos. Traje a rayas, zapatos lustrados, las once de la mañana, un caballero. No sé por qué pienso que no sería raro que viniera saliendo de la cama de la Madonna.

Me muestra fotografías de mujeres preciosas y contemporáneas.

– ¿Es su hija?

– No, fue mi novia hasta el año pasado. Ahora tengo otra. ¡Qué linda piba!

Setenta y ocho años tiene este caballero pintón que seduce con el silencio de los campos vacíos: una voz muy baja, una eterna sonrisa cortesana. Claramente pertenece a la civilización sarmientina. Y lo reconoce: Aristóteles cabalga sobre su cabeza blanca, aunque, como buen hijo de familia de hacendados, Platón lo tira de las bastillas.

– ¿Y de dónde sacó ese apellido, Bioy?

– Es bearnés.

– ¿Suizo?

– No, francés, de los Pirineos Atlánticos. ¿No lo sabía?

Morel no nos deja: Acostumbrado a ver una vida que se repite, encuentro la mía irreparablemente casual. Los propósitos de enmienda son vanos: yo no tengo próxima vez, cada momento es único, distinto y muchos se pierden en los descuidos. Es cierto que para las imágenes tampoco hay próxima vez (todas son iguales a la primera). Puede pensarse que nuestra vida es como una semana de estas imágenes y que vuelve a repetirse en mundos contiguos.

– ¿Somos todos nada más que imagen de nosotros mismos, Bioy?

– ¿Sabe periodista? Me ha caído bien. Podemos hablar de cosas que no me incumben. Pero no macanee demasiado.

El campo vacío

– Usted es un gran inventor. Me acuerdo de su novela *La Invención de Morel* en la que narra esa especie de eternorretornógrafo que proyectaba imágenes de personajes que el protagonista, en una isla deshabitada, asumía como reales e interactuaba con ellos. También recuerdo el cuento *En memoria de Paulina,* donde usted hacía que su amante apareciera proyectado ante el pretendiente despechado y lo perturbara... Usted es un experto en proyecciones mentales que aparecen como verdaderas... Bueno, por lo mismo, yo quiero preguntarle hasta qué punto América latina es una proyección de nuestras cabecitas, una realidad aparente.**

– Es muy probable que sea así. Pero tengo que decirle que no solamente América latina sino que todas las cosas, tal vez. A lo mejor los siglos de oro se inventan primero y después la realidad obedece, cumple con la invención.

– ¿Usted cree que ése es un principio de la vida, la idea primero, que determina lo real aparente?

– Yo creo que es un principio de la vida, sí.

– Es bien platónico, usted...

– Puede que sea así, a lo mejor yo me creo aristotélico y soy platónico.

– ¿Y cree que América latina fue una invención de los ensayistas-próceres del diecinueve, que trataron de llevar el invento a la práctica?

– Sí, creo que sí. Hicieron un cóctel entre el romanticismo y el iluminismo.

– ¿Y eso tenía algo que ver con la realidad de estos pueblos?

– Nada. Es que eran lugares vacíos donde llegó gente de cultura extraña, y se combinó todo eso con la cultura europea y salió lo que salió.

– ¿Usted cree que, de alguna manera, eso ha tenido que ver con todas las desventuras de nuestros países, con este abismo entre la concepción del Estado, la concepción de las leyes y el pensamiento de la gente?

– Claro. Lo que sucedía en las ciudades, en las capitales, podía ser en Santiago o acá en Buenos Aires, es que había personas que seguían a los filósofos europeos y, por otro lado, había una realidad tensísima en el campo vacío... Un campo vacío poblado por personas bastante horribles que no podían amoldarse a los principios civilizados de estos señores de las ciudades.

– ¿Usted cree que estos señores de las ciudades realmente incorporaban esas ideas en sí mismos? ¿Su civilidad se reflejaba en su vida diaria?

– Qué sé yo, no sé. Usted me está pidiendo cosas que me exceden en mucho. Soy un simple contador de historias. He admirado muchísimo a Sarmiento cuando lo he leído, pero también tengo que decirle que lo he leído hace cuarenta años, así que estoy hablando de memoria.

– Y cuénteme una cosa: ¿usted se siente latinoamericano?

– Yo no sé qué me siento; latinoamericano me siento a veces. Anteayer, por ejemplo, fui a la Caja Nacional de Ahorro y Seguros, donde daban premios a cincuenta personas: incluían artistas, escritores, músicos, boxeadores, comentadores de deporte, bueno, de todo. Y mire, fíjese que en esa fiestita fue una de las primeras veces en la vida en que me sentí miembro de una comunidad, porque era una cosa sin pretensiones en la que había gente de todas partes. Me sentí, entonces, uno de ellos. Y me dio un placer comunitario muy distinto al que proclaman los políticos, que lo dejan a uno tan afuera. Estaba sentado al lado de Iris Marga, que es una actriz vieja de aquí, me sentí contento, muy agradado.

– Se sintió argentino...

– Argentino, sí, de esta sociedad que vive casualmente en este territorio...

– Que está siendo imaginada por alguien...

– Claro que sí. Por muchos simultáneamente.

– ¿Cómo definiría lo que es esta argentinidad, como escritor, como contador de historias, sin intentar hacer una definición sociológica?

– No sé, se me ocurre que es el avenirse a través de las luchas entre civilización y barbarie. La civilización que nos venía de afuera y la barbarie que se creaba en los espacios vacíos de acá. Se me ocurre que eso se ha ido haciendo. Me asombro bastante, a veces, cuando veo ciudades como Buenos Aires, podría decir lo mismo de Santiago o de Río, donde todo anda tan bien, y hay casas para que la gente viva, y hay calles para que los coches vayan de una parte a otra. Es raro que nuestro pueblo haya hecho esto.

– ¿Esta argentinidad se diferencia de alguna manera de lo que puede ser la chilenidad o la bolivianeidad?

– Seguramente, porque son distintos rincones. A mí se me ocurre que el Cono Sur se parece más entre sí que un pueblo nuestro de por aquí con otro que está en el norte...

– Hay una tendencia en todas las sociedades latinoamericanas del Cono Sur a sentirse europeas. ¿Somos europeos o somos unos mestizos no asumidos, en el fondo? Me refiero específicamente al caso de los argentinos, de los chilenos y de los uruguayos...

– Yo creo que somos bastante europeos. Sin embargo, pienso que también nos llega del vacío del campo algo que modifica eso europeo. Pero lo que había acá en el campo era muy poco, y fue casi eliminado muy pronto. Y pienso que ustedes los chilenos no son tan distintos de nosotros, a pesar de que tuvieron unos indios más resistentes, más fuertes.

– En Chile, en general, la gente tiende a creerse blanca, pero tenemos básicamente una cultura mestiza con un componente de mentalidad indígena nada despreciable. Si bien nuestros rasgos físicos son preponderantemente blancos, nuestra cultura es absolutamente mestiza...

– Puede ser, yo no sé. Indios yo he encontrado en todas partes, hasta en Europa. Eso que usted llama mente de indio.

– No, no me refiero peyorativamente...

– No, yo no digo peyorativamente, de ninguna manera. Lo de indio puede ser hasta casi una filosofía...

– ¿Usted es de los que creen que ya perdió sentido el sueño bolivariano, que ya pasó de moda?

– Ese sueño me parece un sueño siempre difícil, porque los hombres más bien se complacen en señalar diferencias que afinidades. Fíjese el caso de Europa, que está mucho más cerca un país de otro y usted tiene la sorpresa de cruzar una frontera y a la izquierda la gente tiene la costumbre de hablar español, y a la derecha de hablar francés. Qué raro, uno dice, ¿por qué pasa eso? Y sigue en Europa y le siguen pasando estas cosas de que en Alemania, por ejemplo, hay una tendencia marcada a hablar en alemán y etcétera. Así que no nos puede asombrar que, con las enormes distancias de acá y la poca gente que somos, nos juntemos los que podamos e insistamos que somos una nación que no tiene nada que ver con la de al lado.

– ¿Pero cree usted que somos naciones o que somos un grupo de sobrevivientes?

– Como toda la gente ha leído en los libros que somos naciones, lo somos finalmente.

– ¿Entonces usted está convencido de que nuestras naciones son básicamente una especie de ilusión?

– De ilusión colectiva, repetida ya en las escuelas con la bandera y todo eso...

– América fue una invención necesaria para Europa en el Renacimiento. ¿Usted cree que para nosotros, americanos de hoy día, Europa se nos ha hecho una invención necesaria?

– Yo creo que sí, yo soy de los que miran a Europa.

– ¿Y por qué cree que es necesaria?

– Porque me gusta la civilización, prefiero la civilización a la barbarie. Prefiero que haya ley, aunque no creo en ningún gobierno, nunca he sido partidario de ningún gobierno, no hay nada más hostil a mí que un gobierno. Soy anarquista en el fondo de mi alma, pero creo que es mejor que la gente acepte ciertos reglamentos y que no ataquen unos a los otros... Y los nuestros han sido países muy bárbaros y muy crueles.

– ¿Usted ha pensado alguna vez por qué nuestros países son bárbaros y crueles?

– No, es un espectáculo que he mirado como lector, y me he enterado de muchas cosas también por tradiciones orales.

– ¿Pero piensa que hoy día son todavía sociedades crueles y bárbaras?

– Sí, estamos llenos de ejemplos. Yo me acuerdo de algo que sucedió en el campo, un caso de gente buenísima: el marido, un hombre muy bueno, no quería que la mujer y la hija fueran a un baile. Bueno, como fueron al baile, para vengarse, ahorcó al perro de la familia y lo dejó colgado de un árbol. Cuando volvieron, vieron al perro colgado. Me parece una crueldad infinita: un pobre animal que es matado para una admonición a otras personas.

– ¿Y usted cree que eso mismo se puede usar como una metáfora de lo que pasa con los gobiernos?

– Claro que se puede usar, desde luego, con todo. El trato con los animales es muy significativo; por ejemplo, las cosas que se le hacen a los caballos para amansarlos son de una crueldad espantosa. Es como lo que hicieron con Tupac Amaru: el caballo es tirado desde todos los lados y con el lazo poco menos que lo ahorcan[1]. Es terrible todo eso y la gente que lo hace no siente nada. Cuando yerran a los pobres terneros es insufrible. Viene un ternero inocente, que no conoce el trato del género humano, lo hacen correr y lo pialan, le tiran el lazo a las patas, entonces cae el animal. No contentos de haberlo hecho una vez, lo patean y lo hacen caer dos o tres veces. Después uno le tira de la cola y mientras le tienen una pata agarrada le ponen la marca. Otros le cortan los cuernos y usted ve cómo sale de la base del cuerno un chorro de sangre como una fuente, y eso es lo que más le duele al animal. La marca le duele mucho menos. ¡Ahhh! Y mientras, otros le están cortando los huevos.

– Brrrrrr

– Después de todo eso sale marcado, sin cuernos, sin huevos, sangrando, y lo pialan unas cuantas veces más. Después lo animan con patadas para que se pare y paliarlo otra vez.

– ¿Y usted no ve un símil de este comportamiento en lo que ha sido nuestra historia?

– Pienso que sí y pienso que acostumbrar a las personas a que sean tan indiferentes al dolor ajeno, en este caso al de un animal, las lleva a ser muy crueles en la vida, en cualquier situación en que se encuentren. Actuarán de un modo tan implacable como han tratado a ese ternero.

– Usted me decía que era anarquista, que se sentía anarquista de alma. ¿Por qué?

– Porque aborrezco toda autoridad y nada me desagrada y me da

1- Tupac Amaru (1740-82), revolucionario peruano que decía ser descendiente de los incas. Se sublevó contra la dominación española. Finalmente fue cruelmente ejecutado.

más vergüenza que tener autoridad sobre alguien.

– ¿Y qué piensa en ese sentido de las instituciones jerárquicas de nuestros países? La Iglesia, el Ejército y el aparato del Estado: ¿qué le parecen estas instituciones?

– Ni Ejército ni Iglesia me resultan demasiado simpáticos, para decirlo eufemísticamente, y el aparato del Estado me parece que es nada más que la civilización que está luchando una guerra sin esperanza, porque, si bien nunca podrá haber un gobierno simpático y agradable, no hay más remedio que establecer autoridad y jueces y ese tipo de cosas.

– ¿Cómo cree que ha influido la Iglesia en nuestra constitución como individuos latinoamericanos?

– La Iglesia yo creo que, en general, más bien ha hecho fanáticos. Pero no hay nada que hacer. Fíjese que yo tenía la impresión, cuando era joven, de que en la Argentina casi todo hombre, si no era libre pensador, no era practicante. Vino el Congreso Eucarístico de 1932 y todo el país fue católico, los hombres comenzaron a entrar a la iglesia y no se quedaban afuera como en mi juventud. Algún amigo mío, libre pensador y escritor culto e inteligente, se confesó y comulgó a vista de todo el mundo. Ahí me di cuenta de que era algo con lo que tendríamos que vivir.

– ¿Reformaría estas instituciones?

– Bueno, es muy difícil saber qué hay que hacer, yo no soy partidario de la represión. Además creo que si las prohibimos florecerán con un vigor renovado. Pero fíjese usted en el hecho de que esta vieja y poderosa religión como la católica está perdiendo prestigio y la gente ahora se hace evangelista con mucho entusiasmo. Con eso está todo dicho. Esto sucede como un consuelo frente a una desilusión. El problema de la gente ya no es que va a ser racionalista, sino que va a ser evangelista.

– Y los ejércitos. ¿Por qué se ha vivido con tanta dependencia en relación con los ejércitos en América latina? ¿Ha pensado usted en esto?

– La tradición...

– ¿La tradición?

– Sí, están ahí, están siempre... Hay gente que tiene amor de pertenecer a eso... Son muy testarudos.

– ¿Pero por qué han actuado como han actuado?

– Bueno, creo que tenemos la culpa todos y mire que una de las cosas que más rabia me da es aceptar esto, porque yo sí que no tengo ninguna culpa de que ciertos acontecimientos hayan ocurrido. Pero quiero decir que quizás esto haya ocurrido posiblemente porque en la democracia —estoy hablando de la República Argentina, no tengo idea cómo son los partidos en su país— hemos votado por gente espantosa que el país entero ha deseado que cayera. Han venido los militares y han hecho la revolución, hasta yo mismo les agradecí casi por cinco minutos, aunque después he tenido motivos para arrepentirme de ese agradecimiento. Lo cierto es que llega un momento en que los gobiernos son tan malos que la gente acepta cualquier cosa con tal de que cambien.

He estado ayer en la heladería, y alguna gente hablaba del pésimo gobierno, y alguien dijo que una señora vieja le había dicho que está por caer. Ah sí, bueno, respondió el otro, ojalá que caiga. Después cae y viene otro. Yo tengo como norma no tener nada que ver con la política y nunca me he arrepentido. A veces, incluso, no he apoyado a algún gobierno que parecía tener mis ideales, aunque me haya sentido poco generoso, pero, sólo así, nunca he tenido que arrepentirme por nada. Cada vez que he apoyado a alguno, me he avergonzado después.

– Se proclama que ha llegado el fin de las utopías, que todos los modelos ya no sirven, que hay que acostumbrarse a vivir sin ellos. ¿Usted cree que eso es posible?

– No creo que sea posible, porque uno puede tener un recuerdo fresco de los fracasos de este momento, pero nadie puede impedir que alguien piense en la posibilidad de un gobierno perfecto y entonces cualquier teórico escribirá sobre eso y algunos que se sientan con ganas de ejercer el poder lo tomarán como pretexto. Así que creer que la historia ha concluído me parece una ingenuidad extraordinaria.

– ¿Cómo se imagina usted una nueva utopía, por dónde ve que podría ir?

– Yo creo que usted me está confundiendo. Yo soy un relator de historias de amor y de historias fantásticas. ¿Qué miércoles sé yo de todo esto? ¡Nada!

– Las historias de amor y las historias fantásticas tienen que ver con las utopías. ¿No son lo mismo?

– ¡Qué van a ser lo mismo! Si fueran lo mismo yo podría ejercer la pediatría, ser psicoanalista, ser filósofo, y no soy ninguna de esas cosas...

– Usted es un gran contador de cuentos...

– No. Todas las historias con utopías son pésimas e inclusive la de mi amigo Orwell, así que yo, que soy un frívolo escritor, sé que no he de intentar ese experimento porque me va a salir mal. A Orwell, a quien estimo muchísimo, le salió pésimo el *1984*.

– ¿Le ve algún sentido a la celebración del Quinto Centenario?

– Me parece muy natural que ellos quieran celebrarlo.

– ¿Por qué dice ellos?

– Ellos, los españoles, porque son los protagonistas; ellos descubrieron todo esto y yo les agradezco que nos hayan descubierto, como le agradezco a mi bisabuelo que se haya casado con mi bisabuela y que, por casualidad, un día me hayan hecho a mí. Es decir, no agradezco ni dejo de agradecer, pero pienso que han tenido una epopeya, una cosa bastante linda, y no les echo en cara las crueldades que hicieron aquí, porque los de ahora no son los de entonces y soy muy amigo de los españoles de ahora, me parece gente muy simpática y no guardo rencor por las barbaridades que puedan haber hecho por estas partes sus antepasados.

– ¿Pero no habría nada que concelebrar, en todo caso?

– Los que creen en esas cosas pueden concelebrar, a mí no me inspiran nada. Yo soy un hombre de ideas privadas, todas estas otras cosas las veo como ajenas; es como una persona que cultiva legumbres y otro cultiva flores, bueno, tenemos distintos jardines. A mí me interesa la vida privada de los individuos, los sentimientos, y nada más; y la mente, la inteligencia, claro.

– Tomando la vida privada, ¿usted cree que como latinoamericanos, en su caso como argentino, la felicidad se define de una manera diferente a la del resto de los mortales?

– ¿Cómo voy a creerlo? Si todos los hombres somos parecidos, ¿por Dios, no? El otro día llegó un amigo mío, un ruso de Moscú, y estuve conversando con él. Bueno, todo lo que pasa en Moscú y lo que él siente es lo que yo hubiera sentido. Siento que es un hermano, una persona muy parecida a mí, por lo menos.

– No sé si a usted le sucede, pero en general para los latinoamericanos siempre la felicidad parece estar en otras partes...

– Para mí el asunto es así: yo soy un individuo de inteligencia pesimista y de ánimo optimista. Estoy cómodo en la vida, como dijo María

Zambrano[2], y me gusta y todos los días soy feliz por cosas distintas y cuando vienen cosas malas sufro y ya.

– Pero, por ejemplo, las clases cultas latinoamericanas están siempre pensando en Europa, en Francia o en Estados Unidos; siempre la felicidad ha estado más allá del mar.

– En eso está equivocadísimo. No sólo las clases cultas. Por ejemplo, casi todo hijo de españoles está deseando, aunque sea pobrísimo, su felicidad en España y quiere ir a verla y lo hace.

– Bueno, eso reafirma lo que digo... Pero el latinoamericano promedio y mestizo...

– El obrero, el peón de campo, bueno, no hablo de esas cosas.

– Le iba a decir que la felicidad de las clases populares, quizás, estuvo en la utopía, la utopía de la revolución, la utopía del cambio, siempre ha radicado en lugares mentales y no reales...

– Tiene toda la razón, pero usted tiene una visión sociológica de las cosas, yo tengo una visión psicológica, muy personal.

– De acuerdo, pero desde el punto de vista psicológico...

Lo que sucede es que en toda esta entrevista he sido un improvisador, soy una persona que está diciendo cosas en las que no piensa. Quiero decir: las pienso ahora pero no son mis preocupaciones.

– Pero lo que me ha dicho es muy interesante. Lo que pasa es que ver desde el punto de vista de un escritor que permantemente está reelaborando la realidad, aunque no sea un experto, es bastante más iluminador que cualquier cientista social...

– Pero recojo mucho menos datos que cualquier periodista que está informando sobre esas cosas...

– Lo interesante es que el escritor los recoge de una manera intuitiva... A propósito de esto, ¿no cree que los escritores tienen algo que decir más allá de lo que escriben?

– Aquellos escritores que tienen algo que decir que lo digan, me parece muy bien. Y los que no tienen nada que decir, como yo, es absurdo que hablen.

2- María Zambrano (1907-1991), ensayista española. Discípula de Ortega, se exilió después de la guerra civil. Vivió en América, Francia y Suiza. Regresó a España en 1984. En 1981 le concedieron el premio Príncipe de Asturias.

– ¿Cuáles son para usted algunos hitos de la historia de América latina que le han parecido importantes, hitos privados que no tienen que coincidir ni con las efemérides oficiales ni con nada público?

– Yo le diría que, vamos a escandalizarnos, la lectura de la Enciclopedia por algunas personas del continente y la inmigración.

– ¿Por qué?

– Mire, cuando hubo inmigración, Argentina fue próspera...

– ¿Y respecto a la Enciclopedia?

– La Enciclopedia, porque tiene las ideas que me parecen buenas, las ideas racionales de las que soy partidario.

– Sí, usted es partidario de esas ideas, pero en su escritura entra en absoluta contradicción con la Enciclopedia, ¿o no?

– No, no. ¿Por qué van a entrar en absoluta contradicción? Porque soy escéptico, no, pero si además de ser escéptico soy liberal y anticlerical: un señor del siglo diecinueve.

– Pero todo eso es contradictorio con el eternorretornógrafo, por ejemplo, ¿o no?

– Yo hago literatura fantástica y no quiere decir que yo crea en el eterno retorno. Para mí es como si fuera una aventura mental, me interesa lo que la imaginación y la inteligencia pueden descubrir trabajando en argumentos, en situaciones, pero yo no estoy poniendo la invención de Morel como una utopía para que tratemos de vivirla... Por otra parte, sí me gustaría vencer la mortalidad porque me encanta la vida y me gustaría vivir para siempre. Si me dieran un contrato que me asegurara la vida eterna o siquiera para mil años, lo firmaría sin siquiera examinarlo, pero eso no quiere decir que yo haga esas cosas para imponerlas. Son comentarios sobre la realidad y sus posibilidades.

– ¿Por qué todo lo imagina sobre la base de razonamiento? ¿Sólo la razón pura es válida para usted?

– No creo que la razón sin sensibilidad pueda mucho, pero lo que quiero decirle es que para mí la razón pura no es una expresión peyorativa. En todo caso, no se puede ser inteligente sin sensibilidad.

– Usted se acaba de definir como «un señor del siglo diecinueve». ¿Por qué del siglo diecinueve y no del siglo veinte?

– Porque eso está dicho en broma, porque usted estaba diciendo que el siglo veinte debe caracterizarse por los ensayos políticos frustrados que ha tenido. Bueno, entonces usted me permitirá que me ponga en el siglo diecinueve. Yo no rechazo muchas cosas del siglo veinte. El siglo veinte es mucho más que la frustración de las utopías. Pero si creer en la libertad, si estar en contra de las supersticiones, si creer en la inteligencia son cosas ya dejadas atrás por el siglo veinte, entonces soy del siglo diecinueve, aunque no creo que el siglo veinte las haya dejado realmente atrás.

– ¿Usted siente que hay una tendencia en esta última época, dentro de lo que se ha llamado el posmodernismo, a poner en duda todos esos valores globales para dejarlos en el ámbito de lo privado?

– ¿Quiere que le confiese una cosa? No sé que mierda es el posmodernismo, porque no tengo ninguna curiosidad para saber esas cosas. Así que no sé. No le puedo contestar si soy posmoderno o premoderno. No me importa un cuerno. Y además las tendencias tienden a creerse un ejemplo, y las tendencias predominantes son más bien malas. La gente muy fácilmente se entusiasma con idioteces, por eso van a ver a la adivina, por eso están siempre de moda los astrólogos, por eso se cree en el psicoanálisis, en fin.

– ¿Usted cree que entusiasmarse con idioteces es propio de todas las épocas?

– De todas las épocas, porque la gente está descontenta, muy justificadamente, de sus limitaciones, y en vez de buscar un camino racional para superarlas, que es costoso, duro, exige mucho, se busca un adivino que con una varita mágica arregle las cosas.

– Es muy interesante como sus pensamientos privados pueden ser metáforas que tienen que ver con la vida colectiva...

– Bueno, usted me lleva a hablar de la vida colectiva. Y entonces ¿cómo no voy a hablar de la vida colectiva si usted me pregunta cosas?

– Esas metáforas que usted refiere al individuo, ¿no tienen que ver también con la vida de nuestros países?

– De nuestros países, sí, probablemente de todos los países del mundo, ya que siempre hay adivinos, siempre hay oscurantismo, siempre hay una propensión a interesarse en el oscurantismo, que no ha dado a lo largo de los siglos nada útil; y sin embargo todos lo buscan.

– Pero eso que usted decía de intentar estar en las modas o de vivir librescamente, ¿no considera que es propio de nuestras clases

políticas, por ejemplo?

– ¡Qué va a vivir la clase política librescamente! ¡Por favor, que homenaje quiere que les haga, no!

– No lo digo porque necesariamente lean libros, sino porque asumen ideas librescas... No las contrastan con sus propias realidades hasta que ha llegado la tragedia.

– Y bueno, no hay otra. La humanidad ha pensado con los libros, a través de los libros, y el ingenuo que no lee y el que lee está repitiendo la misma idea de algún libro. Ahora en cuanto a que no las digieren, seguramente.

– Usted ha dicho que una de las cosas más importantes ha sido la inmigración... ¿Por qué?

– Usted me sigue macaneando, pero... no hay vuelta que darle. Yo no soy un filósofo ni un sociólogo.

– Pero lo que ha dicho ha sido muy interesante, porque en general el sociólogo, el filósofo, tienden a aplicar modelos y a racionalizar, a ponerle cinchas a todo, mientras que usted, como le dije antes, al hacerlo intuitivamente, va sacando cosas mucho más importantes. Volviendo a nuestro tema, ¿no cree que la inmigración es una especie de fractura permanente?

– Sí, una fractura, pero hemos tenido prosperidad y con la prosperidad el país fue mucho más feliz que en la miseria. Cuando dejó de llegar gente, la prosperidad se acabó.

– Pero, ¿los hijos de los que llegaron no siguieron con la prosperidad?

– La gente que llegaba venía a trabajar, venía a hacerse la América, la tendencia de sus herederos ha sido a gastarse la América.

– ¿La América no es posible hacérsela todavía?

– No, hoy no, porque han cambiado las cosas. Antes veíamos a Europa como un continente viejo, casi enfermo y demasiado poblado; entonces venían los europeos acá donde había espacio y donde podían trabajar y enriquecerse. Ahora los europeos están jóvenes, llenos de fuerza, agresivos, renovados, y nosotros seguimos siendo pocos y ya estamos viejos.

– Y nos hemos gastado la América...

– No, la América está allí esperando, pero tampoco creo que si nos llenamos de gente va a mejorar; al contrario creo que nos iría peor aún.

– ¿Por qué cree usted que nos ha ido mal?

– ¡Qué sé yo! Por cuestión del clima, a lo mejor. Los climas fríos producen hombres que saben vivir en sociedad y los más calientes personas un poco rebeldes...

– Pero el clima, suponiendo que tenga algo que ver, en Argentina no es tan distinto al de Europa...

– No, claro, tiene un clima como el de la Costa Azul... ¡Qué sé yo!

– ¿Usted cree en el mito de que la lengua debería unirnos?

– Nunca pasa. Fíjese que Bernard Shaw dijo que todo unía a los ingleses y los norteamericanos, excepto la lengua. Claro, porque las pequeñas diferencias, en lo que es común, irritan mucho.

– ¿O sea usted no cree que la lengua en definitiva nos une?

– No, es más bien un motivo de irritación, por lo menos para mucha gente un poco espontánea... ¡Qué voy a creerle a personas que están diciendo palabras raras en mi misma lengua, o que dicen una cosa por otra cosa! Así puede pensar más de alguien.

– ¿Cuál cree usted que sería un denominador común positivo de la llamada América latina?

– No sé si somos todos parejos.

– ¿O sea, en definitiva, usted no cree en una identidad latinoamericana?

– Sí, creo. Pero no sé si son méritos los que nos reúnen, o si son defectos, qué sé yo...

– Pero ¿usted cree que lo latinoamericano existe?

– Sí, yo me siento en Latinoamérica. Con los ojos cerrados me siento en Latinoamérica... Puede ser que haya elementos muy evidentes y varios que me hagan sentir eso; uno de ellos, a pesar de lo que dije antes, es el idioma, el tono, pequeñas actitudes. Las cosas de la vida que hacen también distintos a un alemán de un italiano.

– ¿Y porque nos han repetido muchas veces que es así?

– Claro, también.

– Volviendo al tema de la razón: hay una imagen famosa y legendaria de Bolívar con una espada en la mano y con un libro de Rousseau en la otra... jurando liberar a América...

– Yo no soy partidario de Rousseau, soy de Voltaire.

– Bueno, supongamos que tenga un libro de Voltaire en la mano...

– El tuvo que hacer su trabajo con la espada, no creo que tengamos que hacerlo ahora.

– ¿No cree que allí, en esa imagen, hay una contradicción intrínseca en el nacimiento de América latina?

– Me pregunto en qué país del mundo no habrá habido cosas así al comienzo. La civilización llega por los caminos que parecen menos adecuados; seguramente los que pusieron orden a los bárbaros en Europa lo tuvieron que hacer con la espada...

– ¿Creyó usted alguna vez en la revolución, en el hombre nuevo, en la revolución personal?

– No.

– ¿Por qué?

– Porque me parece que las cosas pasan de otro modo.

– ¿Cómo pasan?

– Poco a poco. A veces hay revoluciones, pero revoluciones breves que no traen la aurora al mundo, sino que van llevando las cosas en un sentido o en otro, a veces bueno, a veces malo...

– El derrumbe del comunismo, ¿lo sorprendió?

– Sí.

– ¿Y por qué se sorprendió?

– Por falta de imaginación mía, probablemente. Pensaba que eso estaba establecido así, y me he dado cuenta de que ellos eran iguales a nosotros. Debería haber pensado antes que eran iguales a nosotros y que por qué iban a soportar un régimen así, aquello de estar en el colegio desde el nacimiento hasta la muerte. Yo no tengo buenos recuerdos del colegio.

– Se habló durante todo ese tiempo de que había una especie de guerra ideológica, de lucha entre distintos proyectos políticos... ¿Usted cree que en definitiva esa guerra de ideas la ganó alguien?

– Tengo la esperanza de que no la haya ganado nadie.

– ¿Por qué?

– Bueno, porque no quisiera que nadie, para salvarse de un régimen colegial, vaya al régimen que tienen los norteamericanos que me parece muy bien para ellos... No todos tenemos que tener la misma idiosincrasia. Ahí hay una diferencia. Ellos nos desprecian a nosotros,

nosotros los despreciamos a ellos, por ejemplo, y así es el mundo.

– Pero esta guerra entre el mundo del liberalismo económico y el colectivismo, aparentemente la ganó el primero...

– El colectivismo es un disparate. Ahora yo creo que el liberalismo se puede llevar de manera muy distinta. Yo tengo la impresión de que los rusos tenderán a llevarlo bien. Vamos a ver.

Me parece que es importantísimo que no se pasen a una sociedad de capitalistas opresivos. Siempre todo es muy difícil, sabe. Porque el estatismo tampoco me gusta nada.

– ¿Usted cree que, yendo a la parte estrictamente individual y psicológica, el latinoamericano tiene una especie de doble personalidad, en función de una actitud racionalista, ilustrada, que entra en contradicción con su ancestro mestizo?

– Creo que todos los hombres tienen esa doble personalidad, no es un mérito ni una lacra nuestra. Todo ser humano tiende a ser un bárbaro si puede y la educación le enseña que hay que hacer lo otro.

– ¿No cree que eso esté más enfatizado en América latina?

– No, bueno, seguramente, pero para qué insistir en eso. Puede ser, como ya le dije, que los países nórdicos tengan una tendencia a organizarse y casi a organizarse demasiado y nos parecen locos a nosotros en la organización y nosotros a a ellos le parecemos, seguramente, más bien transgresores. Pero, todos somos hombres y bueno, nosotros aprenderemos un poco de ellos y seremos mejores y nosotros les comunicaremos el placer de la transgresión y mejorarán con eso ellos también.

– ¿No piensa usted que el latinoamericano sólo tiene un barniz ilustrado?

– No, por qué ser tan pesimistas y creer que somos todos ogros.

– No ogros, pero funcionamos más bien sobre la base del mito, de la experiencia religiosa que de la razón y no somos capaces de asumirlo...

– El mito, la experiencia religiosa, todo eso es una calamidad, cuanto antes lo olvidemos mejor. ¿Qué se puede hacer con gente que sigue mitos? Bueno, señor, me pongo el sombrero y me voy, lo dejo con su mito. No hay nada que hacer contra eso, el raciocinio no va a servir para la gente de mitos.

– Pero de eso vive la gran mayoría de nuestro pueblo...

– Disimulémoslo, por favor, que no se sepa. En todo caso, si es verdad, por Dios, no nos jactemos de ello, por lo menos eso.

– ¿Usted cree que nosotros, habitantes de estas naciones un poco imaginarias, hemos fracasado en construirlas?

– No, a mí no me parece, hemos hecho mucho más de lo que uno podría esperar de nosotros. Ahí ve usted que los coches guardan la derecha para andar por la calle y otras cosas increíbles; me parece todo eso tan extraordinario.

– ¿Usted dejaría todo tal como está, ¿está todo bien y así tiene que ser?

– Dejo a usted y a todos los políticos de Buenos Aires que contesten esa pregunta. Yo estaba pensando que usted es una excelente persona, simpatiquísimo y totalmente preocupado por cosas distintas a las mías. Eso es para mí una dificultad espantosa...

– Para terminar quiero que redondee esta idea del mito, el mito en el sentido de que, en el fondo, no somos más que un invento de nosotros mismos...

– Mire, a mí me importa tanto como los seres humanos la literatura, que me perdonen los seres humanos. En todo caso, no dejo de ser un hombre compasivo, me imagino el dolor ajeno, así que haría cualquier cosa por un prójimo si puedo, pero también soy de los que creo en la importancia de la literatura. En fin, he hecho mi vida para la literatura, es lo que le da sentido a mi vida, y es un invento también, seguramente mío y de todos los que me precedieron, pero todo este preámbulo es para decirle que sí, que yo retomé el invento y me lo apliqué a mí...Soy un invento mío.

– Por lo tanto...

– Me imagino que el político hace lo mismo, y el gobernante y el utopista, todos...

– O sea, básicamente, todos somos víctimas de nuestra propia imaginación y de sus proyecciones...

– Claro, y de nuestros propios engaños, o devaneos o lo que sea, no hay otra manera de pasar la vida.

Buenos Aires, 14 de septiembre de 1991.

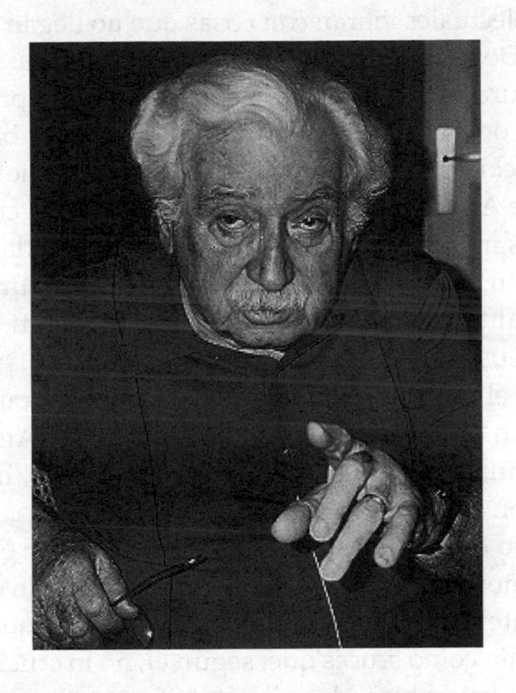

Jorge Amado

Se había escapado como el conejo de Alicia. Amado es un zorro blanco de pradera nordestina que deambula entre París, Lisboa y Río Vermelho. Corre rápido, se escabulle en la telefonía universal. Los mensajes se nos habían cruzado de un extremo a otro del mundo: Bahía y su secretaria Roxane, París y el fax de Georges Moustakis, la Unesco. Al fin lo agarré de una pata. Llegamos con Portanet a la Avenida de los Celestinos frente a la Isla Saint Louis, un poco antes de la hora acordada y subimos enfriados por los mármoles de un edificio moderno en plena orilla del Sena. Lo vimos y entramos en calor. En la calle no lo habría reconocido jamás: es como un poema de Ginsberg, explosivo y cárneo. Habla idioma de zorros: portugués españolado. Decir que habla portuñol sería una vulgaridad. Su habla es una mixtura perfecta de barbaridades íberas. Como el mismo reconoce, es negro, judío, árabe, portugués e indio: un brasilero de los normales.

– Los intelectuales vibran con cosas que no llegan a las vísceras de la gente, sabe. Doña Flor conmovió hasta a los suizos. Vadinho mojó a las princesas europeas e hindúes. Sensorialidad, expresionismo, sensualidad. Tiene ochenta años mantenidos con ternura bahiana, con candombé de caboclo y *brasilidade*. Dice no tener nada que ver con el mundo hispánico de América latina, porque es un mundo culposo.

– Brasil es un mundo aparte gracias a la capacidad de joda de los portugueses, a su melancolía y al movimiento de cintura de los negros.

Nació plantando cacao en la Quinta Piranguí, en el pueblito bahiano de Ilhéus. Terminó huyendo de los jesuitas. No podía ser de otra manera: en él se arremolina su admiración por el pecado. Todos sus personajes viven en cada arruga de su epidermis: Amado, pescador; Amado, prostituta; Amado, peón de campo; Amado, holgazán bueno; Amado, bebedor. Y sobre todo Amado, el bien amado. Destellan desde sus ojos de zorro collodiano sus historias inagotables: el ecólogo, el defensor de los niños brasileros arrasados, el ex diputado comunista, el ex exiliado impenitente, esa especie de Gorki brasilero que recibió el premio Stalin y Lenin como cruces que, según él, no lo crucifican porque no se arrepiente de haber luchado mil combates con las armas de su imaginación y su escritura por la paz del hombre sobre la Tierra.

Joao Magalhaes navega por las tierras del fin del mundo. Por el Sena pitean barcos saludando turistas que buscan lo que este licenciado en derecho ha hecho ver en alguno de sus epígrafes más personales. «No se puede dormir con todas las mujeres del mundo, pero hay que intentarlo; proverbio bahiano».

No los vamos a clasificar en héroes y villanos. ¿Quiénes somos nosotros, sospechosos vagabundos de la rampa del Mercado, para decidir sobre asuntos tan trascendentales?, dicen *Los pastores de la noche*.

Las tristes élites

– ¿Se puede afirmar que Brasil es un país latino?

– Vaya, recuerdo una manifestación en la plaza de la catedral en Bahía, cuando las tropas de Mussolini acababan de invadir Abisinia, en 1935. Simpatizantes del fascismo italiano invitaron a apoyar públicamente al Duce en la calle. Algunos curiosos se pararon a aplaudir o a abuchear. Entre los oradores profascistas, había un crespísimo mulato. "Nosotros, que somos latinos, debemos cerrar filas tras los soldados italianos, nuestros hermanos de raza —vociferaba— en esta cruzada por la civilización que han emprendido. Brasileros, entre los latinos debemos ser los mejores".

Después se subió a la tribuna, para contestarle, un joven escritor que ya ha muerto, Clovis Amorim, socialista declarado, quien le replicó, tocado con un gran sombrero alón europeo: "Nosotros, brasileros, que somos entre los africanos los mejores, debemos darle un apoyo total a Abisinia, donde la independencia está amenazada por un dictador caricaturesco, el insípido Mussolini". Los bahianos se dividieron entre los que apoyaban a los latinos de Mussolini y los que apoyaban a los negros de Abisinia encabezados por el Negus[1], ¿lo recuerda?, el rey de reyes. Así somos los brasileros.

– ¿Usted se siente latinoamericano?

– No, de ninguna manera. Siempre luché contra esto de hablar de una literatura latinoamericana, que no existe, que es una invención de los españoles, una invención colonialista de los hispanos, que quieren continuar teniendo el poder cultural, literario, en la real Academia de Madrid, por sobre los demás países de lengua española. Ellos no consi-

1- Negus, título que se daba al emperador de Etiopía. En ese tiempo era Haile Selassie (1892-1975).

deran a Brasil dentro de la literatura latinoamericana, porque es una literatura de lengua portuguesa, como no consideran tampoco la de Haití, tan latina como la nuestra o como la vuestra. Yo creo que tenemos literaturas nacionales. ¿Qué tiene que ver la literatura brasilera con la literatura de Chile? Nada. Son opuestas en ciertos aspectos. La literatura argentina tampoco tiene nada que ver con la nuestra. ¿Y la mexicana con la peruana? Nada. Ninguna tiene que ver con otra. Se escriben en español, claro, pero incluso es un español distinto, porque cada país tiene su originalidad cultural. Más bien nuestra unidad está en lo negativo, en la miseria, en el hambre, en el latifundio, en las opresiones militares, en las dictaduras. Y nuestros escritores se han preocupado, en común, de eso. La literatura de Francia, por ejemplo, es una discusión de ideas; la nuestra es la vida, es la carne, es la sangre, es el hambre. Y esto no tiene que ver con ser de derecha o de izquierda. Vea usted hombres de posiciones tan distintas como García Márquez, Gabo, y Vargas Llosa, Mario. Se dice de uno que es de izquierda, que está al lado de Fidel (no sé si eso significa ser de izquierda, para mí ser de izquierda es estar contra el hambre, la miseria y la opresión); y Vargas, de derecha (yo no sé tampoco si será de derecha); pero cuando uno y otro hace una acción política lo hace buscando estar con su pueblo. Volviendo a nuestras literaturas, en ellas se pueden encontrar las originalidades nacionales de cada uno de nuestros pueblos. Entonces, culturalmente, no me siento parte de una cosa tan abstracta como América latina.

– ¿Se siente parte de Portugal?

– Tampoco de Portugal, a pesar de que parte de mi sangre es portuguesa. Por otro lado, siempre estuve muy ligado a la cultura francesa, o a otras literaturas europeas que empecé a leer de niño, como la inglesa. Dickens, por ejemplo, me marcó muy temprano, aunque De Queiroz[2] también, lo reconozco... Yo no siento el espíritu continental de América latina, definitivamente no me siento latinoamericano.

– ¿Qué se siente usted?

– Mi bisabuelo materno era portugués, aventurero y cazador. En la selva capturó a una pequeña indígena que fue mi bisabuela y le hizo

---

2- Rachel De Queiroz, escritora nordestina brasilera. Una de sus novelas más importantes es *O Quinze* (1930), sobre los *retirantes* de 1915.

una cantidad de niños. Ella trajo el primero al mundo a los once años. Mi bisabuela paterna, de apellido Amado, era de pura sangre blanca, holandesa, aunque algunos dicen que sólo tenía la nacionalidad holandesa y que su sangre era judía, sefardita. Bueno, ella se enamoró perdidamente de un negro, del cual quedó prontamente encinta. Después de las correspondientes amenazas y de todo lo que podemos imaginar de parte de padres y amigos, su papá autorizó el casamiento siempre que mantuviera el apellido Amado. Entonces la descendencia no llevaría un apellido africano. Así, yo puedo decir con seguridad que soy portugués, indio, negro, judío, una mescolanza. Latino, claro que sí, y marcado por la cultura francesa; africano, por supuesto, con toda la magia llegada de las costas africanas; indio, por supuesto, recién salido de la selva virgen. Así es la latinidad brasilera: soñamos con Cervantes y con Camoes[3], pero cantamos en lengua yoruba y bailamos al son de los tambores... Nos alimentamos de sémola de mandioca, de leche de coco y de aceite de palma; todos, alimentos de indios y de negros. Y los mezclamos con aceite de oliva y vinagre portugués para crear la cocina bahiana, una de las más refinadas del mundo, junto a la francesa y a la china. En definitiva soy bahiano, brasilero.

– ¿Entonces, la llamada identidad latinoamericana es otro voluntarismo nuestro?

– En una gran medida. Tenemos identidad nacional y algunos valores que son comunes, cosas extremadamente negativas de una parte, que ya las mencioné, y que son las fundamentales. Y, por otra, algunas pocas cosas positivas. No me gusta el nombre de América latina, tiene un resabio colonialista. En el caso de Brasil, es una denominación que reduce nuestra experiencia como pueblo y que contradice nuestro humanismo.

– Y esto que dice Darcy Ribeiro[4], por ejemplo, de que América latina puede unirse, porque somos pueblos mucho más homogéneos que otros, que los pueblos europeos, por ejemplo...

3- Luis Vaz de Camoes (1524-1580) el mayor poeta lusitano del siglo dieciséis y uno de los grandes genios renacentistas. Escribió *Os Lusíadas*.

4- Darcy Ribeiro (1922), novelista, sociólogo, antropólogo y etnólogo brasilero. Estudioso de las culturas aborígenes y de los problemas de la integración. Fué ministro de educación del presidente Joao Goulart. Ha vivido en el exilio en Chile y en México.

– No sé, vea usted. Darcy es un novelista muy bueno, me gusta mucho, sobre todo dos de sus novelas...

– Dice además que el portugués y el español son lenguas transitables, intercambiables. ¿Qué le parece?

– No me parece nada. Como le decía, a mí me gusta mucho Darcy como novelista; además de que es un gran antropólogo. Aunque confieso que yo no sé decir lo que es un antropólogo, mi ignorancia es muy grande...

– Se dice que la antropología nació como disculpa de la Europa conquistadora frente a lo que hicieron con los indios y los negros en América y Africa...

– Puede ser. Darcy es un hombre que amo mucho, somos muy amigos. Y Darcy es un brasilero típico, con todas las virtudes y con todos los defectos del brasilero; entonces no puedo dejar de pensar una cosa y es que, además de que él es un gran intelectual, también, desgraciadamente, es un hombre político, partidario, comprometido, interesado en una carrera política; y aunque es un hombre muy serio, muy derecho en lo fundamental, dice muchas burradas, a causa de aquellos intereses políticos inmediatos. Hay un Darcy Ribeiro de grandeza de pensamiento, como el Darcy Ribeiro que escribió un prólogo maravilloso para un libro de Gilberto Freyre[5], y un Darcy Ribeiro al que yo leo todos los días en entrevistas, que dice cosas contradictorias y va de un lado para otro según el interés de la cosa política inmediatista. Son dos Darcys diferentes... Estoy lejos de concordar con su pensamiento, que muchas veces no resulta de la concepción del gran escritor y del gran intelectual que es y que tiene un lado muy simpático (el hombre de los indios y todo eso), sino que resulta del hombre de partido, del candidato a gobernador en la ciudad de Río..., del senador.

– Usted también tuvo un pasado político...

– Un pasado muy pesado...

– ¿Por qué se desilusionó de la política?

– Yo nunca fui un político en el sentido en que Darcy lo es, porque yo nunca pensé en una carrera política. Era un político en la medida en que un escritor puede tener pasión por la vida política. Fui durante

5- Gilberto Freyre (1900), historiador y sociólogo brasilero.

muchos años un militante del partido comunista, mas nunca fui un dirigente.

– Pero fue diputado...

– Sí, fui diputado durante dos años, elegido por Sao Paulo, en el primer grupo parlamentario comunista que hubo en Brasil. Dos años después nos expulsaron de la cámara. Fue una derrota política bastante grande, aunque personalmente quedé muy contento, porque yo no nací para eso, no tenía la más mínima vocación. Para no ser un diputado que metiera mucho la pata debía hacer esfuerzos inmensos, enormes. No hice política en el sentido del que hablamos aquí, de buscar el poder. No sé. Tal vez por ser un hombre al que le pesa mucho su libertad personal. Hace cinco o seis años tuve la tentación de volver a la política, cuando el presidente Sarney me ofreció ser embajador en París. Pensaba que yo podía hacerlo bien por el hecho de tener relaciones con mucha gente de la vida francesa, empezando por el presidente Mitterand; pero no quise. Mucha gente hasta hoy no entiende por qué no quise ser embajador en Francia...

– ¿Y por qué no le tentó el poder?

– El poder nunca me tentó, porque degrada. Y yo, a estas alturas, no tengo ambiciones muy grandes: creo que la vida me ha dado mucho más de lo que le pedí. Y, le repito, si hay dos cosas que nunca me tentaron en la vida son el dinero y el poder. Eso no quiere decir que el dinero no sea muy bueno para gastarse, y que permita que yo pueda estar aquí en un departamento en París ganado con el sudor de mi trabajo de escritor en vez de estar en un hotel; pero sólo sirve para esto. De otra manera usted se queda esclavo de la plata y entonces está frito. Por otro lado, he guardado la mayor distancia posible con el poder, y nunca hice política como la ha hecho Mario Vargas Llosa y que espero que no vuelva a hacer.

– ¿Y el tipo de política que hace García Márquez, qué le parece a usted?

– García Márquez se ha limitado a estar allí, a ser un amigo de Fidel Castro, a quien apoya, y que también representa mucho para él; pero no es propiamente un político, así como tampoco lo ha sido Sabato. Sabato es un hombre al que yo le tengo una gran estima personal y un gran respeto como escritor. Fue un hombre que estuvo al lado de Raúl

Alfonsín[6] todo el tiempo, que presidió la comisión de derechos humanos, y que debe haber sentido una tristeza muy grande cuando salieron todos los militares en libertad y luego cuando salió el propio Alfonsín de la presidencia de la república. Leí una entrevista muy melancólica, en que Sabato hablaba de esto; pero decía allí una cosa muy moral después de la amnistía general... Decía que si él hubiera sido el presidente, tal vez habría estado obligado a hacer lo mismo… Pero le repito, yo no tengo mucha ambición, me gusta vivir tranquilo.

– ¿Le parece que la imagen de América latina se ha deteriorado, que se ha desprestigiado, que ya no es la América latina de los años sesenta, cuando se veía renovada la utopía americana?

– En principio creo que sí, que hay un cambio en la imagen que había de América latina. Hay un cambio para peor. Es cierto que su imagen se ha deteriorado. Pero creo que internamente han pasado muchas cosas buenas. Nuestros países, desde muchos puntos de vista, no son los mismos de antes. Por ejemplo, han crecido económicamente; algunos pasaron de simples proveedores de materias primas y productos agrícolas a países más industrializados, y comienzan a ocupar un sitio en el mundo del desarrollo. Y esto en contradicción con un gran atraso, en una situación de subdesarrollo social muy, muy grande y con un gran retroceso político.

– ¿Nos penará siempre esta contradicción?

– Latinoamérica ha sido siempre víctima de situaciones políticas muy negativas, muy feas, muy tristes; las oligarquías militares, en varios de nuestros países, son una tradición. Y hasta las mismas independencias han sido en gran parte un asunto de militares más que de movimientos populares. La máscara militar es algo que marca de una forma muy profunda y muy fea toda nuestra vida política. Vea usted las últimas experiencias en el Cono Sur y en el mismo Brasil. Esto ha hecho que tengamos una realidad de tortura, de prisiones, de asesinatos, de persecuciones, algo que después de la segunda guerra ya no se veía mucho en el mundo, o existía de una forma muy escondida, como en el mundo del Este europeo donde pasaban cosas también muy ma-

6- Raúl Alfonsín (1927). Presidente de Argentina entre 1983 y 1989.

las, antidemocráticas, de mucha violencia pero de las que se sabía muy poco. Esto afectó gravemente la percepción que Europa tenía de nosotros. Aquí se supo con detalle todo lo que pasó. En Brasil, jamás habíamos tenido antes un período de tanta humillación, donde todos los valores más vivos y más bellos de nuestra vida, la cordialidad, el amor a la paz, la antiviolencia —Brasil era un país antiviolento por excelencia— fueron transformados en una violencia brutal.

– ¿Y la democracia del presidente Collor de Melo puede cambiar esta tendencia?

– Los acontecimientos actuales no modificarán el cuadro deplorable y siniestro de la realidad de Brasil, donde la sociedad se torna cada día más injusta. Ninguno de los grandes problemas se ha resuelto. Proseguimos con la tragedia cotidiana de miseria y hambre, con la guerra siniestra contra millones de niños abandonados al crimen, con la creciente devastación del suelo, de la flora y de las especies animales. Nuestro retrato nacional, mostrado diariamente en la televisión, da ganas de llorar.

– ¿Le parece que, además, para colmo de nuestra situación, cada día aparecen problemas nuevos?

– Por supuesto. Han aparecido problemas nuevos o que antes no se tocaban, como el problema ecológico, los problemas de los indígenas. Es positivo que se mencionen. Yo me acuerdo que hace treinta o cuarenta años, si usted hablaba de los indios del Brasil, nadie le daba importancia, no había ninguna conciencia del problema. Hoy empieza una conciencia mundial al respecto. Por ejemplo, ahora la gente empieza a pensar en el tema de la Amazonia como algo que hay que defender para impedir su degradación. Yo estuve en la Amazonia el año treinta y siete, estuve tres meses preso en Manaos, y recorrí todo el río, y los animales y la selva eran una maravilla. Cuarenta años después hice un viaje allí con mis hijos y mis nietos para mostrarles las grandes serpientes, tales y cuales animales, los peces, los yacarés, y durante los días que estuvimos en barco subiendo el río, no vimos nada... ¿Dónde están los cosas que nos contaste?, me decían mis nietos. Todo se había terminado... Y se había terminado sin que hubiera en el país una conciencia del problema. Hoy, por lo menos, se habla de esto, empieza a haber una conciencia en el pueblo, sólo empieza. Por lo menos todavía hay indios en el Brasil, porque en general, en otras partes, ya no los hay. En los Estados Unidos no conseguí verlos más que en una reserva, la cosa más triste, más degradante que he visto nunca: todos borrachos; era una pequeña comunidad muy miserable, muy pobre. Por lo menos todavía tenemos árboles y florestas. En Europa, para encontrar algo que se parezca a un bosque hay que viajar varios días.

– ¿No cree que los artistas europeos que toman el tema ecológico brasilero lo hacen movidos por la publicidad?

– Yo no estoy en contra: mientras más se hable, mejor. Creo que esta gente, en general, lo hace de una forma generosa, por un interés real, que no se mueve por un interés mezquino y de publicidad, aunque, para algunos, quizás puede haberlo. Con estas cosas no se puede tener nunca una posición tajante; las cosas son complejas, no son simples, no es blanco o negro.

– ¿Cree que las nuevas democracias pueden ayudar realmente a resolver los problemas de América latina, más allá de la retórica?

– Sí, es una gran cosa que haya una democracia política. En Brasil hay una tendencia de la gente a decir "ah, pero la democracia no funciona, no resuelve los problemas". Nunca se dijo que con la democracia política se iban a resolver inmediatamente los problemas sociales. Los problemas son enormes, y la verdad es que, con democracia o con dictadura, los problemas fundamentales del país no se han resuelto en ningún momento, nunca. Ni durante los veintiún años de dictadura militar, ni durante el primer gobierno de transición a la democracia —a pesar de que el gobierno de Sarney tuvo consecuencias muy positivas— ni con el régimen elegido ahora por el pueblo. Son problemas muy profundos, muy grandes, no se resuelven con un discurso; exigen medidas revolucionarias... Digo revolucionarias en el sentido más legítimo del término. Por ejemplo, si usted no resuelve el problema de la explotación de la tierra en Brasil, no puede tampoco pensar en resolver ningún otro. Mientras tengamos un régimen latifundista para la explotación de la tierra, al menos en ciertas regiones como es el caso del nordeste o del norte de la Amazonia, donde la economía está en un estadio semifeudal, no se puede pensar en resolver ninguno de los problemas de orden social. Nosotros tenemos haciendas tan grandes que son como países de Europa.

– En América latina muchos creyeron, entre ellos usted, que el socialismo resolvería problemas; sin embargo, el socialismo parece haber perdido la batalla sin lograr resolver nada.

– No creo que el socialismo haya perdido la batalla en ninguna parte, por la siguiente razón: no fue el socialismo el derrotado en los países del Este y en la Unión Soviética; no creo que se haya trabado allí la última batalla histórica entre capitalismo y socialismo. La batalla que se trabó allí fue entre democracia y dictadura. La dictadura es peor en cualquier circunstancia, en cualquier régimen económico, sea capitalista o socialista. El socialismo sin democracia conduce invariablemente a la dictadura, y a la peor de las dictaduras, porque en las dictaduras como la que hemos tenido en Brasil o que ustedes han tenido en Chile con Pinochet, uno puede estar en contra, y la gente puede hasta considerar un héroe al luchador porque su lucha es pública... a pecho descubierto. En cambio, en una dictadura de corte socialista, o se es socialista o no. Usted no puede estar en contra, porque inmediatamente le dicen que es un enemigo del pueblo, que es un traidor, que es un bandido, un hijo de puta, como a mí mismo me dijeron, a fines del año cincuenta y cinco, cuando manteniendo intactas mis convicciones socialistas, dejé de militar en el partido comunista y denuncié el estalinismo, critiqué sus errores y condené sus crímenes. Entonces lo que pasó en esos países fue la derrota de la dictadura. Sucede que los medios occidentales falsifican el significado y se presenta como si fuese la batalla final del enfrentamiento histórico entre capitalismo y socialismo. Se trata de que el capitalismo parezca como el régimen más perfecto, más humano y justo, y el socialismo, en cambio, como un régimen condenado por la historia y por las grandes masas populares.

– ¿Y no es así?

– No. Esa es una adulteración de la verdad. El combate en el Este europeo ha sido entre dictadura y democracia. Lo que ha caído no es el socialismo, sino dictaduras inconcebibles, que estaban atrincheradas en mentiras ideológicas y en policías políticas. Se acabó el socialismo real, impuesto por déspotas crueles mediante la más monstruosa máquina de mentiras y opresión.

Apenas se rasgó el velo de la fantasía, quedó expuesta al sol la precaria desnudez de unas ideologías ilusorias que cercenaron y disminuyeron al ser humano, que eran armas de opresión al servicio de los dueños del poder... Se vino abajo lo que era falso, perverso, podrido y feo. Así de simple.

– ¿Y quién ha triunfado entonces?

– El triunfo es de la democracia y no del capitalismo y la derrota es de la dictadura y no del socialismo. El capitalismo permanece igual, en nada ha mejorado. Continúa colocando la ambición de lucro y de dinero por encima de cualquier otro ideal.

– ¿Y cómo ve un socialismo diferente?

– Yo pienso que el hombre y la humanidad marchan hacia el socialismo entendido como una etapa donde la sociedad sea menos injusta, sea menos enemiga del hombre; donde la sociedad no esté en manos de un grupo, y sea más fraterna. Estamos caminando ahora, como se ha marchado durante toda la historia de la humanidad, con avances y retrocesos. Piense usted en que hace pocos años se conmemoraron en Francia los doscientos años de la Revolución francesa, y la Revolución francesa cambió la faz del mundo: antes había un mundo y hubo otro después de ella. No hay que olvidar que la Revolución francesa, con todo lo que significó como fin de un régimen monárquico absolutista de explotación, etcétera, marchó finalmente hacia el Terror y después hacia la dictadura. Es lo mismo que pasó en estos países socialistas: comenzó con la revolución socialista y se llegó al terror estalinista. Después del período del Terror, vino Napoleón y las guerras de conquista que hizo en nombre de la revolución, en nombre de la libertad, la fraternidad, y la igualdad...

Sí, nunca debemos olvidar que hace dos siglos la Revolución francesa cambió la faz del mundo, que aparecieron nuevos valores y la vida mejoró. Y que, sin embargo, los caminos democráticos de la gran revolución fueron abandonados para dar lugar a una sangrienta y monstruosa dictadura, ejercida en nombre del pueblo y del progreso. La farsa de Napoleón y de sus guerras de conquista se llevó a cabo bajo las banderas de la revolución, y eso es comparable a la ocupación de Polonia, Hungría y Checoslovaquia por las tropas soviéticas en nombre del socialismo. Después de Napoleón, el retroceso continuó con la vuelta de la monarquía de los borbones y la entronización de Luis XVIII. Sin embargo, el retorno al pasado no significó la liquidación de los valores expresados por la Revolución francesa. El mundo nunca volvió a ser el de antes. También la revolución socialista de Octubre cambió la faz del mundo y la vida de los hombres para siempre. Los valores sociales y humanos que nacieron de ella perdurarán. El mundo, en el primer caso, no volvió a 1789; en el segundo, no volverá a 1917.

– ¿Caerán, entonces, los sistemas y permanecerán los valores?

– Creo que fatalmente las ideas y los valores de un mundo socialista (no del mundo falso del socialismo real que hemos tenido, que es exactamente la negación, por la dictadura, de los valores del socialismo), son parte de un sueño de la humanidad, que no ha terminado. Que el mundo del Este europeo, y de la Unión Soviética, se haya derrumbado, no ha hecho, como decía, que el capitalismo mejore; el capitalismo continúa siendo el mismo régimen político malo e injusto que conduce a las diferencias sociales, al racismo, a la guerra, que trae violencia, y que busca imponer una falsa cultura. No cambió, está allí, es lo mismo de siempre.

– ¿Esa impresión que tiene con el fracaso del socialismo real, se la aplica también a Cuba?

– Si usted es un hombre de América latina, como es, como soy yo; si somos intelectuales de América latina y si miramos la realidad de nuestros países (yo hablo de Brasil, no me atrevo hablar de Chile ni de otros países), yo tengo que hacer un elogio de la Revolución cubana. Un elogio de la Revolución cubana no quiere decir un elogio incondicional e intransigente. Tengo que decir que en Cuba, desde luego, libertad no existe, y para mí la libertad es esencial.

Pero algo se ha hecho en ciertos campos sociales en los que los datos de Brasil son incomparables con los de Cuba. Por ejemplo, la situación de los niños. Cuba ha avanzado enormemente, por lo menos en salud pública, en educación... Ahora esto es una parte del problema. La otra parte es que es una realidad limitada. En Cuba usted no puede decir lo que quiere, usted no puede divulgar ideas que no están de acuerdo con el régimen. Allí hay una dictadura, y en eso no hay donde perderse.

– ¿Y usted cree que ya es hora de que el régimen cubano se abra?

– No sé, es muy difícil decirle, porque yo no soy un pensador político, soy un novelista, y tengo mucho miedo de decir tonterías como las tantas que dicen los pensadores políticos. Pero yo creo que la salida del régimen cubano, para poder conservar ciertas cosas, sería la apertura. No es fácil... Ya no existen los apoyos económicos que había antes. Ahora, tampoco creo que vaya a haber una sublevación popular... Yo he estado en Cuba dos veces, la primera a pocos años de la revolución, cuando dejaba de ser la revolución sin ideología, que tanto había encantado a Sartre, para revestirse un poco precipitadamente de la ideología comunista. La última vez que estuve fue el año ochenta y seis, hace cinco años, para un festival de cine latinoamericano, y tuve la ocasión de mirar y conversar y, si bien me di cuenta de que había mucha gente en contra, no ví que hubiera un sentimiento de revuelta... Quizás en los mismos cuadros del partido, mañana, puede surgir alguien que tome la bandera de los cambios; no me parece fácil, es difícil. Al mismo tiempo, hay una cosa que me llama la atención. Mi impresión es que los gobiernos de los países de América latina no creen que resultaría una lucha violenta contra el régimen cubano. Me llamó mucho la atención, por ejemplo, que el presidente de México se haya juntado con Fidel para buscar soluciones. Igual me llamó la atención la posición de Brasil. Yo supe que, enviada oficialmente por el Ministerio de Relaciones Extranjeras de Brasil, viajó una misión cultural brasilera compuesta de escritores y de artistas, de gente diversa e importante, desde gente de izquierda, de comunistas hasta liberales... Creo que es la primera vez, después de las dictaduras... Pero claro, las dificultades económicas son muy grandes, enormes, y la vida se hace muy difícil; incluso mantener las conquistas conseguidas. Todo está bajo amenaza.

– Da la sensación de que como ya lograron ciertas bases sociales, una alta educación, una alta salud, la democracia podría ser más fácil en un momento dado...

– Sí, yo no entiendo por qué este miedo. Siempre da la impresión de que los dirigentes no tienen seguridad. Si las cosas están bien hechas, por qué tener miedo de la reacción de la gente... Yo creo que los dirigentes cubanos en este particular son estrechos, reducidos, no tienen una visión más amplia; si la tuvieran deberían hacer muchas otras cosas, sería más fácil, pero tienen mucho miedo.

– ¿Miedo a qué?

– Es el poder. Yo le voy a decir una cosa, soy un hombre que viví mucho y viví una vida comprometida con los acontecimientos de nuestro tiempo. Y, entonces, aprendí que no hay nada peor que el poder. El poder realmente degrada al hombre, lo corrompe, lo reduce. Yo vi como personas magníficas se pudrieron... Siempre me acuerdo de algo que sucedió a mediados de los años cuarenta, después del fin de la guerra, cuando el partido comunista brasilero se legalizó. Le recuerdo que fui muchos años miembro del partido comunista, desde los tiempos de la ilegalidad, por allá por el año treinta y dos, cuando ingresé a la juventud comunista. Pero lo que quería contarle ocurrió el año cuarenta y cinco; trece años después, cuando llegó al trabajo de organización del partido un joven ferroviario de Sao Paulo... Yo estaba en Sao Paulo en ese tiempo. Era un joven muy joven, un muchacho con una gran fuerza de lucha y con un gran sentido de justicia y de clase, modesto, sobrio. Como era obrero y había muy pocos obreros en el partido comunista —era un partido de cuadros intelectuales de la pequeña burguesía, como siempre ha sido en nuestros países, aunque sé que en Chile fue distinto—, había hecho una carrera muy rápida, llegando a los puestos de dirección más altos de la vida sindical. Llegó a ser representante de los sindicatos de Brasil en la Federación Internacional de Sindicatos. En esa calidad me lo encontré años después en Moscú; debía ser el año cincuenta y cinco o cincuenta y seis. Estaba en una reunión de este organismo en el mismo hotel donde yo me hospedaba. Cuando lo vi, al principio no lo reconocí, no podía creerlo, el que yo había dejado era un muchacho muy flaco, austero; el de ahora era un hombre gordo, con un inmenso puro en la boca, displicente... ya no tenía nada que ver con el de antes. El poder tiene una fuerza de corrupción enorme, terrible, y la gente se apega a él. He visto esto tanto en el detentador del pequeño poder que tiene el jefe de una célula partidaria hasta en el que tiene el poder del Estado. Es terrible.

– Estábamos hablando antes de la Revolución francesa y el cambio que supuso en el mundo. América latina es en gran medida una hija de la Revolución francesa...

– Brasil, completamente...

– ¿Hasta qué punto cree que hemos sido unos malos hijos de la Revolución francesa en el sentido de que nuestros libertadores o los creadores de nuestros países tomaron las ideas de la Enciclopedia, pero las aplicaron sin adaptarlas, rígidamente?

– Siempre copiamos lo europeo, en todo. Brasil es una nación hija de la Revolución francesa y de la Ilustración. El primer movimiento revolucionario brasileño, "la inconfidencia mineira"[7], fue un movimiento de poetas, en cierto aspecto, ya que como movimiento militar o de base nunca existió. Era un grupo de poetas que había leído a los enciclopedistas. Uno de ellos era un estudiante que volvió a Brasil desde Francia y traía sus ideas. Entonces, este movimiento estaba marcadísimo por las ideas francesas. Por su parte, la influencia de los poetas franceses de la revolución ha sido inmensa en Brasil, especialmente la de Víctor Hugo. Estamos muy ligados a todos los movimientos dieciochescos europeos. En Brasil, el movimiento modernista tuvo una influencia importante en nuestra literatura, así como el surrealismo de Breton, o el futurismo italiano. Marinetti[8], incluso, visitó Brasil y se bautizaron unos autobuses con su nombre; hasta el día de hoy se llaman los Marinetti. Yo creo que ha habido una influencia extremadamente positiva del pensamiento francés y de la cultura francesa. Después que terminó la guerra, desgraciadamente, Francia abandonó durante muchos años el interés que tenía por Brasil.

– ¿Hemos sido un invento literario en el sentido de que todos nuestros próceres son a la vez ideólogos, pensadores, escritores que toman especialmente ideas francesas o a través de Francia, y las aplican, no al pie de la letra, sino que al pie de la vaca? ¿Hasta qué punto cree usted que eso nos ha determinado de un modo que no deja que resolvamos nuestros verdaderos asuntos?

– Para mí no es muy fácil hablar de esto, porque yo creo que los brasileros somos un poco distintos. Nuestra experiencia no es la misma; ustedes tienen a Bolívar, a Martí, a Sarmiento, a muchos de estos escritores ideólogos. Nosotros no los tenemos. Nuestra independencia tiene que ver con un príncipe portugués que se fugó de Napoleón con su pa-

7- A fines del siglo dieciocho hubo una conjuración organizada contra el poder portugués por los criollos descontentos, encabezados por el subteniente del regimiento de dragones de Minas Gerais Joaquín José da Silva Xavier, Tiradentes, (además de ingeniero hidráulico era dentista) influidos por la ilustración y la revolución norteamericana. Fueron denunciados. Por eso se recuerda el episodio como "Inconfidencia mineira". Tiradentes fue detenido el 10 de mayo de 1789, pereciendo en el cadalso el 21 de abril de 1792.

8- Filippo Tommaso Marinetti (1876-1944), escritor italiano, padre del futurismo.

dre el rey para establecer la corte portuguesa en Río. Le gustó mucho, comía muy bien, y fue nombrado regente cuando pasó el peligro napoleónico y su padre volvió a Portugal. Luego tratarían de hacerlo volver, porque tenían miedo de sus relaciones con los independentistas. Y así, como no quería irse y, de alguna manera, lo presionaban desde Portugal, le bajaron ganas de romper relaciones con la corona y así lo hizo, empujado por ideólogos y literatos que eso sí, allí había, y entonces el propio regente declaró la independencia. Pedro[9], que así se llamaba el príncipe, lo pensó, montó en su caballo, dicen, sacó la espada, y gritó independencia o muerte, y listo. Se hizo nombrar primer emperador del Brasil y lo fue durante cuatro años hasta que abdicó en favor de su hijo. Después llegó a ser rey de Portugal. Se convirtió en Pedro IV de Portugal después de haber sido Pedro I de Brasil. Así que no tenemos la tradición militar y de lucha que ustedes tuvieron con Bolívar. No hubo tanto trauma como en las independencias hispanoamericanas; hubo cierta continuidad. El imperio duró sesenta años, y nos dio la unidad nacional que Bolívar no consiguió realizar para Hispanoamérica. Ustedes se fragmentaron en muchas naciones. Brasil es como si una sola nación se hubiera construido con todas las repúblicas hispanas, desde California hasta Chile pasando por la América central. También en Brasil se mantuvo el imperio con cierta flexibilidad política bastante diferente que la del mundo hispano. Esto viene desde el comienzo. A ustedes los descubrió el español, a nosotros el portugués; y hay diferencias totales entre ambos, sean positivas o negativas. El español es dramático. Ahí tiene usted a Santiago de Compostela sobre su caballo cortando las cabezas de los moros; ¿cómo pudo ser santo alguien que cortaba cabezas? Después tiene usted la semana santa de Sevilla, con esa noción de que la menor alegría es un pecado mortal. Esta interpretación española de la religión es terrible. Encontró en América grandes culturas como la maya, como la azteca, y tuvo que destruirlas para imponer su visión de la cruz de Cristo. El portugués no encontró nada de eso. Halló indios que pescaban, cazaban y guerreaban entre ellos... No necesitaron exterminarlos. Después, el portugués se mezcló total e indiscriminadamente, sin duda; entre otras razones, por su ansia sexual característica, que no

9- Pedro I (1798-1834), emperador del Brasil entre 1822 y 1831.

puede pasar más de cuatro días sin tener una mujer. Después de cuatro días, un portugués ya no se fija ni en el color, ni en la edad, ni en el sexo para hacer el amor. Puede ser una yegua, lo que sea. Entonces se mezcló mucho más que el español y dio una mezcla realmente estupenda que nos ha dado en Brasil una experiencia tal vez única, sólo comparable, en el mejor de los casos, a Cuba, que es de todos los países de América el más cercano a nosotros; aunque yo creo que la conciencia antirracista es mucho más profunda en Brasil que en Cuba.

– Doña Flor y Gabriela[10] han sido símbolos de América latina hacia el resto del mundo. Usted ya me dijo que no creía en América latina. ¿Hasta qué punto esos personajes son netamente brasileros o latinoamericanos?

– Es muy claro que nosotros estamos más cerca de ustedes que de un alemán, pero creo que son típicamente brasileros. Yo diría más, son muy típicamente bahianos... Es a nosotros a quienes nos gustan especialmente las mujeres con una grupa grande y cimbreante. Los traseros de las brasileras son como la proa de un navío en medio de una tempestad. Basta ver caminar a una mulata en la playa o en la calle para comprender los misterios del mestizaje, del sincretismo cultural y de una cierta especificidad nacional.

– ¿En qué más consiste la especificidad nacional brasilera?

– Todo Brasil se resume en una palabra: mixtura. Somos productos de la mixtura; todo se mezcla en Brasil, las sangres, las razas, las costumbres, las religiones, los dioses. Todos nosotros somos gente de candombe[11], de las religiones populares fetichistas de origen africano y, al mismo tiempo, todos somos católicos. Si usted ve la vida de mi chofer Aurelio, por ejemplo, que cuida mi casa en Bahía, verá que es de una familia de candombe. Su mujer es hija de santos; al comienzo no quería saber de esto, era católica, sólo católica; hasta que un día el santo la tomó en la calle y la llevó directamente a un candombe. Son cosas inexplicables; es necesario vivir allí para darse cuenta. Aurelio es, entonces, al mismo tiempo, católico y un hombre de candombe, y no siente ninguna contradicción, porque es una resultante del sincretismo, de la mezcla de

---

10- Doña Flor y Gabriela, personajes muy populares de las novelas de Jorge Amado.
11- El candombe es un culto religioso africano.

las cosas y parte de nuestra cultura. Esto es Brasil y ya está. Estoy escribiendo un libro para el año que viene, cuando cumpla ochenta años, que se llama *Navegación de Cabotaje*; son notas para un libro de memorias que no se escribirá jamás. Allí hablo de historias de unas señoras santas, de otras picarescas, de otras tristes o melancólicas y dramáticas. Reflexiones, en general, sobre la vida. Pura mixtura. Allí cuento sobre los radicales de la negritud brasilera, por ejemplo, cuando en Brasil no encuentra un negro puro. Se da la paradoja de que estos radicales negros son racistas, porque ellos en realidad son mestizos; quizás en el fondo les suceda a estos mulatos brasileros que su fantasía más preciada sea ser negros norteamericanos ricos. Allí hablo también sobre los blancos puros, que hay algunos en Brasil, —podría encontrar el hijo de dos alemanes o una niña de padre y madre italianos, si es que podemos decir que los italianos son blancos, yo lo dudo— que pueden ser blancos de sangre, pero culturalmente tan mestizos como cualquiera de nosotros. La cultura mestiza brasilera es muy poderosa, muy fuerte, se impone incluso en la gente que no ha nacido allí.

En una ocasión, un grupo de intelectuales ligado a cosas de candombe, a cosas de religiones negras en el Brasil, encabezado por un gran hombre que vive allí, un francés, y otro profesor de la universidad, con la idea de hacer el candombe puro, copiaron un candombe de Africa. El candombe de Africa es una cosa, el de Bahía es otra. Bueno, estos señores llevaron a Africa a un hijo de santos, muy buen bailarín, para que viera como era todo y lo llevara a Brasil. En Brasil hay una cosa que se llama candombe de caboclo[12], que es la mezcla del sincretismo católico fetichista con la cosa indígena; es más impuro, se bebe alcohol, se hace bajo las entidades fetichistas africanas y con los caboclos, que les son más familiares, se canta en portugués y no en la lengua de Africa, se improvisa la danza. Estos intelectuales ya no querían saber nada más del candombe de caboclo, querían pureza. La gente no lo resistió. Apenas se fueron, inmediatamente empezaron a bater caboclo[13]. Eso nos

12- El candombe de caboclo, culto religioso de origen africano que los negros del Brasil han mezclado con diversos ritos y cultos indígenas, católicos y espiritistas. Los caboclos son los campesinos del interior de Brasil.

13- Bater caboclo. Ritmo para llamar a los espíritus de los caboclos muertos.

demuestra que el sincretismo es más fuerte que todas las concepciones y pequeñas ideologías miserables de aquí y de allí.

– Brasil es entonces puro sincretismo...

– Creo que sí. Hay brasileros europeos, negros, indios, árabes, judíos, japoneses, coreanos, chinos. A diferencia de los Estados Unidos y de la Unión Soviética, en Brasil las razas no coexisten, se han fundido. Y es una mezcla feliz. Culturas, sangres y creencias. Nuestro catolicismo, por ejemplo, está penetrado de animismo fetichista que no considera la alegría como pecado mortal, como le decía antes, ni condena la fiesta ni el amor a las penas del infierno. No hay mejor manera de extirpar el racismo en una sociedad en que la mezcla es permanente. Si usted me apura, creo que Brasil es un país latino, yo no digo que no lo sea, yo digo que es y que no lo es. Brasil tiene algo de latino, sin duda, pero somos también africanos, tan africanos como latinos, somos también indígenas; pero la influencia africana es aquella que nos ha marcado más profundamente.

– Para los pueblos de la América hispana, en general, la felicidad siempre está en otra parte; para las clases altas está en España, en Francia, en Inglaterra o en Estados Unidos y para el pueblo en alguna utopía. ¿Usted cree que en Brasil es lo mismo? ¿Que la felicidad está siempre en otra parte?

– No sé, es posible, no sé, nunca pensé en esto. Para los ricos ciertamente. Los ricos están en las estaciones de esquí de Europa... Hay dos tipos de ricos: los cultos a quienes les gusta Europa, y los otros a los que Europa les resulta muy pesada, y van a los Estados Unidos, y están muy felices. En cuanto al pueblo, ¿qué le diré? Es muy difícil tener hoy en el mundo un pueblo más sufrido que el brasilero. Tal vez la India sea peor. La diferencia está en que nuestro pueblo hace fiestas cada vez que puede, y ésa es una grandeza que resulta del mestizaje. Recuerde que nosotros hacemos la fiesta popular más grande del mundo, que es el carnaval de Río. Brasil es un pueblo muy fuerte, el negro nos ha salvado de la melancolía portuguesa, nos ha dado la alegría de vivir el sol. Yo veo aquí en Francia documentales hechos por los franceses sobre las favelas brasileras, las miserias, la prostitución de niños y todo esto, que todo es verdad; pero cuando usted está aquí y el texto esta dicho en francés, con el discurso ideológico de la miseria y las crueldades, que es absolutamente real, y escucha cómo estos brasileros, que aparecen allí, ríen y vibran de verdad en medio de toda la miseria, se impresiona y admira su fuerza para encarar la vida. Esto es para mí importante. La gente inventa la vida. Hay algo muy fuerte, muy profundo en nuestra gente. Yo no soy pesimista, tengo mucha confianza en esta gente que tiene una fuerza inmensa, extraordinaria.

– ¿Usted cree que la mentalidad brasilera, como Doña Flor, tiene dos maridos? ¿Que por un lado es hija del racionalismo que de alguna manera la rigidiza y la aproblema, y que, por otro lado, es hija de una espontaneidad interior que la puede salvar?

– Es posible, hay siempre una contradicción en la vida, en todas las cosas. Al comienzo del siglo, en los años veinte, hubo un mulato en Bahía cuyos padres eran unos esclavos que se habían mezclado. Estudió en el liceo de arte y oficios de allí, y terminó siendo profesor de teoría de las artes. Era el hombre que tenía el conocimiento más grande de la vida popular de Bahía, escribió algunos libros extraordinarios, tres o cuatro sobre la vida de Bahía y los candombes y todas estas cosas. Incluso escribió un libro sobre la culinaria bahiana, que hasta hoy día se emplea. Este hombre con conocimientos inmensos de la vida popular, también escribió algunos libros de arte académico, que eran la negación de todo arte *naif* o popular; él mismo llevaba la contradicción adentro. Por otro lado, usted tiene a otro mulato, muy famoso en Brasil, que estudió en la escuela de medicina y tenía un profundo conocimiento de la vida y escribió el libro más importante sobre las religiones negras. Para más paradoja, era un racista... blanco; decía que los negros eran criminales, era lombrosiano[14]. Pero al mismo tiempo que decía estas cosas terribles sobre los negros (que habían nacido para el crimen, que no había posibilidad de recuperarlos), admiraba piezas de escultura artesanal negra y decía ¡qué belleza, cómo estos tipos son capaces de hacer esto! El también llevaba una contradicción adentro, terrible, intelectual. Los intelectuales de nuestros países son producto de nuestros pueblos y de cosas que vienen de afuera, de la cultura europea. Son unas élites un poco tristes.

14- Lombrosiano, de Lombroso, Cesare (1836-1909), médico y criminalista italiano, que afirmaba que el criminal es más un enfermo que un delincuente.

– ¿En ese sentido cree usted que nuestros fracasos políticos son fracasos nuestros? Porque siempre tendemos a culpar al imperialismo, a la explotación económica y a otras cosas. ¿Hasta qué punto somos los únicos responsables de nuestros fracasos?

– No somos los únicos, pero sí somos los responsables fundamentales. La miseria de la Amazonia, es responsabilidad nuestra. Es curioso como los intelectuales, los mismos intelectuales más radicales de izquierda, con excepciones, Darcy Ribeiro es una excepción, pueden tener tanta distancia del pueblo, y no consiguen realmente entenderlo. Miran las cosas desde arriba, el pueblo está allí abajo, y el pueblo parece tener mal olor para ellos. Ya es hora de ir abajo y abandonar lo abstracto. Hasta hace poco tiempo muchos amigos míos, camaradas, compañeros que yo conozco, creían que mañana los soviéticos iban a liberarnos de todas las miserias, de todas las desgracias. Una vez me decía una señora, que encontré en casa de un gran brasilero: un día yo espero ver aparecer aquí al Ejército Rojo para poner las cosas en su lugar... Hay que darse cuenta de que eso se terminó, que no existe más esa posibilidad, que, además, nunca fue una alternativa verdadera.

París, 10 de diciembre de 1991.

Jorge Edwards

Es la primera entrevista concedida para este proyecto. Después de esta conversación sabré si mi idea es posible y no otra utopía más de periodista agobiado por una transición política que hace todo pegajoso y sumamente aburrido. Verdaderamente, es una prueba de fuego.

A Edwards lo conocía bastante; recientemente había presentado una novela mía, pero sobre todo habíamos vivido algunas extrañas aventuras juntos: nos había tocado hacer de guías, guardaespaldas y anfitriones de Arthur Miller y William Styron en su venida a Chile. Llegaron, enviados por el Pen Club de Nueva York, a darnos una especie de testimonio de apoyo democrático, muy de la época, y nuestra tarea fue reunirlos con intelectuales, políticos opositores y estudiantes, a comienzos del año ochenta y ocho, cuando Pinochet todavía parecía tener cuerda para rato. También, y simultáneamente, habíamos vivido otra aventura de menor calibre, pero no menos ardua: el intento de recuperar el Pen Club de Chile para todos los escritores chilenos (estaba en manos de unas dudosas escritoras pinochetistas). La visita de los norteamericanos fue todo un éxito, aunque tengo que confesar que con las señoras del Pen fuimos un fracaso rotundo, nos ganaron por cansancio y creo que todavía siguen allí, leyéndose entre ellas.

El antiguo departamento señorial donde vive Edwards queda frente a uno de los símbolos de la fundación de Santiago: el cerro Santa Lucía. Es un extraño puente en el tiempo el que se produce esta tarde otoñal frente a este cerro, porque a Edwards yo lo había conocido el año setenta y dos en París, en una circunstancia llena de reminiscencias fantasmagóricas. El era encargado de negocios, o algo así, en la Embajada de Chile en Francia, después de su *affaire non grato* con Fidel Castro. Yo tenía vientiún años y él cuarenta y dos recién cumplidos. Estábamos en su oficina cuando de pronto se abrió la puerta y entró Neruda, que entonces era el embajador de Allende ante Pompidou. Era la primera vez que yo veía a Neruda en persona. Le habían dado recién el Nobel y para mi fue, en ese momento adolescente, como conocer al Padre, al Hijo y al Espíritu Santo de una sola vez. Rápidamente tuve que salir y Neruda me invitó para la fiesta del dieciocho de setiembre, la fiesta nacional de Chile, que se llevaría a cabo dos días después. Allí me presentó a un dirigente del Partido socialista francés que ya todos daban por fundido y que estaba por abandonar en favor de algunos líderes más jóvenes: François Mitterand. En un efímero momento de soledad, nunca me olvidaré, me contaron dos chistes en francés que nunca llegué a entender, ¡pero cómo me tuve que reir!

Ahora, Edwards y yo tenemos veinte años más y el mundo se dio una vuelta de carnero. Allende y Neruda murieron trágicamente, Mitterand es el presidente de Francia. Es el momento preciso para tratar de entender qué pasó con todo lo que pasó. Incluso, hasta me atrevería a preguntar, si algún mago lo permitiera, de qué trataban los chistes aquellos, para que nada me quedara sin explicación. Ni siquiera cuál fue el sentido de fundar una ciudad como Santiago alrededor de este cerro.

Ilusión renacentista

– **Entiendo que usted está trabajando en una novela histórica sobre el Chile de fines del siglo dieciocho... ¿Cómo influyen en Chile, en esa época, las ideas de la Ilustración?**

– Hacia el final del siglo dieciocho hay una enorme influencia francesa en Chile. La influencia de la Ilustración llega por diversos lados: a través del gobierno español de Carlos III; por personajes como Ambrosio O'Higgins[1]; por algunos emigrados franceses como Gramusset y Berney, Antonio Berney y Antonio Gramusset, los dos conspiradores, los dos Antonios como se les llamó, que, fíjese, se los miraba en la colonia como a unos pobres diablos[2].

– **¿Por qué?**

– Se los consideraba pobretones, infelices y soñadores. Eran lectores de los filósofos del siglo dieciocho, y a todos estos lectores, fueran españoles, criollos, o franceses, se les llamaba los razonadores...

– **¿Soñadores y razonadores?**

– Es curioso. Se los trataba, simultáneamente, de razonadores y de ilusos, porque eran tipos que pensaban con un gran esquema racional: creían que iban a producir una república moderna, independiente y que se iban a liberar del oscurantismo español. Es un interesante período, porque se cruza lo más oscuro de la Edad Media con la modernidad. Incluso esas ideas llegaron curiosamente por vía italiana, porque uno de esos que «ilustraba» a su modo era Toesca, el arquitecto, que fue un

1- Ambrosio O'Higgins (1720-1801), político y militar español, de origen irlandés. Gobernador de Chile (1788-96) y virrey del Perú (1796-1801).

2- Antonio Alejandro Berney, profesor de latín, y Antonio Gramusset, agricultor. El primero publicó un manifiesto en favor del régimen republicano. Ambos conspiraron (con la colaboración, parece, del chileno Antonio de Rojas) para separar a Chile de España. Ambos franceses fueron denunciados, apresados y llevados a España en 1781.

hombre que pasó de Roma a Madrid, con Carlos III, y terminó en Chile. Fue íntimo amigo de José Antonio de Rojas, otro de los conspiradores independentistas. Y así se produjo toda esa atmósfera ilusa, fantástica. Tenían la idea de que América era el territorio ideal para que, una vez liberado de los imperios, se produjera un reinado de la razón en la tierra. Todos esos personajes viajaron a España, a Europa, y cuando regresaron, lo hicieron cargados de libros y de aparatos científicos.

– ¿Esto se produjo después de la independencia de Estados Unidos?

– Esto se empezó a producir alrededor de 1780, y un poco antes, incluso, de la independencia de los Estados Unidos. A partir de la independencia de los Estados Unidos, los rumores que hubo en esta colonia fueron extraordinariamente fuertes. Se la comentó con entusiasmo. La independencia de los Estados Unidos tenía un aspecto complejo: España y Francia estaban en guerra contra Inglaterra; entonces, existía la tentación de alentar la independencia de las colonias americanas y aliarse con ellas, sobre todo de parte de los franceses; pero eran alianzas contra natura, en realidad, porque eran entre una monarquía absoluta y unos liberales revolucionarios. Hubo algunos tipos que le advirtieron a los gobiernos que esto era muy peligroso. Uno de ellos fue el Conde de Aranda. El Conde de Aranda había sido primer ministro de Carlos III y en ese momento estaba de embajador en París, un poco desterrado. Escribió unas cartas interesantísimas a Floridablanca, que era ministro del gobierno español, y le advirtió que iba a ser imposible mantener la dominación española en América y que era una inconciencia ayudar a los colonos americanos, porque ellos habían sido un ejemplo desastroso para el resto de América; y le propuso crear monarquías independientes pero relacionadas con las casas reales europeas; inventó todo un sistema: propuso crear tres reinos, uno de ellos en un territorio que incluía Argentina, Chile y Perú, más o menos todo el cono sur; otro en México y otro en Caracas: Nueva Granada. Era una utopía conservadora bastante curiosa la que inventó este tipo. Iban a ser primos o sobrinos de los gobernantes europeos los que reinarían aquí, casados con princesas europeas; y aconsejó a los reyes europeos, especialmente a los franceses, que se casaran con primas de América para que la cosa se mantuviera. Aranda pensó que eso retrasaría el proceso. Era muy lúcido, era fantástico. El pensamiento de que en América se podía producir el mundo nuevo, ya que Europa estaba paralizada por los prejuicios, era muy fuerte y coincidía con utopismos de otros tipos. Por ejemplo, hacia fines del siglo dieciocho, en Chile se hablaba con gran pasión y corrían muchos rumores sobre la ciudad de los Césares, que habría estado en el sur de Chile. La ciudad de los Césares era producto de los desechos que habrían quedado de las tropas españolas del sur después de la primera etapa de la guerra de la Araucanía. Así que hay utopismo, hay ilusión, hay factores que están vivos mucho antes de la Independencia, que ya se notan perfectamente alrededor de 1770. Después es interesante cómo los franceses se involucraron, porque fueron los Borbones españoles con influencia de los Borbones franceses los que discurrieron la idea de las nuevas monarquías. Por otro lado, al mismo tiempo, otros franceses tuvieron que ver con la idea de la independencia total. Fueron dos corrientes del pensamiento revolucionario francés. Por algo, los españoles llamaron afrancesados a los revolucionarios. Como vemos, no cabe duda de que en América latina había un gran brote intelectual al final del siglo dieciocho, sofocado y disimulado, eso sí, que después repercutirá en todo el proceso de la Independencia.

– ¿ El proceso posterior a la independencia se hizo en forma antiespañola y afrancesada ?

– El proceso después de la independencia se hizo en forma antiespañola, pero yo creo que esta idea de lo antiespañol hay que matizarla también. Creo que los hombres de la República hispanoamericana, como se decía entonces, sabían que había dos Españas, como nosotros también lo sabemos hoy; que había una España reaccionaria y una España liberal. Vicente Pérez Rosales era amigo de los liberales españoles; en París fue amigo hasta de Moratín[3]. A esos liberales españoles los llamaban también, incluso acá, afrancesados. Así que el problema es muy complejo. Evidentemente, la idea de América latina corresponde al siglo diecinueve antiespañol. Al mismo tiempo, puede ser una idea interesa-

3- Vicente Pérez Rosales (1807-1886), escritor chileno, conocido especialmente por su obra *Recuerdos del pasado* y por sus gestiones para traer inmigrantes alemanes a Chile.
Leandro Fernández de Moratín (1760-1828), escritor español. Conocido por sus obras de teatro, entre las que destaca *El Sí de las Niñas*.

da, francesa, de cuando Francia luchaba contra España. Sin embargo, la que tiene menos territorio y menos intereses directos en América latina en ese momento es, curiosamente, Francia; pero al mismo tiempo es la que tenía más concepciones intelectuales sobre ella, desde Rousseau y Voltaire para adelante.

– Hasta la imposición de Maximiliano en México...

– Claro, después Francia hizo esos intentos de instalarse en América con Maximiliano en México. También, aquí, y nunca se sabrá exactamente si la aparición del rey de la Araucanía, Orelie Antoine[4], en el sur de Chile, fue realmente manejada por el gobierno de Francia o no. Yo hice una investigación en el archivo del Quai D'Orsay, cuando fui diplomático en Francia, por encargo de Jaime Eyzaguirre, que era director de la Academia Diplomática en Santiago. Hice una investigación sobre Orelie y no llegué a la conclusión de que el gobierno francés lo hubiera auspiciado. Pero el gobierno francés indudablemente siguió la cosa muy de cerca, lo apoyó de repente; no se sabe si lo inventó, pero por lo menos lo apoyó. En el archivo del Quai D'Orsay, por ejemplo, hay una descripción de la Araucanía hasta con dibujos, hecha por cónsules franceses en Concepción. Orelie Antoine tenía la idea de urbanizarla, lotearla y venderla a los inversionistas franceses, y hacerse rico de esa manera. Así que hay intereses muy concretos. Ahora, evidentemente que el momento en que irrumpió con más fuerza la idea de América latina —tema de una gran ambigüedad, que condujo a toda clase de errores de juicio y de crítica, porque significó, jerarquizar y enfatizar el exotismo, ignorando una gran parte del mundo latinoamericano— fue a partir de la Revolución cubana y del boom de la literatura, que fueron fenómenos conectados.

– ¿Por qué los ve conectados?

– Yo creo que el boom no se habría producido como se produjo, con la fuerza publicitaria que tuvo, si no hubiese sido por la Revolución cubana. Tengo bastante independencia para decirlo, porque considero que no tengo nada que ver con el boom. Empecé a funcionar como es-

---

4- Orelie-Antoine de Tounens (1820-1878), aventurero (?) francés que se hizo proclamar rey de la Araucanía en 1861. Fue expulsado del país. Hasta hoy hay herederos, en París, que reclaman el título.

critor profesional después, en otra etapa. Si bien yo era contemporáneo de Vargas Llosa, o de García Márquez, estaba dedicado a la diplomacia, no tenía demasiado tiempo para escribir. Era un escritor de día domingo, y sobre todo un escritor de cuentos, no más que eso. Entonces yo creo que el boom no habría sido lo que fue sin la «moda», no lo digo peyorativamente, de la Revolución cubana. Era un momento en que el mundo occidental estaba dispuesto a recibir noticias de América, había una predisposición. Había pasado la guerra, se había consolidado la paz, había prosperidad en Europa y Europa necesitaba descubrir otras cosas. La prueba de eso es que cuando Chile empezó a hacer cosas un poco diferentes también se le prestó una enorme atención. Por ejemplo, yo era diplomático en París en el comienzo del régimen de Frei; a eso se le llamó la «revolución en libertad», como usted recordará. Bueno, la revolución en libertad produjo toneladas de letra impresa en Europa. Frei viajó allí el año sesenta y cinco, yo estaba en la embajada en Francia, y me tocó participar en toda la preparación de la gira; el interés periodístico fue inmenso. Y entonces preguntaban qué poeta había en Chile, qué novelista, qué pasaba, cómo era Chile. Yo me acuerdo de que un periodista me pidió que hiciera en tres páginas una descripción de la cultura chilena. Me acuerdo que escribí sobre *La Araucana*, una vaga idea de la novela en Chile, Neruda, Mistral, Huidobro. Los tipos quedaron fascinados, quedaron felices. Al parecer hay períodos en la historia de este continente, que son como de exaltación, de optimismo, en que se produce una idea unitaria, una generalización optimista.

– ¿En qué otros momentos de nuestra historia se ha producido este optimismo unitario?

– Al final del dieciocho, por ejemplo. Después en el período posterior a la independencia, alrededor de 1830. También por los años setenta; después hubo períodos de reflujo, en que se acentuó la diferencia. Y esa diferencia nuestra no ha sido sólo el resultado de la geografía, sino de la gran heterogeneidad de los factores que juegan aquí: elementos indígenas con elementos europeos no bien combinados en absoluto, un sincretismo que no ha producido ninguna síntesis, rivalidades nacionales ridículas que todavía existen y que son difíciles de superar. Es curioso, porque, por ejemplo, aquí, en este país, estamos divididos con respecto a prácticamente todo. ¿Quién, por ejemplo, se atreve en Chile, realmente, en el mundo político desde luego, incluyendo a la extrema derecha y a la extrema izquierda, a decir que hay que revisar nuestras relaciones con Bolivia en serio, y que a lo mejor hay que darle salida al mar?[5] Nadie. Y sin embargo no son cosas tan chocantes. Eso lo dijo Carlos Vicuña Fuentes en 1920, en un libro que se llamaba *La libertad de opinar* y *el problema de Tacna y Arica* y lo echaron y lo expulsaron como profesor de Estado, lo sacaron de varios lados al pobre viejo, por escribir una cosa así. La idea de unión, entonces, es un poco teórica, un poco retórica, nunca se concreta bien.

– Pero ¿no le parece que la utopía bolivariana de la América una sólo se podía entender en función de una cierta retórica?

– No, indudablemente tenía una base. Recordemos que los únicos que produjeron la unidad en América latina, para ser honestos en el análisis de la historia, fueron los españoles. Y la produjeron nada más que a sangre y fuego. La única unidad que ha existido desde que somos, desde que tenemos memoria histórica, ha sido la que produjo el Imperio español. Esa es la verdad, unidad más o menos relativa pero que funcionaba. Esa unidad se rompió totalmente con la independencia; pero, naturalmente, lo que buscaba la independencia no era romper esa unidad, sino liberarse de todos los aspectos arbitrarios y retrógados que tenía el imperio español. Lo último que pensaron sus líderes fue en la atomización de todos estos países. Pensaban en una América unida, independiente, republicana. Pero, a poco andar, claro, surgieron toda clase de divisiones, y las divisiones derivaron del caudillismo, porque las guerras de independencia dieron origen a toda clase de caudillismos. Pero, al comienzo, la revolución americana era internacionalista. Se admitió que San Martín[6], por ejemplo, fuera general chileno, que invadiera al Perú como general chileno, con soldados chilenos; que Cochrane fuera almirante[7]. El internacionalismo revolucionario era una cosa clara.

5- Como resultado de la Guerra del Pacífico (1879-1884), Bolivia quedó sin litoral marítimo.

6- José de San Martín (1778-1850). Militar y político argentino. Organizó el ejército de Los Andes y junto a Bernardo O'Higgins selló la independencia de Chile. Más adelante ocupó Lima dando comienzo al movimiento emancipatorio de Perú.

7- Lord Thomas A. Cochrane, marino inglés que en 1818 tomó el mando de la escuadra y dirigió la campaña, en el litoral peruano y chileno, que terminó con el poder naval español en el Pacífico y permitió la invasión y liberación del Perú.

– ¿Por qué cree usted que se dió el caudillismo con tanta fuerza en nuestros países y no en Estados Unidos?

– Yo creo que en Estados Unidos se dió, pero se resolvió más o menos bien; en parte porque todos esos personajes de la independencia norteamericana que se hicieron soldados para echar a los ingleses, eran todos hacendados, pequeños industriales, comerciantes; eran soldados muy de ocasión. En cambio los criollos latinoamericanos de la época eran, en primer lugar, hijos de familias más o menos acomodadas a quienes les gustaba mucho la idea de una carrera militar. Recordemos que la carrera militar daba muchos privilegios en el Imperio español; daba fuero, entonces los padres enviaban a sus hijos a la península a estudiar la carrera militar. San Martín, Bolívar, todos, estudiaron la carrera militar, quedaron imbuidos de ideas militares y el militarismo ha sido siempre un mal. Y aunque, al mismo tiempo, tuvieran ideas revolucionarias, desgraciadamente las tenían en un momento en que la Revolución francesa había cambiado y pasado a la etapa napoleónica. El síndrome Napoleón en este mundo nuestro tuvo efectos realmente devastadores; todos idealizaron a Napoleón en América latina como en la Francia post napoleónica, la Francia que describe Stendhal, en que todos los jóvenes soñaban con ser Napoleón. Aquí todos eran napoleones, y cada napoleón necesitaba su trono y entonces resultó que para crear tantos tronos hubo que dividir estos países. Y en esos tiempos, claro, las nociones de territorio deben haber sido muy distintas. Es una historia que está empezando a escribirse.

– La literatura ha dado cuenta, en parte, de ello...

– Creo que el boom de la novela nuestra, en los setenta, fue un boom de una novela que, en el fondo, es histórica. Yo creo que la novela nuestra ha sido un tipo de narración histórica, ficticia, muy parecida a la novela realista europea del diecinueve. Y, a lo mejor, nosotros tuvimos antes nuestro romanticismo. Hay una tesis de Octavio Paz, interesante en este aspecto, que dice: el mundo hispánico no tuvo un romanticismo; España no tuvo un verdadero romanticismo como lo tuvo Francia o Alemania, y entonces lo que fue el modernismo de Ruben Darío fue nuestro romanticismo postergado. Y si uno observa en Europa, después del gran movimiento romántico vino el gran movimiento realista y comenzó la novela histórica que se hace preguntas sobre qué es el pasado, sobre lo que significó la revolución, etcétera. Si uno ve las novelas del boom, muchas por lo menos, son novelas históricas en el más típico sentido de la palabra, son novelas que se hacen preguntas sobre el pasado. Por ejemplo, *Conversaciones en la Catedral* se pregunta concretamente, desde la primera línea, en qué momento se jodió el Perú. Es una típica pregunta de novelista histórico. García Márquez, en *Cien años de soledad*, habla de una guerra civil que ha desembocado en una situación que ha llevado al personaje de Buendía al pelotón de fusilamiento. Así que es posible que esto haya sido toda una irrupción de reflexión sobre la historia. El libro que usted está tratando de hacer ahora es lo mismo, pero en forma racionalizada. Es una forma ensayística de hacer lo mismo que trató de hacer la novela.

En el último tiempo se ha estado haciendo un tipo de novela histórica más concreta, más precisa. Ahí está la novela que está haciendo Carlos Fuentes, o el Bolívar que ha hecho García Márquez en *El general en su laberinto*, o la *Guerra del fin del mundo* de Vargas Llosa, etcétera. Quizás cuando se llega a la etapa más refinada y más elaborada de hacer historia es cuando se han terminado las ilusiones.

– ¿Usted se siente latinoamericano?

– Esa es una buena pregunta. Porque frente a un tipo de escritura que, *grosso modo*, y no quiero tampoco ser peyorativo en esto, se podría llamar selvática, siempre me sentí ajeno. Era una escritura que continuaba haciendo regionalismo, aunque con técnicas narrativas más modernas. Y me sentía ajeno, porque mi experiencia no me permitía hacer ese tipo de escritura y tampoco me interesaba. Por ejemplo, novelas como la *Casa verde* o *Cien años de soledad*, si bien me parecen admirables, me hacen sentir que soy de otro mundo literario. Cuando yo publiqué los *Convidados de piedra*, por ejemplo, Pedro Gimferrer, el asesor literario de Seix Barral, me dijo: tu novela es bastante curiosa porque no es selvática. Porque en realidad el grueso de la novela latinoamericana sigue siendo novela selvática, novela de la selva, novela del campo, novela rural. *Pedro Páramo* lo es, hay muchos ejemplos. Y la otra cosa que me observó fue una cosa divertida; me dijo: esa novela describe una especie de sociedad colonial, en el fondo, una especie de aristocracia colonial, rara, exótica, extravagante en el fondo, que se parece un poco a ciertas novelas inglesas que describían a los colonos en la India. Esos señores de Santiago, que se reúnen en torno al champagne, que van a Zapallar, que van a esos lugares exclusivos, me hacen recordar a esos grupos coloniales cerrados, un poco extravagantes, un poco ciegos, de las novelas de Forster. Eso es lo que me dijo; yo creo que es una buena observación, y yo he seguido con ese tipo de literatura porque me interesa ese mundo, porque es el mundo mío.

– Pero ese mundo también es parte de América latina...

– Es parte de América latina. Yo creo que, por ejemplo, mi novela El *museo de cera*, que es una novela de un mundo urbano medio ficticio, entre colonial y moderno, con elementos exóticos, relata un mundo tan latinoamericano como el de Macondo. Es América latina también, lo que pasa es que es otra dimensión de América latina.

Y me pasa que aunque me siento ajeno con la novela selvática, yo me siento igual de latinoamericano que García Márquez. Sin embargo, claro, siento que mi versión del tema es menos exótica, es menos diferente. Cuando mi primer libro, *El peso de la noche*, salió en francés, le pusieron los franceses una faja explicando que era sobre un cierto Chile, como diciendo: no sabíamos que también había este Chile en que hay gente que juega en la Bolsa de Comercio; pensábamos que solamente había un Chile de huasos que toman chicha[8], pero no un Chile donde hay personajes que ganan la carreras el domingo y que se emborrachan en bares tomando pisco *sour*. Entonces yo no me siento menos latinoamericano que otros. Lo que sí siento es que tengo quizás una visión más crítica de la posibilidad de la integración, de la posibilidad de conceptualizar este asunto de América latina como un gran todo. Soy más sensible, posiblemente, a todas las diferencias, divisiones y contradicciones que hay.

– ¿No existe entonces una identidad latinoamericana?

– Bueno. No sé. Yo me siento chileno y siempre me he sentido chileno. He tenido la posibilidad de quedarme a vivir en España y en el fondo he sentido que si yo me hubiera convertido en español habría traicionado algo en mí. Es cierto que, de alguna manera, estoy ligado y

8- Huaso: campesino chileno.
Chicha: jugo de uva fermentado, de consumo habitual, en temporada, en el campo chileno.

que pertenezco a acá y que, en el fondo, mi literatura se puede salvar en la medida en que refleja algo que es de acá. Si me hubiera hecho español no habría podido escribir novelas españolas; fácilmente habrían sido novelas de un chileno en Madrid, a lo mejor. Entonces, esa es una primera comprobación.

– ¿Qué es ser chileno?

– Es una manera de hablar, es una tradición, la familia acá, etcétera. Es un conjunto de historia, es una memoria de todas las cosas que oí desde niño y es una memoria ligada a este país, como la historia de don Arturo Alessandri, o de la guerra civil del noventa y uno[9] qué sé yo, mil cosas de ésas...

– ¿En qué se diferencia lo latinoamericano de lo europeo?

– Es diferente de lo europeo. No sé cómo se puede elaborar bien esa idea de que es un mundo diferente de lo europeo, porque es ambiguo el asunto. Somos una prolongación de lo europeo, somos como la última parte de Europa y somos otra Europa, en cierto modo. Eso también ha sido motivo de reflexión y de creación, porque hasta Góngora habló del tema. Hay una referencia de Góngora al último Occidente que es éste. Así que es un mundo que tiene una conexión, un cordón umbilical que lleva a Europa, pero al mismo tiempo es otro, es diferente, es las dos cosas. Cuando uno está en España, uno ve que la diferencia es una diferencia de lenguaje, es una diferencia posiblemente en la manera de comportarse en la vida social incluso. Creo que hay una diferencia histórica profunda.

– En los tiempos del boom los escritores latinoamericanos actuaban integrados, eran amigos... ¿Se sentían parte de algo diferente?

– Cuando nosotros estábamos en París, mexicanos, argentinos y uruguayos, todos nos sentíamos del mismo mundo. Lo que ocurre, cuando uno ha vivido en Europa, sobre todo en París, es que uno descubre elementos de integración, de unidad con otros latinoamericanos,

---

9- Arturo Alessandri Palma (1868-1950), político chileno. Dos veces elegido presidente de Chile, fue la figura clave de la política chilena durante la primera mitad del siglo veinte.

La guerra civil de 1891 enfrentó a los que apoyaron al presidente de Chile José M. Balmaceda, «modernizador», con los que apoyaron al Parlamento, «conservador». Terminó con el triunfo conservador y el suicidio del presidente.

que desde aquí no se veían claros. Yo no sé si ahora, si tuviera en este momento treinta años y estuviera en París, sentiría el mismo tipo de comunicación con los demás latinoamericanos que sentía en los años sesenta. A lo mejor era una cuestión del momento histórico también, en que nos reuníamos mientras descubríamos la literatura de América latina. No sé si eso funcionaría igual hoy día.

– ¿Además de chileno se siente otra cosa?

– A veces siento que soy más europeo, que tengo más formación europea o que tengo más contactos con Europa que muchos latinoamericanos, pero eso viene de muchas cosas, viene de la educación, de los viajes y del conocimiento de idiomas.

– ¿Se siente algo inglés por tener un apellido inglés?

– Por el hecho de tener un apellido inglés yo no me siento nada de inglés. Si yo voy a Londres me siento completamento chileno, me siento ajeno a Londres. El hecho de que haya un inglés hace un siglo y medio atrás en mi familia no marca nada. Incluso mi padre no hablaba nada de inglés. Era, más bien, un típico burgués chileno afrancesado, que le gustaba hablar francés de repente, pero que no daba bola en inglés... Es como un sicoanálisis esta entrevista.

– ¿Eso es bueno?

– No está mal.

– ¿No le pareció extravagante a su familia que usted quisiera ser un escritor profesional?

– A mi familia le pareció una cosa de lo más extravagante. El médico de mi familia me dijo: los que pueden escribir son los centroamericanos, porque es gente que tiene mucho vocabulario, porque pertenecen a un mundo exótico, tropical, donde se habla de manera florida y se dicen discursos bonitos. Nosotros los chilenos somos muy grises, tenemos muy poco vocabulario, somos gente práctica, pero no tenemos vocabulario, entonces no podemos ser escritores. Allí tienen gente como Rubén Darío. Esto de ser escritor, de manejar un lenguaje rico, era una cosa como de papagayo, muy despectiva, una idea un poco racista también. Una persona seria no hacía estas cosas, una persona seria debía ser médico o abogado. Mi mamá le dijo que estaba muy angustiado. El médico le dijo: bueno, son los nervios, lo que tiene que hacer Jorge es jugar golf. Le cuento esta anécdota porque allí hay toda una concepción del mundo latinoamericano. Chile les parecía la feliz excepción, hasta cierto punto junto con Argentina y Uruguay, porque tenían la suerte de no ser latinoamericanos.

– Allí hay un punto interesante, porque Chile, incluso su «aristocracia» es bastante mestiza. Chile no es un país europeo ni sanguínea ni culturalmente.

– No, culturalmente no cabe ninguna duda. Tampoco racialmente, y eso es muy notorio cuando pasamos de Buenos Aires para acá. En Chile, incluso la clase dirigente, a veces, tiene bastantes rasgos de indio.

– Es un país absolutamente mestizo.

– Es un país muy mestizo. Es un rasgo que los chilenos nos hemos querido ocultar muchas veces y que no terminamos de asimilar bien, y a veces el propio extranjero fomenta eso. Cuando veo que el primer ministro inglés le ha regalado a Aylwin el árbol genealógico de la familia, yo me río.

– Chile es un país mestizo que niega su mestizaje. México también es un país mestizo, pero que exalta su origen indígena. ¿Qué pueden tener en común esos países?

– Hay una actitud profundamente diferente, pero hay que pensar también que la actitud mexicana de reivindicación de lo indígena también tuvo su eco en Chile. Aquí en Chile hubo toda una época de americanismo en que se luchó contra esa actitud europeizante nuestra y se reivindicó lo indígena que tiene Chile. Pablo Neruda, en una etapa del Canto General, y Gabriela Mistral también lo hicieron.

– Claro, pero no como sociedad. Son algunos intelectuales...

– Son algunos intelectuales en algunos momentos políticos. El primer momento del Frente Popular[10] tuvo eso presente. También el primer momento de Allende, pero curiosamente nunca ha parecido ser un tema que apasione demasiado a los chilenos. Somos un país que tiene una minoría indígena muy pequeña que, aunque plantea un problema concreto político y social, es muy pequeña. Por otra parte, el mestizaje no se nota demasiado en Chile, por lo menos los chilenos no lo notamos demasiado. El mestizaje no es una causa de gran racismo en

10- Frente Popular: movimiento político de izquierda que a fines de los años treinta, en Chile, consiguió elegir un presidente.

Chile, como lo es, por ejemplo, en el Perú: allí un descendiente de españoles se siente realmente distinto de un indio y el indio es muy puro. Entonces, en Perú, el hecho de que Vargas Llosa fuera un blanco influyó en la última campaña. En cambio, en Chile, el hecho de que Büchi o Aylwin fueran blancos daba lo mismo en las elecciones de 1989. Que hubiera habido un gallo mucho más moreno, no habría influido mucho.

– Desde el punto de vista cultural, ¿qué le parece más representativo de América latina: el indigenismo, el europeísmo, lo mestizo, lo mulato? ¿Qué?

– Yo diría que es lo híbrido, una mezcla no conseguida, la mezcla que no resulta, que no se resuelve.

– ¿Una mezcla mal resuelta?

– Una mezcla mal resuelta. Yo pienso, francamente, por ejemplo, que el negro está mucho mejor integrado hoy día en Estados Unidos que en Brasil. Brasil es un país mucho más racista que Estados Unidos. En Estados Unidos se puede ver a un negro en la administración, como embajador o en otro cargo importante, y no en Brasil, que es un país más negro que Estados Unidos. Así que hay hibridismo, hay una pésima integración. El mundo blanco de Brasil también es una cosa curiosa: aprovecha las manifestaciones artísticas culturales negras, africanas, la música y todas esas cosas las goza mucho, y parece que las vive intensamente. Sin embargo, no se mezcla o se mezcla poco y a veces está mezclado y no lo admite, y esa es otra cosa típicamente nuestra. Los blancos de Estados Unidos son blancos, y si usted tiene una gota de sangre negra, es negro en Estados Unidos. En Brasil es distinto: usted ve gente con rasgos negros y con actitudes negras que son tremendamente despectivas con el negro. El negro brasileño no progresa socialmente. Somos un continente en que lo híbrido, lo no realizado y lo fragmentado es muy fuerte.

– La convivencia de la modernidad con lo premoderno no se resuelve...

– Claro, la relación del pasado con el presente no se resuelve.

– Pero eso va más allá de una manifestación física como la escritura. Pareciera haber una cosa cultural, mental...

– Eso puede significar que no hay historia, porque la historia es el paso de un período a otro, y cuando hay una escasa o nula conciencia histórica no se asimila el pasado, no se comprende el pasado y por lo tanto no hay una buena relación del pasado con el presente.

Siempre en la mentalidad latinoamericana existe la idea de la fundación, de comenzar de cero. Siempre se comienza de cero, y eso está presente en la vida política y en la vida cultural. Por ejemplo, la Revolución cubana, en su origen, en su cosa más íntima, tiene la idea de que Cuba es un país tan despreciable, tan mediocre, tan corrompido, que hay que cortar y comenzar de cero. En la literatura, por ejemplo, hay una cantidad de personajes que son fundacionales. Vicente Huidobro, por ejemplo, piensa que él es el primer poeta verdadero, los demás poetas han sido imitadores de la naturaleza y él es el creador; el primer creador es él, el creacionismo va a iniciar la poesía. En la política chilena también la idea de comenzar de cero es frecuente; se da con Allende y se da con Pinochet. Yo creo que este gobierno tiene la originalidad de aprovechar cosas incluso de la dictadura; lo que supone un cierto coraje intelectual, incluso. Este gobierno intenta aprovechar algunas cosas de la dictadura, pero al mismo tiempo intenta recuperar la tradición democrática, incluyendo también ciertos aspectos positivos del allendismo que se pueden rescatar hoy día sin la necesidad de hacer una revolución social; y desde luego del freísmo[11], del alessandrismo también, del Frente Popular. O sea que este gobierno de Aylwin es bastante original, en el sentido de tener una conciencia del pasado más bien no absoluta. Pero la mayoría de los gobiernos de este mundo latinoamericano comienzan con nociones absolutas con respecto al pasado y con rechazos tajantes y con la idea de que hay que comenzar de nuevo y de que todo lo anterior fue un error.

– A propósito del borrón y cuenta nueva, ¿cuánto cree usted que tiene de literario el concepto de América latina? ¿Hasta qué punto no ha sido inventado una y otra vez por los escritores?

– Bueno, tiene mucho de invento intelectual que ya está anunciado por las especulaciones del siglo diciocho sobre América latina e in-

---

11- Freísmo: nombre que se ha dado en Chile a una tendencia política dentro de la Democracia Cristiana, sigue la posición del ex presidente Eduardo Frei Montalva.

Alessandrismo: tendencia política de derecha independiente, seguidora del ex presidente Jorge Alessandri Rodríguez.

cluso, quizás, por la crónica española del siglo dieciséis. O sea, a lo mejor, es un invento renacentista. Es un mundo donde siempre hay la tendencia de aplicar la razón a la sociedad, aplicar cosas que son producto de la mente humana, la razón o la imaginación. Por ejemplo, las ciudades en Europa brotan como las callampas y van estructurándose. Todas las ciudades americanas se dibujan primero y las tiene que aprobar el rey, y después se fundan. Esta es una idea absolutamente renacentista y muy extraña. Porque las ciudades antiguas se fundaban, Roma fue fundada, pero se fundaban en el mito, o sea hay el mito de la fundación; en cambio aquí el mito se lleva a la realidad, se fundan de verdad. O sea que se puede decir entonces que América es una región del mundo donde se trata de aplicar los mitos, de llevar los mitos a la vida práctica, proceder como en los mitos. Entonces aquella ciudad fundada es un mundo en que siempre coexiste la cosa cuadriculada con la selva o con la naturaleza y siempre la naturaleza se está comiendo esta cosa cuadrada que se ha fundado. Por todos lados el deterioro, el tiempo, el tiempo y la naturaleza; la cosa fundada es devorada. Y eso es igual para Chile que para todos.

–¿Cuál ha sido el papel de los intelectuales latinoamericanos en relación a la comprensión de estos fenómenos?

– A veces ha consistido en tratar de comprenderlos, pero otras veces más bien en tratar de contribuir a la mitología, a la mistificación en general. Creo que hay dos corrientes en el pensamiento latinoamericano muy a *grosso modo*. Una mistificadora y una crítica. Yo creo pertenecer a la corriente crítica y me siento cómodo en esa corriente. Pero, indudablemente, hay una corriente que tiende más bien a inventar una América que se le ofrece al resto del mundo como producto. En ese sentido, estamos devolviéndoles las cuentas de vidrio a los europeos. La idea de Macondo es ésa; es como un gran invento folclórico, brillante y colorido, que se le muestra a los europeos y se quedan con la boca abierta.

– Exacerba la diferencia. Pero, ¿cómo somos distintos a Europa?

– Somos una prolongación remota de Europa, como decía antes. Lo europeo también nos pertenece: la filosofía europea, la matemática europea, el arte, etcétera. No son cosas completamente ajenas a nosotros, son cosas que nosotros tenemos derecho a usar. Y que podemos usar. Pero al mismo tiempo somos otra cosa. Yo no sé si esta celebración del Quinto Centenario va a percibir este tema de la diferencia, que es el tema fundamental nuestro.

– ¿Se cree aquello de la madre patria?

– Madre patria, bueno es una frase. Tenemos el idioma, no totalmente, porque no es el único idioma que se habla en América, se hablan muchos otros idiomas. En fin, el idioma nos queda. Pero tenemos una gran ruptura histórica con respecto a España, que tiene muchas consecuencias y que influye en todo el siglo diecinueve y que sigue influyendo en el veinte. Yo no sé si esa ruptura va a ser más o menos comprendida con este asunto del Quinto Centenario. Los españoles, en este momento, no están pensando en América, sino que están descubriendo Europa; están deslumbrados por Europa, son como los nuevos ricos de Europa. Y América les importa muy poco. Las relaciones reales que nosotros tenemos con países europeos como Alemania, Italia, Francia o Inglaterra son mejores. Hay más comercio, hay más relación cultural.

– Pero pareciera que eso está empezando a cambiar...

– En este momento estamos empezando a tener mayores relaciones con España y hay una situación bien curiosa: así como los españoles están descubriendo Europa, nosotros estamos descubriendo que España, después de todo, algo tiene que ver con Europa, y puede ser un país interesante, un país con que tenemos algo que ver. Nosotros hemos estudiado la historia chilena o americana sin que nos digan casi nada de la historia española; ahora yo leo sobre el siglo dieciocho chileno y veo como el siglo dieciocho chileno y el comienzo del diecinueve están absolutamente entretejidos con la historia de España y son incomprensibles sin conocer algo de ella. Fíjese, uno puede leer mejor el paisaje chileno, las ciudades chilenas, si uno conoce la historia del arte en España, la historia política española, etcétera. Usted no sabe que ese escudo, por ejemplo, que se puede ver allí en esa puerta que hay en el cerro Santa Lucía era el escudo real que estaba en la Casa de La Moneda, y que Vicuña Mackenna hizo trasladar, porque la Casa de La Moneda tenía que tener símbolos republicanos y no reales. O sea, estábamos llenos de historia española y no la veíamos. La salida del franquismo nos está permitiendo descubrir elementos de la vida española, y los españoles están descubriendo algunas cosas de la vida americana. Pero diría que en ese aspecto son bastante perezosos, bastante *snobs*, porque están muy fascinados con su entrada en Europa y sienten como si un hermano mayor les hubiera dado un espaldarazo y están con la boca abierta.

– Los modelos que siguió América latina, a partir de los años sesenta, fueron básicamente dos: Estados Unidos y Cuba. ¿Está de acuerdo en que estos dos modelos han entrado en crisis?

– Ninguno de los dos modelos sirve ahora.

– ¿En quién pensará ahora América latina?

– Yo creo que en los últimos tiempos se ha producido un cierto acercamiento a Europa. Por ejemplo, el enemigo real para Pinochet era la democracia europea: Francia, la España de Felipe González, Italia. Esos eran los países que le planteaban verdaderos problemas; el comunismo era sólo un fantasma útil. Entonces, es indudable que ha habido una vuelta de la influencia europea acá y que nosotros hemos vuelto a interesarnos en el mundo europeo. Y por eso le digo que miramos a España y descubrimos a España como un país europeo, que tiene una posibilidad de ser europeo; y no es que nos creamos europeos, pero sabemos que es de allí de donde podemos obtener más en cuanto a relaciones económicas y culturales.

– ¿Y Estados Unidos?

– No creo que la relación con Estados Unidos esté totalmente cancelada ni mucho menos. Yo creo que nos sigue interesando en algún aspecto el mundo universitario norteamericano, e incluso la técnica norteamericana, pero el modelo de gobierno norteamericano no nos sirve, simplemente.

– ¿Qué relación ve entre la cultura de América latina y la transnacionalización de la tecnología y de la información, cuando ya no se puede hablar de modelos nacionales?

– Yo no sé exactamente qué es lo que es la cultura latinoamericana en este momento. Se podía tener una noción en los sesenta. Lo que la caracteriza es ser muy heterogénea; sumamente heterogénea, no hay corrientes o tendencias claras, es una cultura de comentarios de la cultura, en ese sentido es posmoderna. No tiene las pretensiones totalizadoras que podía tener el muralismo mexicano o el *Canto general* de Neruda, pero a lo mejor los vamos a echar de menos, vamos a tener necesidad de alguien que se atreva con cuestiones así, aunque meta la pata por allí y por allá. Estuve mirando murales mexicanos el año pasado en un encuentro que hizo Octavio Paz. Hubo varias reacciones en el grupo que estaba conmigo. Un hombre como Coletti, el italiano Lucio Coletti, que encontraba que, aparte de toda la retórica que había allí, la pintura era bonita, le gustaba Diego Rivera. Había otros tipos que se preguntaban cómo hemos podido tolerar esta cuestión. Yo más bien me sentía al lado de Coletti. Ahí hay toda una literatura sobre el conquistador, el indio, qué sé yo, bastante simplificada. Pero el conjunto de impresiones, pinturas, perspectivas, da una visión extraordinaria.

– A partir de esta heterogeneidad, ¿ve usted un proyecto latinoamericano reformulable o rescatable, o da lo mismo?

– No sé, no le puedo contestar, porque veo intentos por allí de continuar con la idea de la integración, de continuar con la idea de que esto es un mundo que tiene una cierta identidad cultural que hay que preservar; pero al mismo tiempo veo mucha dispersión.

– ¿Cuáles cree usted que podrían ser las nuevas preguntas para América latina?

– Si somos un todo, si tenemos una identidad cultural y si podemos tener algún tipo de integración o no.

– ¿Cómo se las responde?

– Yo más bien soy optimista, pero encuentro que el proceso es lento, porque lo que pasa es que la historia es lenta y estos son procesos históricos. Yo le diría que en este momento, después de haber abandonado los grandes esquemas ambiciosos, y después del período negro de las dictaduras, estamos saliendo a un período en que se pueden concebir integraciones parciales, y, si esas integraciones parciales funcionan durante un tiempo, van a empezar a mostrar otras cosas. El hecho de que hoy día pueda haber una integración cultural y económica, por ejemplo, de México con Chile, es un hecho que hace seis meses, un año, cuando vino Salinas de Gortari, era muy novedoso y ahora es un poco menos novedoso y un poquito más concreto y hay un tratado que está funcionando, que empieza a funcionar, que se va a poner en marcha y resulta que en cuatro años más ya no habría tarifa aduanera entre los dos países. Si esto funcionara sería muy bueno, ya que México no es sólo México; es toda una esfera de influencia sobre el Caribe. Y Chile también influye, sobre Perú, sobre Bolivia, hasta cierto punto sobre Argentina. Así que hay cosas que se vislumbran como positivas.

– ¿Se cierra el ciclo de la revolución?

– Creo que hubo todo un ciclo latinoamericano de la revolución, en los años cincuenta y sesenta, que fracasó. Ese ciclo condujo a la contrarrevolución violenta, y creo que está terminado. Creo que se está llegando a una cosa que no se sabe muy bien lo que puede ser, porque si la estabilidad económica chilena dura seis o siete años más, por ejemplo, y se progresa en una relación con México, con Argentina y con Brasil, habrá cambios. Y serán cambios cualitativos.

– ¿Qué sensación le queda cuando el mismo México, que ha sido como el papá del latinoamericanismo, prioriza sus relaciones con Estados Unidos, que era nuestro eterno monstruo?

– Bueno, es el triunfo del pragmatismo. Es bastante curioso que en América latina, que parecía el continente menos pragmático, triunfe el pragmatismo. En ese sentido, yo noto también un nuevo matiz importante en la vida intelectual latinoamericana. El intelectual latinoamericano de hace una década, o de hace una generación, de alguna manera respondía a esa idea que tenía Vicente Huidobro: el poeta de pecho caliente. Vicente Huidobro hablaba de los poetas de pecho caliente, poetas de gran lirismo y poca racionalidad en el fondo, y que desdeñaban, desconfiaban de la racionalidad. En cierto modo, Neruda correspondía a eso. Neruda decía: la única filosofía interesante es que todo el mundo tenga un buen bistec, un buen par de zapatos. Estas actitudes se llevaron al terreno de la economía y fracasaron, produjeron la hiperinflación de Allende, por ejemplo, o produjeron los problemas económicos de Cuba. Ahora lo que veo es que el intelectual latinoamericano, incluyendo al novelista y al poeta, tiene más respeto por la economía, tiene más respeto por la racionalidad económica. Ya no es mal visto que el poeta tenga una noción de cómo funcionan las cosas en la realidad. Yo, en ese sentido, me siento de acuerdo, no me parece mal que sea así. Este es un cambio que se empieza a notar.

– Si hoy se juntaran los escritores latinoamericanos de su generación, ¿cómo ve usted que rediscutirían lo que está pasando en América latina?

– Hubo una división en los años sesenta, que era la división, *grosso modo*, entre procastristas y anticastristas. Yo creo que esa división es ahora artificial. Estoy convencido de que hoy día esa división se mantiene un poco por fachada, incluso por orgullo. Estoy seguro de que una persona como yo, que hice la crítica a la Revolución cubana en un determinado momento, puede tener un diálogo con García Márquez y seguramente vamos a tener una cantidad de acuerdos, porque yo no creo que García Márquez sea un irreductible castrista ni mucho menos. Incluso, creo que él hace tiempo que no lo es. Lo que pasa es que él calcula que por determinadas circunstancias, e incluso por razones tácticas, que pueden ser respetables, no conviene abandonar a Fidel Castro. Pero yo creo que se han producido terrenos de acuerdo bastante mayores de los que se cree. Por ejemplo, yo creo que Mario Vargas Llosa es menos conservador de lo que parece y que Gabriel García Márquez es menos izquierdista de lo que parece, pero ¿quién podría hacer una reunión en la cual todos aceptaran participar y aceptaran discutir? Es bastante complejo el asunto. A lo mejor se podría hacer en Chile. Y sería una gran reunión, porque aquí no hay tontos. García Márquez no es un obseso de sus ideas, ni tampoco Vargas Llosa. En un momento determinado se dividieron de una manera abrupta frente al tema del caso Padilla y al tema de Cuba. Pero allí se ha cerrado todo un ciclo, y creo que se puede volver a dialogar, no creo que sea imposible. Yo, en ese sentido, he sido bastante pacifista. Me he visto con García Márquez el año pasado y hemos conversado muchas de estas cosas. Había entonces un elemento emocional todavía pendiente, que era, fíjese, curiosamente, la candidatura de Vargas Llosa. Pero eso también pasó y eso también está superado o tendría que estar siendo superado. ¿Se podrá volver a reunir la gente? No sé. El tema de las descalificaciones personales, los sentimientos: el último encuentro literario de intelectuales al que yo he asistido, que fue en México, el año pasado, fue de frentón otra cosa. No disimulamos las diferencias que habían entre nosotros y nos reunimos los que pensamos más o menos parecido, así fue la cosa, y oímos lo que decían los de Europa del Este, que era, en realidad, un testimonio super interesante. Entonces se dieron cosas curiosas, se discutió en ese encuentro si se puede seguir usando el término izquierda y derecha, porque una persona puede ser, por ejemplo, completamente de izquierda respecto al tema de los derechos humanos y completamente de derecha con respecto al problema del mercado en la economía. Pero la «izquierda» en ese encuentro eran los europeos occidentales, y la «derecha» eran los polacos y los húngaros y también hasta un cierto punto los latinoamericanos que veníamos saliendo de toda una serie de conflictos políticos. Así está la cosa.

– ¿La relación del escritor con la política es algo muy latinoamericano?

– Bueno, allí hemos dado con un tema. Una de las cosas que caracterizan aparentemente a los latinoamericanos, al menos desde el punto de vista de los norteamericanos o los europeos, es el grado de compromiso que tiene siempre el intelectual latinoamericano con la política y la sociedad. Y eso, fíjese, es un rasgo constante, eso se da siempre, creo que se dió hasta en la sociedad colonial. Estoy viendo personajes como Manuel de Salas[12] o José Antonio de Rojas, a fines del siglo dieciocho. Pero a partir de la independencia se dió clarísimo; no hubo casi excepciones. Los que son excepciones son tipos que se plantean como tales: yo quiero ser la excepción, yo quiero quedarme en mi rincón a hacer literaura pura: unos gallos como Filisberto Hernández o Severo Sarduy[13] que uno los nombra y ve claramente que son excepciones, porque todos los demás se preocupan del mundo social.

– ¿A qué cree usted que se debe esto?

– Quizás a que las cosas en América no resultan y la sociedad nos invade, la sociedad no funciona bien, no está integrada bien, los experimentos fracasan y entonces uno está asediado por la política por todos lados; y a veces por formas brutales de la política, la tortura, la represión, por la barbarie. Frente a la brutalidad, un escritor se siente obligado a pronunciarse; ése puede ser el fenómeno.

– ¿Según usted, cómo nos ha influido en eso la Iglesia y el catolicismo?

– Bueno, en primer lugar yo no creo que haya una Iglesia ni un catolicismo en América latina, sino varios. Hoy día tenemos la iglesia reaccionaria que se ha visto en países como Argentina, por ejemplo, y

12- Manuel de Salas (1755-1841), político y economista chileno, persona que encarnaba lo mejor de la Ilustración y cuya obra repercutió en todos los órdenes de la vida pública e institucional del país.

13- Filisberto Hernández (1902-1963), escritor uruguayo cuya obra ha tenido enorme, y no siempre reconocida, influencia en la literatura del Plata.

Severo Sarduy (1937-), escritor cubano residente en París.

tenemos la teología de la liberación que es como la izquierda de la Iglesia. Además tenemos una serie de matices. Aparentemente, lo que ha sucedido es que los curas que han estado en situaciones brutales, de barbarie política, se han convertido en personas muy conscientes de los derechos humanos. Tenemos varias iglesias, primer punto. También hay algunos casos, en algunos países de América latina, en que la Iglesia era una institución obsoleta, polvorienta y anticuada, y ha recuperado vigencia. Chile es el caso más característico: la Iglesia chilena recuperó vigencia a través de la Vicaría de la Solidaridad[14].

– ¿Pero no cree que hay una mentalidad católica que cruza todo, incluso a los laicos, incluso a los mismos comunistas, que usan ciertos modelos culturales netamente católicos?

–Eso es muy posible. Yo creo que la actitud frente al dinero, frente al ahorro, frente a la inversión y cosas de ese tipo, que explican el subdesarrollo económico nuestro en América latina, ha sido básicamente católica, históricamente católica y, a lo mejor, lo que está pasando ahora es que nos estamos reformando, porque está cambiando enormemente la actitud frente a esas cosas. Así que, a lo mejor, estamos asistiendo a un proceso de reforma incluso religiosa, que hace que miremos con menos escándalo, por ejemplo, el tema del dinero. Es posible.

– También hay otros temas, como el divorcio, el aborto, cosas que ni siquiera la izquierda quiere tocar...

– En esos temas se nota como la Iglesia católica ha recuperado poder. Porque esos temas, tengo la impresión, se trataban con más libertad en los años cuarenta y cincuenta en este país. Pero también está el tema de la libertad sexual y concretamente el tema de la mujer. Da la impresión de que la mujer chilena hoy es más conservadora que hace treinta años. Por otra parte, da la impresión de que la mujer argentina hoy es más liberal que la chilena y es como era la chilena hace treinta años. Así que en esto hay unos cambios, pero que pueden ser muy coyunturales, que pueden estar muy ligados al tema de la dictadura en Chile, que posiblemente van a cambiar en estos años otra vez.

14- Vicaría de la Solidaridad: organismo creado por la Iglesia católica de Chile, que tuvo decisiva importancia para la protección de los derechos humanos en el período de Pinochet.

– Pero más allá de una situación de poder de la Iglesia misma, ¿no cree que hay una internalización de un modo de ver católico en América latina?

– Es posible que sí, es posible que América latina sea una de las regiones del mundo donde finalmente la Iglesia católica tenga más influencia; porque en Europa la Iglesia tiene una influencia bien parcial, en Estados Unidos también y en el resto del Tercer Mundo también. Y, de cierta manera, América latina también es una invención de la Iglesia católica, no sólo de los intelectuales.

– Eso es interesante, porque ése quizás es uno de los denominadores comunes de todos nuestros países.

– Claro, porque fíjese que además fue la región del mundo donde mejor se establecieron las misiones, con más solidez. Nosotros estamos acostumbrados a pensar que las cosas que pasaron en la colonia son cosas totalmente perdidas, sepultadas, y sin embargo una buena noción de la historia nos debería hacer pensar lo contrario: quedan cosas. Esta ciudad, Santiago, fue la ciudad que tenía mayor densidad de conventos en el mundo occidental, como doscientos conventos en esta área pequeñísima, que es uno de los temas de mi novela.

– ¿Usted cree que estamos viviendo una especie de desmitificación de las utopías políticas en América latina que puede traer una recuperación de la religión?

– Sí, es posible que sí, seguramente que sí, yo ya lo noto, sí. Noto que esa actitud atea, laica, que era bastante característica de mi generación, es cada día más minoritaria y cada día más mal mirada. En cambio se recibe bastante bien a personas que vienen con una especie de prédica seudoreligiosa. Mi amigo Alejandro Jodorowsky[15] ha venido en ese tono. Claro, él es como un santón y eso es bastante bien recibido.

– América latina ha sido un campo de batalla de lo que se llamó la lucha ideológica, entre los valores liberales y los valores socialistas o comunitaristas. ¿A usted le parece que en América latina esa lucha ideológica la ganó definitivamente el liberalismo?

– Lo que pasa es que el liberalismo no es exactamente una ideolo-

15- Alejandro Jodorowsky, mimo, cineasta y novelista chileno. Creador del movimiento pánico. Entre sus principales películas esta *El Topo* y *La Santa Sangre*.

gía en el sentido en que lo son el marxismo o el socialismo. El socialismo es una fórmula coherente, estructurada y completa para organizar la sociedad, y el liberalismo es la no-fórmula. Entonces, al fracasar la ideología totalizadora, vuelve el liberalismo, pero no es porque el liberalismo sea una fórmula en el mismo sentido; el liberalismo se presenta como la no-ideología; es decir, no es que triunfó una ideología sobre otra, triunfó la no-ideología más bien, eso es lo que me parece a mí.

– Pero el liberalismo latinoamericano ha sido siempre muy ideológico...

– El liberalismo latinoamericano tiene una cierta tradición, sí, tiene una cierta tradición, pero que está en los orígenes. Nuestra partida de nacimiento es el liberalismo y ese liberalismo, claro, tiene muchos matices, muchas formas. Pero yo creo que lo que ha triunfado hoy es más bien la no-ideología que otra cosa, y en la economía yo le diría que lo que ha triunfado es la idea de la economía de mercado, la idea del antiestatismo. Es posible que en la política también; menos estado, menos burocracia, menos represión en todo sentido.

– Pero es la base del liberalismo...

– Sí, quizás se puede hablar de un triunfo de la ideología liberal, aunque yo no veo el liberalismo como una ideología, sino que lo veo como una especie de desarrollo más o menos espontáneo de cosas que más o menos se codificaron en el siglo dieciocho, pero que no llegaron a ser una propuesta ideológica. Así que, en ese sentido no sé, no sé si triunfó la ideología liberal o triunfó la no-ideología.

– Hay una propuesta de un nuevo orden mundial hecha por Estados Unidos. ¿Qué le parece a usted esta idea para América latina?

– Hay una propuesta de un nuevo orden mundial, pero es una propuesta a medias. Los que hacen la propuesta no son completamente consecuentes, porque hay un problema muy concreto de América latina y es que no tiene acceso suficiente a los mercados mundiales. Nosotros tenemos problemas con la fruta en Estados Unidos y todos los países tienen ese tipo de problemas. Si usted examina cada caso, lo verá. Por ejemplo, Brasil tiene mil problemas con el café. Frente a este tipo de problemas podríamos tener una unidad práctica. En eso las propuestas son parciales todavía, en eso el enfrentamiento con el mundo del norte todavía tiene sentido.

– Esta no resolución del problema norte-sur, ¿cómo cree que se puede arreglar? ¿Cree que el conflicto norte-sur es una condición necesaria para que el norte siga siendo el norte y el sur siga condenado a ser una retaguardia?

– No sé y no quiero darle una visión demasiado optimista. Yo creo que si se producen las integraciones parciales, concretas, de que le hablé, estaríamos en mejores condiciones de presionar al mundo del norte y de lograr algunas cosas. En seguida, yo creo que las coyunturas históricas nos pueden ayudar ahora, a pesar de que hace un año se veían distintas las cosas. Hace un año, por ejemplo, parecía que el derrumbe del muro de Berlín haría que Estados Unidos y Europa se preocuparan de Europa del Este y se olvidaran de nosotros. Ahora no se ve tan claro el asunto; más bien, se ve muy conflictivo y problemático el mundo de Europa del Este. Así que no soy totalmente pesimista en el sentido de que nosotros no podamos obtener mejores condiciones en nuestra negociación con el norte. Lo que quiero decir es que me parece claro que existe un asunto pendiente del norte con el sur, que no está resuelto.

– Hemos hablado mucho de lo hispánico, de lo indígena, de lo negro, de la Iglesia. Pero en América latina hay un papel muy fuerte de otras culturas, de otras religiones, de otros mundos culturales, llámese árabes, llámese judíos, llámese europeos no españoles, protestantismo, hindúes, malayos, chinos, japoneses..

– Es una realidad super importante y una realidad recogida parcialmente por la literatura; pero no totalmente desdeñada tampoco. Naipaul, el escritor trinitario, tiene el mérito de haberse fijado en ese asunto antes que nadie[16].

El mundo de los árabes aparece en García Márquez. Yo creo que esa escritura inglesa del Caribe es una cosa que hay que reivindicar, así como la literatura en lengua portuguesa, que es otro hecho fundamental que siempre se desdeña desde nuestro punto de vista. En Buenos Aires, ahora, por ejemplo, hay escritores que representan el mundo judío, el mundo palestino. Esa es otra perspectiva que no hay que olvidar simplemente, que es interesante; es algo que complementa o explica la he-

16- V.S. Naipaul (1932), escritor británico de origen trinitario. Entre sus principales obras están *Una Casa Para Mr. Biswas, El Curandero Místico* y *The Mimic Men*.

terogeneidad cultural que representamos nosotros. Es como un argumento más sobre ese hecho básico.

– ¿Le parece que ha habido un aporte fundamental de estas migraciones?

– Yo creo que se está produciendo en estos últimos cincuenta años una cosa nueva.

– ¿En qué lo ve?

– La veo en la economía, lo veo en la vida, lo veo en la literatura, en el cine; está en todos lados.

– ¿Podrían precipitar una síntesis latinoamericana más sólida?

– No sé, porque lo que no veo es síntesis por ninguna parte.

– ¿Estamos condenados a no tener síntesis?

– Nosotros somos el mundo de la mezcolanza más que de la mezcla. La hibridez de la que hablábamos.

– ¿Cómo reinventaría América latina? ¿Qué elementos nuevos le pondría?

– Primero, me olvidaría de esos símiles europeos que eran tan característicos de nosotros. Nada de la Inglaterra, de la Suiza, de la Holanda, o de la Francia de América del Sur. Yo reivindicaría la mezcolanza que es nuestra realidad más evidente, trataría de incorporar todos los elementos, trataría de desarrollar mucho la tolerancia entre todas nuestras diferencias. Sostendría el hecho de que somos herederos de la cultura europea, o sea que tenemos derecho a usar la filosofía de Platón igual que un suizo, hasta mejor que un suizo, pero sin necesidad de convertirnos en suizos. Yo diría, por ejemplo, que la relación de un español de hoy con Cervantes es tan remota en la práctica como la relación de un griego de hoy con Platón. Así que, si es así, la relación mía con Cervantes o con Platón no es diferente, en el fondo, de la de un madrileño o la de un ateniense, porque es una relación intelectual remota y a lo mejor yo comprendo mejor a Platón que un ateniense, y a lo mejor yo comprendo mejor a Cervantes que un madrileño. Y entonces eso significa una cosa: somos un continente que puede usar la cultura europea, pero que tiene que reivindicar formas de vida que no son europeas simplemente, que son formas de vida híbridas. Creo, además, que si usamos la cabeza (últimamente nos hemos puesto más realistas y en cierto modo menos ilusos y más inteligentes) podemos llegar a ser un continente relativamente desarrollado y llegar a ejercer una relativa presión sobre el mundo del norte, porque, en realidad, esa diferencia todavía no está suprimida. No hay que olvidarse de eso.

Santiago de Chile, 12 de abril de 1991.

Mario Benedetti

Voy a entrevistar a Benedetti en un bus que baja (¿o sube?) por la calle López de Hoyos de Madrid. En una parada un grupo de sudacas adolescentes se sube, bullicioso, con una radio gigante... Cantan ellos, detrás de Serrat:

Con su ritual de acero, sus grandes chimeneas, sus sabios clandestinos, sus cantos de sirenas, sus cielos de neón, sus ventas navideñas. Su culto de Dios padre y de las charreteras...

—Ah que no sabes de quién es esa canción, macho— dice una niña que podría ser de origen portorriqueño.

—Y yo qué sé— le contesta un muchacho que podría ser cubano:

Con sus llaves del reino, el Norte es el que ordena. Pero aquí abajo, abajo, el hambre disponible recurre al fruto amargo de lo que otros deciden. Mientras el tiempo pasa y pasan los desfiles, se hacen otras cosas que el Norte no prohibe. Con su esperanza dura, el Sur, el Sur también existe.

—Es de Joan Manuel Serrat— dice uno.

La gente los mira de reojo, como sucede en estos casos y ellos siguen cantando fuerte:

Con sus predicadores, sus gases que envenenan, su escuela de Chicago, sus dueños de la tierra. Con sus trapos de lujo y su pobre osamenta. Sus defensas gastadas, sus gastos de defensa. Con su gesta invasora, el Norte es el que ordena.

– Pero esta canción es de un poeta sudaca, ignorante. Machado puede ser.

—Rajá que no— dice otra chica. Entona:

Pero aquí abajo, abajo, cada uno en su escondite, hay hombres y mujeres que saben a que asirse. Aprovechando el sol y también los eclipses, apartando lo inútil y usando lo que sirve. Con su fe veterana, el Sur también existe.

—Es de un argentino de esos con apellido italiano— dice alguno. Y prosigue:

Con su corno francés y su academia sueca, su salsa americana y sus llaves inglesas. Con todos sus misiles y sus enciclopedias. Su guerra de galaxias y su saña opulenta. Con todos sus laureles, el Norte es el que ordena.

—Onetti, creo que se llama— dice uno pequeñito. Y le continúan dando:

Pero aquí abajo, abajo, cerca de las raíces, es donde la memoria ningún recuerdo omite. Y hay quienes se desmueren y hay quienes se desviven y así entre todos logran lo que era un imposible. Que todo el mundo sepa que el Sur también existe.

Casi me paso. En Madrid los buses no paran, como en el Sur, en cualquier parte.

El encontronazo de dos mundos

– **Usted ha sido un defensor intransigente de América latina. ¿Me podría decir por qué? ¿Es algo ser latinoamericano?**

– Primero habría que ver qué es lo latinoamericano para saber por qué se identifica uno. Habría tantas justificaciones teóricas sobre lo latinoamericano, lo iberoamericano, lo hispanoamericano. Yo soy las tres cosas, porque cada una de esas denominaciones abarca un área geográfica y lingüística distinta. Pero, la verdad es que lo latinoamericano se ha convertido ahora en una denominación política, porque hay países, como en el Caribe, que no son ni de habla hispana ni portuguesa, ni siquiera latina: los países que vienen del colonialismo inglés, que por razones políticas están un poco más cerca de lo latinoamericano que del resto de América. Pienso que lo latinoamericano es lo no norteamericano o no estadounidense, porque México es América del Norte también; sin embargo, es Latinoamérica. Lo latinoamericano sería lo no estadounidense que, claro, es una cosa rara, ya que no podemos decir países no estadounidenses; entonces se dice latinoamericano y ya es como una convención y todos sabemos qué decimos cuando decimos latinoamericanos.

– **Usted se lleva mal con lo estadounidense, pero muchos latinoamericanos lo único que quieren es identificarse con ello. De hecho, ya casi hay un país hispánico dentro de Estados Unidos. Lo latinoamericano, para algunos de nosotros, es algo ambiguo, no muy definible, que rechazan a la hora de las lealtades finales...**

– No estoy de acuerdo. Lo que le da unidad a América latina son los Estados Unidos. Cada vez más, americano significa norteamericano, y habitante de cualquier otro lugar de América significa latinoamericano; o sea que Estados Unidos nos ha robado hasta el nombre de americanos. Creo que el común denominador de América latina es tener un enemigo común: Estados Unidos.

– A partir de la Revolución cubana se desarrolló una lucha ideológica muy fuerte en estos países entre los valores del capitalismo, del liberalismo, y del socialismo. Los primeros parecen haber ganado...

– Yo creo que han ganado hasta ahora esta batalla, este partido, pero no el campeonato. Creo que es el gran peligro que existe en este momento, porque la Unión Soviética, como poder militar, con todos sus defectos y errores, era un freno para los Estados Unidos. Deteriorado o aminorado sensiblemente ese poder militar, desaparecido el Pacto de Varsovia como tal, no tiene freno. Ya sabemos lo que era Estados Unidos como potencia imperialista sin poder hegemónico. ¡Imagínese lo que va a ser como poder hegemónico!

Recuerde que Estados Unidos ha hecho más invasiones que Gengis Khan, más que Stalin, más que Mussolini, más que Alejandro Magno, más que todos juntos. Doscientas y tantas invasiones y más de la mitad en América latina.

– Me doy cuenta de que se siente fuertemente latinoamericano...

– Me siento uruguayo en primer término, por supuesto, pero como integrante de América latina.

– Usted es descendiente directo de italianos, ¿no siente una ligazón con Europa, a través de Italia?

– Bueno, por supuesto, tengo dos abuelos italianos, un abuelo español y una abuela francesa, así que tengo de todo. Yo no participo de una hostilidad hacia la cultura europea, al contrario; creo que hemos aprendido mucho de ella y le debemos mucho. Es una cosa legítima, porque viene de nuestros antepasados; es muy distinta de la cultura norteamericana, es otra cosa.

– ¿Qué diferencia hace?

– Bueno, la diferencia es clara: nuestros abuelos, a veces son italianos o españoles, sobre todo italianos y españoles, y no tenemos abuelos norteamericanos; habrá algunos, pero en general no. O sea que la vinculación con Estados Unidos es una vinculación de dominado a dominador, y con Italia y España hay una vinculación casi familiar.

– América latina comienza como un mito que crece en la medida en que se escribe sobre él. ¿Hasta qué punto cree usted que América latina es un invento literario, en el sentido de que lo narrado en libros, periódicos, publicaciones académicas, etcétera, sostiene la imagen de

una realidad que es muy distinta a lo que en ello se proclama?

– No, yo no creo para nada que sea un invento literario, sino que es una consecuencia de una realidad: la conquista española. Se formó una serie de virreinatos, que establecieron una cierta separación dentro del imperio español, pero que, como tenían un origen único, son los primeros factores de unidad latinoamericana, y vienen de la mano de ese imperio español. Porque un indio de la Patagonia ni sabía que existía un indio de México o de Guatemala; en cambio son los españoles los que como conquistadores vincularon todas esas cosas, aun con la represión, aun con todo lo que significó de negativo. Cada pueblo de la época empezó a tener noticias del otro a través del conquistador que, además, nos dejó una lengua común.

– Pero la unidad latinoamericana independiente, ya no planteada ni sustentada por una necesidad de dominación, sino por una idea, tal como lo hace Bolívar, es obra de los ensayistas del siglo diecinueve como Sarmiento, Martí, el propio Bolívar...

– Bolívar era escritor, Martí era escritor; pero influyen como escritores cuando se convierten en políticos, no como escritores. Bolívar influye porque es el libertador, San Martín no era escritor y tuvo una influencia parecida a la de Bolívar. Martí y Sarmiento influyeron porque llegaron al gobierno, porque tuvieron un poder político. Hubo otros escritores de esa misma época que no tuvieron la misma influencia. A mí me parece que el escritor tiene muy poca influencia en lo político.

– Pero hay unas ideas literarias, mezcla de romanticismo e Ilustración, que funcionan en las cabezas de estos señores y que, a través de su poder político, finalmente imponen de arriba hacia abajo...

– Bueno, era muy difícil, todavía hoy lo es, más aún en esa época, que quien viene de las capas indígenas, o incluso de entre los criollos pobres, con analfabetismo e incultura tremendas, hiciera o pensara la independencia. Salió más bien, como usted dice, de concepciones intelectuales de arriba. Pero es que sin los de abajo no hubiera podido marchar la empresa de la independencia. Además creo que, de algún modo, en ciertos casos, fueron los más fieles. En Uruguay, cuando Artigas[1] fue

1- José Gervasio Artigas (1764-1850), político y militar uruguayo. Inició las campañas de la independencia de su país. Es considerado forjador de la nacionalidad uruguaya.

derrotado y abandonado por todos sus ex aliados, por ejemplo, fueron indios los únicos que lo acompañaron hasta la frontera con Paraguay, donde él se fue a exiliar con el dictador Francia... que le dio asilo.

– ¿Usted cree que el concepto de América latina se ha deteriorado como otros conceptos del siglo diecinueve?

– No. América latina permanece como tal y tengo muchas esperanzas de que la idea de América latina se consolide, que avance, porque también hay que pensar que todos los imperios en algún momento tuvieron su crisis interna, todos en la historia. Y yo tengo una ferviente esperanza de que el imperio norteamericano tenga alguna vez una crisis interna. Creo que la va a tener y, además, generalmente comienza esta crisis a partir de un momento de hegemonía mayor. En este momento, Estados Unidos es el mayor poder hegemónico militar en el mundo. El capitalismo ha ganado un partido pero no el campeonato; yo tengo firme esperanza de que el campeonato no lo gane Estados Unidos, de que no lo gane el capitalismo.

– ¿Pero quién lo va a ganar? ¿El socialismo? ¿No lo cree ya enterrado?

– Por supuesto que se ha deteriorado, pero yo pienso sobre todo en quienes deterioraron el concepto de socialismo. Yo no creo que el socialismo esté destruido como ideología. Mire usted que el capitalismo es un sistema que da tan pocas esperanzas para un futuro de la humanidad que el socialismo no pasará tan fácilmente. Los países del Este que se han largado en brazos del capitalismo ahora empiezan a sentir las consecuencias. Ha aumentado el paro en una forma tremenda, ya no tienen los mismos beneficios sociales...

– Pero, en última instancia, ¿cuál es la validez del socialismo para el siglo veintiuno?

– Yo creo que en última instancia la validez permanente del socialismo es un sistema más justo, mucho más justo, porque su espina dorsal es la justicia social, mientras aquella del capitalismo es la injusticia social. Pero en esto no hay que ser rígido, de modo que cuando aparece un individuo como Ceausescu no nos debe caber duda de que es un tipo que está en contradicción con esa espina dorsal del socialismo, así como cuando aparece un tipo como Olof Palme no nos debe caber duda de que está en contradicción con la espina dorsal del capitalismo.

– La idea de nuestros estados está basada en la Ilustración y en la independencia de Estados Unidos. Sus bases se aplicaron al pie de la letra, no tuvieron una adaptación. Funcionaron mejor en los países más parecidos a Europa y peor en países con mayor influencia de otras tradiciones, como México o Perú, por ejemplo...

– Parece bastante comprensible. Las constituciones las hicieron los blancos, y entonces no tuvieron en cuenta la presencia de las poblaciones autóctonas. Si Bartolomé de las Casas consiguió después de no sé cuantos años que se admitiera que el indio tenía alma, imagínese cómo iban a hacer una constitución para alguien que no tenía alma.

– Muchos latinoamericanos de los años sesenta soñaban con hacer la revolución, mientras otros soñaban con tener un país a la norteamericana. ¿Usted cree que la juventud latinoamericana sigue con este tipo de ensoñaciones?

– La realidad ha cambiado en América latina. Primero hay varias dictaduras que han dejado de serlo, o que por lo menos se han retirado un poco a los cuarteles sin permanecer demasiado ajenas a lo que pasa, empezando por Chile, donde está Pinochet dirigiendo el Ejército, e incluso Uruguay, donde los militares no llegaron a la matanza como en Chile o en Argentina, pero también siguen vigilantes y siempre son una amenaza. Por otra parte, han fracasado casi todos los movimientos de lucha armada. Parece que llega un momento en que los pueblos se cansan de morir. La prueba está a la vista: mire El Salvador. La guerrilla de El Salvador no se puede decir que haya sido derrotada como otras, es como un empate y por eso tiene que haber un diálogo; ya que eso no se puede definir por penales como en el fútbol, hay que definirlo en la mesa de negociaciones.

Lo hace incluso la guerrilla en Colombia. Los Tupamaros, en Uruguay, se han integrado, se mantienen como movimiento tupamaro, pero ahora son uno de los partidos del Frente Amplio. Llegó, como le decía, un momento en que los movimientos de lucha armada se dieron cuenta de que así como antes habían tenido apoyo popular, ahora ya no lo tienen. Lo vi en mi país cuando los Tupamaros, desde la cárcel, antes de ser amnistiados, dijeron que se retiraban de la lucha armada. Gran alivio en la población, y fueron recibidos como héroes cuando salieron. Pero ese recibimiento tan caluroso, tan cálido que les hizo la población era también agradeciéndoles que se retiraban de la lucha armada. Este es un cambio bastante importante, que esos movimientos decidan hoy jugar su suerte mediante movimientos políticos legales. Creo que se puede ir sumando varios datos de ese tipo para ver que, a pesar de la hegemonía de Estados Unidos, se está creando otra mentalidad en América latina. La izquierda está cambiando. Creo que descarta posiciones extremas, descarta posturas radicales, descarta la lucha armada, por ahora al menos, y ha decidido jugarse políticamente. Y si en un momento determinado se consiguen cambios importantes, que no van a ser cambios radicales como un triunfo de una revolución como fue la cubana o la nicaragüense, van a ser cambios posibles. Creo que en este momento la izquierda está aprendiendo la ciencia de lo posible.

– ¿Cree que Estados Unidos ha cambiado su visión maniquea de América latina?

– No ha cambiado su visión. Lo que pasa es que así como antes se jugaba a las dictaduras o a la extrema derecha, ahora considera que tiene mucho más porvenir para sus intereses la socialdemocracia o el liberalismo, sobre todo el liberalismo. Y los políticos liberales de América latina han respondido como un solo hombre: nuestro presidente Lacalle, por ejemplo, se pone la mano en el corazón cuando escucha el himno norteamericano; Menem no digamos las concesiones que les ha hecho; y el propio Aylwin no ha arreglado las relaciones con Cuba por la presión norteamericana. Me parece a mí, no sé usted cómo lo ve como chileno.

– Porque se suponía que Cuba protegía y financiaba todavía al Frente Patriótico Manuel Rodríguez Autónomo, que aún actúa en Chile[2]; pero ahora, al parecer, Castro decidió cortar eso y ya se ha reanudado algún tipo de relación diplomática...

– Reagan decía que ellos tenían dictaduras amigas y dictaduras enemigas, ahora creo que cambiaron las dictaduras amigas por los gobiernos liberales. También ha habido un cambio mundial. Cuando uno piensa hoy que en Europa la izquierda es la socialdemocracia, caramba,

---

2- Frente Patriótico Manuel Rodríguez Autónomo, agrupación disidente del FPMR original que hoy ha entrado a la política abierta. El FPMR se formó en Chile para derribar por métodos violentos al gobierno del general Pinochet. El FPMR Autónomo ha decidido continuar con esos métodos en la renaciente democracia chilena.

eso es tremendo. Aunque es siempre mejor que esté la socialdemocracia a que esté la derecha,

– ¿La izquierda se ha derechizado?

– Sí, claro. Fíjese en España, el Partido Socialista hace toda una campaña electoral diciéndole no a la Otan y gana; después le dice sí a la Otan. Si esa no es una derechización de un partido que se presume de izquierda, bueno, ¿qué es?

– ¿Por qué ocurre esta derechización del mundo?

– Porque el poder económico tiene unos tentáculos cada vez más tremendos y más extendidos, simplemente.

– ¿Y controlan la información?

– Totalmente. Fíjese que yo tengo que ver, por vinculaciones profesionales, con el periodismo. El ochenta por ciento de las noticias que circulan en el mundo lo hacen a través de dos agencias norteamericanas, y el resto son agencias pequeñas que no tienen mayor influencia. Si se hace una antología con las noticias que circulaban para la Guerra del Golfo, allí se ve la importancia que tienen los medios para generar un estado de opinión mundial. Eso por el lado del periodismo. Ahora, por el lado del mundo editorial, cada vez más hay una editorial que la compró una más grande y esa más grande la compró otra más grande. Todas las editoriales con que yo trabajo han sido compradas por otras y, a su vez, esas por otras, y a veces dos editoriales en distintos países son del mismo dueño. Y ya no es preciso que las editoriales sean norteamericanas, pueden ser empresas de origen alemán o francés, pero en el fondo están dominadas por los americanos.

– ¿No será que la gente se ha derechizado porque está más escéptica que antes frente al fracaso de las utopías de cambio?

– Lo que tengo claro es que los pobres no se derechizan todavía...

– No crea, en Chile pasó algo bien significativo: en las elecciones parlamentarias pasadas ganaron candidatos de derecha en zonas muy pobres...

– La extrema izquierda ha sido sustituida por la extrema necesidad. Claro que cierta porción de la clase media se ha acercado a la burguesía, pero otra porción de la clase media, que es mucho mayor, se ha acercado a la clase más miserable. Y en muchas de las grandes ciudades de América latina se ve por las calles pidiendo limosna a gente que por la ropa uno se da cuenta de que era de clase media y que se ha tenido que ir a vivir a las poblaciones. Esa gente es muy difícil que se derechice o se radicalice; simplemente ha perdido toda esperanza.

– En el ejemplo que me ponía de la editorial que puede ser alemana o de otros países, pero siempre, según usted, con los norteamericanos detrás, ¿por qué la considera norteamericana si más bien se ha trasnacionalizado?

– A veces es lo norteamericano textualmente y otras veces es el concepto de lo norteamericano. Es la ideología capitalista a la norteamericana, y no como podía ser antes el capitalismo francés o el capitalismo alemán o el italiano o el español, que tenían su estilo propio. Ahora todos imitan a Estados Unidos...

– ¿Qué papel juega en todo esto, para usted, el pueblo norteamericano?

– Un papel desgraciado, un papel francamente desgraciado. En un país que es mostrado como paradigma de democracia, Reagan, que fue, creo, el presidente más votado de todo el siglo, ganó con el veintitrés por ciento de los votos de los habilitados para votar. En Estados Unidos, paradigma de la democracia, el partido mayoritario es el partido de la abstención; o sea que los propios norteamericanos no creen en la democracia. Es un papel lamentable que juega el pueblo norteamericano, porque no arriesga nada.

– ¿Tiene alguna esperanza de cambio en la política norteamericana?

– No, para nada. El cambio de la política norteamericana vendrá, me atrevo a tener la esperanza, cuando por distintas razones decaiga el *confort*. Es la gran religión de los Estados Unidos. Entonces no hay ningún argumento tan eficaz para hacer cambiar la política de los Estados Unidos como la pérdida del bienestar. Forma parte de la competitividad de los norteamericanos; son capaces de vender a la madre por el *confort*, de vender su ocio por aquéllo. El día en que, por razones económicas, lo vayan perdiendo, vendrá el gran problema para el capitalismo norteamericano. No es una utopía esto que voy diciendo, porque en este momento Estados Unidos tiene la hegemonía militar, pero no tiene la hegemonía económica. En esto es donde cuenta Europa, liderada por Alemania que sabe ser líder, que tiene experiencia de liderazgo, y Japón.

– ¿Alemania y Japón, otra vez?

– Si se fija, Alemania y Japón no mandaron tropas al Golfo, con excusas de que esto y de que aquello; pusieron dinero, pusieron víveres, pero no mandaron gente. Es decir, salieron sin pagar ese precio político que pagaron los países aliados, España, Italia, Francia, que tuvieron problemas incluso con su población. ¿Qué puede pasar? Va a venir una guerra económica y no es tan dificultoso que Japón y la Comunidad se vuelvan aliados contra Estados Unidos.

– ¿Y no puede producirse la paradoja de que América latina haga una alianza económica con Estados Unidos, aunque usted lo considere una barbaridad?

– No lo sé, francamente. Estados Unidos no quiere hacer una alianza, ellos quieren dominar. Ahora está el Mercosur: Argentina, Uruguay, Brasil y Paraguay, una especie de Mercado Común de esos cuatro países, que son cuatro gobiernos de derecha, y que además va a ser tremendo para los propios pueblos del Mercosur. Bush se vino volando a los cuatro países para decirles que sin ellos nada, que está muy bien el Mercosur, pero con ellos. Se vino él personalmente, no mandó a Quayle, se vino él a hablar con uno y con otro, con los cuatro. O sea, que es muy difícil para América latina independizarse de Estados Unidos en ese sentido. Además, tenemos la deuda externa, ese muro de Berlín que todavía no cayó. Además, si uno considera la historia de la deuda externa, lo generoso que fueron los Estados Unidos a través del Banco Mundial, del Fondo Monetario Internacional, etcétera, con los dictadores amigos, como decía Reagan, y vemos que cuando empiezan las democracias, no demasiado independientes sino muy vigiladas, todos le empiezan a apretar los tornillos a todos y a poner intereses leoninos, hay que tenerlo en cuenta.

– Pero hoy día México llegó a un acuerdo de libre comercio con Estados Unidos...

– Con los mexicanos nunca se sabe, porque son muy astutos. Cuando todos los países de América latina rompieron con Cuba obedeciendo a Estados Unidos, México no rompió y se las arregló manteniendo las relaciones con Cuba. Sin embargo, de cualquier manera, tenía una oficina de la CIA en el aeropuerto. Yo he venido de Cuba a México una vez y me retuvieron una hora el pasaporte y me metieron un sello con tinta violeta que atravesaba cinco páginas, que decía: viene de Cuba. Uno podía venir de Cuba a México, pero le hacían eso; los mexicanos tienen una diplomacia muy astuta, muy eficaz. Si hay un país que no olvida lo que le ha hecho Estados Unidos, es México. Todos saben que Estados Unidos sacó casi la mitad del país; eso no lo olvida México, es el país más antiyanqui de América latina. El antiyanquismo que hay en México no lo he visto en otros países, de modo que eso también lo debe tener en cuenta el gobierno. Además, este es un gobierno que ahora tiene una oposición que se le sube a las barbas y que no está de acuerdo con esta alianza. Estuve hace poco con Cuauthémoc Cárdenas[3] y tampoco está de acuerdo con eso. De modo que no va a ser fácil que resulte.

– Pareciera ser algo irreversible, al menos por mucho tiempo, la necesidad de integrarse a la economía de mercado...

– Bueno, dentro de la economía liberal, es su razón de ser; pero creo que después de todo lo que hemos visto en este siglo podemos llegar a la conclusión de que ya nada es irreversible ni política ni económicamente. Hace quince años ¿podíamos pensar que iba a caer el muro de Berlín y que iba a pasar todo lo que pasó en los países del Este? No. Sin embargo pasó y a qué velocidad pasó; sorprendió a todo el mundo, porque se podía hablar de una futura crisis, pero no a esa velocidad.

– ¿No cree usted que nuestros países van a tratar de unirse con quien más le convenga, lo más rápido posible, y entretanto la posibilidad de unión latinoamericana va a seguir siendo pura retórica?

– Sí, claro, porque lo único que se está gestando es la unidad de la derecha. Por ejemplo, el Mercosur es una unidad de la derecha de esos cuatro países, como le decía. Ahora eso no es malo del todo, ya que va generando anticuerpos; no es lógico pensar que la derecha está inmune, que va a tener el campo libre para hacer lo que se le antoje, también tiene sus límites, pienso que dentro de Europa misma. Está el caso de Suecia, donde hay una burguesía que, para que haya paz social y para no tener ninguna preocupación de que le vayan a quitar sus privilegios, ha renunciado a buena parte de sus dividendos y se resigna a ganar muchísimo menos que antes. La clase obrera vive muy bien ahora, tiene su

3- Cuauthémoc Cárdenas, político mexicano. Líder opositor al PRI, partido de gobierno. Fue candidato a la presidencia de la república. Es hijo de Lázaro Cárdenas.

casa, tiene sus automóviles. Desde ese punto de vista, es una burguesía mucho más sabia que otras. Pero en América latina ese tipo de burguesía prácticamente no existe.

Digo siempre esto: para el liberalismo es esencial el mercado de consumo, ése es su paradigma, su muestrario ideológico. ¿Qué pasa, cuando con una determinada ideología económica, por ejemplo la de los Chicago boys, de Milton Friedman, los ricos son cada vez más ricos y los pobres cada vez más pobres? La gran consumidora es la clase media, y parte de la clase obrera cuando está bastante bien, pero la clase alta, que además se reproduce menos que las otras, es una capa menor de la población y generalmente no alcanza para convertir en un éxito el consumismo. De modo que, digamos, esa gran diferenciación de las clases claro que no le conviene a los pobres, pero en definitiva no le conviene a los ricos, no le conviene a los capitalistas, porque ¿quién piensa hoy, en estos países que están viviendo estas crisis económicas tan tremendas, en comprar automóviles, refrigeradores, televisores?

– Los barrios populares están llenos de televisores...

– Bueno, con los televisores se sacrifican, porque son como una cosa mágica. En definitiva, una crisis económica no le conviene a los pobres pero tampoco le conviene a los ricos, ni le conviene a los países pobres ni a los países ricos. Están quebrando los bancos en Estados Unidos de a cinco, de a seis, o sea que tampoco a la gran meca del capitalismo la deuda externa le conviene, por ejemplo. Esos grandes desequilibrios no auguran un futuro demasiado promisorio al capitalismo.

– ¿Entonces lo que le conviene al poder económico hegemónico es mantener sociedades estables que no entren nunca en crisis?

– Creo que Kennedy fue un tipo mucho más inteligente que Bush para vigilar los propios intereses norteamericanos. Kennedy trataba con su Alianza para el Progreso, con lo que fuera, de dar una imagen de más igualdad, de mejor distribución de la riqueza; por eso lo mataron. Lo mataron porque los grandes intereses norteamericanos no toleraban esa mejor distribución de la riqueza. En cambio están muy entusiasmados con Bush.

– ¿Y no cree que esta tendencia justamente de tratar de apoyar la democracia, de tratar de eliminar las dictaduras y los sistemas represivos, es para tener sociedades más estables?

– Creo que están tratando de eliminar las dictaduras porque se están jugando por el liberalismo. Pero esto nunca va a ser un punto que impida los conflictos; si no, matarán a Bush también y Bush no tiene una mentalidad como para hacer lo que quería hacer Kennedy o lo que antes hubiera querido hacer Roosevelt. Creo que Roosevelt y Kennedy fueron los últimos presidentes norteamericanos con otro concepto de la cosas y que velaban más y mejor por los propios intereses norteamericanos.

– El cambio demográfico que ha habido dentro de Estados Unidos, que ha hecho que una población hispánica llegue a enormes niveles de influencia, ¿puede provocar un cambio hacia América latina?

– Los chicanos, los ricans, los cubanos de Miami, son mirados con mucho desprecio. De modo que un latino, como dicen ellos, tiene que ser muy obsecuente para hacer carrera en los Estados Unidos, muy obsecuente. Si no, podrá vivir más o menos, pero es muy difícil que salga de un nivel de pobreza que, a lo mejor, puede ser mejor que si viviera en una zona muy pobre de México; pero ése es otro problema. Es muy difícil que lleguen a tener influencia en la política norteamericana, porque los desprecian. He oido hablar mil veces de que a un latinoamericano, aunque no sea ni indio ni mulato ni nada, no le alquilan casas.

– La renovación de las generaciones hispánicas, incluso la cubana, está releyendo América latina y Cuba en muchos casos de una manera diferente a la de sus padres, los hijos de los emigrantes...

– Muchos hijos y nietos de los contrarrevolucionarios apoyan ahora la revolución...

– ¿Cree que esta gente puede en el próximo siglo provocar un cambio de la visión norteamericana de América latina? Porque, mal que mal, entre California, Nueva York y Florida juntan alrededor de veinte millones de latinos. Es casi otro país latinoamericano...

– Con los hijos sí, los nietos sí. También esos muchachos están viendo los problemas que ha habido con el español: están tratando de eliminar su enseñanza en casi todos lados. Como reacción a esto, se generó que Puerto Rico declarara como único idioma oficial al español.

– Me comentaba un momento antes sobre la rapidez con que se acabó el mundo socialista europeo. ¿Se lo imaginó alguna vez?

– No. Primero, no sabíamos hasta qué punto llegaba la corrupción en algunos de esos países; en el caso de Ceausescu era impensable.

– ¿Todos se derrumbaron por el mismo problema?

– No todos los países eran iguales, ni en todos se dio el mismo problema. Por ejemplo, el catolicismo de Polonia no existía en otros países. Polonia es el país más católico de Europa. No es igual el problema de Polonia que el de Hungría, el de Checoeslovaquia o el de Rumania. Hay la tendencia a ver a todos los países del Este como lo mismo. ¡Qué van a ser lo mismo! La prueba es que en Bulgaria ganaron los comunistas, en Albania ganaron los comunistas, en la propia Yugoslavia los problemas que hay no son de comunismo y capitalismo sino de croatas y serbios.

– ¿Por qué cree entonces que sobrevino el derrumbe? Porque indudablemente en algunos países había corrupción, pero en otros no tanta... Además la corrupción también es un mal occidental.

– Creo que la clave fundamental del derrumbe fue la falta de democracia interna y el ejercicio de un autoritarismo absolutamente desmedido en algunos casos.

– Y eso ¿por qué cree usted que se produce? Son países con una declaración de principios totalmente opuesta...

– Eran países con un sistema cuya espina dorsal, como le decía, era la justicia social y se apartaron de eso. Se desvirtuó el socialismo. Pero no hay que confundirse, es como si hoy a los católicos se les echara en cara la Inquisición. Habrá otros tiempos.

– ¿Pero usted cree que hay algún elemento preciso que explique esto?

– Creo que es fundamental la figura de Gorbachov. Creo que Gorbachov vio que su país estaba acercándose a una crisis tremenda y que se podía provocar una explosión sangrienta adentro. Creo que vio eso y sensatamente trató de democratizar todo, de liberalizar; después, creo que se le fue un poco el país de las manos, y tal vez no pensó toda la repercusión que iba a tener en los otros países del Pacto de Varsovia. Creo que el factor desencadenante fue Gorbachov. Si no hubiera existido lo de Gorbachov, a lo mejor todavía tendríamos el muro de Berlín, aunque dentro de cinco años cayera. Yo creo que era un proceso que de todas maneras no se iba a poder detener, pero que, quizás, iba a llevar muchos años si no hubiera existido Gorbachov.

– ¿Pero no cree que en los sistemas socialistas reales, como se los

ha llamado, ha habido un factor interno que generaba su propia destrucción, que era la ausencia de libertad individual? La izquierda latinoamericana siempre dijo que prefería la justicia social a la libertad. ¿No habrá en eso una trampa mortal?

– No sólo la izquierda, también lo dijo Toynbee[4]. Lo que pasa es que la libertad sin justicia social también es un desastre, las dos cosas están mal. Toynbee, después de haber hecho un viaje a América latina, llegó a la conclusión de que la libertad y la justicia eran para Europa y para América latina dos conceptos muy importantes, pero que en Europa era más importante la libertad que la justicia social, y en América latina más importante la justicia social que la libertad. No es que una anule a la otra, sino un asunto de prioridades. ¿Qué es la libertad en el mundo occidental? ¿Qué es la libertad de prensa en el mundo occidental? ¿La tan elogiada libertad de prensa? Es la libertad que tiene el dueño de periódico, porque el periodista no la tiene. He sido periodista en muchos diarios y sé que uno no tiene libertad de decir lo que quiere. Por lo tanto, el público no tiene la libertad de informarse ampliamente de las noticias. En el mundo socialista había una censura tremenda y los diarios eran un desastre, pero la otra libertad tampoco es el paradigma. Y por lo menos en el mundo socialista había cierto reparto de la riqueza nacional, más equitativo que en Occidente. Eso va a ser muy difícil que lo nieguen, sin perjuicio de que hubiera una nomenclatura, un sector más privilegiado; pero esos más privilegiados, al lado de los privilegiados del capitalismo, son unos pobres diablos. Eran privilegiados porque tenían acceso a más cosas, a un automóvil de más, a una casa mejor, pero no sé de ninguno que tuviera un yate y tres aviones, ni cosas por el estilo.

– ¿Pero por qué en estos socialismos reales el sistema se ve obligado a coartar la libertad?

– Por falta de democracia interna, siempre volvemos a lo mismo. La clave es la falta de democracia interna.

– ¿Qué provoca esa falta de democracia interna?

– El autoritarismo de los dirigentes, la falta de confianza en su

4- Arnold Toynbee (1889-1975), historiador inglés, conocido especialmente por su *Estudio de la historia*.

propio pueblo. La democracia interna es tener confianza en su propio pueblo, en lo que va a elegir el propio pueblo. Y esa carencia, además, va generando inseguridad, va generando mala conciencia, una cantidad de cosas que dificultan y deterioran el desarrollo político.

– En ese sentido, ¿qué opina usted de Cuba? ¿Usted cree que Cuba debería sufrir un proceso de apertura, de mayor liberalización política?

– Yo creo que Cuba debería liberalizar más su sistema, pero no parece lógico exigirle esos cambios cercándola como se la está cercando.

– Ese es otro problema.

– No, no es otro problema. Es muy hipócrita exigirle cambios a Cuba mientras se la tiene cercada en esa forma. Si la dejaran tranquila, si no la acogotaran económicamente, entonces sí sería posible, aunque no exigible, algún cambio.

– En una situación ideal, ¿qué le pediría usted a Cuba? ¿O qué le sugeriría?

– Mire, yo estuve en Cuba hace poco, estuve en enero y febrero de este año. Los más críticos en Cuba son los jóvenes, y yo hablé mucho con los jóvenes. ¿Y ustedes qué es lo que quieren?, les preguntaba. ¿Pluripartidismo? No, nada de eso, me dijeron, si nosotros tuvimos pluripartidismo con Prío[5], y con otros, que presidieron las democracias más corruptas de América latina en la época en que La Habana era un garito, un prostíbulo; no. De pluripartidismo nada. Entonces, ¿qué es lo que quieren? Nosotros queremos más participación, queremos que no vengan desde arriba para ordenar lo que pasa en la vida cubana. No critican tanto a los dirigentes altos, todos se manifiestan muy fieles a Fidel (que sigue manteniendo un prestigio extraordinario en la isla, aun ante estos jóvenes críticos), sino a un sector intermedio que sí tiene privilegios y vive mucho mejor que la gente.

– Los dirigentes medios tienen privilegios. ¿Por qué no los altos?

– Fidel vive en un apartamento de la calle 10 y no sé qué, he pasado por la puerta. Es un edificio común y corriente. En cambio, hay otros dirigentes medios que tienen casas mucho más pomposas. Y entonces,

---

5- Carlos Prío Socarrás (1903-1977), político cubano. Presidente (1948-52), fue derrocado por Fulgencio Batista.

en el momento en que el país vive la miseria que vive, con las carencias que tiene, que las comprende esa juventud, no quieren que haya esa franja que tenga esos privilegios.

– ¿Y las críticas de los países democráticos?

– Muchas de las críticas se las hacen a Cuba, sobre todo desde Europa, españoles, franceses, gente que nunca ha ido a América latina. Lo primero que ven es La Habana, y entonces la comparan con cómo se vive en París, en Madrid, en Roma, y yo les digo: ¿por qué no van a Guatemala y comparan La Habana con Guatemala, con Honduras, con Nicaragua misma? Porque, eso sí, nunca se mencionan las cosas positivas que puede tener Cuba, lo que han realizado en materia de salud pública, lo que han realizado en materia de enseñanza, la atención a los niños, la mortalidad infantil. Estados Unidos y Cuba son los países que tienen menor mortalidad infantil de todo el continente. Los descubrimientos que han hecho en la cosa científica son fenomenales, son extraordinarios.

– ¿Qué es lo que falla, entonces?

– El propio Fidel Castro me dijo y me lo dijeron, me lo confirmaron por otro lado también, que en muy poco tiempo, si pasan esta crisis, los descubrimientos científicos, los nuevos tratamientos, las vacunas, van a generar más divisas que el azúcar y el tabaco juntos. Fíjese que la propia Unión Soviética, que tiene un buen nivel en materia médica y científica, en el nuevo tratado de intercambio que han hecho, les venderá petróleo y grano, y Cuba les venderá tabaco, azúcar y ciencia. Están haciendo cola los países para adquirir esas nuevas cosas científicas. Yo publiqué un artículo que se llamaba *La isla que exporta vida*, donde, además de hablar de una cantidad de cosas que estaban mal, hablaba del aspecto científico, y me pude dar cuenta de que nadie había oído hablar nunca, ni se había publicado nada acá en España, de cosas como la vacuna contra la hepatitis B, por ejemplo, que ellos descubrieron y le están vendiendo a los chinos.

– ¿No cree que es un poco exagerado hablar de Cuba como potencia científica?

– Yo sólo digo que han hecho cosas importantes. Están haciendo unas operaciones de cirugía óptica fenomenales. Por ejemplo, fue de Uruguay una señora ciega que tenía retinosis pigmentaria: una enfermedad hereditaria incurable que termina en ceguera total. Llevó a Cuba a sus dos hijos, que todavía veían un poco, y allí los operaron. Un día, cuando estaba acompañándolos, apareció Castro a visitar el hospital, porque se interesa mucho por estas cosas, y entonces le dijeron de esta señora que había traído los hijos y quiso conocerla. ¿Y usted señora, por qué no se opera?, le dijo. No, yo soy ciega. ¿Y la han examinado acá? ¿No hay nada que hacer con usted? Bueno, yo no intenté nada, le contestó. Entonces el propio Castro habló con los médicos. ¿Por qué no la examinan? La examinaron, la operaron y volvió viendo, la mujer que no era de izquierda ni nada por el estilo, que había ido por el asunto de los hijos, hizo declaraciones explosivas en favor de Fidel Castro.

– ¿Pero usted no sugeriría para Cuba algún tipo de pluripartidismo, a pesar de ciertos innegables avances científicos?

– No sé, porque es una idea que no tiene el menor prestigio dentro de la sociedad cubana, y eso es una cosa que no se entiende de afuera. Presidentes constitucionales fueron Batista, Prío, unos corruptos todos, algo horrible. La primera sugerencia que haría es que Estados Unidos deje el bloqueo, que le permita comerciar libremente a precios racionales, razonables; ésa es la primera sugerencia. Después, a partir de eso, habría que seguir hablando.

– Pero, se acabó la polaridad este-oeste, Benedetti. Usted que es especialista en el sur; que escribió, junto a Serrat, eso de que el Sur también existe, ¿qué pasará ahora con la polaridad norte-sur?

– Creo que seguirá siendo la gran oposición.

– ¿Cómo ve el Sur, más allá de América latina?

– El Sur también son los negros de Estados Unidos, y Pinochet es el Norte allá abajo. Son símbolos, son como metáforas el Norte y el Sur

– ¿Pero ese Sur cómo se reordena, ese Sur que no es solamente geográfico?

– Vaya problema. Ojalá tuviera la bola de cristal. La esencia del Sur está en los sectores progresistas, que son de algún modo los que actúan o pretenden actuar de acuerdo con los intereses legítimos de ese Sur. Porque ya sabemos que muchos de esos gobiernos, muchas de esas burguesías, la patria financiera como la llaman en Argentina, son hijos del Norte; esos actúan mucho más de acuerdo con los intereses del Norte que con los de su propio país. Entonces, yo creo que todo este sacudimiento que ha habido en el mundo tiene que generar una gran reflexión en esos sectores progresistas. Por un lado el abandono de la lucha armada, el abandono de esa posible protección de parte de los países del Este, la desaparición del freno al ansia hegemónica de Estados Unidos, todo eso tiene que generar una reflexión. También los errores cometidos en la propia izquierda, lo que significa la disensión en los conflictos internos. En la izquierda cada uno tiene su propio librito y lo defiende; en la derecha el factor que los une es el dinero y ése es muy unificador. También hay que pensar que en la izquierda hay gente buena y gente mala. No podemos ser tan esquemáticos y pensar que en la izquierda son magníficos todos: hay traidores, hay delatores, hay gente que se cambia de bando, hay tránsfugas, hay muchas cosas.

– ¿Qué opina usted de esta tendencia, que ya casi es un movimiento, que en América latina se ha llamado socialismo renovado, que es un socialismo pragmático que ha ido incorporando valores liberales, que es partidario de la economía social de mercado?

– Yo pienso que la conclusión pragmática a la que podría llegar la izquierda, dentro de los mecanismos que se tienen, es empezar a sacar el mayor provecho posible de las constituciones vigentes. En Uruguay, por ejemplo, hay una cantidad de artículos de la constitución que no se aplican y no se aplican tendenciosamente. Entonces, primero hay que sacarle todo el partido posible a la legalidad y después, si se consigue, si se triunfa en la aplicación de ella, se generarán nuevas posibilidades, nuevas aperturas. Entonces habrá que lograr que esas aperturas sean más progresistas aún y tratar de cambiar la constitución y después hacer constituciones que tengan más en cuenta los intereses de nuestros países enteros y no solamente los de las burguesías. Creo que tenemos que ser pragmáticos, pero no pragmáticos finalistas, o sea no pensar que esto que podemos aprovechar es el final de nuestras aspiraciones. No, es una cosa que sirve de trampolín para cosas mejores y para cosas que tengan más en cuenta la justicia y la libertad. Hay que partir de la realidad. De modo que hay que ir sin demasiada prisa formulando construcciones ideológicas, políticas y sindicales nuevas. No hay que cruzarse de brazos, no hay que resignarse ni volverse escépticos.

– ¿Cómo ve a su país, Uruguay, ahora, después de la dictadura? ¿Cambiaron los uruguayos?

– Hay una cosa que a mí me hace reflexionar mucho. Uruguay siempre fue un país bipartidista, estaban los blancos y los colorados. Esto se rompió cuando apareció el Frente Amplio y la Unión Cívica, que es un partido pequeño de un sector de los católicos. Pero ahora se ha generado otro bipartidismo a partir del referéndum que hubo con la ley de caducidad de pretensión punitiva del Estado, que es una especie de metáfora para llamar a la amnistía de los torturadores. Yo trabajé mucho en la comisión de referéndum con el voto verde, que no concedía la amnistía a las violaciones de los derechos humanos. El voto verde perdió frente al voto amarillo; ganó en Montevideo, pero perdió a nivel nacional por un cincuenta y tres por ciento contra un cuarenta y siete, y entonces, en las elecciones generales que hubo después, este porcentaje se mantuvo. Y tenga en cuenta usted que al voto verde no sólo lo apoyó el Frente Amplio, sino que lo apoyó un tercio del partido blanco, un sector bastante menor del partido colorado, la Unión Cívica y sectores independientes. Yo tuve la paciencia después, lista por lista, de sumar todas las listas que habían apoyado el voto verde y todas las que habían apoyado el voto amarillo y se mantuvo el mismo porcentaje: cincuenta y tres a cuarenta y siete, o sea que hoy el país está dividido en verdes y amarillos, no en blancos y colorados. Creo que es uno de los hechos más importante que ha habido en mi país de treinta años a esta parte.

– Pasando a otro tema. Se celebra el famoso Quinto Centenario. ¿Qué sentido le da usted?

– Bueno, soy un poco la bestia negra aquí en España del Quinto Centenario, porque siempre escribo en contra.

Creo que lo del Quinto Centenario se ha manejado muy mal acá en España. Se ha manejado con retórica e hipocresía. Empezando por lo del descubrimiento. ¿Qué descubrimiento? La América estaba descubierta por los aborígenes. Después el rey puso en circulación otra denominación que es el encuentro de dos culturas. Como dice Cardosa y Aragón, un escritor guatemalteco, más bien fue el encontronazo de dos culturas. Para mí no es más que el quinto centenario de la llegada de Colón a América, que además todavía no se llamaba América. Creo que incluso se ha desperdiciado una ocasión importante, porque ¿qué fue lo más positivo que han dejado los conquistadores? Fue la lengua y casi no se pone acento en eso. En que hoy, gracias a aquello, hay más de trescientos millones de habitantes en el mundo que hablan el español (o el castellano, mejor dicho). Pero tampoco es todo positivo, porque el castellano ha invadido y arrinconado las lenguas indígenas en América latina. El único país en donde la lengua autóctona ha tenido su desarrollo es Paraguay...

– Curiosamente, gracias a los jesuitas españoles...

– Cierto, gracias a los jesuitas españoles el guaraní tiene una gramática y tiene una lengua escrita, y curiosamente es el único país bilingüe de América latina; no hay paraguayo blanco o indio (además casi todos son mestizos), que no hable guaraní. Curiosamente, es el único país donde la actitud de los conquistadores, a través de los jesuitas, fue diferente. Lo hicieron, claro, para poder difundir la religión, lo hicieron muy sabiamente. Pero eso no se hizo en ninguno de los otros países de América latina y por eso están arrinconadas las lenguas como el quechua, el aimara, el nahuatl y todas las lenguas indígenas.

– Pero hace tiempo que se fueron los conquistadores... Los criollos pudimos hacer algo...

– Claro, y los criollos ayudaron también en el arrinconamiento de las lenguas autóctonas. Es cierto que tienen responsabilidad los propios latinoamericanos.

– ¿Los españoles tendrían que pedir perdón por la conquista?

– No, en absoluto, no podemos ser tan insolentes, qué vamos a pedir que ellos, los españoles de hoy, que no tuvieron nada que ver con la conquista, pidan perdón. Yo lo único que les sugeriría es que no celebren con bombos y platillos. Además creo que sería el primer imperialismo, la primera potencia colonial del pasado, que conmemora la conquista, porque las conquistas siempre fueron crueles y eso tenemos que comprenderlo; no hay conquista que no fuera cruel. Yo lo comparo, por ejemplo, con el bicentenario de la Revolución francesa: fue un debate tremendo y con una gran autocrítica; ése fue un debate esclarecedor. Además yo digo lo siguiente: ¿qué pasa si cuando llegue 1998, América latina se pone a festejar el fin de la dominación española? ¿Qué gracia les haría a los españoles? Creo que no lo verían muy bien. Los romanos conquistaron España. ¿Qué pasaría si los italianos actuales festejaran cualquier aniversario de la conquista romana de España? ¿Cómo lo verían los españoles? Son acontecimientos históricos que se pueden recordar, pero otra cosa es festejarlos. Es algo más bien para reflexionar.

– ¿Usted no está de acuerdo, entonces, con eso de madre patria?

– Pero si ese término ya no lo usan acá. Sólo es usado por algunos de estos políticos latinoamericanos que, con motivo del Quinto Centenario, quieren que les den dinero y entonces repiten «la madre patria», «la madre patria»; y los españoles los miran con mala cara, porque aquí no se usa el término la madre patria; los únicos que usan la denominación madre patria son los latinoamericanos que vienen con actitud mendicante a España.

– Para qué le pregunto si cree en el nuevo orden mundial propuesto por Bush después de la Guerra del Golfo...

– Trae malos recuerdos, trae recuerdos de *il Nuovo Ordine* de Mussolini y del *Neue Ordnung* de Hitler, malos recuerdos trae el nuevo orden, no es tan nuevo.

– El latinoamericano medio, durante mucho tiempo, vio la revolución como algo positivo, sin entenderla mucho a lo mejor, y hoy día eso ha cambiado. ¿Usted sigue creyendo posible y deseable la revolución?

– Las revoluciones siempre son posibles. En este momento no son posibles por la vía armada, evidentemente; sería un suicidio.

– ¿Cómo vería usted posible una revolución y a qué le llamaría revolución?

– Hoy se llama revolución a cualquier cosa. Me acuerdo que cuando los militares tomaron el poder en Argentina también hablaron de la revolución. ¡Qué revolución!

Al poder revolucionario se ha llegado de muchas maneras. Algunos por la lucha armada, el caso de Cuba, de Nicaragua; en los Estados Unidos también llegaron por la lucha armada a independizarse del poder central. En otros países también se ha dado de otras maneras. En Chile se dio por la vía democrática. La desventaja de esa fórmula es que el imperialismo puede dejarlo o no dejarlo. Allende llegó por la vía democrática y lo liquidaron.

– ¿Entonces para hacer la revolución se necesita el poder total?

– Eso sería lo mejor, ¿verdad? Pero bueno, creo además que puede haber matices en relación con eso. En países donde no es posible una revolución, en el sentido no ya de lucha armada sino de cambio sustancial en el sentido del progreso, a veces no hay más remedio que conformarse con que la tendencia revolucionaria presione para que haya un cambio positivo sin que lo gobierne totalmente, sin que tenga el poder total. A veces las fuerzas de izquierda no tienen más remedio que hacer pacto con otras fuerzas de izquierda o con fuerzas de centro; todo depende de cada realidad.

– ¿Pero la revolución tradicional perdió vigencia?

– Yo no sé si perdió vigencia. En el momento actual parece una cosa inverosímil. En este momento no parece posible, pero no me atrevería a asegurar que en un futuro más o menos lejano fuera imposible.

– Pero más allá de que no sea posible, ¿es deseable?

– No, creo que no hay pueblo que desee un acontecimiento que signifique muerte de tanta gente. Ojalá que todos los cambios del mundo pudieran darse sin derramamiento de sangre; eso sería lo mejor, lo deseable.

– ¿Cree que ya pasó la hora de América latina? ¿Seremos recolonizados, reabsorbidos de alguna manera?

– Lo que pasa es que con esa derechización del mundo de que hablábamos antes, se ha deteriorado enormemente en todas partes el sentimiento de solidaridad. De modo que aquello que llevaba a muchos europeos a que ayudaran a Cuba, a Nicaragua o a Chile en la época de Allende, ha tendido a desaparecer; ya no hay tantos motivos para atraer esa atención solidaria, se acabaron las dictaduras, y además han decaído mucho los movimientos de solidaridad en Europa. El ambiente de bienestar en Europa descafeiniza muchos sentimientos...

– ¿Por qué América latina no puede pelear por ese bienestar? ¿Qué le impide conquistar ciertas cuotas de bienestar?

– Hay niveles de América latina que viven con ese bienestar...

– Pero como una cosa más general...

– Bueno, empezando por la deuda externa, por los intereses leoninos que hay que pagar. Cuando llega el momento de repartir lo que se gana en divisas, lo que se exporta va a la deuda externa, en vez de ir a aumentar el *confort* de la población nacional; salvo los que tienen los dólares en el exterior: a ellos no les interesa ni siquiera invertir en el país, porque viven de los intereses. Esos sí que viven con un tremendo *confort*.

– Pero más allá de eso...

– Pero no hay mucho más allá de eso. Deja muy poco margen el Fondo Monetario...

– La deuda externa es una cosa relativamente nueva...

– No tan nueva, pero antes de la deuda externa estaba lo que la origina: el Fondo Monetario, el Banco Mundial. Hay que ver lo que son las cartas de intención del Fondo Monetario; son tremendas, y si usted va artículo por artículo verá como todo incide sobre las clases menos favorecidas. Los que pagan las cartas de intención del Fondo Monetario son los empleados, los obreros, los que ganan poco sueldo, esos son. No son las grandes entidades financieras, ni los hacendados, ni los banqueros.

– Pareciera que América latina va a tener que entenderse con ese tipo de instituciones... ¿Qué cree usted que le haría falta para poder lograr por sí sola, o en una competencia más igualitaria, niveles de bienestar?

– Primero que Estados Unidos la dejara tranquila, que se acabara la deuda externa y que la propia Comunidad Europea, que ha sido destinataria de muchas de nuestras exportaciones, tuviera una actitud más considerada con el tercer mundo en general, no sólo con América latina. Lo que pasa es que el capitalismo tiende a encerrarse en sí mismo, a enclaustrarse, y entonces sin esas condiciones previas es muy difícil que América latina marche adelante.

– Le pregunto porque en el caso de Chile, que yo conozco más de cerca, se han logrado ciertas cosas importantes diversificando las exportaciones y aumentándolas. Y si bien no han logrado una distribución interna del ingreso mejor que antes, sí han logrado mayores ingresos generales. Ha crecido el producto bruto y eso tiene consecuencias positivas al menos parciales...

– ¿Pero ha mejorado el nivel de vida de todos los sectores de la población?

– No. Ahora se ha intentado distribuir mejor el ingreso, un poco mejor, pero en todo caso la productividad del país ha logrado aumentarse a través de ciertos cambios que son liberales, que dejan más espacio a la iniciativa privada. ¿Usted cree que ése puede ser un camino?

– Ese puede ser un camino para que mejore la balanza comercial de un país en particular, pero no para que mejore la justicia social; ya lo tiene en el mismo Chile: mejoró desde el punto de vista de la economía general del país, pero cuando hablamos del ingreso individual, vamos a ver cuál es el ingreso de un señor de la alta burguesía y cuál el del habitante de una callampa.

– Allí está la teoría del socialismo renovado: en la medida que haya mayores ingresos y se profundice la democracia, los trabajadores se van a poder organizar mejor y van a poder lograr una mayor parte de ese ingreso. Por allí ven el camino de la justicia social. ¿A usted le parece eso razonable?

– Yo no tengo mucha confianza en que por el lado de la privatización, que es como una religión hoy, y del liberalismo se llegue a una mayor justicia social. Me parece muy difícil, porque no veo en nuestras burguesías eso que le decía que se podía ver en la burguesía sueca, por ejemplo: una disposición a sacrificar una buena parte de sus dividendos, una buena parte de sus ganancias, para beneficio de la población en general. O sea, puede ser que mejore así el producto nacional bruto del país, pero no el ciudadano en particular.

– En América latina, como en todo el mundo, las utopías se vinieron al suelo. ¿Cree usted qué la utopía tiene algún papel que jugar todavía en América latina?

– Creo que todos esos planteos que vienen de Fukuyama, del fin de la historia, del fin de las utopías, del fin de las ideologías, no son más que mentiras de patas cortas. Como dice mi mujer, en vez del fin de la historia, lo que pasa es que empezó el tomo segundo. ¡Caramba, si la humanidad ha avanzado gracias a las utopías! Desde Jesucristo hasta Marx, desde Freud hasta Einstein, todo fue utopías, unas se convirtieron en realidad y otras no, como pasa siempre con las utopías; ése es el riesgo, la parte lúdica de las utopías. ¿Pero qué sería la historia de la humanidad sin utopías? La propia idea de América es una utopía, como usted decía. Desgraciada sería la humanidad si no tuviéramos utopías, sería la muerte de la fantasía, la muerte de la imaginación.

– ¿Está de acuerdo en que en este minuto se está viviendo un vacío en ese sentido en América latina?

– Puede ser, pero creo que incluso para rescatarnos, para sacarnos nosotros mismos del pozo en que estamos, son necesarias las utopías, son imprescindibles las utopías; aunque muchas se conviertan en frustraciones, son imprescindibles. Si no imaginamos utopías, desgraciados de nosotros porque ninguna otra cosa nos va a sacar del pozo.

– ¿Por dónde pueden ir las nuevas utopías para América latina?

– Es muy difícil decirlo ahora. Estamos muy cerca de los cambios que hubo, muy cerca. Creo que todavía no ha habido tiempo de reflexionar, y para reflexionar hay que tomar distancia. Con cambios tan repentinos que a todos nos han tomado de sorpresa, con cambios tan importantes, no se puede salir al día siguiente con que terminó la historia y estamos en la cumbre. Si esto es la cumbre, ¡por favor! Es como para suicidarse, si esto es la cumbre.

– ¿Las utopías van a ser, a lo mejor, menos sistemáticas, menos jerarquizadas?

– Lo que pasa es que después de tantas cosas que han pasado van a tener menos vigencia las estructuras ideológicas inflexibles. Entonces creo que va a haber más cabida para matices imaginativos utópicos, incluso dentro de las ideologías. Las ideologías ahora pueden llegar a ser una base pero no un andarivel riguroso del que no se pueda salir. Creo que va a haber una operación más osmótica entre las ideologías y las realidades, que una va influir en la otra y viceversa. Y, a lo mejor, puede haber rumbos ideológicos más que ideologías, o sea que ciertos actores de la humanidad van a intentar ir hacia unos objetivos determinados, pero a veces tomando atajos, porque en algunos casos la línea recta está obstaculizada por los tanques, por ejemplo, o por el grupo de Chicago; entonces hay que tomar atajos, hay que tomar desvíos. Antes, las ideologías muy estrictas, muy rigurosas, muy esquemáticas, no toleraban esos atajos, decían que eso era desviacionismo. Bueno, hay que desviarse a veces para retomar después el camino y eso va a depender mucho de la imaginación. Allí pueden tener alguna importancia los planteos de algún intelectual, los planteos de algún sociólogo, de los historiadores; pero sobre todo de los políticos, de políticos que tampoco sean esquemáticos, que tengan vinculación con la realidad y que sirvan de interlocutores, que tengan diálogo con la realidad y con los protagonistas de la realidad que son los ciudadanos.

– ¿Cómo le gustaría ver su América latina ideal? ¿Cree en un proyecto reformulable, le parece todavía vigente el sueño latinoame-

ricano de Bolívar, de Miranda? ¿Cree que tiene sentido?

– Creo que es una aspiración muy legítima de esa gente, creo que ellos vieron claro que la verdadera fuerza que podía adquirir América latina era uniéndose. Con el tiempo va siendo más difícil, pero creo que es una utopía legítima, que todavía es legítima. Lo que pasa es que Estados Unidos no quiere, es el mayor enemigo de esa utopía.

– Entonces ve posible un proyecto latinoamericano...

– Si usted me pregunta para ahora, yo digo que no. Lo que digo es que me parece una utopía que sigue siendo legítima, pero como toda utopía puede y no puede realizarse. Creo que en lo inmediato no, pero quién sabe las cosas que pueden pasar en ese continente como para que vuelva a ser ya no una utopía sino una esperanza verosímil.

– ¿Qué obstáculo ve, más allá de Estados Unidos, para que esa utopía se pueda llevar a cabo? ¿Somos una nación?

– El principal obstáculo son los Estados Unidos, pero están las propias burguesías de los países, que son las que menos pueden querer una nación federativa de toda América latina. También razones económicas, razones de la producción de los distintos países, que muchas veces es competitiva entre sí. Y por supuesto habría que hacer una labor de concientización de los propios pueblos para que se hiciera carne en toda la gente la conveniencia y la legitimidad histórica de esa América latina federativa. Pero no se puede improvisar de la noche a la mañana diciendo que somos una nación.

– ¿Usted no ve ni por casualidad la posibilidad de una América total unida?

– ¿Con Estados Unidos? No, jamás. ¡Líbrenos Dios de semejante calamidad!

– ¿Ahora, eso usted no lo ve por un problema afectivo o porque lo encuentra imposible...?

– Siempre nos seguirían dominando. No, esa vocación que tiene Estados Unidos de dominar al mundo no se le saca así no más.

– ¿Qué opina de la Iglesia católica como factor de influencia común en nuestros países?

– Hay matices de un país a otro. Uruguay es un país muy poco católico; además, el político más importante que hubo en Uruguay, Battle y Ordóñez, fue varias veces presidente y era ateo y separó a la

Iglesia del Estado, sacó las monjas de los hospitales. Lacalle, el presidente actual, es del partido blanco, y los blancos siempre han sido más bien católicos y por primera vez se celebra un *Te Deum*, nunca se había celebrado un *Te Deum*. Al revés de Argentina, donde el presidente tiene que ser obligatoriamente católico. Menem se tuvo que convertir del mahometanismo para ocupar la presidencia... En Uruguay no es obligatorio que sea ateo el presidente, pero casi todos fueron ateos.

– ¿Le parece que el papel de la Iglesia católica es de integración?

– El papel de la Iglesia es más importante en unos países que en otros, pero también hay que ver las posiciones distintas que tiene la Iglesia en nuestro continente. No hay que olvidar que es en América latina donde se originó la teología de la liberación. Por algo sucedió aquí en América latina, porque el sentimiento católico es un sentimiento importante y muy enraizado en el pueblo latinoamericano. De modo que pienso que la Iglesia es un factor de unidad también, como son otros como la lengua, pero con matices muy importantes.

– ¿Y qué debería hacer América latina con sus ejércitos?

– Eliminarlos, sencillamente. ¿Para qué sirven? ¿Han servido para algo, para defender algo del extranjero? Mire el Ejército argentino, eficacísimo para torturar a sus compatriotas, inútil para defender las Malvinas de los británicos. Los ejércitos en América latina no han servido nada más que para la tortura, digamos los ejércitos modernos, no los de la época de las independencias.

– Le repito un poco la defensa que hacen los ejércitos de sí mismos: ¿No cree que si no hubiera ejército sería peor, porque habría más violencia entre nuestros países?

– Lo que tendría que haber es una policía, lógicamente, una fuerza policial para el delincuente común.

– ¿Y en relación a las fronteras?

– Pero si ninguno tiene ejército ¿con qué van a invadir? Claro que si uno tiene ejército y otro no, claro, es una tentación. Pero si nadie tiene ejército... Total para lo que sirven, sirven para llevarse una parte tremenda del presupuesto nacional y nada más.

– Europa está a punto de unirse. ¿Qué cambios va a traer esto para América Latina? ¿Va a traer algunos o la unión europea va a lograr más bien la sepultación de América latina?

– No sé, pero ahora no parece una cosa muy promisoria para América latina y más con la crisis de los países del Este. Sabe que a Polonia y Hungría Occidente les dio en tres meses una ayuda equivalente a la que se le dio a toda América latina en diez años. Y esto lo reconoció el ministro de Relaciones Exteriores español, Francisco Fernández Ordoñez, y lo dijo con un sentido crítico, hay que reconocerlo. Pero imagínese. Yo lo veo, y también ha sido lamentable la actitud de España en este sentido. Tuvo que elegir entre Europa y América hispánica y eligió Europa.

Esa es una de las grandes contradicciones de toda la parafernalia del Quinto Centenario: mientras difunden mucha retórica sobre la América hispánica, sacan la ley de extranjería que es terrible, durísima. Se justifican con que es Europa que los obliga a tener esa ley, porque España era un poco la entrada de los latinoamericanos y de los africanos... Hay problemas cuando se entra, ¿no le pidieron que mostrara que traía dinero en el aeropuerto por ser chileno?

– Es que yo tengo dos pasaportes...Soy italiano por ser nieto de italianos... Me colé de tano.

– Ah y yo también. Mire, y los dos sentados hablando de América latina con emoción. En definitiva somos una mezcla increíble. Así es nuestro mundo...

– ¿Cuáles cree usted que son las nuevas preguntas que tiene que hacerse América latina para salir de este vacío?

– Me contaron que en Quito hay un *graffiti* en un muro que dice: cuando tenía ya listas todas las respuestas me cambiaron las preguntas. ¿Está bueno, no?

Madrid, 3 de junio de 1991.

Arturo Uslar Pietri

Es vehemente. Según el famoso cómico venezolano Zapata, Arturo Uslar Pietri fue el primero en decir una mala palabra por la televisión venezolana. Dividió al género venezolano en corruptos y pendejos, causando una de las revoluciones más gigantescas de las comunicaciones nacionales.

Por primera vez se decía una mala palabra por tan poderoso medio y la decía nada menos que un académico de la lengua, un señor de las letras, un premio Príncipe de Asturias, un ex ministro, un ex candidato a la presidencia de la república.

Y Zapata agrega: al decirlo un hombre solemne, elegante, de tan buenos modales y movimientos, de ojos verdes —color ocular que aun asombra a los venezolanos porque es escaso entre ellos— fue simplemente un cataclismo.

(Zapata rápidamente, a propósito de esto, organizó una marcha de pendejos, aprovechando que se cumplían doscientos años de otra marcha de pendejos que se había organizado en Francia, y que terminó creando la guillotina para ver si los nobles tenían sangre azul o no).

Según Zapata, Uslar había querido decir que en Venezuela sólo había corruptos o pendejos y que los últimos no es que fueran honestos *per se* sino, simplemente, porque no sabían cómo acceder a la condición de corruptos. Eso, dicho por televisión había sido simplemente impresionante.

—Son cosas de Zapata— dice entre divertido y molesto. Uslar Pietri podría haber sido un hombre de la independencia, consejero de Simón Bolívar o compadre de Simón Rodríguez. Amigo del alma de Andrés Bello, quizás. Vendería su alma al diablo por vestir los hábitos de comienzos del diecinueve. Es un hombre de la Gran Colombia.

Pero está consciente de que ya sólo hay colombias. Que la Coca Cola y el Mac Donald prosificaron la epopeya, convirtiendo la política en intereses puramente estomacales.

A tipos como él no les queda, entonces, más que atrincherarse en el rol de patriarca, disparar desde su casa del barrio de la Alta Florida en Caracas, de donde se puede ver nítidamente el destino de una utopía de los años setenta que no dio para más: rascacielos, autopistas y coches de aquellos años, deteriorados hasta la impunidad.

Pronosticó el intento de golpe de estado reciente: «Me han convertido en una especie de Nostradamus gratuitamente», dijo. «Pero quién puede negar que el poder judicial en Venezuela está podrido de arriba a abajo o que hay que reformar el sistema electoral o que la corrupción se extiende a todos los ámbitos. Si no arreglan todo eso puede pasar cualquier cosa. Hay que gobernar bien en democracia».

Cuando el pueblo español acéfalo regresó a la behetría medieval, los criollos de Indias nos vimos obligados a entrar a la Historia Universal, escribió por allí.

¿Por qué salirnos de ella ahora? Tiene razón el doctor.

América latina no tiene por qué dividirse solamente entre corruptos y pendejos.

Las repúblicas aéreas

– En la plaza San Jacinto de Caracas, cerca de la casa natal de Bolívar, aparece sobre un muro una frase del prócer cuando trató de levantarle el ánimo a los caraqueños, inmediatamente después de un terremoto, en plena lucha por la independencia de Venezuela. Gritó algo así como «si la naturaleza está contra nosotros, lucharemos contra ella y haremos que nos obedezca»... ¿Voluntarista el hombre?

– Es una frase ocasional y citada fuera de contexto. No tiene sentido, porque contra la naturaleza no se puede luchar, es un absurdo. Eso fue cuando en Caracas ocurrió el terremoto de 1812, que destruyó la ciudad y fue un acontecimiento muy negativo para los que estaban por la Independencia: se despertó un gran temor y se explotó incluso la idea de que era un castigo de Dios contra los patriotas. Fue una situación muy trágica, y Bolívar, que era todavía joven, tenía veintinueve años, y vivía muy cerca de allí, se subió a una ruina donde estaba un fraile predicando contra los patriotas y lanzó ese grito. Pero hubo en eso una cosa de ímpetu momentáneo, que no tiene mayor sentido.

– ¿Usted no cree que de alguna manera es una metáfora de lo que después fue el sueño bolivariano?

– Pero si todavía él no tenía el sueño bolivariano... No, fue sólo una manera de decir de un hombre muy enérgico y de gran vocación para enfrentar lo que fuera.

– ¿Entonces usted no cree que hubo cierto voluntarismo literario en el modo en que los próceres produjeron la idea de América latina?

– Yo no creo que la idea de América latina se haya creado de un día para otro. Si a eso vamos, todas han sido creaciones literarias. Creaciones intelectuales. El hombre es un animal, por muchas partes todavía, atado por instintos; pero es hombre por lo que inventa, por lo que añade, por lo que deforma, por lo que transforma, por lo que ve mal, por lo que expresa mal. Bueno, allí crea otro mundo él, que ya no es el mundo de los animales, y así se han creado todos estos conceptos. ¿Qué es el alma? Un concepto intelectual. ¿Y qué es la inteligencia? Un concepto intelectual. ¿Y qué es la cultura? Lo mismo ¿Y qué es la belleza? También. De modo que podríamos meter todo en una creación intelectual.

– ¿Y por qué estas ambigüedades permanentes en los nombres que ha recibido y recibe lo que se entiende por América latina y que no termina de definirse?

– La gran tragedia de América latina, yo lo he dicho muchas veces, en primer lugar es que no tiene nombre. Es un ser que no tiene nombre. El que no tiene nombre debe tener una duda de identidad continua y América latina la tiene y mucho. ¿Por qué no tenemos nombre? Por los Estados Unidos, porque si los Estados Unidos cuando se independizaron se hubieran llamado como se pensó que se iban a llamar, Colombia, bueno, no habría problemas. Habría Colombia, y habría el Perú y todos seríamos americanos, pero desgraciadamente los Estados Unidos cuando se independizaron, cuando crearon su federación no tenían un nombre y entonces le pusieron el más obvio de todos: Estados Unidos de América, pues estaban en América y era verdad. Pero eso hizo que aquel país tan poderoso que se formó allí pasara a ser ante el resto del mundo el de los americanos. Y los americanos eran ellos y nosotros ¿qué éramos? Nosotros éramos otra cosa, los criollos, los hispanoamericanos, los latinoamericanos, los indoamericanos, los afroamericanos, yo no sé qué, todas esas cosas que forman parte de nuestro complejo y que no ayudan a resolverlo.

– Para llegar a una creación intelectual, se puede hacer de dos maneras: una desde abajo, que se va desarrollando en el tiempo, que se va consolidando en la gente, hasta que finalmente aparece el concepto... Y la otra forma es al revés: llega una capa ilustrada e impone hacia abajo sus ideas...

– Pero es que América latina existe, claro que existe... no es una creación intelectual. El hecho fue anterior a la idea. No hay que perder de vista los procesos históricos: si no, uno se extravía. Cuando los españoles llegaron, fueron descubriendo lentamente la magnitud de lo que no conocían, y entonces empezaron a poner nombres locales españoles o a veces nombres de santos. En la mayor parte de las Antillas, los lugares tienen nombres de santos y todavía los conservan: San Vicente, Santa Lucía, o como le pusieron a Santo Domingo por el santo patrono de los dominicos. O nombres políticos, como que le pusieron la Isabela a Cuba. O nombres de azar, como Puerto Rico. Ese espacio, desde el punto de vista español, se llamó las Indias. Y se llamó las Indias hasta el siglo diecinueve. De manera que cuando la Independencia se proclamó, en España todavía había una dependencia gubernamental que era la Secretaría de las Indias. De modo que eso tiene una unidad: si no no se hubieran podido llamar las Indias, se habrían llamado las Indias una parte y otra parte de otro modo. El concepto de unidad era una cosa muy vieja. Hubo la Casa de Contratación y el Consejo de Indias, que regían todo el conjunto, de modo que fue constante la idea de que eran un todo y muy similares. No tenían contacto mutuo, ésa es otra cosa, porque eran fragmentos que dependían directamente de una cabeza invisible que estaba en España y era el rey.

– Pero era una unidad desde el punto de vista del conquistador...

– Pero el fondo básico de Chile, Perú, Argentina y Venezuela es el mismo, estaban constituidos igualmente, tenían la misma cultura, tenían las mismas nociones que podríamos llamar civilizadas: la religión, la lengua. Por donde uno lo mira, es evidente que había una unidad. Ahora, ¿cómo llamarla? Allí comenzaron los problemas, los españoles la llamaban las Indias. A nosotros nos llamaban hispanoamericanos por el nombre del lugar o nos llamábamos a nosotros mismos los criollos, que es un nombre más complejo y con otras raíces; pero cuando un criollo llegaba a España, ¿cómo lo llamaban? Lo llamaban español criollo, español de las Indias, nunca le decían americano. Porque la palabra americano no se usó en España, porque eran las Indias; de tal modo que al español que regresaba lo llamaban indiano. Pero eso no significa que no había el hecho de la unidad. De modo que esa no es una creación intelectual. Puede ser una distorsión o una interpretación intelectual más feliz o menos feliz, más completa o menos completa pero sobre un hecho cierto: la prueba es que usted y yo estamos hablando la misma lengua y la prueba es que usted y yo tenemos los mismos problemas, de un modo que no pasaría entre un checoslovaco y un italiano.

– ¿El nombre de América se retoma entonces para la Independencia?

– El nombre de América regresó nuevamente de Europa a América: hubo un viaje de ida y vuelta. Como los europeos inventaron a América y como el descubrimiento de América inventó una nueva Europa. El hecho americano, desde el primer momento, creó una situación humana desconocida, nueva y diferente: la presencia de españoles, indígenas y africanos. Ese hecho no existía en Europa ni en Africa ni en ninguna parte, se vino a crear aquí. Esa combinación cultural *sui generis*, que muy rápidamente, en sólo cincuenta años (que es otra cosa que perdemos de vista), unificó culturalmente toda esa inmensa masa. En cincuenta años todo el continente era cristiano y hablaba español, la clase educada y aun la no educada. Los antiguos adoradores de Huitzilopochtli recorrían dos kilómetros como lo siguen haciendo hoy, de rodillas, para llegar al templo de la Virgen de la Guadalupe. La conquista de América no fue como la conquista de la India por los ingleses. A nosotros nos hizo mucho daño la experiencia colonial europea de los siglos diecinueve y veinte, porque es la referencia más fresca, y cuando hablamos de colonia en América proyectamos aquello otro y creemos que lo mismo pasó en América. No, no pasó en América, allí hay un primer motivo de equívoco.

– ¿Entonces usted ve el descubrimiento de América como algo que cambia radicalmente las ideas de mundo sobre todas las cosas?

– Por supuesto. El mundo se transformó por el descubrimiento de América, el mundo entero. No es que se haya creado un nuevo mundo en América: desde ese momento todo el mundo fue nuevo mundo. En primer lugar se hicieron preguntas que los pensadores europeos no se habían hecho nunca. La primera pregunta era la del buen salvaje. Ellos habían estado con la idea del milenarismo, que iba a venir una época de felicidad para el mundo, o de la Edad de Oro que había existido en el pasado, o la del Paraíso. Pero la primera vez que les llegan noticias de que hay unos hombres que viven realmente en el paraíso, que viven en la felicidad y en la paz, mientras ellos viven en la guerra, en la miseria, en el odio; y que esos hombres felices existen, que los han visto. Montaigne dice en sus *Ensayos*, sobre los caníbales: ¿qué habrían pensado Platón y los grandes pensadores de la antigüedad si hubieran sabido que existían los indios americanos? ¿Y si hubieran sabido que había hombres que vivían felices? Esto crea la crisis de la conciencia europea de donde nace la idea revolucionaria. De modo que la idea revolucionaria es una hija del descubrimiento de América.

– ¿Qué otras cosas se preguntaron?

– Surgieron preguntas que nunca se habría hecho un hombre de Europa, como las que se hace el padre José de Acosta, jesuita que escribió ese libro monumental, *Historia Moral y Natural de las Indias*, a fines del siglo dieciséis. Acosta describe las Indias, primero la historia y la vida indígena, después el paisaje, las plantas, los animales, los fenómenos naturales. Y cuando describe los animales, se hace una pregunta que nunca se habría hecho un fraile en Europa: ¿estos animales estaban en el arca de Noé o no estaban? De allí va a surgir Darwin. Quizás Darwin no hubiera surgido nunca si no hubiera existido la pregunta del padre Acosta. Y quizás esa pregunta no se la habrían hecho nunca sin los animales americanos. El se atreve a decir: si estaban en el arca de Noé, ¿por qué desaparecieron de Europa? Si no estaban en el arca, ¿cómo fueron creados? Ahí está la angustia de la que sale Darwin, una nueva visión del mundo que no podían tener los europeos sino a raíz de haber llegado a América. Y la idea copernicana. ¿Por qué aparece Copérnico veinte años después del descubrimiento de América? Por la visión del cielo austral, por el hallazgo de las antípodas.

– Eso es muy interesante, porque siempre se piensa que todo el pensamiento llegó de Europa después...

– No, no. Es un viaje de ida y vuelta que es muy curioso, es muy rico. La llegada de los europeos a América sirvió para traer una cierta Europa a América; pero, cuando regresaron, se encontraron con que estaban viendo a Europa de otra manera y con que estaban planteándose preguntas que no se habían planteado antes. Esa idea, que Paul Hazard[1] llamaba «la crisis de la conciencia europea», que es de donde sale la idea revolucionaria, es decir, ¿por qué vivimos infelices? ¿por qué hay desigualdades, por qué hay guerra? Esa es una idea moral, cuya respuesta tradicional era que vivíamos en un Valle de Lágrimas y que después la

---

1- Paul Hazard (1878-1944), historiador de la literatura del siglo dieciocho. Escribió en 1935 *La crisis de la conciencia europea* (1680-1715). Perteneció a la Academia Francesa.

vida eterna lo remediaría. Pero en América se encontraron a unos hombres que parecían vivir realmente en la felicidad.

– Cosa que no era cierta... por cierto...

– Antropológicamente, no, pero la visión que Colón dio del Buen Salvaje fue ésa. Por eso, Rousseau escribió aquella frase insólita, que es la madre y la fuente de todas las revoluciones, que afirma que el hombre nace libre, pero en todas partes se encuentra entre cadenas. Un humorista francés, del siglo pasado, decía, con mucha gracia, que eso era comparable a decir que las ovejas nacen carnívoras pero que en todas partes comen hierba. Y es verdad, es un contrasentido. Si el hombre nace libre, ¿cómo está encadenado en todas partes? El hombre no nace libre, pero allí está la raíz de todo el pensamiento revolucionario a cuyo fin estamos asistiendo. En gran parte esto que estamos viendo es la última disolución del mito americano, el mito del Buen Salvaje y de la felicidad natural del hombre.

– Normalmente se piensa que a través de los grupos que lideraron la independencia llegó el pensamiento ilustrado y que a partir de eso...

– No es verdad. El pensamiento ilustrado llegó antes. Pero las independencias latinoamericanas surgieron más bien del derrumbe del Imperio español, que en esos momentos es invadido por Napoleón. España no existía, España era una piña de reinos que estaban encabezados por el rey de Castilla; pero Castilla, por ejemplo, no tenía nada que ver con Aragón. El rey de Castilla era rey de Aragón, pero los castellanos no tenían nada que ver con los problemas de Aragón, ni con el gobierno de Portugal. Sucedía, simplemente que el rey era originariamente rey de Castilla. Y por eso se forma esa lista inmensa que vemos en las Reales Ordenes de Carlos V o Felipe II. Nunca dice rey de España, dice rey de Castilla, rey de Aragón, señor de Vizcaya, etcétera, porque esos eran sus títulos y tenía autoridad por estos y no por ser rey de España. Eso lo perdemos de vista, y ese fue el gran argumento de los hombres que proclamaron la independencia. La primera proclamación se hizo en Venezuela en 1810. Pero lo que se proclamó fue la autonomía, y se creó una junta de gobierno en el hecho.

– Motivados por la lealtad a la corona...

– De alguna manera. Ellos no dicen que se independizan de España, no lo podían decir porque era un disparate, puesto que dependían de España. Lo que dicen es que el rey legítimo, el que era el rey de Venezuela, como era rey de Castilla y de los otros reinos, había sido depuesto y había un usurpador, y que por ello estaba roto el pacto. Dijeron: tenemos que asumir nuestro propio mando hasta que vuelva el rey legítimo.

No volvieron, claro, pero ese es el planteamiento inicial. De modo que no es que se aprovechen y se insurreccionen. Nunca se consideraron otra cosa que súbditos de un rey que lo era de Castilla, de Aragón y de ellos, y con el cual tenían desde Carlos V un pacto. Pero ese pacto lo rompió Napoleón poniendo a Pepe Botella[2]. Hasta allí no había sueño ilustrado.

– Pero, en definitiva, no vuelven al rey legítimo influidos por el pensamiento ilustrado e incluso intentan aplicarlo...

– Y lo aplicaron ciegamente. Ellos descubrieron esa falsa impresión de América que se llevaron Colón y sus seguidores a través de ideas recicladas en Europa. Por eso yo siempre digo que en el viaje de descubrimiento hay dos viajes, el de venida y el de regreso, porque el viaje de venida les permitió ver una cosa que no habían conocido, pero el viaje de regreso soltó las imaginaciones a rodar y de esas interpretaciones, verdaderas o falsas, salió el mundo moderno. Verdaderas o falsas, equivocadas o acertadas, de allí nacimos.

Eso que llamamos modernidad nació de allí, de las impresiones que ellos se llevaron de regreso, de las cosas que creyeron entender, de ese hecho nació el pensamiento ilustrado. El pensamiento ilustrado nació de la interpretación del hecho americano, de las consecuencias, de las angustias y de las preguntas que planteó el hecho americano. Es decir, surgió una nueva concepción del hombre, una nueva concepción del mundo.

Por ejemplo, ¿de dónde salió la idea de los derechos del hombre? Del hecho americano. En toda la literatura griega y latina y en toda la

---

2- Pepe Botella. Sobrenombre que le dieron los españoles por sus aficiones libatorias a José Bonaparte (1768-1844), hermano de Napoleón I, que lo nombró rey de España después de invadirla entre 1808 y 1813. Inmediatamente antes había sido rey de Nápoles por dos años.

Edad Media no hay un solo concepto de derechos del hombre. El único concepto de derechos que hubo es que todos somos cristianos y que todos somos hijos de Dios; pero nada más, porque la justicia no está en la Tierra, la justicia estaba en el cielo. La primera vez que se habló de que por ser hombre se tiene derechos fue un hecho provocado por el descubrimiento de América. ¿Y por qué lo provocó? Porque se discutió si se podía esclavizar a los indios; finalmente llegaron a la conclusión de que no se podía y por eso trajeron a los negros. Ahí está la tesis del padre Vitoria[3] en Salamanca: dice que todos los hombres son gente, que todas las naciones son iguales y que, por lo tanto, no se podía esclavizar a los indios.

– ¿Por qué les bajan esas dudas con los indios y no con los negros?

– Porque los indios vivían en una forma distinta a como vivían los africanos. En segundo lugar, a los indios los convirtieron a toda carrera, que es otra cosa muy importante. Los cristianizaron. ¿Qué diferencia había entre un cristiano indio y un cristiano castellano? ¿Por qué se podía esclavizar a un indio cristiano y no a un cristiano castellano?

Mientras el negro sí era esclavizable de acuerdo a la tradición antigua. Toda la civilización oriental, desde los griegos, reposaba sobre la idea de que la esclavitud era natural. No había duda de que se podía tener esclavos, y de que la esclavitud no era contra natura. Partían de la tesis aristotélica. En los debates de Valladolid, para decidir si los españoles tenían derecho para estar en las Indias y esclavizar a los indios, los que creían que sí invocaban a Aristóteles: éste decía que los hombres estaban divididos en dos clases, hombres superiores y hombres inferiores; que había unos seres que estaban dotados para ciertas cosas y otros que no lo estaban; y esos otros estaban hechos por naturaleza para servir, como las hormigas se sirven unas a las otras... De esa idea de que había gente hecha para servir nacía la legitimidad de la esclavitud. Además, al enemigo se lo podía esclavizar, aunque temporalmente. De modo que ellos no tenían ningún cargo de conciencia frente a la esclavitud. Se plantea el cargo de conciencia en América, cuando empiezan a

3- Francisco de Vitoria (1486-1546), dominico español. Teólogo y jurista, a quien se le considera fundador del derecho internacional.

esclavizar a los indios y los Jerónimos de Santo Domingo les dicen a los españoles que se van a condenar al infierno.

– Y fue gradual esta cristianización de los indios?

– La cristianización fue violenta. Yo digo que si existiera un manual del buen conquistador, ese manual que nadie se atrevió a escribir nunca, podríamos muy fácilmente imaginar su primer artículo: finja usted que respeta y admira la religión y las costumbres de los conquistados. Y eso hicieron ingleses y franceses, muy astutamente en Asia y Africa. Los ingleses no pretendieron cristianizar la India jamás. A los hindúes los dejaron con sus cultos y sus costumbres. En cambio, Hernán Cortés al desembarcar en la costa mexicana, ¿qué es lo primero que hizo? Cogió los ídolos y los tiró por la escalera para abajo, violando el artículo primero del manual del conquistador. ¿Y por qué? Porque querían hacer cristianos a los indios y querían también dominarlos y establecer un imperio. Querían hacerlos cristianos, y lo lograron.

– ¿Por qué les resultó tan fácil?

– Esa es una pregunta muy buena, se la ha hecho mucha gente. ¿Por qué? Se ha pensado que allí debió haber lo que llaman un choque cultural. Choque en el sentido fisiológico: una gente que había vivido en un mundo muy cerrado, con normas invariables, que no tenía idea de cambio, porque en el mundo indígena había una estabilidad perpetua impuesta por los dioses, y que de repente vio aparecer otra gente de la que no sabe nada, con armas de fuego, caballos, barcos, con unas enfermedades espantosas como la viruela, por ejemplo, —dicen que los españoles acabaron con los indios, pero la verdad es que con los indios acabó la viruela— que no respetaba sus deidades y las mandaba al diablo, para montar una cruz y una imagen de la virgen y no pasaba nada. Eso debió producir, sicológicamente, una situación de perplejidad, como si le quitaran a alguien el sistema nervioso.

Así se provocó la simbiosis religiosa, el sincretismo. El culto de la Guadalupe se inició en un lugar donde había un culto a una deidad femenina que se llamaba Tonantzin. Es allí donde se le aparece la virgen al indio Juan Diego, que es María Tonantzin. Se hizo inmediatamente la mezcla sincrética. El culto a la virgen nació igual en Occidente. En los evangelios la virgen figura poco; en la cristianización de Europa ocurre lo mismo. En el culto cristiano no había deidad femenina y, sin embargo, ha terminado por ser un culto de la deidad femenina: de cien iglesias, ochenta son a la virgen. ¿Usted conoce alguna iglesia dedicada a Dios?

– ¿Por qué ocurre eso, exactamente?

– Es muy apasionante lo que sucedió con esto. San Pablo dio el gran paso y creó el cristianismo, porque el cristianismo era una secta del judaísmo. Un día se planteó: ¿los gentiles pueden o no pueden ser cristianos? Si se hubiera aceptado la tesis de que los gentiles no podían ser cristianos, el cristianismo sería una secta judía, pero a San Pablo se le ocurrió que sí podían los gentiles ser cristianos. Como San Pablo era judío romano, abrió la puerta a la universalización del cristianismo y entonces empezó a crear focos de expansión en distintos puntos del Imperio y entre ellos en Efeso. En Efeso había un antiguo culto femenino, el culto a la Diana de Efeso. ¿Cómo podían ellos hablarles a la gente de Efeso de un Dios hombre barbudo, cuando ellos llevaban siglos adorando a una figura femenina? Allí surge el culto de la virgen. El culto a la virgen fue el que se extendió en Europa. ¿Por qué? Porque era más comprensible. Dios era una idea muy vaga, Dios no es amable. Para aquella gente miserable, que vivía atormendada por miles de escaseces en núcleos familiares muy pequeños, la idea de una madre, de que Dios tenía una madre, que era una madre buena y se parecía a todas las madres, prendió en la Edad Media de un modo increíble y toda la cristianización de Europa se hizo de la mano de la virgen.

– Además de esta cristianización, qué otra cosa une a los nuevos súbditos de la conquista...

– Nació una unidad lingüística, una unidad institucional y religiosa, porque aun en México y aun en el Perú, había grandes civilizaciones indígenas; estas civilizaciones fueron inmediatamente colonizadas al hacerlas cristianas y hablar español, en el sentido estricto de la palabra. De modo que esa unidad se creó al día siguiente.

Ahora, el tiempo que tomó darse cuenta de ese hecho fue largo. Usted encuentra un hombre como Miranda, por ejemplo. Miranda es un hombre del siglo dieciocho, que viajó a Europa en 1770 y pico, a España. Sin embargo él tuvo una idea americana y cuando empezó a pensar en la independencia lo hizo en una forma unitaria. Inventó la palabra Colombia, que debía ser un gran estado desde México hasta la Patagonia.

De modo que había un sentido de unidad y Bolívar decía, y lo decía muy sinceramente: nuestra patria es la América.

– ¿Hasta qué punto esa idea fue de los habitantes de esta América o una idea concebida en Europa?

– La idea fue y regresó transformada. Quienes primero emplearon la palabra América, antes que los norteamericanos, fueron los franceses, los hombres de la Ilustración. Los primeros libros sobre América que se publicaron en Europa en el siglo dieciocho empleaban más que la palabra Indias la palabra América.

– Bien, a mí me interesa mucho el desfase que se provoca entre lo que piensan estos creadores institucionales, ideológicos, y la realidad de nuestros países...

– El hecho americano creó en Europa la idea revolucionaria y la idea revolucionaria creó el mito de que todos los hombres nacían libres e iguales, y que debían crearse instituciones para que vivan libres e iguales. Esa idea se conformó en Europa y tomó su primera forma visible en la revolución de la independencia de los Estados Unidos, que en realidad no innovaron nada: por razones muy peculiares, que no vamos a explicar aquí. Los ingleses habían logrado a través de los siglos crear un sistema bastante equilibrado de vida política con respecto a los derechos humanos, con respecto a las garantías de las personas. Un sistema legal, un sistema de tribunales, un sistema de representatividad. Y no fue ningún doctrinario el que creó o impuso o trató de imponer eso; se fue creando por el carácter inglés, por las circunstancias inglesas. Entonces los colonos que vinieron de Inglaterra para América fueron muy distintos a los españoles. Venían con sus mujeres, con sus hijos, con sus animales a establecerse y a seguir haciendo lo mismo que habían hecho en Inglaterra e incluso con más perfección porque eran puritanos, cuáqueros, fundamentalistas religiosos. Tenían asambleas, funcionarios electivos, un régimen de derecho. De modo que la novedad de la Independencia fue prácticamente el separarse de Inglaterra y que, en lugar de que las trece colonias dependieran del rey de Inglaterra, dependieran de un presidente elegido por ellos. El hispanoamericano no fue un colono, fue un conquistador, con una actitud mental totalmente distinta. El nuestro fue un salto a la oscuridad; con la Independencia no conservamos ni una institución de la colonia.

– ¿Por qué?

– No teníamos una sola institución colonial que hubiera podido sobrevivir en la república, no había ningua institución de igualdad ni de libertad, ninguna institución de representatividad, y resolvimos establecer una república igualitaria, representativa y democrática. ¿Por qué? Porque eso es lo que llegaron a pensar los europeos a través de la visión americana. Además estaba el modelo de los Estados Unidos y luego vino la Revolución francesa y allí se perfeccionó la idea de la república. El hombre que vio más claro esto fue un venezolano llamado Simón Rodríguez; no sé si usted conoce bien a Simón Rodríguez...

– El maestro de Bolívar. El del Monte Sacro, el de la leyenda que dice que en una colina romana hizo jurar a Bolívar, sobre una espada y un libro de Rousseau, la liberación de América.

– Eso del Monte Sacro es una anécdota. Y Simón Rodríguez decía «muchas gracias» cuando le preguntaban si él había sido el maestro de Bolívar. Decía sí, aunque tengo otros títulos, y los otros títulos eran más grandes que ser maestro de Bolívar. Es uno de los hombres más originales y profundos en materia de pensamiento latinoamericano. No sé si usted conoce una novela biográfica mía sobre Simón Rodríguez, que se llama *La Isla de Robinson*; allí se plantea el problema. Simón Rodríguez lo pinta claro y dice: hemos creado repúblicas sin republicanos.

– Bueno sí, ése es nuestro gran problema...

– Bueno, eso lo decía él en 1828, cuando volvió a América, al Perú, a reunirse con Bolívar. Tiene un libro que se llama *Sociedades Americanas*. Lo que dice ese hombre es extraordinario. Decía que la culpa la teníamos nosotros por estar siempre imitando y decía esta frase: «o inventamos o erramos; estamos condenados a ser originales. Hay que hacer los republicanos en la escuela. Vamos a declarar la nación en noviciado». Es fascinante lo que tiene en la cabeza aquél hombre. Desgraciadamente no le hicieron caso, lo tenían por loco.

– ¿Por qué nadie volvió a tocar ese problema?

– Bolívar vio ese problema muy claro. Tuvo un tino muy grande en ver dónde estaban los males y dónde estaban los riesgos, como no lo tuvo ningún hombre de su tiempo. En 1819, cuando iba a establecer la primera constitución para integrar a la actual Colombia y a Venezuela, eso lo tiene claro. En uno de los documentos americanos más importantes, que es el discurso que dice en Angostura en 1819. Analizó la situación de la América española: qué ha sido el pasado, qué puede hacer en el presente, cuáles son sus problemas. Es un discurso extraordinariamente rico. El dice: el gran error que cometimos —hablando de 1810 y 1811 durante la Independencia, él está hablando ya con una distancia de nueve años— fue adoptar instituciones que no tenían nada que ver con nuestra realidad. En lugar de estudiar quiénes éramos, cómo nos habíamos hecho, cuáles eran las leyes que nos habían regido, cuáles eran las costumbres, salimos a imitar el código de Washington. Eso lo dice Bolívar en 1819 con una claridad pasmosa. Dice: así no vamos a ninguna parte, así vamos al fracaso y vamos a fracasar. Hay una frase de Bolívar, escrita en una carta a su amigo Peñalver, a menos de un mes de la batalla de Ayacucho, que es impresionante. Le escribió sobre la situación y los horrores y lo que estaba pasando: «los españoles se acabarán bien pronto, (se acabaron en Ayacucho, un mes después) pero nosotros ¿cuándo? Semejantes a la corza herida, llevamos la flecha mortal dentro de nosotros, y contra eso no podemos». Bolívar es fascinante, mire la claridad con que vio el problema constitutivo latinoamericano.

– ¿Por qué los ensayistas posteriores no tomaron estos pensamientos de Bolívar y sólo lo tomaron en cuenta como un héroe militar?

– En eso tuvieron mucha culpa Alberdi y Sarmiento. Porque Alberdi y Sarmiento tenían una visión argentina. Usted me dirá que Argentina es América latina, sí; pero de otra manera, y entonces ellos tenían la idea de que por lo menos la Argentina podía tener un porvenir europeo, por muchas razones obvias, por el clima que es un clima europeo y por la inmigración europea. Entonces pensaron que la Argentina sería un país a la europea. La antítesis la hace Sarmiento, de un modo muy simplista pero muy efectivo, con su antítesis de civilización y barbarie. Civilización y barbarie no tienen sentido, ¿porque qué significa barbarie? Barbarie era la cultura española tradicional, eso no era barbarie. Es lo que habían hecho tres siglos de dominio español, las leyes de Indias, la religión cristiana, la tradición cultural española en América latina. Eso no tiene nada de asimilable con las invasiones bárbaras europeas contra el Imperio romano. Y entonces ¿qué era la civilización? El sistema político que había evolucionado en la Europa del norte; lo que no era eso era barbarie, es decir, es el anti-Bolívar. Bolívar decía: eso es lo que tenemos que estudiar.

– Pero ellos asumen igual a Bolívar como líder...

– No, no, intelectualmente no. Sí en su aspecto de hombre de acción. Pero el aspecto intelectual de Bolívar no lo conocieron. La gran falla nuestra es que no conocemos nuestro pasado, y que estamos llenos de mitos y de falsificaciones. Civilización y barbarie. ¿Es que la cultura que quedó en América latina, de raíz española con aportes indígenas y negros, es barbarie? ¿Y qué civilización es la república liberal europea? Demasiado simplista.

En un artículo reciente, cito un libro de un profesor americano de la Universidad de Yale, que se llama *The invention of Argentina*; dice que la Argentina fracasó por darle la espalda al país real y poner a los dirigentes en guerra con la realidad. A propósito de eso yo cito la frase de Martín Fierro que dice: «hasta que venga algún día un criollo en esta tierra a mandar». Se pretendía que fueran franceses y suizos los que mandaran.

– Bueno, en Chile sucede lo mismo también...

– En todas partes...

– ¿Pero está de acuerdo en que básicamente la institucionalidad latinoamericana se desarrolla a partir de estos ensayistas posteriores?

– Tal vez. Por un desconocimiento del pasado, por un repudio del pasado, los hispanoamericanos de repente resolvimos que el pasado nuestro era mejor olvidarlo, y esto está resucitando de una manera atroz con este pleito del Descubrimiento de América. Yo escribí un artículo hace poco, que se llama *El pasado como vilipendio*, donde digo que los hispanoamericanos han llegado a creer que nuestro pasado es una vergüenza, que nuestros orígenes son un crimen, y que lo mejor es que nos olvidemos de eso. De crímenes viene toda la humanidad, toda la historia es la historia de los crímenes del hombre, yo no he visto que los ingleses se avergüencen de su historia sangrienta, ni que los franceses se avergüencen de su historia de violencias, ni que los griegos se avergüencen de su remoto pasado, toda la historia está llena de crímenes, matanzas, asaltos, guerras. Pero a nosotros nos ha caído una plaga de moralistas del pasado que nos han dicho que lo mejor es que nos olvidemos de la historia, porque es una vergüenza; y lo aceptamos y decimos tranquilamente: es verdad, me voy a callar, y del doce de octubre es mejor no decir nada.

– ¿Usted cree, entonces, que el desarrollo institucional produjo un abismo entre pueblo, instituciones y clases dirigentes?

– Se provocó una ruptura entre la realidad y las instituciones. Las instituciones no funcionaron. Quien vio eso con mucha claridad, fue Simón Rodríguez. Es pasmoso lo que ese hombre señala, nada menos que la antinomia entre instituciones y realidad social. Esa antinomia la hemos querido ignorar todo el tiempo, porque todo el tiempo lo que hemos exaltado es la república liberal del siglo diecinueve o el ideal socialista del siglo veinte, que no se realizaron en ninguna parte; y de eso sólo ahora empezamos a darnos cuenta.

– ¿Cree usted que fallaron las principales instituciones latinoamericanas? El aparato de Estado democrático que nunca llega a serlo plenamente; la Iglesia que de pronto nos protege y de pronto nos limita libertades; y por otro lado el ejército, que también a veces nos protege y a veces nos asesina...

– Yo creo que el gran mal está en las instituciones, no en los ideales políticos. Yo creo que los ideales políticos son válidos porque nadie puede decir: vamos a renunciar a la libertad, a la justicia, a la dignidad del hombre. Imposible. De modo que donde está el problema es en las instituciones.

– ¿Pero cómo iría usted a las instituciones?

– Vamos a analizar en qué fallaron. Fallaron en tener muy poco en cuenta la realidad, fallaron en crear condiciones de obstrucción y de incapacidad de acción completa. El estatismo latinoamericano, que se desarrolló a base de ideas falsamente socialistas en los últimos cuarenta o cincuenta años, acabó con la economía de una de las zonas más ricas del mundo. De modo que no son los ideales, son las instituciones las que tenemos que revisar.

– ¿Y cómo revisaría, por ejemplo, la Iglesia, con todo lo que ella ha significado?

– La presencia de la Iglesia es muy distinta en unos países y en otros. En muchas partes, el anticlericalismo fue también una idea heredada del pensamiento liberal francés del siglo diecinueve en el que nosotros nos inspiramos. Pero, la Iglesia en América latina, de la Independencia para acá, no ha sido la fuerza dominante políticamente. En algunos países lo ha sido. En Venezuela no ha tenido ningún papel predominante, nunca.

– Pero ha tenido una influencia en la educación...

– Lo malo es que no hemos tenido mucho que dar a cambio. La vieja educación religiosa, daba algo, formaba una moral por lo menos.

No se puede hablar en términos generales. La Iglesia en Venezuela no existe como problema político. Me imagino que en México tampoco existe. De modo que habría que ir revisando por países para ver dónde realmente existe el problema, que existió en el siglo pasado en algunos lugares más que en otros, pero creo que es exagerado decir, en este momento, que la Iglesia es un problema político en América latina. Porque más bien la han llamado retrógrada, pero nunca innovadora impráctica. Los males no han venido de la innovación impráctica. Creo que la iglesia nunca ha creado ninguna institución que haya fracasado y eso es muy importante. Eso tampoco significa que tengamos que entregar América latina a la Iglesia para que la administre.

– Y respecto al Ejército...

– ¿Qué es el Ejército? En América latina hasta la mitad del siglo diecinueve no había ejército, había montoneras, había caudillos, había tropas personales. Eso fue lo que surgió a raíz de la independencia y eso fue lo que duró hasta casi el comienzo de este siglo. En Venezuela, por ejemplo, comenzó un ejército nacional a partir de los primeros años de este siglo, con Gómez[4], que acabó con los caudillos locales, que acabó con los ejércitos locales y que creó el embrión de un ejército nacional. Es un poco, *mutatis mutandi*, el caso de todos los países. El ejército, como factor político aparece en América latina en 1930. Porque el ejército de los caudillos era un ejército «propio», formado por su peonada para meterse en política porque era la manera de meterse; pero decir que aquello gobernaba América latina es un poco tirar por los cabellos las cosas. Sólo hacia los años treinta el ejército profesional deja de ser clientela de un caudillo y empieza a tener una figuración política en América latina. Y cuando fracasan los políticos y se desarrollan las primeras

4- Juan Vicente Gómez (1857-1935), militar y político venezolano. Fue en tres ocasiones presidente de la república (1908-15, 1922-29, y 1931-35).

crisis importantes y está allí esa estructura monolítica o supuestamente monolítica, que es el Ejército, éste dice de pronto «por qué no intervengo y pongo orden». De modo que es un hecho relativamente reciente de los últimos cincuenta años la participación política del ejército propiamente tal en la política latinoamericana.

– ¿En qué sentido cree, entonces, que habría que renovar la institucionalidad o las instituciones en América latina?

– Yo creo que la gran necesidad de América latina es sincerarse consigo misma, reconocerse, buscarse; es decir, aceptarse y asumirse, acabar un poco con toda esta herencia de mitos tan costosos que hemos tenido encima y que nos han llevado a este fracaso. Creo que esa es la primera necesidad, saber quiénes somos, qué somos realmente, qué podemos hacer en nuestras circunstancias, cuáles son las opciones válidas que tenemos y cuáles son las cucarachas que no podemos seguir manteniendo en la cabeza. Hay que hacer un gran esfuerzo de sinceración, de reconocimiento, de búsqueda dentro de nosotros mismos. Creo que eso es en este momento el gran desafío y la gran tarea de los intelectuales latinoamericanos, explicar un poco esta situación a su pueblo, invitarlo a una reconsideración.

– Explicarles el movimiento del péndulo...

– Bueno, yo creo que ya no estamos en viaje de ida y vuelta, porque en primer lugar pienso que para el hombre ya no hay muchas sorpresas en la Tierra, las sorpresas las tendrá dentro de sí mismo en los siglos que vienen. Del Renacimiento para acá el hombre recorrió la Tierra, se posesióno de ella, la descubrió, la deformó, la reinventó e hizo lo que quiso. Todo lo que tenemos viene de allí. Pero ahora ha llegado una época como la de los hombres de la Antigüedad y de la Edad Media. Creían que sabían todo lo que había que saber del hombre, porque tenían todas las respuestas en la religión; en cambio no sabían nada de lo que había que saber del mundo, lo fueron descubriendo y lo fueron inventando... y lo fueron falsificando. Creo que ahora, en nuestra etapa, lo que nos toca es reinventar al hombre y, en realidad, ésa ha sido un poco la historia de toda la introspección que hemos hecho en nuestro siglo con Freud y toda la moderna sicología, y con todo lo que estamos descubriendo del cerebro humano, que no lo sabíamos, que sólo sospechábamos. De modo que ahora a quien estamos inventando es al hombre, y vamos a inventar probablemente muchas Américas dentro del hombre, y muchas utopías y muchos El Dorado que no vamos a encontrar.

– ¿No cree que para los americanos la utopía podría volver a Europa nuevamente?

– Creo que no, porque en primer lugar no hay manera de hacer otra deformación muy grande; súmele además que estamos al final de un gran fracaso de las utopías. Creo que nosotros todavía no llegamos a medir la importancia de eso. Pienso que estamos en un momento muy importante, que es el del crepúsculo de la utopía. Recuerde que la utopía ya lleva con la humanidad quinientos años para ser exactos.

– O sea usted cree que se acabaron los sueños organizados...

– Yo creo que pueden surgir otras cosas, pero la utopía, es decir el soñar con el lugar que no existe, eso se acabó.

– ¿Por dónde ve usted nuevas posibilidades de surgimiento de esas otras cosas?

– Yo no sé, sería hilar muy delgado. Lo que dió nacimiento a las utopías fue la destrucción histórica de Europa. Destrucción que llevó a la sociedad europea a una situación violenta, guerrera, injusta, con males insoportables, miserias e ignorancia espantosas, enfermedades atroces, guerras continuas, y la llevó a creer que había encontrado un lugar donde los hombres habían logrado vivir de otra manera. Así empezó la necesidad de hacer una sociedad más justa. Si nosotros hacemos una sociedad distinta, hacemos a un hombre distinto, pensaron. Yo creo que el gran mito esencial no fue creer que podía haber una utopía, el gran mito fue creer que se podía hacer un hombre nuevo. Los hombres creyeron firmemente que modificando las circunstancias se iba a hacer un hombre nuevo, y ése es el gran mito de la revolución. El gran mito de la revolución no es la igualdad, es crear un hombre nuevo que iba a vivir necesariamente en la igualdad y en la libertad. Creo que eso ha fracasado. Estamos persuadidos, a estas alturas, de que un hombre nuevo no lo vamos a hacer nunca, de que el hombre sigue siendo el mal bicho que ha sido en toda la historia y que solamente por un esfuerzo de la razón logra limitarse, domeñarse, disciplinarse, hacer más bien que daño; pero no porque se le dé una inyección y vaya a amanecer bueno al día siguiente o porque se le vaya a cortar una conexión cerebral y vaya a amanecer honesto al día siguiente.

– ¿Qué pasa cuando el hombre se queda sin un modelo utópico al que aspirar?

– Creo que cuando ya no nos queda la idea de la utopía externa de la sociedad perfecta que íbamos a crear y que presuponía un hombre nuevo, ya que el hombre que conocemos históricamente no está hecho para vivir esa utopía ni es compatible con ella, entramos en un período de reflexión. Eso no significa que vamos a aceptar el mal resignadamente y decir: viva el crimen, viva la injusticia, viva la desigualdad, levantemos estatuas a Al Capone en todas las esquinas. No, debe venir una reconsideración de quién es el hombre y de qué se puede hacer con él; una reconsideración seria, que hoy la estamos haciendo por primera vez con todo esto que estamos sabiendo del cerebro humano y de la sicología. Entonces esa búsqueda será la búsqueda del siglo veintiuno, la búsqueda de lo que es el hombre y de qué se puede hacer con él nos va a permitir enfrentar el problema del que surgió la utopía con otros ojos y con otros criterios. Es decir, ¿qué hacemos para acabar con las desigualdades escandalosas, con la injusticia, para asegurar la libertad? Pero esto vendrá de una visión mucho más realista, no de un don maravilloso, prodigioso. Vamos a tomar en cuenta la realidad de lo que es el hombre, y vamos a ver qué hacemos con ese animal que es así, para que logre de una manera realizable, práctica y visible hacerse menos daño a sí mismo.

– ¿No cree que América latina en este momento crítico va a ser de algún modo recolonizada, reabsorbida, al menos por un período...?

– No. Creo todo lo contrario. Honestamente pienso que América latina nunca ha tenido una oportunidad mejor que ésta. Le voy a decir por qué. Porque, se quiera o no, América latina es parte de Occidente. No somos Africa, no somos Asia y tampoco somos Europa, pero somos parte de Occidente. En esta conversación estamos hablando una lengua occidental y estamos hablando de un juego de ideas occidentales que son las que tenemos; no tenemos otras. Esto no lo puede hacer un hindú: un hindú anda siempre en una casa de dos pisos y un africano lo mismo. Nosotros no, nosotros estamos en el piso de la cultura occidental con una cierta diferencia, ése es el terreno que pisamos. Eso nos da una peculiaridad que no tiene ninguna otra parte del mundo. Tenemos grandes riquezas, tenemos una masa continental inmensa con muchos recursos, tenemos ya una rica experiencia histórica que hemos aprendido a conocer muy dolorosamente. En este momento el mundo tiene que definir un nuevo rumbo, un nuevo *modus vivendi*.

En este momento, la riqueza y el poder del mundo está en manos de un puñado de países, los siete que se reúnen periódicamente. Esos países no pueden encerrarse, no pueden aislarse, sería absurdo, no pueden ignorar este otro mundo que ya no es tercero, ni cuarto, ni sé cómo se llamará, que está creciendo alrededor de ellos. Tienen que hacer algo con él, y en este momento tienen una serie de cuestiones graves que resolver como qué hacer con la Unión Soviética. La Unión Soviética se ha vuelto tercer mundo, se ha vuelto conflictiva, un mundo por organizar, lleno de riesgos y de peligros, una cosa que no cabía en la cabeza humana hace dos años.

El único campo en que los países ricos del mundo pueden tener posibilidad de suscitar un desarrollo, un crecimiento coherente es en América latina, porque somos Occidente, y porque somos un occidente que ya ha pasado una serie de traumas que están en este momento apareciendo en la Europa oriental. ¿Qué va a pasar con Checoslovaquia? ¿Qué va a pasar con Yugoslavia? Respuestas difíciles. ¿Qué va a pasar con Argentina? Es mucho más fácil de contestar.

– ¿Usted ve como reformulable el ideal bolivariano?

– En primer lugar, cuando decimos ideal bolivariano cometemos un error. Bolívar fue un hombre que actuó hace siglo y medio en un mundo totalmente distinto. Era un hombre realmente de un genio extraordinario, pero por más genial que fuera Bolívar no tenía la ciencia infusa, ni es válido todo lo que dijo, aunque mucho de aquello todavía tenga validez. ¿Cuál era el problema de Bolívar? El problema de Bolívar era la independencia, ganar la independencia de América. Entonces para ganar la independencia de América a él se le planteaba un problema en términos políticos y militares. ¿Cómo se podía políticamente ganar la independencia de América? Eso lo vio él muy claro y vio que la independencia de América se ganaba en la pugna de las grandes potencias de Europa. Lo que trató de hacer Fidel Castro en nuestro tiempo, fue lo que Bolívar hizo con éxito en el suyo. Aprovechar la rivalidad inglesa, española y francesa, y en esa rivalidad abrir una brecha por donde pudiera entrar la independencia de América latina. Esa fue la manera política que concibió. Y la manera militar fue ver cómo se allegaban los recursos de estos países para poder organizar una fuerza suficiente para derrotar a los españoles. Ambas cosas las logró, pero él se dio cuenta de que eso no bastaba. Estos países debían organizarse, tenían que hacer un papel en el futuro, y él se dio cuenta de que aisladamente no podían, que aisladamente iban a ser absorbidos, volverían por una u otra vía a ser colonias. Entonces fue cuando empezó a intentar una forma de integración, no hablemos de unidad. Bolívar nunca tuvo esa idea simplista; Miranda sí la tuvo. Bolívar decía una frase muy reveladora: «vamos a hacer una nación de repúblicas». Eso es muy interesante, decir que Chile va a seguir siendo Chile, no que va a desaparacer un día y usted va a amanecer llamándose latinoamericano. Y Venezuela seguiría siendo Venezuela, pero dentro de una nación de repúblicas. No una unidad cerrada, sino una forma de cooperación que consistía en cómo podemos cooperar lo mejor posible entre nosotros, respetando cada uno lo suyo pero sacando partido de que somos varios.

– Pareciera ser que hoy día eso es imposible sin pasar por la unión, o por algún tipo de asociación con los Estados Unidos...

– Usted toca una tecla muy importante. Los Estados Unidos son la piedra de toque y el problema crucial y central, intelectualmente hablando, de América latina. Para bien y para mal a nosotros nos ha tocado el hecho de que en este continente que está lleno de países débiles, se desarrolló la más grande potencia económica, política y militar del mundo. Eso plantea una serie de problemas muy graves. Como decía una vez un primer ministro canadiense con mucha gracia: no es cómodo dormir al lado de un elefante. Esta situación con Estados Unidos nos ha creado una dificultad muy grande de relación. ¿Cómo relacionarnos con un elefante? No porque el elefante sea maligno por su naturaleza, no, pero es demasiado grande. Yo aludo a una posibilidad que nunca hemos pensado los latinoamericanos: ¿qué hubiera pasado si en el siglo diecinueve en los Estados Unidos hubiera habido un bonapartismo? Hubiéramos sido invadidos. Políticamente hubiéramos desaparecido. ¿Y si en el siglo veinte hubiera habido un totalitarismo norteamericano? Hubiéramos desaparecido políticamente. Felizmente ha sido un país que ha tenido inalterablemente una constitución y una orientación democrática. Es un país democrático, de eso no hay duda. Estados Unidos es un país imperial por las circunstancias de su poder, pero no es un país con un designio imperial. No es el caso de grandes imperios europeos del pasado, de modo que eso ha sido una circunstancia favorable.

Los hombres que organizaron América latina, como Sarmiento, por ejemplo, pensaban que lo mejor que podíamos hacer era imitar a los Estados Unidos. Ese es un hecho fundamental. ¿Qué hacemos? ¿Ignorar a los Estados Unidos? No podemos. ¿Estar contra ellos? No podemos. ¿Entregarnos a ellos? Sería suicida. De allí surge el gran problema latinoamericano: cómo establecemos una relación normal, una relación vivible, una relación fructífera que nos dé los mayores beneficios y los menores daños de la convivencia con el elefante.

– ¿Entonces le parece a usted que ahora frente a la Europa unida, la única alternativa tanto para Estados Unidos como para los países latinoamericanos es integrarse, que América sea una sola?

– Pero es que la integración americana también es un mito, volvemos a lo mismo...

– No me refiero a que sean una nación única sino a integrarse...

– ¿Pero integrarse cómo? Tenemos un ejemplo de integración a la vista, que nos puede ser muy útil, que es el de Europa. En primer lugar, eran países con desniveles de desarrollo mucho menores que los que tiene América latina, con diferencias culturales mucho menores que las que existen dentro de América latina. Si usted pone un chileno de Santiago al lado de un indio del altiplano boliviano, se dará cuenta de que son culturalmente dos seres distintísimos, con visiones de una misma religión totalmente distintas, que no es el caso de un checoslovaco y un polaco, aunque hablen dos lenguas diferentes y puedan tener dos religiones distintas. Entonces esa diversidad es la que míticamente no podemos ignorar, no podemos hacerlo de la noche a la mañana. ¿Qué hicieron los europeos? Con toda esa base y necesidad de comunidad que tenían, les ha tomado veinticinco años el proceso. Nosotros queremos hacerlo en pocos años, muy a la hispanoamericana. Somos grandes improvisadores. ¿Cómo empezaron ellos? Empezaron por cosas muy simples, empezaron hace veinticinco años por lo que se llamó el Cartel del Carbón y del Acero. Dijeron: aquí somos casi todos productores de carbón y de acero. ¿Por qué no creamos un cartel para que toda la industria europea del carbón y del acero trabaje coordinadamente? Y crearon el cartel y de allí salió en tiempo suficiente la comunidad europea; después fueron añadiendo otras cosas y ampliaron los acuerdos. Pero nosotros queremos poner la carreta delante de los bueyes, queremos empezar por la comunidad y después ver cómo funciona. Esa siempre ha sido la fatalidad nuestra. Creo que lo que tiene que hacer América latina, con un sentido muy práctico, es buscar formas de cooperación, porque la suma de todas las miserias no hace riqueza , la suma de todas las deficiencias no hace eficiencia, la suma de todas las carencias no hace abundancia. Vamos a empezar, cada uno de nosotros dentro de su casa, a ver lo mejor que puede hacer dentro de su casa, cómo los chilenos organizan a Chile lo mejor posible y como los venezolanos organizamos a Venezuela lo mejor posible y luego vamos a ver qué cosas sería interesante hacer juntos. Hay muchas, las más difíciles son las del terreno económico, porque en ese terreno tenemos la mala herencia del «cepalismo»[5]. El cepalismo creó el programa de sustitución de importaciones, lo cual condenó a cada uno de los países latinoamericanos a producir lo mismo. El cepalismo fue la negación de tener un mercado latinoamericano. No podía haberlo porque todos fabricábamos lo mismo. En lugar de haber creado una cierta especialización regional que permitiera el intercambio. En este momento no tenemos cómo comercializar uno con otro, sino muy limitadamente, no tenemos experiencia de intercambio mutuo.

– ¿Hay algún terreno en que el intercambio sea posible ahora mismo?

– Por supuesto, en materia educativa, por ejemplo.

Se da usted cuenta de que si nosotros nos uniéramos y pudiéramos crear uno o dos grandes centros de formación muy alta, científica y humanística, donde sumáramos las mejores gentes nuestras y se formaran gentes capaces para enfrentar todos los grandes problemas del futuro... Esto sería importantísimo para nuestro porvenir. Lo podríamos hacer. De modo que yo creo que habría que empezar por la educación, habría que empezar por el intercambio cultural, habría que empezar por la investigación, habría que empezar por las cosas que nos son más ac-

---

5- Cepalismo. Posición de la Comisión Económica para América latina, de Naciones Unidas, respecto al desarrollo y organización económica del continente, en los años sesenta. La corrección de esta postura es muy discutida actualmente.

cesibles y fáciles en materia económica, y poco a poco podríamos llegar a esa nación de repúblicas de la que hablaba Simón Bolívar. Pero no empecemos por declarar una nación de repúblicas y luego ver cómo la fabricamos.

– Pero, para eso, el latinoamericano tendría que pensar que sus lugares valen la pena, que no hay que irse para ser felices. Sin embargo, el latinoamericano siempre está pensado que lo bueno sucede en otra parte... Unos pensando en otros países como quimera, otros en distintos tipos de utopías... ¿Cómo podemos sacarnos este sambenito de encima?

– Creo que ya nos lo sacaron, lo que es bien importante. No fuimos nosotros quienes nos quitamos la utopía de encima, no fuimos nosotros los que nos quitamos los engaños y los trampantojos en que hemos estado. Fue la evolución brusca, inesperada, increíble, que ocurrió en el mundo con la liquidación de la utopía. Ahora no podríamos pretender que la utopía se acabó en todo el mundo pero no en América latina.

– De acuerdo, pero una gran mayoría de nuestros intelectuales jóvenes y no tan jóvenes están hoy día en el neoliberalismo, retomándolo como una nueva utopía...

– Ahora se inventó la palabra neoliberalismo. Nadie sabe qué es el neoliberalismo. Lo único que hay de cierto es que la economía socialista no funcionó y que la economía de mercado sí funciona; es lo único que se ha demostrado. Entonces lo que se ha tratado de ver es cómo se establece una economía de mercado. A todo eso se le llama neoliberalismo. Yo no sé hasta dónde eso es liberalismo o no es liberalismo. Allí hay una confusión. ¿Tendrá destino? Creo que seguimos confundidos por las palabras, por las ideas y por las nociones foráneas.

– ¿Se agotaron las ideas?

– Yo creo que van a venir pronto nuevas ideas, porque este problema no sólo lo tienen los chilenos y los venezolanos: lo tienen los europeos, esos que se llamaban la *inteligentsia*. En este momento deben estar en un estado de paroxismo, de búsqueda, de angustia, porque allá el templo era más grande y se vino abajo completo. Entonces ellos están buscando qué hacer. Van a salir ideas y nosotros con nuestro don imitativo vamos a empezar a importarlas a toda carrera.

– ¿Pero cómo evitar la imitación *per se*?

– Usted ha dicho la palabra. Lo evitaremos haciendo algo que es muy importante, volviéndonos hacia dentro, empezando ustedes por Chile y nosotros por Venezuela. ¿Qué se puede hacer con Chile? Independientemente de las ideas brillantes que van a surgir en Occidente y de las nuevas formas de Tierra Prometida, vamos a ver qué podemos hacer con Chile, con eso que está allí, qué pueden hacer los chilenos. Veremos qué podemos hacer los venezolanos. Ese es el único camino que tenemos, y es el único sensato.

– Se discute mucho sobre cuándo llegó la modernidad a América latina o si, más bien, nació con la modernidad... ¿No cree usted, más bien, que lo que ha llegado acá es una idea de la modernidad pero no la modernidad misma?

– No hemos sido modernos nunca. ¿Y además quiénes fueron modernos? Pero es que la modernidad es otro mito. Yo he vivido en Francia largo tiempo en dos etapas de mi vida. Lo hice muy joven, cuando tenía veintitrés años, y estuve unos años maravillosos que eran los años del surrealismo, de la entreguerra, los que llamaron «los años locos», unos años fabulosos. Tuve la suerte de encontrarme en París con Alejo Carpentier y Miguel Angel Asturias, que fueron dos amigos entrañables míos, y veíamos con avidez aquello que Hemingway decía que París era una fiesta. Era cierto, París era una fiesta increíble y estábamos en un observatorio de lo que pasaba en el mundo. En gran parte esa creación que se llamó el realismo mágico salió de ese observatorio, de habernos vuelto hacia América desde esa Europa. Después, hace diez años, fui embajador de Venezuela en la Unesco, durante cuatro años, en París. Vi el París de los años treinta y el París de los años setenta y encontré cosas tan curiosas como para preguntarme si París es una ciudad moderna ¿Se podría decir que es una ciudad moderna? Hay partes modernas en París, claro que las hay...

– Pero la modernidad está, más bien, en la cabeza de los franceses...

– Hay gente moderna, pero en París sobreviven formas de vida y formas culturales que vienen de la Edad Media y que son inatacables, y en España es peor. Entonces cómo vamos a pretender nosotros ser modernos. Hemos tenido minorías modernizantes, pero modernidad no hay ni en los Estados Unidos, que nosotros pensamos que es un país muy moderno. Los Estados Unidos son un gran país provincial. A poco que usted salga de Nueva York y de las cuatro grandes ciudades, usted encuentra gente que está viviendo un estilo de vida que viene del siglo diecisiete, con unos valores del siglo diecisiete. De modo que la modernidad en gran parte es un mito que tenemos nosotros, la modernidad es un lujo de minorías, una idea de minorías. ¿Qué es la modernidad respecto al arte, por ejemplo? El arte moderno. Muy bien, pero junto al arte moderno sigue existiendo todo ese arte tradicional y folclórico y el neoclasicismo y todo lo demás.

– ¿Me imagino entonces que usted no comparte el concepto de posmodernidad que nos achacan ahora?

– Seguimos hablando en un lenguaje europeo. Claro, usted me dirá que también el español lo es. Esas élites europeas dirigentes y actuantes fueron las que introdujeron la modernidad: por ejemplo, minorías francesas fueron las que trajeron los ballets rusos, lo más viejo de Rusia, lo más antiguo de Rusia y fue modernidad en Francia. Y, por lo tanto, para el resto del mundo. El surrealismo fue algo de minorías, el cubismo fue una cosa de minorías, la literatura de Joyce y de Kafka fue una cosa de minorías, el resto de la gente siguió leyendo la misma basofia que había leído toda su vida sin importarle ni mucho ni poco eso.

En este momento está pasando una cosa verdaderamente impresionante en los Estados Unidos. ¿Sabe usted cuál es el éxito literario, éxito literario no es la palabra, el éxito editorial más monstruoso que se está viviendo en estos momentos en los Estados Unidos?

– La segunda parte de *Lo que el viento se llevó*...

– Exactamente. Es una basofia ilegible. Yo no lo he leído ni lo pienso leer pero he leído la crítica literaria americana que dice que es ilegible, que aquello está escrito por una buena señora que no sabe ni hacer un diálogo, pero a la buena señora se le ocurrió que *Lo que el viento se llevó* vendió veintiocho millones de ejemplares, y ha sido la novela más leída y más comentada y más utilizada del mundo y que cualquier continuación tenía que ser un éxito y así ha sido. El día que se abrió la venta, había colas de una y dos cuadras en las librerías de los Estados Unidos para comprar la primera edición. ¿Usted dice que Estados Unidos es un país moderno? Nosotros estamos jugando mucho con una serie de conceptos que no son verdaderos.

– ¿Desde un punto de vista estrictamente intelectual, está usted de acuerdo en que el concepto de posmodernidad es aplicable a nuestros países?

– Yo creo que si lo que llamanos modernidad es el cubismo, el surrealismo, la novela derivada de Joyce, el teatro de Beckett, si a eso lo llamamos modernidad, eso se agotó. Entonces estamos en un período ulterior, posterior o distinto. Si usted lo llama posmodernidad, no me preocupa.

– Pero más allá del sentido del nombre... ¿No es una vuelta a ver de una manera más parcial, más privada, el mundo?

– Bueno, la vuelta a lo que es distinto. Es decir lo que hay es que aquello se agotó, y entonces se están buscando otras cosas. No se puede seguir haciendo cubismo ni poscubismo, no se pueden seguir haciendo las tonterías que se hicieron por epígonos de todas estas cosas, sacándole la última gota de jugo a la naranja. Ahora hay que buscar otro camino, si se llama posmodernidad, muy bien, se llama posmodernidad porque hay que llamarlo de algún modo.

– Usted decía antes que si se comparaba un santiaguino con un indio aymara, por ejemplo, había un abismo cultural que a lo mejor entre dos europeos era menor...

– Pero en cambio usted tiene una cosa que es muy curiosa. Es posible que si usted está frente a un indio aymara, aparte de la curiosidad antropológica que pueda tener para con él, tenga muy poco que hablar con él; pero si toma una beata vieja chilena y usted la pone con la vieja aymara que va a la misa, encontrará en común muchísimas cosas. Podrán hablar perfectamente de los milagros de la virgen y se entenderán básicamente. De modo que es muy *sui generis* la situación latinoamericana.

– A eso iba, ¿entonces diría usted que, a pesar de todo esto, existe la identidad latinoamericana?

– Claro que existe. Una identidad cultural que es la que se ha formado por la cosa esencial. Yo creo que lo esencial del gran fenómeno latinoamericano es el mestizaje cultural, no el sanguíneo, aunque también es importante y lo ha habido en grado variable según si predominaron los africanos o los indígenas o los europeos. Pero el mestizaje cultural se dio desde el día siguiente de la llegada. La presencia de las tres culturas ha sido sumamente rica. Hay una cosa que no se ha visto aquí, que probablemente en Chile no es tan visible, pero en todas estas zonas del Caribe, de la costa atlántica y un poco hasta el Perú, sí lo es. Se ha hablado mucho de la influencia de la cultura española, claro que fue predominante su religión, su lengua y sus instituciones. Se ha hablado de las grandes culturas indígenas que donde las hubo, los mexica y la cultura andina, también han influido mucho. Pero al negro no se le ha tomado en cuenta suficientemente, el negro parece una presencia negativa. Sin embargo, todos los niños de los países con componente negro, durante la colonia, han ido al *kindergarten* negro. Existe una inmensa pedagogía negra. Los negros no traían libros, no fundaron universidades, pero fundaron *kindergarten* negros en toda América, lo que ha sido muy importante, porque al niño recién nacido en todos los lugares donde había esclavitud negra, y eso se ve claro en el Brasil y en todo el Caribe, se le daba un aya negra. Por lo menos desde el siglo dieciséis hasta el siglo diecinueve, en que cesó la esclavitud. Al nacer, la madre entregaba el niño a un aya negra que muchas veces le daba el pecho. Esa aya era una esclava analfabeta, cristianizada, incorporada formalmente a una subcultura. Lo que ella sabía era tradición negra africana: leyendas, danza, música, folclore africano, y tomaba al niño hasta los cinco años, la edad más formativa del hombre. Este fue el *kindergarten* que, durante tres siglos, tuvieron las clases dirigentes latinoamericanas: un *kindergarten* africano. El caso de Bolívar es ejemplar. Su madre era tuberculosa, lo que hizo que no pudiera tener una relación muy estrecha con ella. Al nacer se lo entregaron a una negra de veinte años, para que lo criara. Esa negra se llamaba Hipólita. Esa fue en muchos sentidos la madre de Bolívar. Estuvo en manos de esa mujer desde que nació hasta los siete u ocho años. De modo que recibió de la negra Hipólita infinitamente más que de su madre. ¿Y cuánta cultura negra le transmitió la negra Hipólita a Bolívar?

Hay una carta de Bolívar muy reveladora, una carta del Cuzco, de 1825, el año siguiente a Ayacucho. El le escribe a su hermana María Antonia, en Caracas y le dice: «ayer recibí carta de mi madre Hipólita, dále lo que pida porque yo no conocí otra madre que ella».

– También hay otros grupos culturales a los que no se les da

mucha importancia y que hoy día tienen una participación política y económica muy fuerte en las clases medias de nuestros países que son todos los sectores europeos no españoles, árabes, judíos, japoneses, chinos coreanos...

– La inmigración no española que hubo fue sobre todo en el Cono Sur, aunque posteriormente en este siglo ya vino a los países más al norte como Venezuela. Ha llegado bastante inmigración italiana, portuguesa, y aún centroeuropea y judía, y ese fenómeno no se ha estudiado. Tiene usted razón.

– ¿ Y no cree que esto cambiará la mentalidad latinoamericana del siglo veintiuno?

– No cabe duda. Tiene que estar influyendo, yo no conozco ningún estudio serio de eso, pero tiene que estarlos habiendo. Aquí en Venezuela, por ejemplo, hubo una fuerte inmigración italiana más o menos a partir de 1950 hasta los años setenta, muy importante. Es algo que habrá que estudiar, porque indudablemente constituye un factor cultural.

– Usted ha dicho que un componente fundamental de la identidad latinoamericana es el mestizaje cultural. ¿Por qué el latinoamericano, en general, no asume ese mestizaje cultural?

– Porque no nos lo han enseñado a asumir. Hay una anécdota de don Miguel de Unamuno, que es oportuna. Una vez, un doce de octubre, fue un periodista a hacerle una entrevista y le dijo: ¿usted no cree don Miguel que los hispanoamericanos son muy ingratos con los españoles? Y le dijo don Miguel: ¿Y por qué? Bueno, porque después de que los descubrimos, que los colonizamos no nos quieren. Entonces don Miguel le dijo: ¿Usted los descubrió? No, pero nuestros antepasados lo hicieron. La réplica fue: no, los antepasados de ellos, los nuestros se quedaron aquí. Es una gran verdad. ¿Quiénes nos conquistaron? Nosotros mismos, nuestros abuelos nos conquistaron. ¿A quiénes conquistaron? A nosotros mismos, a los indios que somos nosotros. Somos los herederos culturales y sanguíneos de ambos, de todos. ¿A quiénes esclavizaron? A los abuelos africanos, de modo que nosotros somos herederos de los esclavizadores y de los esclavizados, de los conquistadores y de los conquistados, pero no hemos querido asumirlo nunca. Por lo demás, siempre nos hemos identificado más con los indígenas. Esto es muy viejo, pasa en todas partes del mundo. ¿Usted ha visto celebrar en España a Escipión[6] alguna vez? Y España es lo que es por la romanización. Pero a Viriato[7] sí, porque Viriato es el indígena que se alza. Lo mismo en Francia. En Francia, ¿celebran a César? Absolutamente no. Y Francia es en gran parte la obra de César: la romanización de las Galias. Pero en cambio celebran a Vercingétorix[8], una personificación de la tierra. Es muy curioso, todos nosotros por algún proceso mental nos identificamos con el indio, sin darnos cuenta de que eso constituye una falsificación histórica. Claro que tenemos del indio, sepámoslo o no, pero no somos indios. Bolívar lo dijo en Angostura, en una frase muy justa: «no somos españoles, no somos indios, somos una especie de pequeño género humano».

– Me gustaría tocar el tema de la venezolanidad...

– Venezolanidad, que palabra difícil..

– ¿Cómo la definiría usted?

– Yo creo que el venezolano es muy nacionalista, muy patriota; el venezolano emigra poco, cambia poco de nacionalidad, tiene un gran sentimiento de su nación, habla horrores de Venezuela, es una cosa muy curiosa. Venezuela es un evidente país de mestizaje; ciertamente no es un país español, tampoco un país indígena y no es un país negro. Es eso lo que lo define. Estamos todos mezclados. Hay una frase muy popular, que dice que aquí 'todos somos café con leche, unos más café y otros más leche'. Es eso. Y es una gran cosa, porque eso representa una base de unidad. Luego, el venezolano ha sido igualitario. La guerra de independencia en Venezuela fue ferozmente igualitaria, una verdadera guerra social. La guerra federal, a mediados del siglo pasado, también fue radicalmente igualitaria. Llegó a lanzarse un grito terrible, cuando hubo la pavorosa insurrección de la esclavitud del año 1813. Gritaban: mueran los ricos, los blancos y los que sepan leer y escribir.

6- Escipión Emiliano (185-129 AC), vencedor en Numancia en el 133 AC (en la actual España).

7- Viriato, jefe de las tribus lusitanas que resistieron la conquista romana de la península ibérica. Traicionado por los romanos, fue asesinado en el 140 AC.

8- Vercingétorix (72-42 AC), jefe galo. Fue elegido jefe supremo de las tribus galas sublevadas contra los romanos en el año 52 AC. Fue tomado prisionero y murió preso en Roma.

– Europa fue desarrollada en su momento por la burguesía. ¿Usted cree que en América latina, la burguesía o su equivalente ha jugado un papel de desarrollo en nuestros países...

– Es que la burguesía es la que ha hecho todo. El mayor elogio de la burguesía lo hizo Marx en el *Manifiesto Comunista*. Allí dice que todo lo que la humanidad tiene de progreso se lo debe a la burguesía: la libertad, las instituciones democráticas, el progreso científico, el progreso social. Marx creía que la burguesía había agotado su papel y que le tocaba ahora al proletariado. Es una idea simplista. Cuando nosotros empleamos la palabra burguesía, ¿de qué estamos hablando? Todo el mundo dirigente ha sido burgués, toda la literatura es burguesa, el arte es burgués. ¿Quiénes crearon todo eso? Los burgueses, la gente que tenía un poco de tiempo libre para no estar cultivando la tierra y para ponerse a hacer un garabato en una pared.

– Pero la burguesía europea creó la Europa moderna y construyó los nuevos estados y las nuevas naciones. Sin embargo en América latina, lo hizo a medias...

– Porque nosotros sólo imitamos, nosotros no pudimos construir el Estado.

– ¿Por qué fracasaron?

– Los americanos del norte sí construyeron el Estado, porque lo heredaron, lo vivieron, lo hicieron inconcientemente y continuaron con lo que hacían en el país materno; y nosotros lo inventamos. Lo inventamos de la manera más absurda, sin ninguna raíz, eso es lo que dice Simón Rodríguez, que dice Bolívar, la república aérea, decretamos repúblicas y no teníamos republicanos.

Fracasaron porque el proyecto no tenía gente. ¿En ese tiempo, con qué lo sustituirían a usted, al burgués que usted representa? ¿Con un obrero manual del puerto de Arequipa? No funcionaría.

– ¿Por qué no asumimos nuestro fracaso de una vez?

– No se ha constatado, porque nos duele mucho reconocerlo. Es nuestro propio fracaso. Es que nos tenemos que meter todos, porque todos estamos metidos en esto.

Fracasó un proyecto. Pero no tenemos con qué sustituirnos. Es decir, o seguimos ocupándonos de este negocio o hay que cerrarlo. No hay con qué sustituirnos. De modo que por eso estamos usted y yo en esta conversación, porque partimos de la base de que somos la gente que, más o menos, está en estas preocupaciones, los que podemos hacer algo. Ahora claro, uno puede seguir haciendo lo mismo que hizo hasta ayer y esperar que las cosas no cambien nunca, o por lo menos conversar y tratar de que alguien nos escuche.

Caracas, 4 de noviembre de 1991.

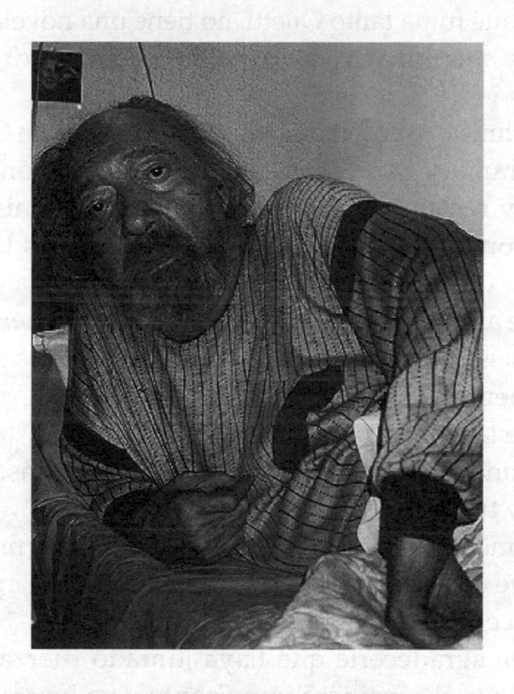

Juan Carlos Onetti

Apenas habla la voz. La boca pitea y echa humo, desesperada. Quiere decirlo todo.

Hay que contar que Onetti está hace tres años en cama y que nos ha hecho el honor de recibirnos bastante enfermo. Pelo largo y blanco, que sobresale de una calvicie antigua. Ojos cortazarianos que salen desde sus órbitas detrás de unas gafas marrones, culo de botella. Barba blanca hochiminesca, rala. Pijama a rayas.

– Pasá querido. Perdoná que te reciba en estas condiciones pero así es la muerte. Te confieso que hace tres años que no me miro al espejo. Pero quería que habláramos de esa ocurrencia tuya que me contó Benedetti. No podremos hablar mucho, porque verás que no tengo voz. Ni aguante.

Onetti saca un cigarrillo tras otro en una obsesión suicida. Lo que lo tiene postrado son justamente sus atormentados pulmones.

– ¿Y para qué fuma tanto Onetti, no tiene una novela que terminar?

– Sí, la voy a terminar y ya no me importará morirme. Todo hecho estará.

La cama clínica, el balón de oxígeno, el retrato de Gardel, una silla, un jugo de naranja y yo. Escenario de conversación terminal. Pero Onetti patalea y reclama contra el pronorteamericanismo de Octavio Paz y la sumisión de la América latina a los Estados Unidos, y contra casi todo vuelca una energía mágica que alguien se la envía por ondas herzianas desde algún lugar de su alma. Quizás una hermosa mujer que cada vez que pasa por el hueco de la puerta hace que sus ojos la sigan imperceptiblemente.

Me tira de la manga y me dice:

– Hacéle una fotografía conmigo y me la mandás.

Ochenta y tres años, Onetti no ceja con la vida.

Conversamos dos horas hasta que se agotó y no pudo seguir. En el poco tiempo que conversamos una vivencia fuerte se apoderó de mí: la dignidad del escepticismo cuando es estético.

Tengo que agradecerle que haya juntado fuerzas para dejarnos este testimonio que él consideró importante y yo imprescindible. En un mundo en que la ética y la estética se reabsorben en argumentaciones superfluas, Onetti será por siempre Onetti.

Lo había conocido dieciocho años atrás, en ese mismo apartamento de Madrid, cuando tenía sesenta y cinco años. Yo acompañaba, como fotógrafo, a un periodista español y tomamos vino y jugamos cartas y nos reímos de todo. Y era un señor calvo de pelo semicanoso que vociferaba y caminaba de un lado a otro. Ahora Onetti descorporizado no puede dormir y pasa sus noches en vela leyendo para olvidar.

No hubo Federico, no está el mundo, no hay Santa María. Todo lo que veas fuera de aquí es mentira, todo lo que toques. Y hasta lo que pienses fuera de aquí y lo que pienses estando aquí y que no tenga relación conmigo. Con este cuarto.

Lo dijo en *Juntacadáveres*.

Un cuento chino

– ¿Cree usted que uno de los problemas de América latina es haber sido una hija torpe de la Ilustración, por haber tomado sus ideas sin adaptarlas a la realidad de sus pueblos? ¿Existe un abismo entre sus constituciones e instituciones y lo que realmente pasa con su gente?

– Sí, usted lo ha dicho perfectamente, creo que es así y no veo ninguna esperanza de que eso se modifique.

–¿Piensa que ese hecho está haciendo crisis tres siglos después, y que el concepto de lo latinoamericano ya no es más que un concepto en decadencia?

– Sí, para mí decididamente sí.

–¿Estarían estos países, hoy, condenados a su dispersión?

– Soy un pesimista al respecto, no veo una salida o un resurgir de América latina. Creo que desgraciadamente si no hay cambios muy importantes, y por ahora imprevisibles, Norteamérica la absorberá. Ya el imperialismo norteamericano, sin necesidad de ejército, ha puesto a toda América latina de rodillas, por medio de préstamos y de las multinacionales, y nuestros países son como provincias norteamericanas. Este episodio de la letra ñ[1], por ejemplo, que parece tan cómico, es un síntoma muy serio de muchas cosas. ¿A quién perjudica la ñ? A las grandes multinacionales que van a fabricar los ordenadores y las máquinas de escribir. Vea, por otra parte, el caso actual de Argentina, donde quien manda allí es el embajador de Estados Unidos, Todman. No es el pobre diablo de Menem, es Todman.

– ¿Siente usted que lo que algún día fueron las proyecciones y los sueños del continente no habrían sido más que un invento de los

1- En 1991 hubo una gran polémica en España porque ciertas fábricas de ordenadores de la Comunidad Europea pretendieron eliminar la letra ñ de sus teclados.

escritores del siglo diecinueve, fomentado y difundido por los escritores posteriores, como los de la generación suya? Quisiera saber hasta qué punto esta proyección fue nada más que literaria, algo que estaba en los libros pero que no estaba en la realidad.

– Podríamos volver un poco para atrás y pensar en la independencia de América latina, en la expulsión de los españoles y en el sueño de Bolívar. Ese sueño siempre se trató de revivir con cosas pequeñas, nunca grandes, como todas las asociaciones que se han intentado: el Pacto Andino y ahora también este Mercosur del que forman parte Argentina, Brasil, Uruguay, Paraguay. Pero todas éstas han sido relaciones puramente comerciales. Y ése no puede ser el espíritu de la unión. En estos casos siempre sucederá que el pez más grande se comerá al más chico. Es el caso de Uruguay, por ejemplo, que está encajado entre Argentina y Brasil. ¿Cómo va a competir en un mercado común si no tiene nada que exportar aparte de la lana y de la carne, que está a muy bajo precio en el mercado internacional? Todos sabemos quién maneja los precios de los mercados. Por ejemplo, la lucha que se está haciendo contra el narcotráfico está enfocada exclusivamente contra la producción de cocaína y no contra el consumo. La gran oferta norteamericana ha consistido en que los productores cambien de sembrar plantas de coca a patatas u otras cosas; pero, entonces, curiosa y simultáneamente, baja en el mercado internacional el precio de los productos que podrían sustituir a la coca. Además los precios que pagan los narcotraficantes son tan superiores a los que podrían sacar de plantar tomates... Todo eso para mí es una gran farsa. ¿Por qué no se trabaja con los consumidores? ¿Por qué no se da la lucha dentro de los Estados Unidos contra el narcotráfico?

– ¿Entonces, usted no cree en nada de este nuevo orden mundial que propone Bush, el presidente de los Estados Unidos?

– No, mi hijo, es un cuento chino. Cada presidente norteamericano ha inventado fórmulas para quedar bien con Latinoamérica, para disimular lo que han hecho de Latinoamérica y siguen haciendo. Por ejemplo, está el caso de la Alianza para el Progreso, de Kennedy. Claro, es como aliar a un ratón con un dinosaurio, esas son las alianzas...

– Para usted entonces, el sueño bolivariano ha terminado en una farsa. ¿No habrá alguna posibilidad inexplorada?

– Para mí no. Hace mucho tiempo leí un artículo de Bolívar, que se llamaba «Mi sueño sobre el Chimborazo», en el que cuenta que sueña con unos estados unidos de todas las repúblicas, o republiquetas, tendríamos que decir, ya que algunas no han pasado de eso. Es un sueño acabado. Yo soy cada día más pesimista.

– ¿Se siente usted latinoamericano?

– Francamente, me considero uruguayo y europeo.

– ¿Cree usted que lo latinoamericano no existe ni siquiera como concepto?

– No como una cosa concreta, unida, que se pueda decir «lo latinoamericano». No, ¿qué tiene que ver Brasil, por ejemplo, con Paraguay?

– Entonces cuando se habla de Latinoamérica no es más que un fantasma...

– No es nada más que una cuestión geográfica, no pasa de la geografía. Si se fija, en Brasil el idioma oficial es el portugués. Getulio Vargas[2] fabricó un idioma o un diccionario que no sirvió para nada porque hoy mismo, en Brasil, no se entienden de un estado a otro. Bahía, por ejemplo, tiene unos giros que han sido fabricados, corregidos, corrompidos, modificados y adaptados por su pueblo. Si en el mismo Brasil no se entiende una provincia con otra o un estado con otro, mucho menos se entienden los llamados latinoamericanos entre sí. Todo el tiempo que he vivido en Argentina y en Uruguay, no tuve contacto ninguno con lo que se estaba escribiendo en Chile o en Perú, en Bolivia o en Caracas.

– Vivimos de ideas prestadas...

– Yo creo, lo creo con tristeza.

– ¿Y podría América latina salir de eso y tener ideas propias?

– ¿Cómo podría?

– ¿O sea que no le ve salida ?

– Yo no le veo salida.

– Usted alguna vez creyó en América latina, la amaba, la soñaba. ¿Qué hace para olvidarla?

2- Getulio Vargas (1883-1954), político brasilero. Presidente, con apoyo militar, entre 1930 y 1945. Posteriormente triunfó en las elecciones de 1951, pero renunció en 1954 y se suicidó.

– Paso la noche leyendo novelas policiales...

– ¿No escribe sobre el tema?

– Tuve un período en que escribía mucho de noche. Desde que se ponía el sol hasta que salía otra vez, escribiendo y escribiendo, pero me embromé, me enfermé y tuve que suprimir.

– ¿Tampoco cree que América latina tenga una identidad común?

– No, no la tiene, ni la quiere tener. Me parece que en todos los países, sobre todo en capitales y en pequeñas capitales de provincia, hay un sentimiento hasta de xenofobia, aunque le parezca que está exagerada la palabra. Los escritores, por ejemplo, escriben para ellos, se leen entre ellos. Acá me ha sucedido, me han dicho en el café Gijón, «me muero de terror de que alguien lea lo que escribo».

– Usted me decía que se siente uruguayo y europeo... ¿Qué literatura lo ha influido más en su manera de mirar el mundo como escritor?

– Yo he sido más influído por la literatura de entre guerras en Estados Unidos, un período que para mí es muy interesante: un Hemingway, un Faulkner. En teatro, Tennesee Williams, Beckett... Nada más. Por ahí van mis deudas.

– Le encanta la primera mitad de este siglo...

– Una vez se me ocurrió idear una cronología del siglo que estamos viviendo. Trazaba una línea en los años cincuenta y podía demostrar, he tenido grandes discusiones al respecto, que todo lo importante que se hizo en literatura, en música y en pintura fue hecho antes del año cincuenta. Una vez lo dije en una comida que me dieron y se exaltó mucha gente. Me divertí mucho.

– Usted, que es escéptico, ¿cree que estamos frente al fin de las utopías en América latina?

– Creo, y es una cosa intuitiva y no de pensamiento, que surgirán nuevas utopías. Veo un futuro muy bravo con los integristas...

– ¿Qué integrismo podría desarrollarse en América latina? ¿El católico?

– Creo que sí. La Iglesia tiene fuerza en muchos lados, en Brasil la tiene, en Argentina la tiene, no sé en Chile cómo está la cosa.

– ¿Catolicismo conservador?

– Y claro. No hay más que oir las cosas que dice el Papa, es increíble.

– América latina ha sido la cuna de la teología de la liberación. ¿No podría resurgir un catolicismo popular?

– Eso es algo del pasado, que comenzó en Brasil en los sesenta, un movimiento poderoso, uno de los movimientos más fuertes; pero, como tantas otras cosas de esa época, ya se acabó...

– ¿Cree que el papel de la Iglesia en América latina ha sido positivo? Junto al ejército es la institución que más nos ha determinado...

– Yo no puedo opinar mucho sobre eso, porque en Uruguay desde principios de siglo vino la separación de Iglesia y Estado. Es decir que el Estado no le daba un céntimo a la Iglesia: la pagaban los católicos ricos... Sé que ahora están alarmados por la falta de vocaciones, como le llaman ellos. Parece que ha escaseado enormemente el porcentaje de muchachos que salen del seminario para ser curas...

– Pero el ejército sí que lo ha vivido en carne propia. ¿Qué opinión tiene usted de los ejércitos en América latina?

– Están cumpliendo una misión policial, no están para defender, no deberían existir. Por ejemplo, Uruguay. ¿Para qué quiere un ejército Uruguay? Leí un informe, hace unos años, del Estado Mayor uruguayo, donde decía que en caso de guerra con Brasil podrían aguantar veinticuatro horas; si era con Argentina, cuarenta y ocho horas. En el mejor de los casos, porque el río los separaba, se podían demorar un poco más. Además, aunque resistieran esos tiempos previstos, a esas alturas se les habrían acabado las balas. Entonces, ¿para qué sirven? Para el golpe de estado y la función policial, nada más.

– ¿Qué habría que hacer con los ejércitos? ¿Desmantelarlos, deshacerlos?

– Querido, ¿Y quién lo hace? Vos no lo hacés. Y mira cómo actúan. Por ejemplo, en Argentina y en Uruguay siguen pidiendo que les suban el sueldo cuando no se le puede subir al resto de los trabajadores. Pero lo piden no más y en Argentina ya se lo subieron.

– El mundo parece olvidarse de una preocupación fundamental de hace menos de una década: la bomba atómica, que dio para tanta literatura... ¿Le parece que ha llegado la paz al mundo después de la fragmentación de la Unión Soviética?

– La bomba atómica está allá en las sombras, aunque no se use o uno no piense en ella todos los días. Un país con muertos de hambre, con leprosos, como la India, tiene la bomba atómica; creo que Pakistán también la tiene; China hace mucho que la tiene, y los rusos ahora mismo constituyen un peligro en ese sentido, porque si Gorbachov fracasa, que es lo más posible que pase, como dijo el ministro de relaciones exteriores Shevarnadze, vendrá la dictadura o la guerra civil en la Unión Soviética. Esa dictadura o esa guerra quien la puede hacer es el ejército, y el ejército tiene la atómica. ¡Qué paz!

– Dentro de este escepticismo que tiene usted, ¿cree que tienen algún papel los intelectuales latinoamericanos?

– Un papel, en el sentido de poder influir, yo digo que no. Y cada vez escasea más el intelectual tipo Sartre, que decía sus verdades, sus críticas y cada vez abunda más en todos lados el que ha sabido acomodarse con el gobierno. Y eso creo que pasa en todo el mundo.

– En los años sesenta los intelectuales latinoamericanos tenían dos modelos; uno era Cuba y el otro Estados Unidos. Ya me dio su opinión sobre Estados Unidos. ¿Cuál es su opinión sobre Cuba y lo que allí ha pasado?

– Lo de siempre, lo que ha sentido todo el mundo, una gran ilusión cuando empezó, una gran simpatía, claro, y eso consciente o inconscientemente relacionado con que se había acabado Batista. Era más grande la admiración por Fidel Castro por haber acabado con ese relajo espantoso, por haber liquidado a toda la mafia norteamericana que era prácticamente dueña de Cuba. Después no se puede aceptar lo que siguió: un partido con una monopolítica. Además que toda persona decente o normal tiene que reverenciar la libertad de expresión, tiene que odiar toda clase de censura. Y allí la ha habido.

– Si ni Cuba ni Estados Unidos son los modelos, ¿hay algún modelo que usted crea bueno para América Latina?

– Yo no puedo decir que España, porque estoy viendo que cada vez hay más censura; todo este proyecto que tienen aquí, por ejemplo, para la seguridad ciudadana, son cosas que tiene cierto tufo o mal olor de fascismo o de totalitarismo. Pero si yo tengo que votar otra vez, voto a Felipe y no porque lo admire como estadista sino porque ¿cuál es la alternativa? Los niños bien o el Opus Dei; lo que sería eso, un gobierno del Frente, de esos que se llaman PP, Partido Popular, que yo decía partido patronal. Mi sirvienta le daba otra interpretación que no se puede grabar. Sería terrible...

– ¿Y qué le pasa con la Izquierda Unida, los que están a la izquierda de Felipe?

– Bueno, me parece muy bien. Están allí en una posición parecida a la mía: hay que apoyar al Partido Socialista Obrero Español, para evitar que venga la derecha.

– ¿Pero usted se siente más identificado con la Izquierda Unida que con el Psoe?

– Identificado es una palabra muy seria.

– Pero usted ha sido lo que hasta hace poco se llamaba un izquierdista. ¿Cree que la izquierda latinoamericana ha fracasado?

– Hace muchos años hubo una gran esperanza y la parte más significativa de esa gran esperanza estaba en Perú con Haya de la Torre, en el Apra[3], la asociación para la revolución latinoamericana. Ahora, después de tantos años, los milicos de Perú le dieron permiso al Apra y el Apra ganó las elecciones y fue un desastre espantoso, un gran desastre... Yo no sé que pasará con este pobre japonés Fujimori. Creo que se va a volver a Japón... En vez de la peste del cólera, le va a venir la fiebre amarilla.

– ¿Qué le parece cuando algunos escritores se meten en política en América latina?

– ¿Está hablando de Mario?

– No sólo de él, otros también lo han hecho de alguna manera. No hay que ser candidato para estar actuando en política.

– Me gustaría conocer la evolución de García Márquez respecto a Cuba, respecto a su gran amigo Fidel. Me parece que si las cosas siguen así, Fidel acabará pegándose un tiro.

– ¿Por qué va a acabar pegándose un tiro?

– Porque se va a dar cuenta de su brutal fracaso, va a tener que racionalizar, la gente tiene que comer. Esa historia de que los dólares los van a conseguir sus hombres de ciencia, ¡ah, por favor!, como si el mun-

3- Apra, Alianza Popular Revolucionaria Americana, movimiento político peruano de tipo populista, fundado en 1924 por el político Víctor Raúl Haya de la Torre.

do estuviera esperando a la ciencia cubana. Claro que a mí personalmente me gustaría que pudiera mantenerse Cuba firme frente a Estados Unidos.

– Hace cinco o seis años atrás, ¿se imaginaba el derrumbe del mundo socialista?

– No.

– ¿Qué sintió cuando esto sucedió?

– Mira, querido, sentí una gran tristeza, una tristeza también de un orden puramente personal por mi gran admiración y cariño por la literatura rusa. Una parte mía, aquella de mis sentimientos, se había venido abajo, no sabemos qué va a pasar allí. Yo sé que en Rusia me quieren mucho, pero ahora Rusia es provincia de Yeltsin, el rival de Gorbachov. Así se comprueba que la gran literatura rusa es muy anterior al señor Stalin. No pudieron darnos otros Tolstois, ni Dostoievskys, ni Chejovs.

– ¿Cree que el liberalismo ganó la lucha ideológica de que tanto se hablaba en los sesenta, y que el socialismo ya no tiene qué decir?

– El neoliberalismo en que estamos metidos nos tiene jodidos. Lo demás está por verse.

– ¿Siente usted ahora que Europa se ha alejado de América latina?

– Es que hoy la relación más importante es la económica. ¿Entonces en qué piensa la comunidad europea fundamentalmente? No en cuestiones artísticas o culturales, sino en cuestiones económicas. El gran interés de ellos son los mercados. ¿Y los grandes mercados cuáles son? Rusia, China... América latina ya no les sirve para nada.

– ¿Qué puede hacer América latina frente a eso?

– Está haciendo las pequeñas cosas de que ya hablamos, las pequeñas uniones, la unión andina, que sólo de nombre suena.

– ¿Qué le parece México? Fue siempre el principal latinoamericanista y ahora privilegia su relación con Estados Unidos...

– Es una cosa que me llama la atención. He ido varias veces a México y he discutido: parece que a ustedes no les da vergüenza que Estados Unidos les haya robado la mitad del territorio; y todavía hablan bien de Estados Unidos.

– ¿Usted tiene algo de mestizo?

– Uruguay no tenía ninguna cultura indígena; había indios, sí, pero en Uruguay no dejaron nada. Mandaron a un conquistador, adelantado le llamaban los españoles, a Uruguay, Juan Díaz de Solís; los indios lo mataron y por ahí dicen que se lo comieron. Y allí se acabó, no hubo más invasión de ese tipo; hubo una invasión puramente comercial de España mientras se mantuvieron los virreinatos. Después vino Inglaterra, que luchó, porque le convenía, porque estaban obligados a pagar los impuestos al rey de España, por imponer el libre comercio. Bueno, al final lo lograron. Con las independencias sí hubo libre comercio, a costa de toda la gente que murió en las revoluciones. Yo no veo a Latinoamérica como a una unidad, le digo que me siento más bien europeo.

– ¿Qué le parece esto del Quinto Centenario?

– Bueno, va a ser algo espantoso, no sé si voy a estar vivo, pero va a ser algo espantoso de retórico. Yo no sé de qué nacionalidad es usted...

– Chileno.

– Ah, felicitaciones por el Colo Colo.

– Gracias... ¿Va a ser pura retórica el Quinto Centenario?

– Claro, y negocios...

– Usted ve en el año dos mil a América latina como algo absolutamente marginal y sin nada que decir.

– La veo, quizás, como algo no tan grosero como es Centroamérica hoy, pero algo aproximado...

– ¿Qué siente cuando países como México o como Chile dicen «nosotros vamos a salir adelante solos»?

– Yo los aplaudo.

– ¿Pero les cree o no les cree?

– No, México está cada día más entregado, como le decía, a pesar del orgullo que tiene.

– ¿Usted cree que quizás hubiera sido mejor una América latina unida a España?

– Depende de los términos de esa unión...

– Parte de España como era antes de la independencia...

– No, eso no, porque España cómo actuó. La gran diferencia que se establecía era para los nacidos en España y los nacidos en América latina, los sudacas, no podían ocupar puestos públicos porque estaban reservados para los españoles; ése fue el gran fermento de la revolución.

– Hablando de sudaquismo, ¿usted alguna vez se ha sentido sudaca aquí en España?

– A mí España me ha tratado muy bien; directamente no me podría quejar. Pero sí he visto ejemplos de gente sudaquiada, es un neologismo que se puede aplicar. Leí hoy que van a abrir un plazo de seis meses para que los que tengan trabajo puedan aspirar al permiso de residencia: perfecto. Pero no dan el permiso de residencia si no tienes trabajo y si no tienes residencia no te dan trabajo. Un caso concreto: una chica amiga mía se vino de Uruguay y se encontró con ese problema; menos mal que tenía dinero para mostrar, no sé cuánto hay que tener, o tener una familia que se haga cargo; pero se da ese juego, no puedes buscar trabajo y no te lo dan si no tienes residencia y si no tienes trabajo no te dan residencia. Es una cosa increíble, que han manejado.

– ¿Cuál sería su sueño, aunque sea un sueño, frente a América latina? ¿Cómo le gustaría a usted que fuera América latina en el próximo siglo?

– Una cosa básica sería que estuviera formada toda por democracias, pero por democracias verdaderas. Claro, escuelas, la belleza de que no se muriera la gente de hambre, eliminar la miseria que hay en Uruguay, en Argentina; en su país también he visto fotografías de pobreza. Yo preferiría un sistema político económico como el de Suecia. En Suecia todo el mundo tiene dinero, todo el mundo; los impuestos son terribles, hasta el setenta por ciento, no sé cuanto, pero todos tienen, trabajen o no trabajen. Y bueno, se han mantenido neutrales, que es muy importante...

– Suecia está pidiendo ahora el ingreso a la Comunidad Europea; se acabó el neutralismo en ese sentido...

– Sí, claro, ahora que no hay Unión Soviética. No puede ya jugar a ser bisagra, no puede amenazar de que si tú me molestas, tengo a este otro. Para mí, a Palme lo palmaron por eso, por neutralismo; vamos a ver qué pasará con este Carlsson. Por eso mataron a Olof[4]. Lo mató la CIA.

4- Olof Palme (1927-1986), político socialdemócrata sueco. Fue primer ministro en dos oportunidades, de 1969 a 1976 y de 1982 hasta su muerte. Murió asesinado.

Ingvar Carlsson, político socialdemócrata sueco que sucedió a Palme como primer ministro en 1986. Fue reelecto en 1988.

– ¿Y América latina por qué nunca ha podido ser bisagra? Siempre ha tenido novias absolutas, o Estados Unidos, o la revolución, pero nunca ha jugado a estar en el medio, hacer lo que le conviene. ¿A qué cree usted que se debe eso?

– Todos los países de América latina, todos, le deben dinero, millones de millones a Estados Unidos; no pueden ponerse en una posición de neutralismo o neutralidad... Es una lástima, porque me agarraste cansado, me están pasando esas cosas tan curiosas que de noche no puedo dormir, entonces leo novelas policiales hasta que veo el alba y me duermo todo el día. Claro, ahora estoy con sueño, no he comido en todo el día, porque me duermo aunque no quiera...

Me han dicho que torturaste durante cuatro horas a Benedetti, así que para mí te pido compasión.

– ¿Habló con Benedetti?

– No, tengo fuentes secretas de información.

Madrid, 7 de junio de 1991.

José Donoso

Su voz es baja pero perversa, fina pero afilada. Un civilizado lo habría llamado Bilbao, si lo hubiera conocido. Como todo civilizado que se respete, está repleto de cajones con mundos escondidos: colmados de pecados, fantasías y cochinadas encantadoras en las que la plebe, la oligarquía, las putas, los personajes de baja calaña, hacen de las suyas, enloqueciéndose, fornicando, matando, emborrachándose y siendo grandiosamente pequeños. Nuestra América.

Su figura tiene el porte de una casa de campo chilena, llena de habitaciones, escaleras, balcones, bodegas, escondites y recovecos privados que encierran trozos de la historia privada y oculta de Chile, que luego va liberando para cautivar otros nuevos y volverlos a dominar. Es capaz de verbalizar una extraña mezcla de atavismo y modernidad, haciendo lo chileno universal.

A quien no lo conoce bien, le puede dar una gran sensación de fragilidad física. Pero, al rato de conversar con él, uno se pregunta cómo ese cuerpo puede soportar una libido tan potente, que en cada descuido se le escapa a galope tendido por praderas y campos de fresas y lo hace bailar en medio de pastizales con señoras elegantes que no tienen el menor empacho en levantar sus trajes de encaje para mostrar nalgas y vaginas goteando sangre azul.

La vetustez, el fatal y amenazador crujido; la suave locura del ser apretado por el canon enmohecido, la lujuria embotellada en cuerpos de carne pequeña, lo pasado de moda, lo venido a menos, la demencia astuta, la violencia de lo gastado, circula por sus personajes tremendamente hijos de un iluminismo abortado por una naturaleza americana arcana. Donoso es, justamente, un *voyeur* profesional de *ese* misterio americano. Camina detrás de sus personajes y catapulta sus pequeñeces de *parvenus*, agazapado, desde un silencio siempre irónico, lleno de brillos y de chispazos que pueden electrocutar a un elefante. Así, en flagrante contradicción, engrandece nuestro mundo.

Es una tarde sin luz la de esta entrevista. Donoso viene saliendo de una larga enfermedad que lo ha obligado a postergar el encuentro varias veces.

–¿Somos mestizos los chilenos?

–¿Usted cree que sea bueno hablar de esto justamente ahora que el mundo no tiene pies ni cabeza?

Su barba y su pelo blanco, sus sesenta y ocho años, no permiten sospechar los miles de pájaros que revolotean en su alma. Sólo uno se da cuenta cuando sus ojos brillan y se achican y mueve un poco la cabeza de costado en una complicidad privada con el obsceno ser alado que siempre lo vigila desde su ser otro.

Bastardía

– ¿Está deshilachándose América latina, a punto de un colapso, de un cierto cansancio de querer ser lo que no es?**

– No. Me parece que hay ciertas uniones indudables: el idioma, la geografía y, desde luego, la sensación de un pasado común. Si se han derrumbado cosas, se han derrumbado para todos nosotros y son consecuencias que están sufriendo todos los pueblos del mundo en este momento.

– ¿Pero usted, a pesar de todo, se siente latinoamericano?

– Bueno, yo siempre me he sentido relativamente latinoamericano y nunca me he sentido demasiado latinoamericano.

– ¿Y en qué se ha sentido latinoamericano y en qué no?

– Por ejemplo, yo tengo muy poca comprensión de lo folclórico. En ese sentido, no me siento nada de latinoamericano. No me siento para nada producto de eso que se ha llamado la barbarie, no tengo ninguna relación con la barbarie. Por definiciones y por lectura, me ha tocado vivir una Latinoamérica urbana, bastante civilizada y muy proyectada hacia Europa y Estados Unidos. Me parece, sin embargo, que una de las cosas que nos une a los latinoamericanos es esa mezcla de civilización y barbarie.

– ¿Y se siente chileno?

– Tengo claro que soy chileno y así me siento, aunque a veces no me guste del todo. Pero por mucho que hurgue yo en la historia, la cultura y la educación de mi familia, por muy atrás que vaya, siempre me pierdo en la historia de Chile, no hay otra cosa. Y una historia de Chile que es siempre la más civilizada o, por lo menos, con acceso a lo más civilizado que era dable en cada uno de los períodos.

– Y además de latinoamericano y chileno, ¿se siente otra cosa?

– Me siento cosmopolita, me siento desarraigado.

– ¿No le parece que ésa es una característica de los latinoamericanos, eso de no estar en ninguna parte, de querer estar siempre en un lugar diferente al que están?

– Eso es lo que le quería decir de introito. Creo que lo que más nos señala como latinoamericanos es esta bastardía, sobre todo eso de no saber, en realidad, si somos de aquí o de allá, si somos de alguna parte.

– Ahora, esta especie de otredad, este no estar felices donde estamos, ¿de qué manera cree que nos marca en nuestra manera de pensar, en nuestra manera de ser, en nuestra manera de organizarnos?

– En ese sentido me gusta mucho pensar que todas las novelas de mi generación fueron escritas por latinoamericanos desde fuera de su país de origen, pero sobre su país de origen. Pienso en Cabrera Infante, escribiendo desde Bélgica o desde Inglaterra sobre Cuba; pienso en Mario Vargas LLosa, escribiendo desde París sobre Perú; en Cortázar, escribiendo desde París sobre Buenos Aires; pienso en Carlos Fuentes, escribiendo sobre México desde todas partes del mundo. En fin, el caso mío, escribiendo sobre Chile desde España, durante años de años y años. Alejarse fue un primer movimiento para tratar de reconocerse. A veces la distancia permite reconocernos: es como alumbrar las cosas desde lejos con una voz que sirva para todos, es como forjar una imagen del país de origen que sirva para todo el mundo, que sea radiante.

– ¿No cree usted que Latinoamérica es básicamente una creación intelectual, hecha por los escritores, por Sarmiento, Martí, Vicuña Mackenna, Bello y también por los de este siglo, entre ellos usted?

– Algo puede haber de eso. América latina, en todo caso, es como toda creación literaria: ambigua, amada y odiada. Por ejemplo, en literatura, uno forja una cosa para una función y de repente esa cosa que uno forjó para esa función cumple otras completamente distintas de la que uno quería.

– Por ejemplo, a ver...

– Qué sé yo. Por ejemplo, *Rayuela*, de Cortázar, es un caso típico. *Rayuela* es un libro esencialmente patriota, pero en el fondo ¿qué hace? Da una dimensión de los argentinos que no es ni querible ni admirable ni nada. Y nos da unos argentinos bastante otra cosa. La puntería le falló a Cortázar para lo que quería primero, pero le achuntó a otro blanco, un blanco mucho más interesante, desde luego.

– ¿Cuál le parece que fue el blanco definitivo?

– Definir al porteño en un juego enorme de imaginación.

– ¿No le parece que hay un abismo entre este invento literario y la realidad? Pareciera que todos estos ensayistas del siglo diecinueve tomaron ideas de la Ilustración y de la Revolución francesa y con eso escribieron sus sueños, sus deseos, sus esperanzas sobre esta América latina. Y, a la vez, como también eran la gente que en ese momento redactaba las constituciones y hacía las leyes, crearon una imaginería política francesa que simplemente trasladaron a América latina y la impusieron. ¿Está de acuerdo con eso?

– En lo que se refiere a nosotros, los novelistas de mi generación, siento que ese abismo entre la realidad y la cosa creada ha sido un abismo necesario, porque si no fuera así, estaríamos escribiendo ensayos. Y el hecho de que se prefiera y se privilegie la novela en vez del ensayo es un dato importante: es un deseo de hurtarse a la obligación pura y neta de educar, de legislar; es dar una imagen poética; la poesía es más importante que el funcionamiento y la administración de lo que sucede.

– Pero los ensayistas del diecinueve, como Sarmiento o Martí, trabajaron con imágenes poéticas que serán las primeras que Europa y Estados Unidos tendrán de las repúblicas independientes latinoamericanas. Es la imagen que las clases cultas de América latina tendrán de sí mismas. ¿Hasta qué punto esa imagen poética impidió el desarrollo de un conocimiento real de nuestros problemas e hizo que nos saltáramos etapas en función de poesía o de imaginación?

– Es que yo creo que con la imaginación y con la poesía no se salta nada. Yo creo que la imaginación y la poesía son necesarias para un conocimiento cabal de las cosas. Y si esos ensayistas, que usted llama poéticos, no hubieran sido como son de poéticos, no hubieran tenido el atractivo y la divulgación que tuvieron en su momento y no hubieran tocado los corazones de la gente como los tocaron.

– Nunca más se dieron estos artistas políticos... ¿Ve diferencias entre la visión de los creadores y la de los políticos en América latina?

– Esenciales. En Chile, por lo menos, son esencialísimas. Creo que hoy los políticos son esencialmente empresarios. Están velando por el buen funcionamiento de las cosas y no por la verdad de las cosas. Creo que la función del poeta es encontrar una verdad. En cambio, la visión del político es la de un administrador.

– Pero ha habido en América latina políticos visionarios...

– Evidente que sí.

– Y que, más allá del juego político, han encontrado verdades... ¿Encuentra, en general, mediocres a los políticos latinoamericanos?

– No sé si mediocres. Estamos tan cerca entre nosotros en toda América latina, a pesar de lo gigantesco del continente, que no podemos aquilatar las cosas.

Además, acuérdese de algo que se llama Iglesia, con lo cual ha habido que contar, y de que nadie pudo gobernar estando demasiado lejos de ella. Los políticos, de alguna manera, tuvieron que hacer su venia a Roma, o a España.

– ¿Hasta qué punto esa división entre civilización y barbarie, de la que hablábamos al comienzo, no es un arquetipo grave para que estos países se encuentren a sí mismos y puedan desarrollarse...?

– Claro, pero creo que esos son puntos bastante definidos por sí mismos. No hay una ruptura para aceptar como civilización aquello que pareció barbarie y que en último término se ha dado cuenta uno que no es barbarie, que es otra cosa, que es una civilización distinta. Lo que pasa es que lo distinto es considerado peligroso por la civilización: lo de distinto color, distinta religión y distintas costumbres. No aceptamos lo distinto, es difícil aceptar lo distinto en nuestra cultura. No podemos ignorar las escisiones que hay en el mundo nuestro, es un mundo abrupto, fragmentado.

– Esta idea de la fragmentación pienso que es importante para entender todo el fenómeno del autoritarismo y de lo que, a lo largo de este libro, hemos llamado la otredad. Si usted toma un chileno cualquiera, un argentino cualquiera, y trata de retroceder en su ancestro, siempre va a chocar en algún punto en donde se oscurece todo.

– Claro, pero si uno mira de nuevo los albores de esa tradición «civilizada», ¿hasta qué punto era civilizada? Era una civilización brutalmente bárbara. Hasta qué punto, por ejemplo, la Quintrala no era un ejemplo de la barbarie más total[1].

1- La Quintrala: sobrenombre que se le dio a doña Catalina de los Ríos, agresiva mujer del siglo diecisiete, en Chile.

– Los mismos conquistadores...

– Bueno, estoy hablando del mundo mestizo, del mundo criollo.

– ¿Qué le parece, desde este punto de vista, la celebración del Quinto Centenario?

– No lo tengo nada de claro. Por un lado sé que la gente está protestando porque es una idea imperialista, española. Otros la están aceptando un poco sin cuestionamiento. Yo como que la aceptaría más bien, no veo para nada que haya colonialismo en eso, es una idea que ni siquiera es muy española, puede ser italiana, puede ser cualquier cosa. No la encuentro una idea muy interesante, desde luego.

– ¿Pero usted cree que es algo para celebrar, el llamado descubrimiento?

– Yo creo que sí, es el encuentro de dos mundos completamente distintos de los cuales descendemos todos, de los cuales todos somos vasallos. Somos todos hijos bastardos o no bastardos, pero somos hijos de ese encuentro.

– Hermanos que nunca han podido ponerse de acuerdo... ¿Usted cree que tiene sentido la utopía bolivariana de América latina?

– Creo que la cosa está planteada muy desde afuera. Hay un mundo tan otro con el que hay que competir en estos días, un mundo tan distinto al nuestro. Somos tan secundarios en este momento de la historia. Lo que está sucediendo en Rusia, en Albania, lo que está sucediendo en millones de partes del mundo, en el Medio Oriente, es tan inmensamente más importante que nosotros que realmente por ahora no podemos pretender nada.

– ¿Usted cree entonces que ya perdió sentido lo latinoamericano?

– Acabo de pensar en algo espantoso: el último sueño bolivariano fue el de Fidel Castro y parece haberse deshecho en la historia. Ya no existe gente seguidora de Fidel Castro, ya no existe el mundo de Fidel Castro. Aquel mundo que se planteó como posible en los años sesenta, por ejemplo. Quizás el único sentido de lo latinoamericano quede en ciertas obras de arte que son parte de la memoria del mundo.

– ¿Pero esas obras son latinoamericanas o son mexicanas o chilenas o lo que sean?

– Son las dos cosas. Me acuerdo cuando me quejé en una carta a Carlos Fuentes de que él me había robado una idea. Y entonces me respondió con una carta muy bonita, diciéndome: no seas tonto, las ideas no son de nadie, todos los que estamos aquí escribiendo somos parte de una gran novela que se está haciendo. Creo que eso fue un sueño bolivariano, creo que en cierta medida la novela que se escribió en mi generación fue también un sueño de ese tipo, de estar cada uno escribiendo un fragmento, una parte de un rompecabezas muy grande, como aspiración. Ahora ya nadie se plantea si es importante o no ser chileno. Ser chileno para Pablo Neruda, por ejemplo, significaba mucho más que lo que significa ser chileno para cualquiera de los muchachos de ahora.

– El escritor latinoamericano ha sufrido siempre una especie de esquizofrenia entre ser un escritor universal o un escritor local, lo que ha provocado provincianismos, hermetismos, vanguardismos, etcétera. La generación suya superó eso, pero hoy, quizás de otra forma, los escritores jóvenes han vuelto a encontrarse en esa contradicción entre lo local y lo universal...

– A lo que usted llama esquizofrenia yo lo llamaría tensión. Lo interesante que se produjo en mi época fue, más que esquizofrenia, una tensión muy fuerte.

– Pero, ¿y qué pasa con los jóvenes de ahora?

– Puede que se esté volviendo a producir esa tensión, y que también se esté empezando a degenerar. El posmodernismo da para todo. La novela de los sesenta y de los setenta internacionalizó el estilo de hacer literatura en América latina y eso podrá continuarse o no.

– ¿Usted cree que América latina alcanzó a entrar completa en la modernidad?

– Bueno, su entrada a la modernidad se dio cuando fue descubierta, después de todo lo que se fraguó en el Siglo de las Luces. Es y nació como un invento moderno.

– ¿Cree que ese invento moderno corresponde a una realidad moderna?

– ¿Pero qué es lo que llamaría usted realidad?

– Llamaría realidad tanto a lo que se llamó civilización como a lo que se llamó barbarie. ¿Por ejemplo, qué tienen que ver con el invento ilustrado los indígenas de la selva peruana?

– En el siglo dieciocho se escribieron infinitas novelas y poemas que tienen protagonistas que son indios americanos o abisinios...

– Pero eso es puro romanticismo no más...

– Es romanticismo. Yo no diría no más. Más respeto con el romanticismo... En este momento usted está siendo bastante más Siglo de las Luces que yo. Estoy vendiéndole una posición en que la barbarie es parte del conocimiento y no ajena a él.

– Por supuesto, ¿pero hasta qué punto toda esta gente se toma en cuenta en el invento moderno más allá de un cierto paternalismo?

– Por favor, espérese, déjeme recordarle la oda de Andrés Bello a la agricultura en la zona tórrida. Eso es puro romanticismo y, al mismo tiempo, es pura pedagogía clásica. Creo que las cosas nacen cuando hay gérmenes y creo que el nacimiento de América latina recogió infinitos gérmenes que venían desde antes también, de otras culturas.

– ¿Pero qué tiene que ver ese «nacimiento» con los indios de Bolivia o de Guatemala?

– Hay secciones que quedan completamente fuera de la historia, es cierto, y fuera de la literatura. Eso sucedió en casi todas partes del mundo; en España también quedaron algunos lugares fuera de la historia de la literatura.

– Carlos Fuentes dice en este libro que los Estados Unidos, por ser la primera nación moderna, son la nación más vieja del mundo. En el fondo lo que él dice es que Estados Unidos es la primera nación moderna real. En las demás la modernidad se demora y es muy fragmentaria, con mayor razón en las naciones de América latina. ¿Está de acuerdo?

– Pero también ese ideal del *enlightment* viene claramente a Chile, a través de los Egaña, a través de muchos personajes[2]. No estoy totalmente de acuerdo.

– América, cuando «se descubre», pasa a ser la utopía europea, pasa a ser el lugar donde hay que ir, el lugar ideal. Sin embargo, con el paso del tiempo es el latinoamericano el que empezó a ver la utopía en Europa. ¿Vamos a ser recolonizados, en algún sentido; reabsorbi-

---

2- Mariano Egaña (1743-1846), político chileno, redactor de la constitución de 1833 (que permaneció vigente hasta 1925).

Juan Egaña (1764-1836), político chileno, constitucionalista. Autor de la propuesta de constitución de 1823.

dos por esta nueva iluminación de Europa?

– Lo que está pasando en la literatura tiene que ver con eso. Por ejemplo, la literatura contemporánea inglesa ha reabsorbido a sus colonizados. Los dos novelistas más notables que hay en Inglaterra en estos momentos, jóvenes, son Timothy Mo, nacido en la China y Kazuo Ishiguro, nacido en Japón. También está Salman Rushdie, nacido en Pakistán. Todos escriben en inglés, y en un inglés maravilloso; entonces es como un volver en movimiento perpetuo. Creo que intentar parar las cosas para definirlas es lo más peligroso, porque a los diez años esas definiciones ya son mentira.

– ¿Pero por qué eso pasa en Inglaterra y no pasa en España con los escritores de lengua española? ¿Por qué el escritor latinoamericano no es parte de lo español y hoy día menos que nunca? ¿En su época fue distinto?

– Fue distinto. En un momento dado, vivir en España fue completamente distinto. Me dicen que ahora las cosas han cambiado mucho y que hay una nueva generación de escritores españoles brillantes. He leído algunos de ellos: son un poco gratuitos, son novelistas del mercado común europeo, no son novelistas del idioma español. Ahora, también estos escritores ingleses que nombraba son despreciados por ser asiáticos, a pesar de sus triunfos literarios.

– ¿Usted ve un arribismo europeo en esta nueva actitud española que mencionaba?

– Claro. En cambio, nosotros mantenemos una identidad que hay que defender, una identidad frágil, una identidad vulnerable que hay que estar constantemente vigilando y defendiendo y redefiniendo; en cambio, los españoles ya no necesitan eso, ellos ya pertenecen al mercado común.

– ¿Al mercado común más que a Europa?

– En fin, el mercado común es más claramente el mundo al que han accedido.

– Usted habla de una identidad frágil que hay que estar siempre redefiniendo. Si se pudiera hacer una fotografía, aunque sea un poco borrosa, de esa identidad, ¿cómo la podría definir?

– Yo la definiría como una fotografía de una relación entre el campo y la ciudad.

– ¿Cómo así?

– La gente que viene del campo a la ciudad y la gente que sale de la ciudad para arraigarse en el campo. Ese es un flujo constante. Va aumentando la gente que sale de la ciudad; cada vez más y más gente se arranca de la urbe y va a vivir a ciudades más pequeñas donde la calidad de la vida es mejor.

– Pero ése es un fenómeno mundial...

– Puede ser un fenómeno mundial, pero eso no quita que sea muy nuestro. Porque en nuestro caso va unido con la cosa económica, con la cosa racial, con todo eso. La gente que viene del campo a Santiago es gente que trae un retraso cultural grande y trae unas culturas extrañas a Santiago y las depositan aquí y sale otro grupo que lleva su cultura, la cultura de este mundo civilizado, al campo.

– Si a usted le preguntaran de buenas a primeras y lo obligaran a definir qué es un latinoamericano, ¿qué diría?

– Un señor que es totalmente de acá pero que ha tenido acceso a otras culturas, que ha sido de todas partes, una cosa bastarda.

– Pero a lo mejor un chilote de los campos de Ancud[3], que nunca ha salido de allí, es un latinoamericano pero que no tiene esa característica...

– Yo creo que sí. Lo que pasa es que usted me está pidiendo definir algo que es indefinible por naturaleza. Porque ese señor de Ancud está tan hecho de partes tan distintas como yo o usted, tan distintas unas de otras como el norte y el sur.

– De acuerdo, ¿pero qué denominador común puede haber entre ese señor de allí y usted?

– Absolutamente nada. Sólo en el momento en que hay una conciencia de algo puede haber un denominador, quizás una conciencia política, o una conciencia del reconocimiento de algo.

– La chilenidad, ¿qué es la chilenidad? Ser francés o español es algo muy claro, ¿pero ser chileno qué es?

– ¿Será tan claro ser español o francés? Para ellos no es tan claro, para España no es nada claro qué es lo español. Si usted le pregunta a un

3- Chilote: habitante de la isla de Chiloé, en el sur de Chile. Ancud es una de sus ciudades principales.

catalán lo que es español, le va a contestar muy distinto que un andaluz o que un gallego.

– Sí, pero es más unívoca allí la españolidad que en Chile la chilenidad...

– En Chile no ha habido suficiente tiempo para fraguar una identidad...

– ¿Será el denominador común la bandera y una cierta noción de territorio?

– Mire, una de las cosas que más me ha emocionado en ese sentido de la chilenidad o la no chilenidad, es el caso de mi mujer. Su madre es boliviana y su padre chileno, y viajó desde muy niña y ha vivido más tiempo fuera de Chile que en Chile, y sin embargo en este momento es muchísimo más chilena que yo...

– ¿Y en qué se nota esto?

– En no querer irse, en ser reacia a viajar, y sobre todo en su pasión, en su emoción, al votar en Chile por primera vez. Creo que en el momento del voto uno se constituye en chileno. El voto de cada cual es igual. Hay un denominador común: la democracia.

– Pero la democracia es también un mito ilustrado...

– Yo no puedo rechazar una cosa simplemente porque sea un mito ilustrado... Yo lo vivo como una realidad total.

– Hay ciertas cosas que se viven como realidad, ¿pero la democracia en América latina es realidad total? Nosotros, en Chile, pensábamos que era imposible un golpe militar, porque éramos democráticos, porque éramos cultos. Sin embargo, produjimos uno de los golpes más feroces, más tropicales de la historia del mundo. ¿Hasta qué punto no hay un abismo entre nuestro invento de nosotros mismos y nuestra realidad real?

– Me niego a aceptar el hecho de que haya una realidad real, definible, porque mi ahora es distinto del de hace diez años, cuando llegué a Chile, y distinto también a la realidad mía cuando vivía en Calaceite, en España. Y distinto a cuando estuve en Estados Unidos, viviendo por cinco años. No creo para nada en definir realidades, ése sí que es un gran mito: la posibilidad de definir. Esa es la falacia clásica, la contraria de la falacia romántica.

– América latina ha sido propensa a las utopías... la utopía ilus-

trada primero, después la utopía liberal propiamente tal, después la utopía social para no decir socialista, después la utopía marxista... ahora la neoliberal. Sin embargo, por otro lado, se dice que en el mundo las utopías están en crisis, que se están acabando. ¿Y qué pasa con nosotros? ¿Usted considera que para el latinoamericano son más necesarias las utopías que para otros seres humanos? ¿Hasta dónde somos consumidores empedernidos de utopías?

– Hasta ahora las hemos necesitado bastante, han sido un buen paraguas bajo el cual refugiarse. Pero todas terminan en grandes tragedias, no hay final feliz. Los finales tragediosos son el gran riesgo que se corre con las utopías. Hay una curva necesaria: se predica, viene una gran floración y después la decadencia y la tragedia.

– ¿Usted cree que el papel de la utopía en América latina va a ser siempre fundamental?

– Ha sido fundamental hasta ahora. Soy poco oráculo en materias de este tipo. No puedo decir por qué esto fue así y por lo tanto no puedo desprender que el resto tiene que ser asá. Entonces no me engaño con que el mundo es un mundo racional y que las cosas tienen una forma coherente, no. Lo que puede venir puede ser la negación total de lo que ha venido hasta ahora.

– ¿El neoliberalismo, unido al capitalismo, ganó esta especie de lucha ideológica que ha habido desde comienzos de siglo?

– No ha ganado nada, para nada.

– A ver, cuénteme por qué...

– Porque creo que los pobres van a seguir siendo pobres y los ricos van a seguir siendo más ricos.

– ¿Y considera esa discusión cerrada?

– No, creo que va a llevar a un desenlace de quizás qué tipo, bastante peligroso. El mundo no augura nada bueno, con esta cantidad de pequeñas repúblicas centroasiáticas y centroeuropeas que sabemos que tienen la bomba atómica. Un generalcito por allí se puede enojar con el otro y puede hacer saltar el corcho de la cosa. ¡Qué diablos!

– O sea que a usted no le parece que la humanidad está entrando a una nueva etapa, más feliz...

– No, para nada, con el crecimiento demográfico, por ejemplo. ¿Cómo es posible que vayamos a entrar en una etapa más feliz cuando la cosa evidentemente va a ser el desastre más grande? En el año dos mil, en nueve años más, Santiago va a tener nueve millones; ya me demoro tres cuartos de hora en llegar en taxi de la clínica hasta mi casa.

– Y todo este nuevo orden mundial que ha propuesto Bush...

– Por favor, no me venga con esas cosas... No creo ni la primera palabra. Porque las realidades son distintas a las teorías. Las intenciones del iluminismo fueron completamente distintas a las realidades que produjeron. Creo que el iluminismo no quiso para nada producir una cosa como América latina, por ejemplo. Definitivamente no fue para nada intención de los enciclopedistas producir un Fidel Castro, por ejemplo. Ahora, de que el señor Bush está hablando sandeces hasta yo me doy cuenta, que soy un neófito total en cuestiones políticas, sociales, y sobre todo económicas. Esta manía de meter la realidad en el zapato chino que son las teorías, las ideas, los moldes. La vida es como mucho más amplia, es por eso que la literatura y las artes tienen un valor mayor que las demás cosas, porque es imposible hacerlas calzar en moldes. Al contrario, van creando moldes, formas radiantes generalmente. Esto es lo rico que tienen.

– América latina ha estado muy definida por lo que son sus instituciones. Me refiero al aparato del Estado, al Ejército y a la Iglesia. ¿Hasta qué punto le parece que ellas nos definen?

– No sé, en este mundo nuestro creo que estas instituciones sirven de grandes velos para no ver. La Iglesia, por definición, es el velo que no permite ver afuera, que vela las cosas: el condón no es condón sino que preservativo, y dicho en voz baja si es que es dicho, y el Sida existe lo menos posible, etcétera. Creo que todavía hay un cierto infantilismo, y nuestro papá y mamá son la Iglesia y el Ejército. Entonces creo que, de alguna manera, son los que vigilan nuestra pureza y nuestro buen comportamiento, pero con reglas preestablecidas, no según lo que somos nosotros. O no según lo que experimentalmente vamos mostrando que somos, sino que porque las cosas tienen que ser así.

– ¿Qué habría que hacer con estas instituciones?

– Creo que probablemente, dentro de poco, no va a ser necesario tener un ejército. Creo que el ejército va a perimir de suyo. Los países ya no van a tener mucho sentido tampoco.

– Quiere decir que el mundo se habrá transnacionalizado...

– Claro, el Mac Donald estará dirigido por un señor de traje oscuro en una oficina gélida de Nueva York. No importará que el McDonald sea hecho con carne de Sudáfrica, de Groenlandia, o de Chile; siempre será el mismo McDonald. Esto ya está sucediendo. Las grandes transnacionales serán nuestra patria, nuestro futuro. Yo lo veo en el mundo de la edición: cada día se tiende más a formar grandes grupos y las editoriales chicas van muriendo porque ya no son económicas.

– ¿ No cree que las culturas centrales están siendo copadas por culturas excéntricas que se les sobreponen?

– Hace mucho tiempo que los WASP[5] ya no existen, ese mundo se murió, el mundo de Henry James , el mundo de Thoreau, todo eso se desvaneció completamente y ahora es un mundo japonés, jamaicano, latinoamericano, africano. Las ciudades ya no tienen carácter, hay una gran mezcolanza.

– ¿Se han vuelto excéntricas?

– E impredecibles. En ese sentido, han dejado de ser conforme al ideal de la Ilustración. Más bien yo veo un quiebre muy grande con la Ilustración.

– ¿Cree usted que la cultura se va a desnacionalizar también?

– Ya lo estamos viendo. Hace un rato le hablaba de esos escritores ingleses que venían de China y de Japón. Los escritores de los países del Magreb escriben en francés y se editan en Francia y son traducidos al inglés inmediatamente. La contemporaneidad de los sucesos culturales es cada día mayor. Todo sucede al mismo tiempo.

– ¿Cree que eso va a hacer que la cultura pase a ser más importante que la política, que los movimientos culturales pasen a ser más importantes que los políticos?

– No lo sé. Por ejemplo, este tipo que me tiene tan extrañado, tan deslumbrado, Ishiguro, sin encontrarlo genial ni mucho menos: un japonés de treinta y cuatro años que vive en Londres, que escribe una novela en que no hay ni una referencia japonesa, en un inglés absolutamente de las grandes universidades y en que el personaje central es un *butler*, un mayordomo; a través de las configuraciones de este *butler*

4- WASP, *White anglosaxon protestant*. Blancos anglosajones protestantes. Se consideran a sí mismos como los verdaderos norteamericanos.

muestra toda la ambivalencia de Inglaterra en la segunda guerra mundial con respecto a Hitler. Es muy curioso. Inglaterra comprendida por un japonés a través de sí misma.

– ¿Cómo comprende usted a América latina? Por ejemplo, ¿cuáles serían los hitos históricos más importantes de América latina, no necesariamente aquellos que coincidan con la historia oficial?

– Ciertamente el advenimiento del régimen de Fidel Castro es uno.

– ¿Por qué?

– Para bien o para mal. Porque enfrentó un panorama muy seductor en un momento. Creo que cambió radicalmente la visión del mundo en las juventudes del mundo nuestro.

– ¿A usted, al comienzo, lo convenció Castro?

– Me convenció algo, no completamente. Nunca, nunca fui fanático de Fidel Castro, pero vi lo que sucedió a mi alrededor, fui un buen observador de eso.

– ¿Qué otra cosa le llama la atención dentro de la historia de América latina?

– Me fascina mucho la existencia de Borges, el significado de Borges como ente cultural. Por otro lado, Sendero Luminoso es una cosa que me pavoriza.

– ¿Pero le atrae?

– No, no me atrae para nada.

– ¿No siente una atracción un poco perversa?

– Lo encuentro interesantísimo, lo encuentro terrible y lo encuentro de un nihilismo bastante posmodernista.

– ¿Cuál es su relación con la perversidad?

– Siempre he sido un poco escéptico, un poco cínico, depende como se lo quiera mirar; no creo demasiado en la utopía, soy demasiado perezoso para tomar un camino de activismo en cualquier sentido, ¿pero en qué sentido está usando usted el término perversidad?

– En el sentido de la corrupción de una ética compartida...

– Me complace pensar que la moral es una necesidad que tiene el ser humano de poner orden en su casa. Esto que tanto se cacarea de que Dios ha muerto, de que Marx ha muerto y de que yo mismo no me siento muy bien, como decía Levy, es sólo cierto en el sentido de que esos dioses han muerto pero la búsqueda del bien, a pesar de uno mismo, subsiste. El hecho de que alguien quiera escribir una novela o quiera pertenecer a la nueva canción, son otras formas de buscar. El nuevo bien y el nuevo mal no han sido formulados todavía, no han sido percibidos aún como una idea general. Pero estoy absolutamente seguro de que el ser humano necesita ciertos códigos y que se están creando.

– ¿Tiene alguna intuición sobre en qué ámbito se están desarrollando esta nuevas categorías de bien y de mal?

– Se está poniendo más énfasis en el hecho de que cada persona, o casi cada persona, segregue su propia ética y tenga derecho a ella.

– Ya no habría éticas comunes...

– Por el momento no veo aparecer a las grandes éticas sociales más que en momentos de emergencia...

– ¿Qué le parece cuando ve que las nuevas generaciones de escritores están por el desencanto?

– Hubo un desencanto muy grande en la primera y segunda guerra mundial. Entonces, los novelistas del mundo no escribieron de otra cosa que de desencanto.

– Claro, pero con una cierta mística. El desencanto de hoy no es precisamente estimulante...

– Es la atracción que produce el vacío, la aniquilación completa. Ya no me sirven los patrones con los que hasta hace quince años yo juzgaba las cosas...

– ¿Cree que esos patrones, que eran más bien éticos, van a volver?

– Yo creo que no van a volver los mismos, es absurdo pensar que van a volver los mismos.

– Pero hay una cierta ética básica, que siempre ha existido, basada en la solidaridad, la justicia, la discreción, y que hoy está totalmente cuestionada por un pragmatismo absoluto donde todo vale en función de los resultados...

– Espero que ese pragmatismo genere su ética, espero que tengamos tiempo antes de que estalle la bomba, antes de que la horda de niños mendicantes asalte las ciudades y las destruya. Tengo esperanza de que esta economía de mercado sea capaz de generar una ética propia. Me preguntó si podrá.

– Hoy se supone que el escritor tiene que escribir básicamente para entretener, para llenar vitrinas, para vender mucho y ojalá estar en el centro del interés periodístico. Antes, el papel que se le daba al escritor a través de la escritura era más amplio. ¿Qué siente usted, frente a esto que sucede, como escritor ya consagrado?

– Le agradezco mucho la pregunta, porque ése es el problema que yo estoy sintiendo como escritor en este momento. ¿Hasta qué punto es válido lo que puedo escribir ahora? Siento como un gran hueco aquí en el medio, que me ha impedido escribir durante los últimos tres años. Por un lado está la posibilidad de decir: voy a escribir para tener éxito y haré un gran *best seller*; pero también está la necesidad de escribir algo que sea ética y estéticamente valeroso, valiente, que valga. ¿Qué es lo que uno puede hacer en este momento? Si somos honrados, tenemos que decir que estamos en un momento de tremenda inseguridad.

– ¿Puede que sea éste un período como tantos otros y que el valor clásico de la literatura se recupere?

– Me quedan unos cuantos años de vida más, no quiero morirme en la cama, quiero morirme con las botas puestas; entonces, aunque sea un período, tengo que enchufarme de alguna manera. No encuentro un mundo ético, ni un mundo sociológico, al cual tenga acceso natural. Yo pertenezco a un mundo en que uno se sentía fabricando su propio país. Ese mundo es el que se ha acabado.

– ¿Por qué cree usted que así como el empresario o el intelectual burgués y la mayoría de la clase media piensan que la felicidad está en Francia, en Inglaterra, en Estados Unidos, el proletario piensa que la felicidad está en la utopía social? ¿Por qué ninguno piensa que la felicidad es alcanzable en la América latina real?

– Claro, y el provinciano cree que la felicidad está en Santiago... Yo no sé. Estoy pensando en esta necesidad de los escritores de exiliarse. En esta tradición de las grandes generaciones exiliadas, es decir, autoexiliadas, no exiliadas políticamente. Aquellos que se van de sus países de origen, porque necesitan vivir otra cosa, o vivir su país de origen desde otra parte. La generación nuestra, por ejemplo, la generación perdida americana que tuvo que ir a París, los románticos ingleses que se fueron todos a vivir a Italia en un determinado momento. Cómo es necesario ese estar un poco en otra parte. Cuando uno es algo con demasiada seguridad, no escribe. Uno escribe porque hay una escisión en uno. Yo creo que esa escisión, y la conciencia trágica de esa escisión, es lo que hace de un escritor un escritor. También esto puede referirse a la clase social a la cual se pertenece, por ejemplo. Esta transgresión se dio en el caso de Proust, que pertenecía a una clase media bastante alta, pero que quería estar en el meollo aristocrático. Esta escisión lo hizo trágico e interesante.

– ¿Usted no cree que este «no ser de ninguna parte» es una característica propia de lo latinoamericano?

– Creo que se puede trasladar a lo latinoamericano, claro, porque lo latinoamericano tiene esta escisión entre el hombre del campo y el hombre de la ciudad. Entre el migrante y el natural, etcétera. También su aristocracia es reciente: es más bien una burguesía. Además, nos cuesta reconocer nuestro carácter mestizo esencial.

– Hace diez años, el conflicto era el motor de América latina, ahora es el consenso. ¿Por qué esa actitud mecánica de nuestros intelectuales, tan unívoca siempre? ¿Es porque no tenemos capacidad de tener esencia propia?

– Yo creo que tenemos esencia propia, pero la esencia propia está sometida a una cantidad de cosas que están fuera. Somos demasiado pobres, de hecho, para tener la fuerza intelectual que tienen los países grandes.

Lo del consenso, por ejemplo, es un tapujo que dice que ya no existe tensión, que somos todos amigos y estamos de acuerdo, lo cual es falso.

– Me refiero sobre todo a la idea de organización social, o sea a lo que tiene que ver directamente con la utopía...

– Claro, es que la gente que gobierna nuestros países ha sido educada en otras partes, ha sido educada en la escuela de Harvard, de Chicago, en Alemania, etcétera. Entonces, naturalmente, traen una especie de nostalgia con la que pretenden animar a esta parte del mundo. Nuestros creadores dependen un poco de esta cosa. Es un poco como los científicos, que dependen mucho del dinero que logren conseguir. Hoy en día es inútil tratar de concebir una real y auténtica investigación científica en países que no tienen dinero; tampoco, entonces, tenemos capacidad de producir ideas de tipo económico, de organización social, porque esas cosas dependen del conjunto de la evolución del pensamiento propio.

– ¿Cómo reinventaría esta América latina?

– Me interesan los valores éticos, me interesa la honradez, la discreción, la buena voluntad, todas esas cosas que son completamente pasadas de moda.

– ¿Y eso cómo se proyecta hacia el futuro?

– Tomando algunas cosas de las ideas sociales de los años sesenta, más las ideas liberales, que parecen en contradicción, pero que no tienen por qué estarlo. Eso sería como una base sólida para un mundo mejor. Además, hay que esperar que surja en este momento de crisis una idea salvadora, una idea genial, alguien que nos explique este mundo inexplicable en una forma que podamos absorberlo.

– ¿Cómo ve la felicidad histórica latinoamericana, que es distinta a la francesa, distinta a la italiana, que se construye de otra manera, por dónde va?

– Tiene que ver con la justicia social antes que con cualquier otra cosa. Después viene lo demás... porque si no hay justicia social inicial, como base de cualquier construcción, no hay nada más y todas las reformulaciones van a ser otra etapa de la reformulación eterna.

– Hasta hace muy poco los modelos latinoamericanos eran básicamente dos: uno Cuba y el otro Estados Unidos. ¿Le parece que ya no sirven?

– Cada uno se está ahogando con lo que comió. Creo que Cuba se está muriendo de soledad y Estados Unidos se está hundiendo como la balsa de la medusa: hay demasiada gente arriba y se está hundiendo de tanta gente que hay.

– ¿Cómo se reemplaza eso?

– Es hora tal vez de que salga un modelo nuestro, del mundo en desarrollo, pero bien puede ser que salga de Estados Unidos de nuevo. Ciertamente, lo que parece es que va ganando Estados Unidos bastante lejos, porque el mundo se está pareciendo a lo que Estados Unidos quiere que sea, con toda esta cosa de Yeltsin y toda esta cosa del triunfo de la economía de libre mercado. El mundo se está transformando en una cosa que Estados Unidos puede aplaudir. Somos muy buenos hijos de Estados Unidos.

– Pero entonces le parece que es un paradigma válido...

– No, para mí. No como lo fue en un tiempo, después de la guerra, cuando realmente uno lo que quería era irse a vivir a Estados Unidos y ser americano. Digamos las cosas como son. Ese paradigma ya no vale para nada, estamos en otro mundo, que es menos ingenuo, que está muy escindido, muy abigarrado.

– ¿Le parece que Europa puede ser un nuevo paradigma, la Europa del mercado común?

– Está tan autosatisfecha que realmente me es una cosa muy antipática. Europa también fue un paradigma, era donde se iban a vivir los trasplantados. A Europa nos fuimos todos los trasplantados y era una maravilla. Eso se hundió. Si uno lee los escritores alemanes contemporáneos y ve las películas de Tarkovsky, se da cuenta de que ese paradigma ya no existe. Ya no hay paraíso, el mundo post-Chernobyl es muy distinto al mundo pre-Chernobyl; y si uno ve las películas norteamericanas nuevas, Estados Unidos tampoco tiene nada que ver con el paradigma que teníamos de Estados Unidos.

– América latina ha sido, a partir de este siglo, sinónimo de revolución. América latina ha sido el gran laboratorio de los grandes cambios políticos. ¿Qué piensa usted de la revolución hoy día? Y por revolución no me refiero estrictamente a la Revolución cubana o a la guerrilla, sino a todo tipo de cambio con pretensiones fundacionales. Pinochet ha dicho, por ejemplo, que lo que él hizo fue una revolución...

– Creo que la revolución sigue, está en la calle en este momento. El hecho de que todas nuestras ideas y nuestras instituciones estén en cuestionamiento nos hace vivir una perpetua y constante ebullición. Estamos entrando en un período de revolución, muy distinto a la revolución de grupos ideológicos que hubo antes. Creo que va a haber más bien revoluciones raciales, culturales, de edad, de generación, que revoluciones estrictamente políticas.

– ¿Y más ligadas a revoluciones reivindicacionistas o a revolución real en el pensamiento?

– Yo la veo muy ligada a la reformulación del pensamiento, a formas nuevas de pensamiento. Las cosas han llegado a un gran deterioro, las ciudades se han deteriorado, se deterioraron las ideas, se deterioró la idea de latinoamericanidad, se deterioraron todas estas cosas. Entonces creo que la gente joven está tratando de echar para afuera lo que no sirve y quedarse con lo que sirve. A veces lo está echando todo para fuera, en forma totalmente perversa. Yo veo una revolución racial, de clases, sin un norte económico, sin un norte político tampoco; las clases ya no se enfrentarán como en el tiempo del marxismo. Lo harán por motivos totalmente perversos, de barrio.

– ¿La historia ha perdido sentido para los escritores?

– ¿Dónde va a estar la nueva historia? Pensar en que uno escribe para la historia es absurdo. ¡Qué sabemos! Con los cambios tan enormes que estamos viviendo no creo que los libros vayan a durar más de veinte años. Permanecer, en el sentido de la inmortalidad, importa cero.

Santiago de Chile, 29 de septiembre de 1991.

Roberto Fernández Retamar

En La Habana hace frío. Pero nosotros, los de la generación que soñó, no podemos imaginarnos hielo en La Habana. Por lo tanto calienta en La Habana esta noche, en el aeropuerto internacional José Martí.

A primera hora de la mañana aparece en la puerta de su oficina. Tiene un vozarrón como para desvencijar todos los huracanes del Caribe. Es el Quijote, genio y figura. Nos han hablado muy mal y muy bien de él. Por lo tanto, al empezar la conversación los prejuicios ya están equilibrados. Al poco rato de conocerlo me doy cuenta de que pertenece al género de los epopéyicos, al de los numantinos, al de los que morirán con las botas puestas, al de los que serán los últimos en irse del campo de juego. Es de esos capaces de morir por causas, incluso perdidas. Un guerrero, Amadís.

¿Por qué se perderán las causas perdidas?

– Mire, a lo mejor el socialismo real ha fracasado. Pero no me cabe duda de que el capitalismo real también ha fracasado. Lo que vendrá después nadie lo sabe.

No para de hablar, de defender, de insistir en defender, incluso aquellas cosas que para todos parecerían indefendibles: lo incontenible de las situaciones límites, por ejemplo.

–¿Cómo se le ocurre a ese Fukuyama que se acabó la historia si todavía no logramos terminar con la prehistoria? Eso es lo que pasa, mi querido amigo.

¿Quién le pone el cascabel al gato?

En la sala sólo hay unos sillones, una mesa y un retrato del Che. Se balancea en una silla sin parar como si así bombeara todo el petróleo necesario para cumplir con su proyecto de intelectual revolucionario.

Afuera la revolución pareciera que agoniza y pareciera que no. Los cubanos de pie y, al parecer, tranquilos.

¿Cómo explicar a partir de Martí que el mundo se ha puesto patas para arriba? ¿Cómo explicar a partir de Fidel que lo que era ayer ya no es hoy? ¡Qué preguntas para un día de marejada frente al malecón de mis amores juveniles!

«Nunca es triste la verdad, lo que no tiene es remedio», canta en una radio, Joan Manuel Serrat.

«Somos el pasado del cielo», tararea en la televisión Silvio Rodríguez.

El problema es que hace frío en La Habana para nosotros los de la generación que soñó. Pero, quizás, como nunca soñé que podría haber hielo en La Habana, no puedo dejar de sentir el calor del Quijote dando mandobles contra los molinos de la historia implacable. Calor digno, por cierto. Que, a lo mejor, más de un hielo logrará derretir.

Los nuevos primeros días

– ¿Está de acuerdo con que en América latina han sido los escritores quienes desde el siglo diecinueve, o quizás antes, modelaron ideológicamente las repúblicas e impusieron un esquema ilustrado sobre una realidad que no siempre correspondía a la europea?

– Sí, pero sólo hasta cierto punto. Los escritores, supongo que en todas partes del mundo, le damos voz al silencio. Somos los portavoces, como figuras literarias, de las comunidades en que vivimos. Por otra parte, como usted no lo desconoce, indudablemente en nuestra América el escritor ha desempeñado un papel que va más lejos que en otras sociedades. Bergson[1] dijo que España no tenía filosofía, sino que refraneros. Quizás la anécdota es falsa pero apunta en algo que yo quiero insistir: la filosofía, a la manera como se considera entre los griegos, entre los grandes alemanes del diecinueve, ha sido relativamente pobre en España y sobre todo en América latina; aquí, en general los escritores han invadido sus terrenos. No se puede hacer una historia del pensamiento de nuestra América limitándose solamente a filósofos y similares, sino que hay que incluir, y de una manera importante, a los que tradicionalmente se llama escritores. Del pensamiento latinoamericano no se puede excluir a Martí, a Vallejo, a Neruda, a Sarmiento, a Darío, a Gabriela Mistral, a Carpentier, a Alfonso Reyes, en fin, y a otros de los colegas que usted ha entrevistado para su libro. En este sentido, para volver a su pregunta, el hecho de que hayan sido escritores los que han manejado, como efectivamente es el caso, conceptos como los que usted

1- Henri Bergson (1859-1941), filósofo espiritualista francés contrario al neokantismo, al positivismo y al materialismo. Sus trabajos principales fueron sobre el conocimiento, la memoria y la intuición. Fue miembro de la Academia francesa y Premio Nobel de Literatura en 1927.

menciona no quiere decir que lo hayan hecho necesariamente de espaldas a sus respectivas comunidades. Yo creo que lo han hecho, más bien, dándoles voz.

– ¿Pero no piensa que a veces estos escritores-políticos son voluntaristas, que hacen un cóctel de un cierto iluminismo con un cierto romanticismo, y lo imponen a través de una institucionalidad vertical, aparentemente libertaria, pero con mucho pragmatismo napoleónico?

– Voy a brutalizar, ya que la situación es mucho más compleja. Hay pensadores que efectivamente han intentado imponer criterios no acordes con nuestras realidades. Un ejemplo clásico por su grandeza y por su talento, por su desplazamiento, es Sarmiento. No cabe duda de que Sarmiento, que es un escritor admirable, cumple ese punto de vista suyo, que consiste en tratar de imponer lo que él llama la civilización, es decir los esquemas de la sociedad capitalista desarrollada en nuestra tierra, con lo cual termina por hacer de esas tierras, en la medida en que logra imponer sus ideas, lo que él mismo llama una sucursal. ¡Qué palabra brutal! Pero, por lo menos, en el siglo diecinueve, a diferencia del siglo veinte, se era menos tramposo y se hablaba con más claridad. Estos pensadores quisieron hacer de nuestros países una sucursal de las respectivas metrópolis, sólo que no en plan de igualdad sino que alimentando a la casa central.

– ¿Entonces usted aún cree que el desarrollo de unos países es posible a costa del subdesarrollo de otros?

– Sí. Yo propuse hace ya tiempo hablar de países subdesarrollantes, para darle un sentido binario correcto a la pareja subdesarrollado-subdesarrollante, y no subdesarrollado-desarrollado, como se quiere hacer aparecer. Africa no nació subdesarrollada. De hecho, en el siglo quince había muchos niveles civilizatorios en Africa, igual que en todos los continentes. La llegada del europeo, de los nacientes occidentales y la furiosa depredación que ello implicó para el resto del planeta, desarticuló hasta el día de hoy, de una manera brutal, a Africa. Como en el caso de América, destruyó sus grandes culturas. Cuando Sarmiento y pensadores como él propusieron la imposición de la civilización, lo que hicieron fue sencillamente convertirse en escuderos de la explotación de los países subdesarrollantes. Pero no fueron así todos los pensadores latinoamericanos. No fue el caso de Bolívar. Se suele decir, no sin razón, que es Andrés Bello, con su *Alocución a la poesía*, quien inauguró lo que podría llamarse la independencia cultural de nuestra América; sin embargo, yo creo que esa independencia cultural la inició Bolívar. Los textos literarios de Bolívar, que son cronológicamente previos a los correspondientes textos de Andrés Bello, inauguraron evidentemente esa independencia cultural. El vio con gran claridad, en *La carta de Jamaica*, la especificidad nuestra y la necesidad de atenerse a esa especificidad. Hubo también una figura deslumbrante en Chile: Francisco Bilbao. Me parece hasta hoy increíble que una figura como Bilbao no disfrute de la difusión de su obra, ya que es sencillamente un personaje imprescindible. Bilbao tomó el punto de vista de los aborígenes y le dio voz a esas personas hasta que esas comunidades la adquirieron por sí mismas, cosa que no ha sido fácil hasta ahora.

Se me ha dicho en algunas ocasiones que yo he contrapuesto a Martí y Sarmiento y que eso no tiene sentido porque son de dos épocas distintas. Pero Sarmiento y Bilbao son de la misma época y muchos de los textos de Bilbao son contra Sarmiento. El «civilizado» le llamaba, para ironizarlo.

– Para la mayoría de los chilenos no es mucho más que una calle...

– La ignorancia que yo tenía a los cuarenta años de Bilbao y la ignorancia, en general, que se tiene en nuestro continente de Bilbao, figura que honraría a cualquier comunidad humana en la Tierra, sólo es una parte de este problema que estamos planteando. Hay muchas otras figuras que desconocemos en Venezuela, en Colombia, en Centroamérica y que no se corresponden con ese tipo de intelectual sucursalero que era Sarmiento, sino que se corresponden con el tipo de intelectual que quería interpretar las realidades de un país sin imponerle esquemas extraños.

– ¿Martí seguramente será un ejemplo para usted?

– Claro, la figura arquetípica en este orden es Martí. «Ni de Washington, ni de Rousseau viene nuestra América, sino de sí misma», dice Martí. Pero si bien Martí es una figura todo lo grande que se quiera, no es única. Hay una enorme cohorte de pensadores latinoamericanos, incluso en el siglo diecinueve, que ponen sus armas intelectuales, generalmente aprendidas en las metrópolis, al servicio de sus pueblos. No en el sentido demagógico sino en un sentido orgánico intelectual.

– ¿Pero a pesar de eso, no cree usted que por muy buena intención que hayan tenido estos pensadores, por muy abiertos que hayan estado hacia sus propias realidades, finalmente lo que primó fue un esquema racionalista ilustrado, aderezado con impulsos epopéyicos románticos, que si bien no lo impusieron a sangre y fuego, lo hicieron caprichosamente sin importarles mucho si era funcional o no?

– Yo creo que así como la misión de un carpintero es hacer muebles, y los puede hacer sólo el carpintero y no el bombero, el astrónomo o el chamán, la misión de un pensador es producir pensamiento. Pero eso no quiere decir que los muebles que hace el carpintero sean para que se siente solamente el carpintero, o que los pensamientos producidos por los pensadores sean solamente para consumo de los pensadores. Es que pensar es estructurar la realidad. No se le puede echar en cara a un pensador que piense.

– El ejemplo europeo y también el norteamericano son muy diferentes. Si bien hay intelectuales que van organizando el pensamiento, que lo van sistematizando, éste surge de una experiencia de abajo, a través de muchos años, a través de sucesivas contradicciones, de enfrentamientos, de luchas de todo tipo. A mí me da la sensación de que en América latina ese pensamiento de abajo, no llega hasta arriba, sino que permanece en la élite, y desde allí se regulan las normas de comportamiento y la reglas del juego del Estado...

– Yo no daría por sentado que en el caso de los Estados Unidos el pensamiento venga de abajo, como usted dice. Los grandes ideólogos, para utilizar una mala palabra o una palabra que se ha vuelto mala o peor, de la independencia norteamericana -por lo menos en el caso de Jefferson-, también pensaron desde arriba hacia abajo. Lo que ocurre desde luego es que, como el rayo, o como la vara de vidrio que entra en el agua, se refracta de acuerdo con la realidad. Uno de los grandes textos en la historia de la humanidad es la declaración de la independencia norteamericana según la cual todo hombre nace libre, etcétera. Pero eso no impidió que, durante un siglo, la república nacida de esa importante guerra de independencia mantuviera la esclavitud, lo cual es la contradicción más flagrante. Ni siquiera se tomó en cuenta, por supuesto, la opinión de los esclavos, no hay ni que decirlo. Los prohombres de la independencia norteamericana, que mantuvieron a los negros esclavos durante un siglo, también exterminaron a los indígenas que viven ahora en campos de concentración que se llaman reservaciones. Los campos de concentración de Hitler o de Stalin me parecen escandalosos, pero por qué se olvida que eso sigue existiendo en este continente. Y en Europa pasó desde luego otro tanto. Por eso le decía, ¿cuál es la alternativa? Quisiera conocer en la historia de la humanidad una alternativa en la cual el pensamiento no se articule primero en el plano del pensador. Eso ocurre hasta en los casos mejor intencionados, como podrían ser Bilbao, Martí, o Mariátegui[2], que quisieron con la mejor voluntad interpretar el sentido de lo colectivo. Y no creo para nada que, respecto a esto, los pensadores latinoamericanos difieran de los pensadores de otras partes del mundo.

– Pero los latinoamericanos vivimos un mundo dicotómico, un poquitito esquizoide entre idea y realidad... ¿O no?

– Indudablemente hay una dicotomía entre los que imponen olímpicamente sus criterios, aun lastimando a sus pueblos, y los que hacen grandes esfuerzos por interpretarlos.

No quiero ensañarme con Sarmiento, ya he dicho todo lo que tenía que decir de Sarmiento y quizás un poco demasiado. Pero en algunos casos es terrible, porque esa implantación de los criterios de Sarmiento, en la Argentina, fue monstruosa: incluyó destruir físicamente no sólo a los indígenas sino incluso a los gauchos, incluso al pueblo mestizo que se estaba gestando en la Argentina. Es terrible haber leído las instrucciones de Sarmiento al general correspondiente, diciéndole: nada hay más hermoso que regresar con el brazo tinto en sangre de gauchos. Eso no lo dijo Hitler, eso no se dijo en Alemania. Eso se dijo en este continente; eso lo dijo Sarmiento.

– ¿Funesto Sarmiento y su civilización o barbarie?

– Yo creo que los hombres como él resultaron finalmente funestos para nuestro continente, para nuestro pueblo. Afortunadamente no lle-

2- José Carlos Mariátegui (1895-1930), literato y político peruano. Fue director de la revista *Amauta* (1926-1930). Luchó por las reivindicaciones indígenas. Entre sus principales obras están *Siete Ensayos de la Interpretacion de la Realidad Peruana* y *Escena Contemporánea*.

garon a exterminar a todo el pueblo argentino. Y en Argentina pasó una cosa muy ilustrativa: Sarmiento y los suyos, con el deseo de blanquear su país, (deseo que no fue desconocido en Cuba. Fue una de las metas de José Antonio Saco, un gran pensador nuestro[3]. Yo soy de un barrio orillero que se llama La Víbora, un barrio más o menos humilde, donde una vez hubo dos barberías, una para blancos y otra para negros. ¿Cuando un cubano deja de ser blanco o deja de ser negro?), hicieron llegar una gran inmigración con la idea de que los argentinos atrasados, mestizos, etcétera, fueran suplantados por esta inmigración. Pero con la inmigración no sólo llegaron futuros millonarios, sino también, cuantiosamente, futuros trabajadores que finalmente no abrazaron la causa sarmientina y fueron la salvación de Argentina. Por ellos Argentina no llegó a ser Rodesia. Yo he llegado a plantear que posiblemente Sarmiento se hubiera sentido feliz de ser no un latinoamericano sino un *latinoamerikaan*.

– ¿Pero usted se siente más blanco o más negro?

– Eso es absolutamente inverificable. Cuando era niño, mi padre, que era profesor, me llevaba a sus clases y una colega de él le decía: qué lindo es su hijo, parece un príncipe inglés. Y yo más o menos introyecté, como dicen los psicoanalistas, esa idea hasta que me enfrenté con la realidad de que absolutamente a ningún inglés se le ocurrió nunca tomarme por inglés y, en cambio, cuando ocurrió la nacionalización del Canal de Suez, los compañeros árabes, con los que compartía entonces, vinieron a abrazarme y besarme y a hablarme en árabe, porque yo somáticamente soy visiblemente un semita. Porque al ser de origen hispánico, probablemente mis antepasados son árabes, judíos, todo lo que se quiera.

– ¿Existen las razas para usted?

– No. Porque todo es relativo. Hay un tipo de ser humano que en La Habana se llama blanco de oriente, que en oriente es blanco y en La Habana ya es mulato. Yo soy blanco frente al que vive en Tanzania, pero frente a los que viven en Finlandia es notorio que soy un mulato. Pero no existe una demarcación, sencillamente porque no existe en la naturaleza tampoco. Hay, desde luego, rasgos somáticos obvios, caracterís-

3- José Antonio Saco (1797-1879), escritor del grupo reformista cubano. Su principal obra es *La Historia de la Esclavitud*.

ticas incluso fisiológicas, pero que no tienen ninguna repercusión cultural ni histórica.

– ¿Está usted de acuerdo en que todo este pensamiento de nuestros próceres, que usted parece admirar, finalmente no es más que una especie de sincretismo de romanticismo e iluminismo, como diría Sabato, que integra un montón de categorías occidentales como el progreso, como las etapas históricas, con la epopeya y que son conceptos que no tienen nada que ver, por ejemplo, con la mayoría de los habitantes de México, con los habitantes del altiplano boliviano o con la santería cubana? ¿Pareciera ser que ellos son gente cuya aproximación al mundo tiene que ver más con Rulfo que con Marx, Rousseau o Beethoven?

– Efectivamente, el pensamiento del Siglo de las Luces, como diría irónicamente Alejo Carpentier, ha sido muy fuerte en los próceres de la independencia. El romanticismo también fue muy fuerte en figuras como Bilbao; pero cuando llegamos a Martí ya no se trata ni de un pensador que sale del iluminismo ni de un romántico en el sentido histórico concreto del término, ni de un liberal. Martí sobrepasa rápidamente el liberalismo, incluso en los aspectos más radicales y accede a otra etapa de pensamiento, etapa en la que nos encontramos todavía. Algunos han sugerido, yo entre ellos, pero esto es muy discutible, llamar «demócrata revolucionario» a este tipo de pensador, que ya no representa, como en siglos anteriores el punto de vista de una eventual burguesía nacional que por desgracia se frustró en casi todos nuestros países porque se convirtió en polea de transmisión entre las metrópolis y sus pueblos. El sustento ideológico de Martí, junto a otros como Betanzos y Hostos en Puerto Rico, se afirma en el sentir de sectores mucho más populares, de una pequeña burguesía radicalizada, de campesinos medios y pobres, del incipiente proletariado, etcétera. Mi criterio es que Martí no escribió la última estrofa del poema bolivariano, sino que la primera de otro que dista mucho de estar inconcluso y que apenas se ha bocetado. Martí no es sólo el último de los grandes libertadores de nuestro continente en el siglo diecinueve, sino el primero de los libertadores de nuestra América en el siglo veinte.

– ¿Por qué le da un sentido tan trascendente a Martí? Pareciera ser una especie de oráculo...

– No es un oráculo, pero no es cualquier pensador del diecinueve. En su última carta a el mexicano Manuel Mercado, que queda inconclusa, le dice: «estoy en peligro de dar mi vida por mi deber puesto que lo entiendo y tengo años para hacerlo de impedir a tiempo que se extiendan por las Antillas los Estados Unidos y caigan con esa fuerza sobre nuestra tierra de América»... Ya no es el último libertador del siglo diecinueve quien está hablando y proponiendo la independencia frente a España. Martí propone la independencia frente a la nueva metrópoli de nuestro continente que son los Estados Unidos. En ese sentido Martí es un punto clave, es un punto axial en nuestra América, en nuestra acción y en nuestro pensamiento. Sienta las bases de una tarea ulterior que es ésta en que estamos dramáticamente en estos momentos.

– ¿Por qué fracasa el sueño o proyecto bolivariano? La Revolución cubana es el último gran intento de este sueño, de este proyecto, y, bueno, ha habido una serie de problemas que todos conocemos ¿Por qué este sueño se ha hecho imposible?

– Yo creo que no se trata tanto de un proyecto que ha fracasado como de un proyecto que se ha pospuesto. Las razones por las que no pudo realizarse en tiempos de Bolívar son objetivas y claras. Las trece colonias norteamericanas tenían entre sí un nivel de desarrollo heredado de Inglaterra que, desde luego, nuestro continente no podía heredar de España porque no lo tenía España y nadie puede dar lo que no tiene. En los Estados Unidos se prosiguió una inserción en la historia iniciada por los ingleses, que finalmente capitanearon el capitalismo moderno, y los Estados Unidos sencillamente lo llevaron adelante.

Nosotros teníamos, de México a Tierra del Fuego, un mundo gigantesco e incomunicado. Un mundo de países o de pedazos, no sé como llamarlos, muy aislados entre sí. Dispersos en un continente vastísimo, no había ni estructuras ni condiciones sociales, económicas o geográficas para que pudieran realizarse los proyectos de Bolívar. Era materialmente imposible que Bolívar hubiera logrado hacer los Estados Unidos de América del Sur, por la pobreza económica y los espacios inmensos que había entre uno y otro país, además de la falta de experiencia política que tenía América latina.

– ¿La sigue viendo como una utopía realizable?

– Creo que la de Bolívar es una utopía realizable, y de hecho una y otra vez renace ese sueño o ese proyecto con un nombre u otro. Renació en el Che Guevara, ¿qué es lo que fue a hacer el Che a Bolivia? Sencillamente a crear un ejército bolivariano. Claro, ese ejército bolivariano ya no sería un ejército orientado por el pensamiento iluminista de Bolívar, sería orientado por el pensamiento, llamémosle socializante, de nuestros días, pero es parte del proyecto bolivariano.

– Pero eso pasó hace casi veinticinco años y fracasó rotundamente...

– Nosotros no podemos retomar el proyecto bolivariano tal cual, porque sería un disparate, pero sí lo podemos hacer dentro de las circunstancias nuevas que se han ido produciendo...

– ¿Pero, qué le pasa con este sentimiento latinoamericanista, por ejemplo, cuando ve que México hoy día, gran precursor del latinoamericanismo, busca una alianza estratégica con Estados Unidos? ¿U otros países como Chile y Venezuela?

– Siento varias cosas. El pueblo mexicano es un gran pueblo, complejísimo pueblo, tiene problemas tremendos, tiene inmensas fronteras con los Estados Unidos. Y a lo largo de su historia ha tomado diversas medidas de acercamiento con los Estados Unidos y esta medida del Tratado de Libre Comercio es una de ellas. Pero eso no le ha impedido a México tener con Cuba una actitud solidaria y realmente importante.

No cabe duda de que un gobernante tiene que ser realista. Quizás la tarea de soñar sea de los poetas, y los políticos tienen que ser necesariamente más realistas. No se le puede pedir a ningún gobernante ni de nuestro continente ni de ninguna parte que deje de ser realista y que deje de afrontar las cosas. Si nosotros en Cuba no estuviéramos bloqueados, como lo estamos desde hace más de treinta años por los Estados Unidos (que nos ha cerrado el comercio no sólo de ellos sino de muchas naciones directa o indirectamente sometidas por ellos o que son, por lo menos, anuentes a sus dictámenes), lo que nos ha obligado a vincularnos a otros países, a cambiar de reino, y a provocar lo que todos saben, no veo por qué Cuba no podría tener relaciones comerciales también con los Estados Unidos. Cómo voy a censurar yo a ningún gobernante de ningún país latinoamericano porque mantenga relaciones económicas con los Estados Unidos cuando nosotros también las mantendríamos de no estar bloqueados. Ahora bien, ¿esos gobernantes van a entregar de pies y manos sus respectivos países a los Estados Unidos? Francamente no lo creo.

– ¿No cree, aunque parezca muy extraño, que a lo mejor la única posibilidad del sueño bolivariano, ya pensando en el próximo siglo, pasa por incorporar a los Estados Unidos?

– Se ha dicho que en el Congreso que promovió Bolívar para intentar su proyecto y que finalmente se realizó en 1826 en Panamá, quiso explícitamente excluir a los Estados Unidos. Ello no fue así. Fue una tergiversación de Santander[4] y finalmente ese Congreso fue un desastre como todos sabemos. Pero no hay que olvidar que las instrucciones que llevaban los delegados norteamericanos eran las de boicotear el Congreso. Pero lo más importante es que ya no estamos en tiempos de Bolívar, ya no estamos en 1826 ni siquiera en 1926; estamos terminando este siglo. ¿Se producirá una alianza con Estados Unidos? Yo quiero decirle varias cosas sobre esto que pueden parecer contradictorias. Hasta ahora ha habido un panamericamismo imperialista. Pero no es el único panamericanismo posible. Yo creo en el panamericanismo, no en el panamericanismo imperialista. Obvio, yo creo, a pesar de las grandes diferencias que hay entre nosotros, que de un polo a otro hay una cosa que se llama América y hay una cosa que se llama lo americano, y eso se revela entre otras cosas en la identificación que sentimos por tantos intelectuales norteamericanos que en Cuba son profundamente estimados y amados. Alguno de ellos vivió incluso en Cuba, como Hemingway, que es quizás más amado en Cuba que en los Estados Unidos y otros, como Emerson o Whitman en el siglo diecinueve, son tan importantes que no se concibe el pensamiento y la literatura de nuestro continente sin ellos. Yo creo en América. Pero en las condiciones actuales meter en el mismo saco a los Estados Unidos y a nuestros países es realmente darle carne fresca al león. Hacen falta cambios en nosotros y en ellos para que ese panamericanismo pueda hacerse de manera armónica y no sea más que otro nombre de la devoración a que estamos sometidos. ¿Se va a eliminar la deuda externa, se va a crear un nuevo orden económico, se van a

4- Francisco de Paula Santander (1792-1840), militar y político colombiano. Fue designado presidente de Nueva Granada entre 1832 y 1836 a la muerte de Bolívar, con quien se había enemistado desde 1827.

pagar nuestras materias primas al precio que corresponde, vamos a recibir de los Estados Unidos productos manufacturados a los precios que corresponden? Si se cumplen todas estas condiciones, no veo por qué no se integraría esta América. En este momento en que se están desintegrando en bloque tantas comunidades, tantos países de la Tierra.

– ¿La ve mejor que una comunidad iberoamericana?

– Creo que nosotros, por así decir, nos enganchamos en más de una comunidad. Una comunidad iberoamericana tiene la ventaja y la desventaja de que España y Portugal ya no son grandes potencias. De hecho han dejado de serlo en el siglo diecisiete y la ventaja es que al no ser grandes potencias no pueden hegemonizar a nuestros países. Por lo tanto esa comunidad iberoamericana es más bien una reunión *inter pares*. De hecho, si tomamos la importante literatura española del noventa y ocho a nuestros días no resiste la comparación con la importante literatura hispanoamericana del noventa y ocho a nuestros días. Sin ir más lejos, Rubén Darío, el padre, el iniciador de la poesía en lengua castellana en este siglo, no nació en España sino en Nicaragua y se formó en Chile.

Creo por lo tanto que estas comunidades de las que hablamos, la americana y la iberoamericana, pueden ser algo más que sueños, algo más que utopía, en el sentido más evanescente de la palabra. Porque ya, de alguna manera, existen. Por ejemplo, la música cubana y la música del Caribe no empiezan en el Caribe, empiezan en el sur de los Estados Unidos. Ya hay una comunidad cultural musical americana que va del sur de los Estados Unidos al nordeste brasileño, y salta por encima de barreras, fronteras, regímenes políticos, etcétera. Somos una unidad cultural y en este sentido ya estamos unidos.

– Y, más allá de lo cultural, ¿no ve una alianza política, económica...?

– Unamuno decía: no hay que vivir al día sino a los siglos. A los siglos, yo coincido con usted. Pero hay que cumplir pequeñas y grandes tareas que a veces son dramáticas, como nos ha tocado a nosotros los cubanos, y que tenemos que cumplir. Entre otras cosas, para que dentro de algunos siglos se pueda realizar ese diseño. Los Estados Unidos son un país extremadamente complejo, que conozco muy bien, que quiero muy mucho. Detesto a la política del gobierno norteamericano pero para nada detesto al pueblo norteamericano. Le digo esto para que vea que no estoy hablando como un antiyanqui furibundo por la sencilla razón de que no lo soy. Los Estados Unidos, cuya decadencia es obvio que ya empezó aunque sea la primera potencia militar del mundo, están permeados de eso que antes se llamaba el tercer mundo. Incluso algunos de sus más eminentes intelectuales son parte de las minorías. Por ejemplo Edward Said, profesor de la Universidad de Columbia, que forma parte del Consejo Nacional Palestino, y una cantidad enorme de latinoamericanos. Dentro de poco el primer país hispanoamericano de este continente estará en el seno de los Estados Unidos... Muy bien, así fue corroído el imperio romano, la migración actuó como termitas y eso no se va a detener porque al agravarse cada vez más la situación económica de nuestros países, la emigración hacia los Estados Unidos va a ser mayor. Muchísima gente se ha ido de Cuba por discrepancia con la Revolución cubana, pero muchísima gente se ha ido también por razones económicas como siempre se ha ido de Cuba. Entonces si los Estados Unidos cambian de tal manera, por qué pensar que no puede ser así. No va a ser mañana, no va a ser con el presidente Bush, no sé con quién va a ser, pero allá va el cambio, porque en el fondo es inevitable cambiar. Si se producen cambios de tal naturaleza que esa unión no implica que nos va a devorar a nosotros, yo no veo por qué negarnos a ello.

– Hasta hace poco tiempo atrás, los modelos a seguir para los latinoamericanos eran Estados Unidos por una parte y Cuba por otra. De algún modo, estos dos paradigmas están profundamente cuestionados en América latina. ¿Cree que tiene que venir un nuevo modelo?

– No me gusta la palabra modelo en general, y nunca se la aplico, en el sentido genérico, al caso de Cuba.

Le tengo que decir que yo no creo en modelos, no creo en el modelo cubano, ni en ningún otro modelo. No creo que ningún país latinoamericano de ninguna manera deba plantearse hacer otra vez la Revolución cubana, para eso nos bastamos y nos sobramos nosotros. Creo, sin embargo, que al margen de los modelos y de los esquemas, hay un notorio fracaso no sólo de los Estados Unidos, cuya decadencia ha comenzado, sino del capitalismo dependiente de América latina y en esto me parece que por fin estamos de acuerdo tirios y troyanos...

– ¿Esta decadencia general a dónde nos conducirá, según usted?

– Llevará tarde o temprano a situaciones revolucionarias en la América latina y eso engendrará nuevas realidades que yo no puedo prever. Casi me atrevo a decir que felizmente no puedo prever. No quiero saber del futuro, quiero sencillamente que el futuro me sorprenda. De hecho, después de la Revolución cubana hubo importantes procesos en este continente, ninguno de los cuales asumía o repetía el modelo cubano. Recuerdo la inmensa alegría que fue para nosotros, me acuerdo como si fuera ayer, el triunfo de la Unidad Popular y el triunfo de Allende en las elecciones. Una amiga soviética me dijo: pero cómo están ustedes tan felices cuando este triunfo es el triunfo de otra línea que no es la línea de ustedes. Digámoslo así brutalmente, no es la línea de la guerrilla la que toma el poder sino la de las elecciones. Yo le dije: pero nosotros no estamos enamorados de los medios, nosotros estamos enamorados de los fines. Si Allende logra efectivamente desencadenar un proceso socializante por sus medios, es una felicidad que nos tiene que llenar a nosotros de gloria.

Si hubo un gobernante que en este continente tuvo la audacia y el valor de querer llevar adelante otro proceso de reforma distinto fue Allende.

Yo recuerdo cuando en Estados Unidos, en 1981, vi la película *Missing* de Costa Gravas, que la ví llorando como un loco. Yo lloro, debo decir eso, yo, como Tomás Borge, lloro en las películas. Pero lo que me aterraba al verla era cómo en esa película, de alguna manera, se limpiaba la conciencia norteamericana y se preparaba para nuevas fechorías. ¿Dónde? ¿En Cuba, en Nicaragua, en El Salvador? Con una honradez ejemplar, los Estados Unidos, sus periodistas y sus pulcros políticos reconocen siempre sus crímenes, un poquito después.

– Pero esa película ya terminó. Ahora tendrán que ser otros los estrenos...

– Sí. Pensándolo bien, mucho tienen que cambiar los Estados Unidos, muchísimo, para que se pueda producir esta entente que usted dice. Su modelo, su esquema, está hecho pasta, pero tiene un ejército inmensamente poderoso. Cuando yo he vivido en barrios populares y en la esquina vivía el guapo del barrio a quien, por cierto, llamaban de una manera preciosa el roenervios, había que salir a la calle con una piedra en el bolsillo porque si aparecía roenervios, le apedreaba. América latina tiene un roenervios gigantesco allí al norte y tiene que andarse con cuidado, porque a cada rato nos invade. Como en Cuba en 1961, en la República Dominicana en 1965, en Granada en 1983, en Panamá 1989. ¿Cómo vamos a unirnos con el *gangster*? ¿Cómo se imagina usted que yo podría reunirme con roenervios, si no tuviera cuarenta piedras en los bolsillos? No es posible que mientras roenervios siga haciendo de las suyas nos entreguemos mansamente a esa unión. Es la unión de un león y un cordero. Yo creo que los leones deben reunirse con los leones, y lo que debemos proponer, nuestra meta debe ser, es llegar a ser leones, no rotarios. Cuando seamos leones nos vamos a reunir con ese otro león, pero mientras tanto lo que no podemos hacer es entrar en la jaula del león para que nos vaya comiendo a pedacitos, que es lo que él quiere. De hecho a él le molesta mucho, le molesta enormemente, todo lo que hagamos colectivamente. Estamos en presencia, para decirlo de una manera, la más académica posible, de un desvergonzado *gangster* local que se llama el gobierno y el régimen de los Estados Unidos. Nada tengo contra el pueblo norteamericano, tanto lo quiero que espero que un día se desembarace de ese régimen y de ese gobierno y entonces nos sentaremos conjuntamente a la mesa de las negociaciones ya sea en Iowa, en Córdoba, en La Habana o donde sea.

– ¿Qué sintió usted cuando ocurrió el derrumbe del bloque soviético?

– No fue una buena noticia. Por otra parte, habría que distinguir. La situación de Europa oriental era la situación de países a los cuales la revolución socialista les había llegado en la punta de las bayonetas del Ejército rojo, y entonces había allí una situación muy difícil, porque si bien es verdad que tenían resueltos los problemas materiales básicos, también es verdad que no sentían que tenían un régimen que ellos mismos hubieran construido. En el caso de lo que fue la Unión Soviética, sí había habido una auténtica revolución. Pero no cabe duda de que había grandes problemas también en el interior de la Unión Soviética que no son desconocidos para nadie. Esos problemas fueron revelados desde hace bastante tiempo por los mismos opositores a Stalin. Quién no ha leído a Trotsky, por ejemplo. Muchos de los textos de Trotsky que he leído ahora parecen prosoviéticos, es curioso. *Los crímenes de Stalin*, *La revolución traicionada*... Y para qué hablar de un pensador como Deutscher[5], cuyo libro *La Revolución inconclusa*, me decía el otro día un dirigente de la Revolución cubana, parecía hecho para ayudar a la Unión Soviética. Esos problemas, en el orden político, fueron denunciados por Kruschev en el cincuenta y seis, así que esto era de dominio público. Y todo eso ocurrió tres años antes del triunfo de la Revolución cubana. Por eso cuando nos vinculan a nosotros con el estalinismo, no deja de ser un anacronismo. Y bueno, ha ocurrido lo que ha ocurrido, para mí no es una buena noticia. La Unión Soviética debió hacer grandes reformas, que eran inevitables, para superar las dificultades y avanzar hacia un horizonte socialista y no retroceder hacia el pasado en el capitalismo. Esa es mi respuesta.

De todas maneras si yo fuera un entomólogo histórico, que no lo soy, con enorme interés me asomaría sobre ese hormiguero para ver el primer caso en el mundo en que es posible, como decían los chinos en un momento que estaban peleados con los soviéticos, el paso pacífico del socialismo al capitalismo. No es tan pacífico, pero por ahora estamos viendo esta involución. Como para mí el capitalismo es malo, no tiene por qué serlo para todo el mundo, pero como para mí es malo, pues no me parece una buena noticia que se involucione hacia el capitalismo. Allí el verdadero desafío era a partir de los postulados iniciales de Gorbachov, la *perestroika*, la *glasnost*, etcétera. Haber sobrepasado los grandes problemas que había, burocráticos, ideológicos, económicos y haber ido más lejos. Pero se ha hecho así, se ha ido hacia atrás.

– ¿No cree que el capitalismo tiene algunas virtudes?

– No creo que el capitalismo sea un buen régimen, no desconozco que tiene virtudes, pero creo que los defectos son muchos más que las virtudes. Creo que implica una enorme cantidad de sufrimientos, una enorme cantidad de miseria. No desconozco cómo se formó el capitalismo. Es interesante, a veces, cuando se lee *El capital* de Marx, recordarlo. Uno se olvida que Marx no era un economista, sino que era un revolucionario que estudió economía, que es distinto. Y hay algunas páginas de *El capital*, por ejemplo, donde Marx describe cómo los campesinos

5- Isaac Deutscher, historiador y biógrafo. Entre sus principales obras están la *Biografía Política de Stalin* (1949), la *Biografía de Trostky* (1954-1963) y *La Revolución Inconclusa* (1967).

ingleses eran despojados de sus tierras, y finalmente arrojados a terrenos rocosos que ya no podían sembrar a fin de que se convirtieran en proletarios. Y así se inventó el proletariado, de manera pavorosa. No me olvido de esa página en que Marx no hizo más que transcribir los famosos libros azules ingleses de los inspectores de fábrica... Allí se demostraba cómo se hizo la acumulación originaria de capital. Por una parte se hizo sobre el resto del mundo, esclavizándolo: Africa, Asia, América; y por otra, parte con la violencia sobre su propio pueblo. Eso se llama la acumulación originaria del capital. Gracias a la explotación de la mayor parte del mundo y a la explotación de sus propios trabajadores, se produjo la acumulación originaria de capital. ¿Cómo van a producir la acumulación originaria de capital los países de la Europa del Este? ¿Van a participar otra vez en el reparto del mundo? ¿A quién van a explotar? Porque, que yo sepa, sin esa explotación no habría Inglaterra ni habría Francia ni habría Alemania, ni habría Estados Unidos. No puedo ver con simpatía, repito, esa involución. Si no van a producir esa acumulación originaria de capital sobre la base de la rapiña del mundo ya repartido y rapiñado y sobre la base de la explotación de sus trabajadores, ¿cómo la van a conseguir? Es una curiosidad que tengo. A mí me es siempre conmovedor saber que en Inglaterra un hombre puede poner un cajón de bacalao en Hyde Park, levantarse y decir lo que quiera, salvo atacar a la monarquía, y eso es una manifestación preciosa de libertad. Lamento que eso también se hiciera en el mismo momento en que Gandhi ordenaba a sus seguidores que se acostaran en la vía férrea de los ferrocarriles ingleses en la India para hacerlos detenerse como protesta, y los ingleses no detuvieran los ferrocarriles y, así, al final, cuando había terminado la peroración de este admirable soñador de Londres en Hyde Park, había treinta mil indios muertos en la vía férrea inglesa. La libertad que se adquiere a ese precio es una vergüenza, la libertad de que hoy disfrutan los Estados Unidos es una vergüenza porque se hace a expensas nuestras. Esa libertad supone nuestra esclavitud, nuestra pobreza, nuestra explotación, nuestra miseria.

Recuerdo también unos versos de Valery. Usted me dirá qué tiene que ver la política con Valery. Yo lo sé muy bien porque soy poeta. Decía Valery: en el cementerio marino quien luz restituye, supone en sí triste mitad de sombra. Esa luz, entre comillas, de Occidente, supone la sombra para los que ahora somos las tres cuartas partes del mundo y que en el año dos mil seremos la cuatro quintas partes de la humanidad.

– Pero estábamos hablando de Europa del Este...

– Estoy convencido de que eran inevitables estos cambios, sobre todo en la Unión Soviética. En la Europa del Este, como decía Lezama Lima, muy gracioso, el socialismo les había caido encima como una carpa de circo. En la Unión Soviética sí existió una auténtica renovación, pero tuvo un enorme problema después, una gran catástrofe: la muerte de Lenin. Cuando yo era un muchacho, pensaba que Lenin se había muerto muy viejito, pero ahora que tengo sesenta y un años, y sé que se murió a los cincuenta y cuatro, y que llevaba dos años prácticamente muerto en vida, me doy cuenta de que murió niño. Podría haber vivido veinte años más. ¿Qué hubiera ocurrido si hubiera vivido veinte años más? No habría habido la disputa de los diádocos, de los generales de Alejandro que se repartieron el imperio a su muerte... El mundo hubiera sido otro. Eso de que los hombres son sustituibles es una mentira total, los auténticos seres humanos nunca son sustituidos. Desde su papá y su mamá hasta las grandes figuras históricas, hasta los grandes poetas, hasta el amigo. Insustituibles fueron Lenin y Martí. Repito, los cambios eran inevitables, pero desgraciadamente no se hicieron hacia adelante sino hacia atrás.

– ¿No ve en esta crisis del marxismo, la crisis definitiva del iluminismo romántico y por lo tanto del pensamiento revolucionario?

– Sí, yo conozco esa tesis, como es natural. No ignoro tampoco, por ejemplo, las comparaciones que hizo Engels, entre Rousseau y Marx. Incluso leí un libro interesante de Galvano de la Volpe que se llama Rousseau y Marx, etcétera. Yo le puedo decir lo siguiente: creo que es una infelicidad hablar de marxismo, yo creo que a eso se refería en cierta forma Marx con su famosa *boutade*: «yo no soy marxista», porque no soy yo el primero que señala esto; pero bueno, lo voy a señalar aquí otra vez: el marxismo es, entre otras cosas, una teoría revolucionaria como todo el mundo lo sabe, pero es también una ciencia que tiene el nombre de su fundador. Esto ha producido grandes confusiones, ¿qué haríamos si la geometría en lugar de llamarse geometría se llamara talesismo?, ¿qué haríamos si la astronomía en lugar de llamarse astronomía se llamara galileísmo? En este último caso habría que explicar cómo, en un capítulo de la astronomía, un hombre se vio ante la Inquisición y se retractó y dijo que la Tierra no se movía; pero esto no forma parte de la historia de la astronomía, sino de la biografía de Galileo. Yo creo que tenemos que acostumbrarnos a hablar del materialismo dialéctico e histórico como hacemos con otras disciplinas filosóficas o científicas.

– ¿Pero Martí fue un materialista histórico?

– Martí fue un revolucionario. Descubrió, a su manera, lo mismo que Marx. Así como Leibniz y Newton, independientemente uno de otro, descubrieron el cálculo diferencial e integral, y sería catastrófico que a la teoría correspondiente la llamáramos newtonismo o leibnicismo. El materialismo histórico no fue sólo descubierto por Marx y Lenin. De hecho, ya muerto Marx, en 1883, el libro *El origen de la familia, la propiedad privada y el Estado*, de Engels, no es más que una glosa, una glosa brillante y por cierto muy divertida, de un gran libro que escribió un gran norteamericano, Lewis Morgan, *The ancient society...* sobre la sociedad inglesa en 1877. En ese libro, Engels dice que el antropólogo Morgan, norteamericano, había descubierto por sus propios pasos una veta independiente del materialismo histórico de Marx. Mi criterio (yo le he dado a usted siempre mi criterio, yo no soy ni oficial ni no oficial, doy criterio sobre lo que yo pienso), es que Martí, que era un espiritualista y tenía un espíritu religioso, a pesar de que no adhirió a ninguna religión y era profundamente anticlerical, sobre todo hostil a la Iglesia católica que era la que dominaba en América latina en ese momento, llegó también por sus propios pasos a disfrutar el materialismo histórico al margen de Marx; al igual que lo hizo Morgan, porque es una ciencia y, en un momento determinado, la ciencia llega a un punto tal que es perfectamente posible que distintos científicos lleguen a una misma conclusión.

– Pero esa ciencia está en crisis...

– Déjeme decirle. Morgan llegó a ese descubrimiento por la vía de la antropología, era antropólogo. Marx llegó por la vía del análisis histórico, económico, y Martí llegó en su condición de político, de pensador, de periodista que tenía que comentar los hechos. Yo creo que su crónica sobre la conferencia panamericana de 1889-1890, demuestra la crítica que él hace de esa conferencia como la que va a hacer en la ulterior conferencia monetaria americana de Washington en 1891. La hace desde la perspectiva de un materialismo histórico al que había llegado Martí por sus propios pasos. Ahora, vistas así las cosas, yo no creo que esa ciencia haya entrado en crisis, yo no creo que la geometría haya entrado en crisis, ni que la astronomía haya entrado en crisis. Creo, más bien, que van progresando. Por ejemplo, yo soy un aficionado a la astronomía. Sé que desde que tenía doce años hasta ahora, tengo casi cincuenta años más, la astronomía ha conocido una enorme cantidad de cosas. Cuando yo era muchacho no se hablaba del *big-bang*, no se hablaba de una gran cantidad de cosas. Y hoy día se habla frecuentemente de eso, ¿quiere eso decir que la astronomía ha entrado en crisis?, ¿o quiere eso decir que la astronomía ha crecido como tiene que crecer toda ciencia? Yo creo que el materialismo histórico no ha entrado en crisis, está en crecimiento. Los hechos que han ocurrido, por catastróficos que sean o puedan parecer, son datos para ser incorporados a esa ciencia.

– ¿Pero, el marxismo se trata sólo de una ciencia ?

– No se trata sólo de una ciencia, se trata también de una doctrina revolucionaria que ha sufrido un revés tremendo, no cabe duda. Un revés tremendo, pero yo no veo por qué, yo no veo ningún pensamiento que ponga las cosas más allá del materialismo histórico. En el libro, tan interesante, de Sartre que es *Crítica de la razón dialéctica*, Sartre dice que una disciplina como el materialismo histórico, dialéctico, no recuerdo textualmente las palabras, no puede ser superada en un gabinete. Tiene que ser superada con el desarrollo mismo de la realidad y yo francamente no he leído un análisis que lleve más lejos esta disciplina. Me parece que lo que dice Fukuyama, el famoso Fukuyama, es para la risa. Probablemente cuando Fukuyama dice que terminó la historia, que terminó la guerra, que terminaron los totalitarismos, parece que se le hubiera olvidado que en la Primera Guerra Mundial ninguno de los participantes era nazi o comunista. Tengo entendido que todos eran iguales, unos se decían horrores a otros, los dos mentían y los dos decían la verdad. Esa fue una guerra horrible. ¿Cómo Fukuyama puede olvidarse que la Primera Guerra Mundial no se hizo con ningún totalitarismo? Yo creo que es un disparate inmenso de este hombre que se dice hegeliano. Yo al principio pensé que era un hegeliano de derecha, después me di cuenta de que era un hegeliano de pacotilla, de una ignorancia absolutamente garrafal.

– ¿Qué le está pasando entonces a los intelectuales?

– Lo que veo es un tremendo empobrecimiento del pensamiento mundial de tirios y troyanos. Cuando yo pienso en mi París de 1955 y en el París de ahora, sí creo que se ha producido un empobrecimiento absolutamente lamentable del pensamiento, que nos incluye a todos. Yo creo que, en general, no sólo no se ha llegado al fin de la historia como dice ese tonto, sino que ni siquiera, lo que es más triste, se ha llegado al fin de la prehistoria. Ya estamos en el siglo veintiuno técnicamente hablando, pero el hombre sigue siendo una bestia de la caverna.

– ¿Y esa crisis del pensamiento no incluye al materialismo histórico?

– Creo que en el materialismo histórico hubo, en un momento, considerables enriquecimientos, debiérase a Lukács o debiérase a Gramsci o debiérase al Che o debiérase a Mao, o a quien fuera. Pienso en Althusser, pienso en pensadores que realmente han hecho contribuciones importantes al materialismo dialéctico y al materialismo histórico. Pero, hoy sí siento que vivimos en un momento intelectualmente muy pobre.

– La idea de que el desarrollo del pensamiento se ha empobrecido me parece fundamental. ¿Cómo ve el desarrollo del pensamiento propio en América latina?

– En la derecha lo que veo es realmente una osificación y un retraso pavoroso; cuando oigo hablar de la nueva derecha me hace muchísima gracia. Parece un término inventado por los franceses, aunque no creo que haya sido el caso. Parece un sintagma francés, porque los franceses como todos sabemos (Ernesto Sabato se ha burlado con mucha gracia de eso), a cada rato reúnen un grupo de figuras y le llaman nuevo algo. Por ejemplo, los franceses escriben novelas, por lo general aburridas, y le llaman la nueva novela. Los franceses hacen películas y le llaman la nueva ola. El año 1916, más o menos, se creó la primera escuela filológica seria para estudiar con criterios rigurosos la estructura de la obra literaria, y fue llamada por sus enemigos, peyorativamente, escuela de los formalistas rusos. Ya Saussure había muerto en el año trece. Después vino el círculo de Praga en el año veinte, después vinieron estudios similares en los países nórdicos; hasta en los Estados Unidos, donde se la llamó *new criticism*... nueva crítica. Hubo incluso estudios estilísticos en España por Dámaso Alonso y en América por Amado Alonso, etcétera. Y tardíamente, en los años sesenta, llegó esta crítica finalmente a Francia -soy testigo de excepción porque estudié linguística en Francia-. Y Saussure, que fue admirablemente traducido y prologado en América por Amado Alonso, era una figura allí puramente académica y a nadie se le ocurría hablar de temas linguísticos fuera de la universidad. Pero, como sabemos, en los años sesenta llegó la avalancha, ¿y cómo le llaman los franceses a la más tardía de las escuelas similares? Nueva crítica francesa. Esto de nueva derecha me recuerda eso mismo, es una *contradictio in terminis* puesto que la derecha, por definición, es vieja y esta nueva derecha es aún más vieja. No veo ningún aporte, absolutamente ninguno, en que se nos plantee como proyecto para América latina lo que estamos haciendo hace ciento cincuenta años: el liberalismo económico. En otras palabras nos plantean, como porvenir, el pasado.

– ¿Y la izquierda?

– En cuanto a la izquierda, hablando *grosso modo*, no cabe duda de que una parte de ella está, como es natural, conmocionada por las cosas que han ocurrido, conmocionada por la avalancha de publicidad que tiene la llamada nueva derecha y que parece que se traga todo. Pero hay otra parte de la izquierda latinoamericana que no se comporta en absoluto así. En primer lugar, en América latina ha habido a lo largo de estos años aportes nada carentes de interés en cuanto al pensamiento; en las ciencias sociales, por ejemplo. Pensemos lo que pensemos de la teoría de la dependencia, fue una contribución latinoamericana a las ciencias sociales no exenta de valor; pensemos lo que pensemos de la teología de la liberación (que, por supuesto, tiene muchas raíces en otros lugares; bastaría pensar en los curas obreros en Francia, la revista *Esprit* de Mounier etcétera), en general, es un aporte latinoamericano importante. Me parece que todos los altibajos del pensamiento propio del materialismo dialéctico e histórico tienen también interesantes contribuciones en América latina.

– Pero hoy día son puros cadáveres...Usted está hablando de los años sesenta...

– Hoy día... pienso lo siguiente: pienso que la mediación por la cual Martí es actualizado a través de la Revolución cubana es algo importante. La mediación, sobre todo de Fonseca, por la cual las obras e incluso el pensamiento de Sandino han sido actualizados es una cosa verdaderamente importante. Creo que hay en estos momentos barruntos de lo que debe ser, vamos a llamarla así, una nueva izquierda. Hay viejos gladiadores que mantienen su bandera. Yo pienso en Uruguay donde hay gente como Benedetti, como Galeano; en México, gente como Pablo González Casanova, como Alonso Aguilar. Pero todo está en un proceso de replanteo y tenemos que estar muy abiertos a la realidad, más que nunca tenemos que ser alumnos de la realidad y, en lugar de imponerle dogmas y esquemas, muchos de los cuales han resultado ser desastrosos, estar atentos. Y esto no está ausente en los pensadores, en los mejores y más coherentes y audaces pensadores de izquierda de América latina.

– ¿Pero no encuentra que el pensamiento de izquierda en América latina está en una profunda crisis?

– Sí, yo creo que sí. Pero crisis no quiere decir necesariamente aniquilamiento, aunque sí, desde luego, negarlo sería tapar el sol con un velo. No me cabe la menor duda y estamos todos obligados, como le decía, a un replanteo, a un repensamiento, a una relectura como está haciendo la derecha. Por ejemplo, en el número de julio de *Vuelta*, la importante revista que dirige Octavio Paz, hay lo que ellos llaman una vindicación de Edmund Burke, un importante escritor inglés que en 1790, al año siguiente de estallar la Revolución francesa, escribió el primer texto contra la revolución. Se llama *Reflections on the revolution in France*, y por tanto es uno de los primeros escritores contrarrevolucionarios. Lo digo como mera descripción, no en un sentido moral. No es extraño que *Vuelta* haga la vindicación de Edmund Burke, porque al principio esta nueva derecha quería presentarse como heredera de los auténticos cambios que se debían hacer y que habían sido traicionados por los llamados revolucionarios. Pero a medida que van pasando la cosas se van quitando la careta y tranquilamente hacen la reivindicación de sus antepasados, es decir de los contrarrevolucionarios de todas las épocas... Yo creo que lo menos que puede hacer la izquierda es también releer a nuestros clásicos, incluyendo muchos clásicos de nuestro continente, y sacar también conclusiones, por supuesto, de otras partes del mundo también. Quiero llamar la atención sobre el hecho de que pocas veces hablo de Latinoamérica. En una carta usted decía que era un mito francés, yo prefiero hablar de nuestra América que es la denominación que Martí le dio desde muy joven, desde los años 1875 a 1877, cuando estuvo en México y Guatemala, y sobre todo en ese ensayo, verdaderamente el mejor ensayo marxista, que se llama *Nuestra América*. Pero bueno, nosotros no decimos nuestroamericanos y entonces hay que decir latinoamericanos. Creo que entre las tareas que tiene la izquierda en América latina está indudablemente volver a leer la historia con los ojos actuales, con los ojos de 1991. Estamos en 1991 y hay que volver a leer nuestra historia desde la perspectiva de 1991 sin por eso bajar nuestras banderas y aceptar todas las boberías que vienen de la derecha.

– Una buena parte de la izquierda latinoamericana que intenta hacer esa relectura va llegando a posiciones que podrían llamarse de derecha, por lo menos en el plano económico...

– Es posible, pero ya no es izquierda, es derecha.

– Es un fenómeno indudable. ¿Qué siente con eso?

– Para la izquierda es un momento malo, indudablemente. No es el final, como le decía, pero es un momento malo. Una de las cosas que ocurre de hecho, que usted menciona y que está ocurriendo, es que en la discusión llega un momento en que se pliega la bandera y se acepta la bandera de la derecha. Por ejemplo, cuando se habla de desideologización y se acepta este criterio de franca raíz derechista, naturalmente ya se ha pasado de hecho al terreno de la derecha, cosa nada de nueva. En el momento en que campea por su respeto la más cruda ideologización de derecha se dice que a eso se lo llama desideologización. Naturalmente allí hay una trampa.

Como la democracia. La democracia ha pasado a ser un término que no se cae de la boca de aquellos que practican la democracia como yo hablo el chino. Estamos en presencia de una gran tergiversación verbal. Por eso le decía que añoro ciertas formas del siglo diecinueve en que se tendía a llamar las cosas por su nombre. En el siglo diecinueve, en lugar de decir los Estados Unidos quieren atacar Cuba porque en Cuba se violan los derechos humanos y porque no hay pluripartidismo, se decía tranquilamente «esto es nuestro porque lo necesitamos». Nos apoderamos de América central porque lo queremos, punto. Ahora todo se ha vuelto, en manos y bocas de ciertas personas, un verdadero guirigay, donde generalmente las cosas quieren decir lo contrario de lo que se dice. Por ejemplo, conservadores son los que siguen creyendo en la posibilidad de la revolución, reformistas son los que están a favor del capitalismo. Hay que volver a ser aquello que Flaubert propuso: el diccionario de las ideas recibidas. Y hacer un lindo diccionario sobre el disparate que no es un disparate porque está hecho con toda intención, con toda mala fe.

– ¿Hasta qué punto esto no ha sido provocado también porque el pensamiento de izquierda no ha sido eficiente?

– Eso es cierto, se produjo una verdadera osificación contra la cual se levantó muy crudamente, por ejemplo, el Che, quien es un tremendo portavoz de rechazo, tremendo rechazador de esa osificación. Y no cabe duda de que eso ocurrió y además tenemos casos verdaderamente dramáticos, ya que países que se decían socialistas habían congelado el desarrollo del pensamiento. Yo, por ejemplo, como artista, como poeta, lo que soy, sentía como una cosa monstruosa el llamado realismo socialista. Afortunadamente entre los errores que cometimos y entre las cosas que copiamos no se encontró la de implantar ningún realismo socialista en Cuba. Lo mismo ocurrió con las ciencias sociales, yo soy lo bastante viejo como para recordar. Recuerdo haber recibido un boletín de la legación de la Unión Soviética donde se condenaba la recién nacida cibernética, porque era una disciplina típica del capitalismo deshumanizador, etcétera. También he leído en revistas soviéticas inculpaciones contra músicos decadentes como Haendel, Bach, etcétera. Desastroso para nosotros, y eso aunque no tuvo por qué repetirse mecánicamente en otras partes del mundo, indudablemente ha echado una sombra. Creo que en América latina se han hecho esfuerzos considerables en las ciencias sociales, pero no al nivel que alcanzó la literatura, especialmente la narrativa. La poesía ya había alcanzado ese nivel mucho antes, desde Darío, la vanguardia, hasta nuestros días. No creo que las ciencias sociales hayan estado francamente a ese nivel, con perdón de mis hermanos científicos sociales; ya veremos como arreglamos después esto para no buscar más líos de los que ya tengo.

– Ese punto es interesantísimo, lo quiero tocar inmediatamente después. Para terminar con lo de la osificación del pensamiento de izquierda: Cuba ha sido vanguardia y oráculo de ese pensamiento en

América latina. ¿Hasta qué punto cree usted que la osificación ha llegado o ha partido de aquí?

– También sin duda la ha habido. Incluso un crítico literario cubano muy bueno que se llama Ambrosio Fornet, habló de lo que el llamó el quinquenio gris, el que va entre 1970 y 1975. Quizás no fue tan quinquenio, algunos piensan que fue más, lo que no hubo duda es que hubo allí una osificación. La fecha, a partir de la cual se nos complica mucho la vida a nosotros, es la muerte del Che. Desde 1967 y 1968, con la muerte del Che que significó, por el momento, el no cumplimiento del proyecto revolucionario continental. ¿Qué implicó la muerte del Che? Posponer indefinidamente hasta las calendas grecas ese proyecto. Y Cuba vivió un momento muy duro, estuvo sola de toda soledad... Malavenida con la izquierda tradicional del continente, malavenida con los países llamados socialistas y desde luego con los Estados Unidos... ¿Qué hacer en esa situación? Cuba no tiene más que integrarse a la Comunidad de Ayuda Mutua Económica, al Came, y ése es el momento en que la frescura y la originalidad iniciales de la Revolución cubana se estrechan por estos vínculos. Pero esto para Cuba era imprescindible. Como una manera de sobrevivir, nos integramos más de lo que era prudente a ese supuesto socialismo real con las consecuencias dramáticas que estamos viviendo ahora. El problema es ni elogiar ese quinquenio gris en su aspecto intelectual, porque sería una mentira, ni dejarlo de situar en un contexto específico para comprenderlo. Yo no voy a elogiar los errores de la revolución, porque no puedo olvidar que al ser errores de la revolución son también mis errores. Sí creo que hubo en Cuba un proceso de osificación ideológica a partir de esos años. Creo que la creación del Ministerio de Cultura en el setenta y seis fue en cierta forma el final visible de ese período, pero el problema es que el oscurantismo, no sé como llamarle, el dogmatismo, no son sólo etapas, son también líneas y solemos designar a la etapa con la línea hegemónica que nunca es la única. Una etapa dogmática no es la etapa en que sólo hay dogmatismo, es la etapa en que predomina el dogmatismo, y una línea audaz y revolucionaria no es la etapa en que sólo es audacia y pensamiento revolucionario, sino que son hegemónicos la audacia y el pensamiento revolucionario. Son líneas soterradas, todo coexiste hasta hoy, hasta siempre.

– ¿Después de esos fracasos ve a América latina de capa caída,

entonces?

– Está de capa caída. Ha pasado la moda América latina y como moda está bien que pase, la moda debe pasar. La moda va y viene, lo saben bien las damas, la minifalda, la maxifalda, suben y bajan de manera harto conspicua; pero la moda no debe realmente interesar mucho a nadie así como tampoco el éxito. Pero los espíritus superiores no trabajan a favor del éxito sino contra él, lo decía Martí. El ejemplo de Vallejo es un caso patético, tremendo. Incluso el tercero de sus grandes libros se publicó póstumamente en condiciones bastantes precarias: *Los poemas humanos*. Pero creo que esto de que nuestra América esté de capa caída es parte de la situación general de los países europeos. Por razones económicas estamos vinculados a lo que se llama ahora el sur. La situación nuestra en este momento es francamente dramática; nuestra quiero decir del sur en general. Al desaparecer la polaridad este-oeste que tenía miles de desventajas que ya sabemos, pero que por lo menos tenía la ventaja de que los Estados Unidos no disponían enteramente de sus manos libres. Al desaparecer esa polaridad se agrava otra polaridad que ya existía, que es la norte-sur. Yo me siento bastante preocupado respecto al porvenir del sur. En el año dos mil los habitantes del llamado sur serán las cuatro quintas partes de la humanidad. Entonces tenemos que sentirnos preocupados no sólo del sur sino también por el norte. ¿Es posible que el norte sobreviva a la catástrofe del sur? Por supuesto los primeros enfermos que mueren son los pobres. ¿Pero de dónde salen los choferes, los jardineros, la cocineras, sino de los pobres? Y finalmente esa enfermedad llega también a los ricos y se mueren todos. Unos se mueren antes que otros, simplemente. Entonces yo me preocupo, tengo derecho a preocuparme por la humanidad. Nosotros tenemos una visión brutalmente antropocéntrica de la realidad, esa visión no está avalada por nada, ni autorizada por nadie. Antes que nosotros hubo muchas especies que se extinguieron y el ser humano no es más que una especie entre muchas. Pensar que somos el cumplimiento de la evolución es verdaderamente risible y no tiene pies ni cabeza y tal como van las cosas, si no mejoran, no hay porvenir para la especie *homo sapiens*. La civilización occidental es la más devastadora de todas las civilizaciones que el ser humano ha producido en su historia. Primero acabó con las otras civilizaciones, o las diezmó o las empobreció y ahora está empobreciendo el planeta. Esta es mi preocupación. Me parece que debo llevar adelante y defender mi revolución con uñas y dientes porque es la partecita ínfima de la historia que me tocó. Pero lo hago pensando en la humanidad; así, cuando digo patria digo humanidad. Es aquella parte de la humanidad donde me tocó vivir y cumplir con mi deber.

– Tanto por factores externos como por factores internos, la existencia de la Revolución cubana está en un grave peligro. Desde el punto de vista suyo, como escritor cubano, ¿cómo salvaría esa revolución?

– Yo creo que el primero de enero de 1959 no es sólo el inicio de la Revolución cubana, sino el día de la independencia cubana. Nosotros fuimos cuatrocientos y tantos años colonia española, sesenta años protectorado o neocolonia yanqui. Tenemos sólo treinta y dos años de independencia. La Revolución acabó por fundirse con la nación misma y en este momento estamos en grandes riesgos de extinción, ya no sólo la revolución sino también la nación misma, y eso es grave. Vivimos una situación límite pero en esa situación límite; curiosamente, las artes -por lo menos, según mi experiencia, la poesía- pasan a un primer plano. Vivimos una situación límite y en medio de esa situación límite al menos la poesía surge indetenible.

– ¿Le gustan las situaciones límites?

– No me siento satisfecho de vivir una situación límite, preferiría que no fuera así, como es natural. Pero, como le digo, para la poesía no es de ninguna manera una coyuntura en que se deba detener. De hecho aquí en Cuba, en condiciones muy duras, durante este siglo, hemos vivido todo lo habido y por haber, incluyendo dos terribles tiranías, la de Machado[6] y la de Batista. El arte tiene un reino autónomo, tiene un reino propio, tiene sus propias incidencias y sus propias leyes y es indetenible, está en el corazón del hombre. Si Aristóteles pudo decir, hace dos mil trescientos años, que el hombre es un animal político, hay que decir que es también un animal poético, y que está en el corazón mismo del hombre la creación de poesía, de arte en general y con la poesía, con eso, quiero nombrar al arte toda. Con esto no aconsejo que nadie viva situa-

---

6- Gerardo Machado, presidente constitucional de Cuba entre 1925 y 1928. Luego se proclamó dictador hasta 1933. Fue derrocado por una revolución popular.

ciones límites para hacer poesía, no soy de aquellos a quienes les gusta que la gente sufra porque sufriendo se produce más, no. Yo creo que hay mil fuentes de sufrimiento, sin necesidad de situación límite, pero bueno, esto es lo que puedo responderle. No quisiéramos vivir este momento, no lo quisiéramos vivir, pero eso se nos ha impuesto y tenemos el deber moral de asumirlo como tal.

– ¿Como cubano le ve alguna salida a esta situación límite?

– Lógicamente el país está acometiendo distintas reformas y acometerá otras. Reajuste, reacomodo, reforma, como se quiera llamar. Puesto que no pensamos suicidarnos, pensamos salir a flote de esta situación mala. Esta situación mala supone dificultades económicas muy grandes, y en consecuencia implica también audacia económica más o menos grande para hacer frente a la realidad. Tengo esperanza, tengo fe, tengo la certidumbre de que se encontrará una salida, que no se aplastará económicamente a Cuba, aunque sea por el momento ése el proyecto del gobierno norteamericano, ahogarnos para provocar un malestar interno inevitable en situaciones de escasez, de dificultades y, de esa manera, bueno, pues, hundir la Revolución cubana que es el sueño que tienen desde hace treinta y dos años y por lo tanto uncir Cuba al carro de los Estados Unidos que es su sueño desde hace dos siglos. Nosotros no somos más que los modestos continuadores de quienes impugnaron ese sueño anexionista que ya expresó Jefferson en 1805. Creo que haremos sacrificios y pasaremos por etapas aún más difíciles, pero que finalmente encontraremos una salida. Somos diez millones de personas, no somos muchos.

– ¿Podrán dar de comer hasta entonces?

– Espero que se resuelva, con grandes dificultades, el problema alimentario, aunque el problema número uno es el problema del petróleo. Cuba no tiene energía, fuentes energéticas. Cuba no tiene petróleo, no tiene carbón, ni tiene grandes caídas de agua, etcétera. Estamos buscando petróleo, a lo mejor aparece. Ha aparecido, pero muy poquito. Sin embargo, recuerde que estamos en la zona petrolera que va de Texas a Trinidad y Venezuela. Tiene que haber petróleo pero no lo hemos encontrado.

Así y todo le insisto que encontraremos algún tipo de salida, estoy seguro, tenemos que quererlo y hacerlo. Me es difícil desvincular de esta realidad bastante dramática mi vida como intelectual, como escritor, pero lo que sí puedo decir, aunque parezca paradójico, es que siento que Cuba está viviendo no sus últimos días, como dicen los yanquis y que repiten algunas personas, sino unos nuevos primeros días. Eso es muy riesgoso, pero es lo que creo que pasa. Pero desde el punto de vista intelectual, si se quiere del punto de vista de la solidaridad, yo creo que ese período de estrechez que hablamos, ese famoso quinquenio gris, no debe repetirse en absoluto. Creo que Cuba ha reconquistado la libertad y la audacia que caracterizó la Revolución cubana en sus primeros años. Como todo en la vida, tiene un alto precio. Vamos a salir de este bache, de este atolladero, más fortalecidos. Y si no saldremos semidioses, por lo menos saldremos más fuertes. Semidioses ya sabemos que no somos. Nietzsche ha dicho la palabra definitiva sobre eso: si Dios existe, ¿por qué yo no soy Dios? No esperamos ser Dios, queremos sencillamente ser lo bastante fuertes para cumplir las tareas que tenemos y confío que así va a ser. Y como artista, como poeta, no separo una cosa de otra; yo no tengo una concepción política de la vida, tengo una concepción poética de la vida. Lo que pasa es que la política, cuando es asumida como un hecho moral, es también un hecho estético.

– Ustedes los cubanos siempre han sido muy defensores de la identidad latinoamericana... ¿Sigue creyendo eso? ¿En qué consiste?

– Los muchachos suelen ser muy pedantes y yo y mis compañeros no fuimos una excepción. Cuando estudiábamos filosofía habíamos llegado a la conclusión de que el planteo de Parménides y el de Heráclito eran conciliables: Parménides dice que todo ser es idéntico a sí mismo y Heráclito dice que todo fluye y esto nos hizo concluir que todo ser está siendo igual a sí mismo. En sólo este sentido me interesa el tema de la identidad, porque si no puede convertirse en una frase retórica. Yo creo que sí existe una identidad, llamémosla latinoamericana, a la que se refieren muchos textos, por ejemplo el texto de *Nuestra América*, de Martí. Es una declaración de la identidad latinoamericana, pero en un sentido progresivo, en un gerundio. No en una cosa que existe de una vez y para siempre, sino una cosa que se va haciendo a través de lo que se suele llamar nuestro sincretismo, palabra que no me gusta mucho y que además es bastante confusa. Se dice que nuestra cultura es sincrética porque reúne líneas provenientes de fuentes muy diversas. Entonces me preguntо: salvo lo esquimales y los indios que viven en la Amazonia, qué otras culturas no son sincréticas. Si hay una cultura sincrética es la cultura occidental, que se forma sobre la base de las cosas más heterogéneas: una creencia religiosa oriental de un semita, la filosofía de los griegos -que por otra parte tanto le debían a los egipcios-, las leyes romanas, las costumbres llamadas bárbaras de los germanos, la influencia de los árabes en España, de los bizantinos. A toda esa amalgama la llamamos cultura occidental. Nosotros tenemos una maravillosa creencia popular en Cuba que se llama la santería, que es el equivalente al vudú haitiano y también se la llama culto sincrético. Pero qué culto más sincrético que el catolicismo, que fundió las cosas más increíbles de la Tierra, incluyendo también creencias orientales, filosofía griega, etcétera, para llegar a ser con Constantino la religión del imperio. No me siento por lo tanto contento con hablar simplemente de sincretismo, puesto que todas las culturas son sincréticas. Sí creo, a lo mejor me equivoco, que nuestra identidad tiene, sin embargo, un rasgo de universalidad, que quizás no tienen otras culturas. A pesar de la evidente universalidad de la cultura occidental, hay ciertos parroquialismos en ella que hace a los occidentales entender al resto del mundo como un borrador o un aprendizaje de su propia cultura. Nosotros no tenemos eso, tenemos los ojos amplios, aunque le debamos un mundo a la cultura occidental, ya que provenimos de ella.

– Pero la cultura occidental lo es cada vez menos...

– Claro. Tenemos herencia propia de todas partes del mundo. He escrito sobre esto en otras ocasiones, pero vuelvo sobre el principio. Me molestaría que se tomara identidad como un hecho estático, y ni que decir como un hecho del pasado. Creo que es un hecho en marcha, que lo vamos realizando constantemente. Aquí en Cuba, por ejemplo, a finales del siglo pasado, un poeta magnífico que se llamó Julián del Casal estaba muy influído por los franceses coetáneos suyos, incluso llegó a cartearse con Verlaine, y escribía unos sonetos plásticos y no faltó quien dijera que eso no estaba en la tradición cubana. Pero cuando yo empecé a leer poesía, tenía trece años, la tradición cubana para mí estaba encabezada por del Casal. El ya era la tradición cubana. Sólo en este sentido estricto hablaría de una identidad latinoamericana, que no le podría definir pero que sí sé que existe. Usted me dirá: pero estamos viviendo en unos planos supestructurales. Es verdad, allí me muevo yo, pero yo no leo a Huidobro o Neruda o De Rokha[7] o a Gabriela o a Manuel Rojas[8], qué sé yo, o a Borges o a Reyes como extranjeros. Siento que hay ya una unidad en el campo de la literatura y de ciertas artes que anuncia ese conglomerado que políticamente no somos, ni quizás seamos nunca, y que lo que hay de común en todos ellos nos permite considerarnos como hispanoamericanos. Le voy a comparar un caso extremo como Nicolás Guillén, que es evidente que tiene que ver con las raíces afroibéricas del Caribe, con el otro extremo: Borges. A cada rato oigo decir, una vez para bien y otra para mal, que Borges es un escritor europeo. Me parece un disparate, no tiene pies ni cabeza. Yo no conozco ningún escritor europeo como Borges, para empezar. El mismo en su magnífico trabajo sobre Kafka decía que Kafka creó sus precursores. Borges es un escritor argentino por los cuatro costados y, además, específicamente bonaerense. Aunque no sepamos decir muy bien por qué, es porque existe una identidad latinoamericana de la que Borges se reiría. Pero es que la risa de Borges también forma parte de los productos latinoamericanos.

– ¿Usted no ve ninguna posibilidad de que dentro de esta transnacionalización que está viviendo el mundo, donde ya los países pesan menos como países, esto que se llama América latina sea reabsorbido, recolonizado?

– No es imposible, no creo que sea imposible. De hecho la historia está llena de proyectos que fueron a parar al basurero. Es decir, no veo por qué nuestro proyecto tiene todas las de ganar. Una de las cosas hermosas que tiene nuestro proyecto es que parece que tiene casi todas las de perder. Borges contaba que se fue a inscribir al partido conservador. Cuando llegó a la dirección en cuestión, ni siquiera los vecinos sabían dónde estaba la oficina del partido conservador. Finalmente Borges entró, se inscribió y cuando lo vieron salir alguien le preguntó: Borges, ¿por qué se ha inscrito usted en el partido conservador si sus perspectivas son nulas? Y Borges respondió: un caballero sólo adhiere a una causa perdida. La nuestra no es una causa perdida, pero está lo bastante

---

7- Pablo de Rokha (1894-1968), poeta chileno.

8- Manuel Rojas (1866-1973), escritor chileno. Premio Nacional de Literatura en 1957.

amenazada y frágil como para adherir a ella como un caballero y yo soy un caballero. De manera que subirme en el carro de los yanquis porque «inexorablemente van a ganar», ya es una meta repugnante que sería una razón suficiente para que no me subiera a ese carro. Por supuesto ese carro no va a ganar inexorablemente. Pero los que se montan en él, los que abandonan su bandera y aceptan banderas propias de los yanquis, francamente no son caballeros y no me gusta hablar con los que no son caballeros. No nos vencerán tan fácilmente.

La Habana, 6 de noviembre de 1991.

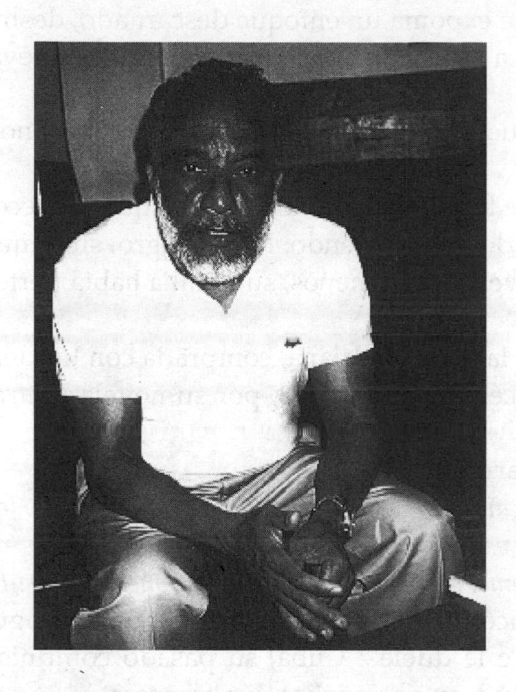

René Depestre

Me lo había advertido: en Lezignan-Corbières no hay taxis. Llegué en el único de los dos trenes que vienen de Toulouse en el día y se dignan parar allí. Nos bajamos dos y el otro se subió al único coche que esperaba pasajeros.

Comencé a caminar. Nadie sabía exactamente donde estaba la Route de Roubia, la calle donde vive.

Lezignan es como un pueblito del Cono Sur totalmente desubicado en el Mediodía francés, sin castillos ni historias medievales. Es puro polvo y Credit Agricole. Lugar de tránsito hacia lugares turísticos más preciados como Carcasonne y la Riviera. Al mirar de nuevo el pueblo, me acuerdo de que alguien me había dicho antes que un haitiano como él no podía vivir sino en un lugar así: que fuera Francia y no lo fuera.

Yo buscaba a Depestre desde que había caído en mis manos un ensayo suyo, publicado por una editorial italiana, llamado *El aporte africano*, en el que exponía un enfoque descarnado, desmitificador de lo negro en América latina, que me había dado ideas nuevas para mi proyecto.

Es cierto que no hay taxis. ¿Podía ese lugar ser y no ser Francia a la vez?

Finalmente tomo un teléfono y le pido que me recoja de en medio del polvo. Al verlo me sorprendo. No es negro, sino mulato. Eso significa que alguna vez, por lo menos, su familia había pertenecido a los jefes de su país.

Me lleva a la Villa Hadriana, comprada con los derechos de autor del premio francés Renaudot 1988, por su novela *Hadriana en todos los sueños*.

Café y cigarrillos.

–Mon français c'est tarzanesque, monsieur Depestre. Je suis desolé mais ça c'est la terrible verité.

–Pas problème, mon ami. Il y a des problèmes plus brutaux.

En un francés primitivo le empiezo a tirar la lengua para que vomite todo lo que le duele... Cuba, su pasado comunista, su posición frente a la negritud, su nacionalización francesa.

–Nous sommes chats échaudés, vous savez. Puede darme todos los palos que quiera. Pero no se preocupe, yo tengo ahora veinte años, *chéri*. Me siento más joven que usted y me puedo defender.

Nació en 1926. Hadriana está en todos sus sueños.

Después de la entrevista, me va a dejar a la estación. El jefe de tráfico nos anuncia que pasará el TGV, tren de alta velocidad, que viene de París y que nos afirmemos de alguna baranda o terminaremos en *Port au Prince*. Pasa raudo el expreso fantasma de París, como un *zombie*. Remueve mi cabeza y mis vísceras. Al sentirlo pasar como un celaje intangible, me acuerdo —no sé por qué, lo reconozco— de mis propios fantasmas: de Bernardo O'Higgins, por ejemplo. ¿Se habrá acordado Depestre de Jean Jacques Dessalines o de Toussaint L'Overture?

Gatos escaldados

–¿Cree que la idea de América latina tiene vigencia para el próximo siglo? ¿Somos verdad desde el punto de vista político, o somos más bien un invento literario?

–Creo que la idea de América latina es una idea que hay que profundizar. Yo también me hago la misma pregunta que usted se hace. América latina ha vivido siempre bajo ideas importadas y nunca ha tenido un fondo de ideas propio. Muchas de estas ideas importadas desaparecerán o ya están desapareciendo, y pertenecen al siglo diecinueve. Este es un debate actual y hay que lograr que América latina comience a pensar con su propia cabeza, en función de sus realidades, que son realidades dramáticas para la mayoría de nuestros países. Yo no sé si somos una verdad desde el punto de vista político o literario, eso depende. En todo caso, las ideas estéticas no han desaparecido, son más bien las ideologías políticas las que han tendido a desaparecer.

–¿Pero América latina existe?

–El ser de América latina está todavía por hacerse. Latinoamérica no ha encontrado todavía su ser. Se ha discutido bastante, desde hace veinte o veinticinco años, sobre la noción de identidad latinoamericana. Yo pienso que esta noción es muy ambigua. Es una noción discutible, porque ahora, bajo pretexto de identidad, se habla de todo y de nada, se dice cualquier cosa. Pienso que hemos llegado a una encrucijada ideológica que, como le decía, necesita de nuevas reflexiones. Para la *inteligentsia* latinoamericana, uno de los puntos de referencia de los últimos años ha sido la Revolución cubana. Pero la Revolución cubana se hundió igual que todos los mitos. Incluso, se hundió el mito mismo de la revolución. También, nociones como la de proletariado y hasta la de pueblo.

¿De dónde puede sacar ideas hoy el escritor latinoamericano?

Ciertamente no de las ideologías. Desconfío de las ideologías después de la experiencia que hemos vivido.

– ¿Usted piensa, entonces, que la idea bolivariana de la unidad y la integración ya no es válida?

– La idea bolivariana está ligada a la idea de revolución. Porque, finalmente, Bolívar fue el primero, junto con nosotros los haitianos, en hacer revoluciones en este continente. La revolución bolivariana ha quedado inconclusa desde el siglo diecinueve. ¿Podemos acaso retomarla tal cual? Yo creo que no. Pero sí que hay un fenómeno por el cual la idea bolivariana podría seguir vigente ya que asistimos ahora a reagrupamientos regionales muy importantes: Europa se está constituyendo; sin duda habrá un reagrupamiento de los países del Magreb, o de algunos países africanos. ¿Entonces podemos hacer un reagrupamiento latinoamericano? Puede ser, tomando lo que aún es asimilable del pensamiento bolivariano, pero no con todo el aparato romántico que rodeaba esta idea, porque dejaría de funcionar. Cuba fue quizás la última tentativa bolivariana de un reagrupamiento latinoamericano a través de la revolución romántica.

– Recupera a Bolívar, entonces, sólo como un mito ...

– ¿Se puede acaso dejar de lado, obviar los mitos? Hay mitos que nos han ayudado a vivir, que nos han permitido atravesar todas estas décadas. Los mitos no han sido completamente estériles en la vida de nuestros pueblos, si quedan en el plano literario. Porque, en fin, nuestra literatura es buena; hoy en día la literatura latinoamericana es la más vital del mundo. Entonces esos mitos han sido nutritivos si consideramos el plano artístico o literario. Pero tenemos que reconocer que en el plano político han sido un desastre.

– ¿Qué ideas reemplazarán a las utopías en América latina?

– Todas nuestras ideas se han constituído alrededor de la Revolución francesa: de allí salió la idea de los derechos del hombre. En este momento estamos reconstituyendo una doctrina de los derechos del hombre. A lo mejor será lo que remplazará a la ideología marxista.

– Pareciera que América latina, vista desde Europa, ha perdido importancia para el mundo, se ha desdibujado... ¿Usted está de acuerdo con esto?

– Es cierto. Lo que yo percibo es que América latina, a pesar de toda su importancia cultural, no está presente en la escena mundial. Bueno, es la idea que yo tengo, vista desde Europa. Yo no sé si, visto desde allá, ustedes tienen la impresión de jugar un rol. Pero, visto desde acá, América latina debe todavía entrar en escena. ¿Lo hará al final de este siglo o a comienzos del próximo? Yo no sé.

– Desde allá se ve todo fragmentado, cada uno por su cuenta haciendo lo que puede; por ejemplo, México y Chile están intentando hacer una alianza con los Estados Unidos...

– Si, México va a incorporarse al mercado común con Canadá y los Estados Unidos... Yo no sé qué les han dicho a los mexicanos, cómo lo ven, si acaso quieren hacer de puente entre el norte y el sur o qué rol quieren jugar; o si piensan que desde la perspectiva latinoamericana ya no tienen ninguna salida y entonces se integran a Canadá y Estados Unidos con una perspectiva más bien técnica, financiera, económica o con otra perspectiva de desarrollo.

– ¿No será que, tal vez, la integración latinoamericana pasa por la alianza con los Estados Unidos?

– Es una buena pregunta. Yo pienso que no se puede mantener indefinidamente el *impasse* con los Estados Unidos. Lo que usted plantea es una idea a la que varias generaciones se han opuesto drásticamente. Tanto Martí como Bolívar, o nosotros los haitianos, veíamos que nos exponíamos a ser absorbidos por el mundo anglosajón. Pero la pregunta que me hago es, aunque hoy en día no hay oposición de nuestro lado como antes, si Estados Unidos es capaz, si tiene los recursos espirituales suficientes, no los materiales, para incorporar, para integrar un mundo tan rico espiritualmente como es América latina. Esa es la pregunta. Recién ahora estoy mirando a los Estados Unidos sin prejuicios. Pertenezco a una generación que los ha combatido. He vivido en Cuba el período de crisis más agudo con los Estados Unidos y estuve en Cuba desde el principio de la Revolución. Desconfié durante años del «Imperio Americano». Pero, desde hace algún tiempo, he tomado distancia en relación a mí mismo, a mi pasado, a las ideologías principalmente. Ahora miro a los Estados Unidos desde otro punto de vista. Incluso con simpatía. Me pregunto si los americanos se dan cuenta de la responsabilidad que les cae encima en la coyuntura mundial actual, donde no tienen ya adversarios en el Este. Están a la cabeza del mundo y tengo la impresión de que se han quedado con ideas muy domésticas, muy limitadas.

– ¿Parece haber una brecha entre lo que son para el mundo y lo que ellos piensan que son para el mundo?

– Algo así. Cuando ví, por ejemplo, que la victoria de la guerra del Golfo no fue celebrada en Estados Unidos como una victoria mundial, como debería haber sido, contra el fundamentalismo o bien contra individuos como Saddam Hussein, sino como una fiesta yanqui local, me dió la impresión de que están atrasados en el plano de la conciencia, en el plano ético y un poco en el plano político también. Están atrasados en relación a su propia expansión en el mundo. Esto plantea un gran problema, porque ahora que ya no tienen frente a ellos adversarios de envergadura tampoco tienen nada particular que proponer para una mundialización inteligente.

Porque la mundialización que han hecho hasta ahora es con la electrónica, con la revolución material, técnica, tecnológica. Han hecho una mutación, no una revolución. Los americanos fueron los pioneros de una gran mutación tecnológica en el siglo veinte y la vanguardia de este movimiento. Pero les haría falta, al mismo tiempo, una mutación espiritual y todavía no están en eso.

– ¿Cree usted que los latinoamericanos, después de las tragedias que tuvimos que vivir en las décadas de los setenta y de los ochenta, hemos tenido una mutación espiritual?

– Es posible; yo pienso que estamos en una época de prueba. Creo que los intelectuales podemos contribuir de una manera muy importante a una mutación espiritual. Tengo la impresión de que los escritores somos como *chats échaudés*, gatos escaldados, que venimos de vuelta de muchas cosas, que hemos vivido la experiencia de los últimos veinticinco años viendo que la ideología finalmente se afirmaba en masacres y *gulags*.

– ¿Y por qué no se tuvo, en el momento, conciencia de lo que ocurría?

– Yo creo que los escritores, los poetas, los novelistas que estuvimos en la revolución, lo hicimos por idealismo y no con un fin maquiavélico ni según los imperativos de la *realpolitik*. Estuvimos, más bien, con una perspectiva utópica y fracasamos completamente. Usted me ve, en otra época tal vez nos habríamos encontrado en París en plena acción, y usted me visita ahora en el campo y me encuentra pensando, escribiendo. Tenemos la necesidad de poner distancia y replegarnos en la literatura, en la creación.

– ¿Pero no me contestó si sabían lo que pasaba en la Unión Soviética y en otros países del Este?

– Bueno, yo pasé un tiempo en Checoslovaquia en 1951, y me decepcioné completamente. Por eso fui a Cuba y pensé que eso marcaba mi ruptura con el socialismo europeo del Este.

Entonces me dije: «ya que el socialismo del Este es un socialismo totalitario, nosotros haremos algo distinto», «esto no funciona, nosotros tenemos otra idiosincrasia». Y me precipité a Cuba, donde conocí a Guevara, estuve muy cerca del Che Guevara. Finalmente a Cuba le faltó invención, imaginación; tuvieron mucha para tomar el poder y dejaron de tenerla una vez que lo consiguieron. Bueno, es una vieja historia. Esto fue lo que pasó. Hay una doble decepción en mi vida en relación al socialismo. Mi primera decepción ocurrió cuando descubrí lo que habían hecho de Marx en Europa y después lo que se hizo también en Cuba.

– ¿Piensa usted, entonces, que los paradigmas de Cuba y Estados Unidos están terminados?

– Sí, pienso que terminaron. Pienso que Cuba está fuera del tiempo. Es difícil para los cubanos darse cuenta de que su utopía no funcionará. Ha fracasado en otros lados, tendrá que fracasar también allí, porque estaba concebida en una perspectiva mundial. La Revolución cubana tenía cosas que suponían la integración a un contexto mundial europeo, soviético y chino. Pero en la medida en que este conjunto se deshizo, Cuba sola no puede representar paradigmas ni ideales, por sí misma, en el mundo en que vivimos. Pero ellos no se dan cuenta, porque, cuando leo los textos que llegan de Cuba, noto que pudieron haber sido escritos en los años sesenta o setenta y que no corresponden a las realidades temibles, dramáticas del momento. Están sobrepasados. Es decir que son una suerte de «patrulla perdida» que avanza en una especie de desierto ideológico y no sabe dónde ir. Los Estados Unidos, por su parte y como ya le dije, no están a la altura de las circunstancias.

– ¿Cúal es el paradigma para América latina?

– Está por inventarse. Pienso que ahora América latina está en el fondo del pozo. Los pensadores, los escritores, la gente, deben revisar la estrategia del continente.

En este momento estamos en plena incertidumbre, en plena molestia general. Yo no sé si usted, que vive en el continente, percibe esto. Fíjese que he llegado a pensar que viviendo acá haré más servicios a mi región de origen que si estuviera allá. Puedo ser una suerte de unión entre los dos mundos, ayudando a que se conozcan mejor. Porque, bueno, las realidades en las que había construido mi vida de escritor y de hombre ya no existen.

– ¿Usted se siente latinoamericano, haitiano o francés?

– Es una buena pregunta. Yo estoy entre los haitianos que, en su juventud, a los veinte años, en vez de irse hacia Francia, hacia los Estados Unidos o Canadá, se fueron hacia América latina, y por varias razones. En mi caso, especialmente porque había conocido a un hombre como Alejo Carpentier, en 1942, cuando yo era un colegial. Alejo Carpentier estuvo de visita en Haití, dió una conferencia sobre América del Sur, a partir de Bolívar y Miranda. Asi comencé, muy joven, a interesarme en Brasil, en Chile, en los países de América del Sur. Entonces, me latinoamericanicé. Porque nosotros pertenecemos a un mundo que es mas bien caribeño. La primera noción de nuestra identidad es una noción caribeña. Pero tuve la suerte de vivir en América del Sur: siete meses en Chile, cuatro meses en Argentina y tres años en Brasil. Y mucho tiempo, años, casi veinte, en Cuba. Por lo tanto yo me siento un latinoamericano. Hablo bien el español y un poco de portugués. Y he leído a todos los autores latinoamericanos.

Soy, entonces, un latinoamericano del Caribe que ha vivido, que ha realizado sus estudios en Europa. Yo pensé que iba a volver definitivamente a América latina, pero nunca pude vivir en Haití por las razones que usted sabe. Tuve muchas dificultades, cada vez que fui a Haití puse en peligro mi vida.

– ¿Y cuáles son, para usted, los componentes de su identidad?

– En mi identidad hay componentes latinoamericanos, caribeños, europeos y africanos, igualmente. Por esto siempre me he sentido un hombre de encrucijada, también en el plano de las ideas. Porque, en el fondo, lo que me formó en el plano ideológico es el surrealismo, la teoría de la negritud, el marxismo y un poco la corriente freudiana, ya que el psicoanálisis se inventó en esa misma época y ayudó a comprendernos un poco mejor; y la revolución, por supuesto. Todas éstas son ideas que estuvieron muy difundidas en América latina durante esos años y sobre ellas las izquierdas latinoamericanas trataron de construir su acción política.

– ¿Y esa acción fracasó, a su juicio?

– Sí, ahora casi todo está terminado. A mí no me desagrada, no me molesta recomenzar de cero. Ahora tengo veinte años, soy nuevamente adolescente, es así como me siento.

– ¿No se arrepiente de nada?

– No me arrepiento de nada, avanzo. Mi divisa en este momento, la que he adoptado y escrito, es «no me arrepiento de nada, avanzo». Hay que dar vuelta las páginas. Es lo que he descubierto a lo largo de mi vida, ya que he tenido una vida muy agitada, he vivido en todas partes. Ha sido una suerte; esto me ha permitido tener raíces múltiples. Es la complejidad propia del hombre, de la vida. Hay que hacer de esta complejidad una riqueza.

– ¿Y las contradicciones, dónde se las guarda?

– Hemos estado sumergidos en contradicciones que nos sobrepasan. Hay que darse cuenta de eso y hay que considerar esas contradicciones. Si no lo logramos pronto tampoco debemos desesperar. Si uno no está dispuesto a recomenzar todo de nuevo se desespera, puede ponerse a beber mucho y , entonces, no logra nada de nada. No se puede escribir ni novelas ni poemas en ese estado.

– ¿Qué lo ha protegido de la desesperación?

– Me han protegido mis anticuerpos. Porque para resistir todos estos fenómenos, que han jaqueado totalmente a una generación, a la mía en el plano ideológico, tiene que haber anticuerpos. Entonces yo me pregunto ahora cuáles fueron los anticuerpos que me protegieron del totalitarismo. Yo creo que en primer lugar el surrealismo. En la medida en que una gran parte mía era sueños, la parte onírica de mi ser ha quedado intacta. El marxismo no ha tocado, no ha alterado mis sueños. De esta manera puedo reconstruir mi tejido de creación y continuar trabajando en un rincón más o menos soleado de Francia. Y en esta situación usted me encuentra ahora.

– Pensando ahora con la calma del campo soleado de Francia, ¿fueron algo utópicos nuestros próceres, como Bolívar y Martí, al querer emular la Revolución francesa y norteamericana y las instituciones e ideas que éstas legaron al mundo en nuestros territorios?

– En la medida en que emanciparse de la colonización española, portuguesa o francesa fueron acciones reales, sus ideas no eran puramente utópicas. Salimos adelante, tuvimos éxito. Pero, claro, estuvimos arrinconados en la idea nacional. En vez de hacer América latina hicimos naciones. El estado nacional envió a cada uno en dirección distinta.

Muchas nociones europeas que hemos tomado en nuestros países, como la de estado de derecho, por ejemplo, se volvieron locas. En el caso de Haití no funcionó para nada. En Chile funcionó más o menos. Cuando viví ahí, las instituciones republicanas y democráticas estaban tan ancladas en las costumbres del país, que un fenómeno como el que vimos después no parecía posible.

– ¿No piensa usted que lo que ha sucedido, incluso en el caso de Chile, es que la diferencia entre lo escrito en nuestras constituciones y la realidad de nuestros pueblos es muy grande?

– Sí, hay una desproporción trágica, dramática, entre la «importación» de todas nuestras instituciones, la tentativa de «aplatanar» la ideas europeas en nuestros países, y la realidad. Yo creo que el problema es reducir esta desproporción. Pero creo que ya es, tal vez, muy tarde para hacer esto con las ideas del pasado. Estamos en un fenómeno que nos sobrepasa, que no manejamos: la mundialización.

Ya no se trata de que los latinoamericanos nos integremos, se trata de que nos integremos a una sociedad mundial. Es otra integración, no es la integración que querían nuestros padres. Estamos frente a una integración propuesta esta vez al conjunto de las sociedades del mundo entero, ya que en el plano tecnológico, en el plano económico y también en el plano de la circulación de las ideas asistimos a una suerte de hipersaturación caótica. Tarde o temprano, para evitar tragedias como la del Golfo, hará falta un orden mundial. Hoy en día, tengo la impresión de que el orden mundial es un concepto que usamos así no más, que no está bien estructurado. Pero lo lograremos, sin duda. Al menos, habrá un debate sobre esto en los años que vienen. Pienso que este es el gran problema de América latina. No fuimos la América latina que quisieron

Martí o Bolívar, pero otra noción de serlo se perfila en el horizonte.

– Una noción que ya no es latinoamericana...

– Sí, también lo es. ¿No tiene la impresión de que se ha constituido una sensibilidad común en nuestra región? Es lo que hace que un hombre como yo, aún siendo del Caribe, que está muy al norte de América del Sur, no me haya sentido extranjero en Chile, ni en Argentina ni en el Brasil.

– ¿Pero, entonces, usted se siente un extranjero aquí, en Francia?

– No, tampoco. Es que en el fondo lo que pasa hoy en el mundo se da a partir de la expansión europea. Hay una idea, sobre la que trabajo en estos días, que yo llamo el telar para mestizar, el telar que sirve para hacer tejidos; en vez de decir telar para tejer digo telar para mestizar. Europa ha funcionado desde el siglo dieciséis como un telar para mestizar el mundo, en el plano religioso, en el plano de las costumbres, en el plano de las mentalidades. Esto funcionó con nosotros, pero el movimiento del péndulo se dió, entonces, en un solo sentido. Tarde o temprano, el péndulo deberá volver, y creo que el movimiento de vuelta del péndulo se está produciendo. Esta vez para un mestizaje mundial. Todo el mundo estará en este encuentro de mestizaje mundial. Es decir, el sueño que teníamos de consolidar un solo estado latinoamericano es pueril en este momento.

– ¿ Usted cree que la mundialización de la que habla significa el fin del imperialismo, o habrá pueblos menores y explotados dentro del imperio, como siempre ha sido?

– Es la gran pregunta que uno se puede hacer en este momento. ¿Acaso el imperialismo no va a cambiar en sí mismo? Así como la idea de revolución, que era lo opuesto a imperialismo, cambió... Tal vez el imperialismo, al no poder usar arbitrariamente, como era el caso antes, la violencia y sobre todo la violencia nuclear, cambiará también de naturaleza, porque ya no es necesaria una tercera guerra mundial, porque el adversario principal ha desaparecido.

Pongámoslo también de la siguiente manera: si se constituye un gobierno mundial, y en ese caso vuelvo a otra utopía, ¿es acaso completamente necesario que exista un imperio detrás? ¿Acaso los americanos quieren jugar el rol de gendarmes mundiales para la eternidad?

Pero fíjese, ahora desconfío de mí mismo. Me parece estar proyectando una nueva utopía; sería imperdonable. Todavía se puede encontrar excusas para la primera vez, pero una segunda sería una atroz comedia. Comenzar una nueva utopía, ahora que vamos hacia la eliminación de antagonismos en el mundo, sería intolerable. Sin embargo, no hay que perder de vista que las contradicciones van a seguir existiendo, ya que si hay algo que ha sobrevivido al marxismo son las contradicciones; además no es el marxismo el que las inventó, vienen desde la filosofía griega.

– ¿Usted piensa que el nuevo orden mundial que ha propuesto Bush es bueno en el sentido de lo que estamos hablando?

– Creo que corresponde a una necesidad. Es algo que está en el aire, que los americanos también han percibido. Estamos arrinconados en la escala nacional, como le decía, y haría falta una gestión mundial de los problemas. Los americanos saben que la gente aspira a otro orden, pero ellos mismos no aportan nada y pienso que juegan al aprendiz de brujo. Creo que es una idea que hace soñar a la humanidad entera. Si abrazamos la idea de un orden mundial, hay que prepararse para ello. Hay que tener la ética y la imaginación para lo que ello implica. No tendrá que haber una separación como la que usted señaló recién en relación a América latina, que es la separación entre lo imaginario y el Estado, entre lo imaginario y el artista o el escritor. En este momento, esta separación, esta distancia, es muy grande. Entonces hace falta una aproximación para que haya una suerte de conjunción, de unión entre imaginario y Estado y entre lo imaginario y los creadores y los utopistas. Si es una mundialización puramente económica, quedará en manos de las transnacionales, como sucede en este momento. Se necesita una mundialización que implique también un aspecto de componentes éticos, estéticos y todo lo demás.

– ¿Ve posible una nueva ética política?

– A la política, en este momento, le falta una dimensión ética, es cierto. Ahora mismo no hay una ética política que podamos proponer para todas las sociedades del mundo. Es una gran falla.

– ¿Por qué los latinoamericanos siempre que queremos tomar conciencia de nosotros mismos nos miramos en el espejo europeo?

– La experiencia latinoamericana no es sólo una parte de la experiencia europea. No es simplemente una filiación directa, sino que hay una parte original; porque ha habido un esfuerzo autóctono de toma de conciencia que ha venido directamente de América latina. No todo es importado, y lo importado ha sido repensado. Hoy en día, por ejemplo, la estética de la novela de América latina no es simplemente una estética apuntada al surrealismo, ni a Joyce, ni a los escritores del Norte. Fue fecundada por valores eminentemente latinoamericanos. La noción de Carpentier de lo real maravilloso americano, el sentido del humor de la gente del Río de la Plata, incluso el mismo Borges que tiene el aire de ser el más europeizado de los latinoamericanos.

– Los norteamericanos no parecen tener necesidad de un espejo europeo...

– ¿Usted cree que no tienen espejos también? Aun los escritores como Hemingway, que tienen una experiencia que les es propia, no pueden negar su parentesco con Europa. Yo creo que es un fenómeno en sí, que no es un fenómeno estéril, que no va contra la afirmación de nuestro ser. Que es el resultado de la forma en que la historia se ha desarrollado a lo largo de los tres últimos siglos; todos hemos sido colonizados. En el Caribe tenemos una palabra, *creolité*, la noción de criollismo, que implica un fenómeno que no es sólo un espejo. Supone también un enraizamiento autóctono en una tierra americana que ha producido cosas diferentes de las de Africa y Europa. Tenemos un criollismo latinoamericano que es una respuesta crítica a Europa.

– De acuerdo, todos somos un poco criollos, pero cada vez que tenemos necesidad de reconocernos, buscamos el espejo europeo...

– Yo creo que cada vez menos. Este fenómeno va más bien desapareciendo. Vamos teniendo más confianza en nosotros mismos. Con el fin del mito de América latina, hay muchos adioses que hacer. Espero que sea para saludar a otras cosas, no para quedarnos de brazos cruzados. En ese caso caeríamos en una *impasse*. En la *impasse* de la droga, del narcotráfico que es un desastre, por ejemplo...y en otros quizás peores.

Hemos tratado de encontrar cosas artificiales para responder a nuestras preguntas sin atacar el verdadero problema. Es el momento. ¿Lo haremos en grupo o dispersos? Eso no lo sé.

– Desde los años veinte se comenzó a hablar de una lucha ideológica entre capitalismo y socialismo. ¿Cree que esa lucha ideológica terminó y que la ganó el capitalismo? ¿O fue todo un espejismo?

– No, no fue un espejismo. Hay una cosa que me golpeó. Yo pensaba que después de la caída del muro de Berlín y del hundimiento de los sistemas socialistas en Europa central iba a haber un gran triunfalismo en Occidente.

Y no fue así. Hasta los norteamericanos han tenido un triunfalismo muy modesto. Es la impresión que he tenido leyendo las revistas de Europa occidental, de Francia... La gente festejó muy discretamente esta victoria de Occidente sobre los regímenes totalitarios comunistas. Lo que quiere decir que Occidente se da cuenta también de que ésta podría ser una victoria pírrica, porque los problemas reales del mundo siguen estando allí.

Si bien es cierto que el mundo comunista desapareció, que algunos conceptos, como proletariado y lucha de clases, se revelaron falsos, no debemos cerrar los ojos sobre lo que pasa hoy en día en Europa central. Hay peligros muy graves; por ejemplo, un retorno a la época anterior a la primera guerra mundial, con la virulencia de nuevas corrientes nacionalistas. Se necesita, entonces, encontrar valores que sustituyan a los de la izquierda. Recordemos que estos valores también existían, y existen, en Occidente y eran valores compartidos al menos por la mitad de la población, por los sindicatos, por los partidos, por los jóvenes, por los universitarios, por los estudiantes. Todo esto es cierto que se hundió, pero ahora hacen falta otros valores que aun no están constituidos. Tengo la impresión, por otra parte, de que muchos valores cristianos, o de las grandes corrientes religiosas, si no se renuevan por sí mismos, caerán en integrismos. Lo que significa un retorno al pasado mítico o un retorno a valores que ya no tienen espacio en el sistema económico que se ha constituido en el mundo. Creo que pasamos de un problema de cultura a un problema de civilización. Tenemos la necesidad de construir una civilización mundial, como le decía; y para que esto ocurra debemos aportar valores espirituales. Más allá de supermercados, de cuestiones puramente tecnológicas, debemos aportar a la necesidad de construir una nueva espiritualidad que pueda jugar en la vida interior de las personas el rol que el catolicismo, el Islam, el budismo o el hinduismo jugaron en su momento.

– ¿Entonces, a su juicio, la religión también se hunde?

– Junto con las ideologías, las corrientes religiosas también se hunden. Los valores religiosos se derrumban, aunque tengamos la impresión de lo contrario. Tenemos la impresión de que hay un retorno a la religión, pero yo creo que es un falso retorno. Hay tentativas que se hacen de volver al arcaísmo, es el caso del fundamentalismo, del integrismo; pero eso no es volver a la religión ni a la espiritualidad. Es un regreso al pasado, a un Islam que ya no existe, al Islam chiíta, que no puede existir dadas las condiciones actuales del mundo y los progresos que hemos hecho en las sociedades occidentales. No podemos volver a formas de vida tan tradicionales. Entonces, no dejo de repetir hasta el cansancio: hay una civilización mundial que constituir.

– ¿Ve a todo el mundo entusiasmado e involucrado en la construcción de su civilización mundial? ¿Incluye a los países islámicos y africanos, a China?

– Están implicados. Lo quieran o no. Pienso que es un movimiento irreversible, países como Japón y China ya están involucrados. Los países árabes, lo quieran o no, han tenido dificultades por no integrarse. Porque, a pesar de lo que quieran algunos, están inmersos en el mundo de la tecnología. Africa, por su parte, no tiene otra solución que integrarse a este movimiento. Creo que por primera vez, desde Goethe que ya hablaba de esto, estamos en las mejores condiciones para crear una civilización mundial. Creo, además, que los poetas, los escritores, podemos tener una percepción más aguda de este movimiento. Es decir, un nuevo conocimiento. No dudo, aun pareciendo un tanto utópico, en creer que vamos hacia un nuevo renacimiento.

– ¿No cree que esta idea de civilización mundial puede ser no más que una nueva pantalla para una explotación mayor y más sutil de los países atrasados?

– Yo tengo la impresión de que una gestión mundial de los problemas, y también de los recursos, podría permitir la reducción de la explotación. Pero usted tiene razón: en este momento esta mundialización es muy caótica. Está en manos de las transnacionales, no hay duda. La mundialización actual se está efectuando hoy de la mano de los grandes consorcios internacionales. Si queremos que haya un elemento regulador, que impida que se transforme en una superexplotación de todos los recursos del planeta, tendrá que existir una especie de gobierno mundial. La mundialización efectiva sólo puede funcionar con el refuerzo, con la consolidación de las Naciones Unidas.

– ¿Qué son las transnacionales hoy en día? Porque, hace más de veinte años, gente como usted hablaba de las transnacionales como el enemigo principal para el desarrollo de nuestros países. Ahora se dice que las transnacionales son el motor de la mundialización. ¿Quién ha cambiado, nosotros o las transnacionales?

– Yo creo que las cosas han cambiado en los dos lados. Por ejemplo, las transnacionales tenían una connotación militar que ha disminuido. Yo di una conferencia el año pasado aquí en Lezignan, ya que participo un poco de la vida intelectual regional, y tomé un tema muy ambicioso, que se llamaba «qué porvenir espera el hombre». Era una gran pregunta para un pueblo pequeño, pero, me dije, por qué no plantear interrogantes mundiales en un pueblo chico. Les expliqué la reflexión del historiador francés Dumézil[1] sobre el rol de los mitos en las civilizaciones. El desarrolló la idea de que existen tres funciones que se pueden encontrar en todas las sociedades, en todas las civilizaciones, y que pueden funcionar tan bien en el mundo comunista como en el capitalista. Estas tres funciones son la religiosa, la económica y la militar. Todas las civilizaciones han tratado de crear articulaciones entre ellas. El comunismo fracasó porque no encontró una nueva articulación entre estas tres funciones. Fracasó completamente en el plano económico, en el militar y también en el plano religioso.

– ¿Y en el capitalismo han funcionado de la mano?

– No tan así. Yo diría que el capitalismo ha sobrevivido a pesar de las crisis. Nosotros debemos seguir buscando posibles nuevas articulaciones mediante un nuevo tipo de gestión. A partir de esta nueva gestión, el rol de la economía cambiará y esto traerá la modificación de las transnacionales ya que habrá desplazamientos de las hegemonías económicas. Hoy en día ya vemos un nuevo mapa de las hegemonías económicas en el mundo.

– ¿Y usted cree que la mundialización encontrará las nuevas articulaciones?

1- Georges Dumézil (1899-1986), historiador francés de las religiones. Entre sus obras principales están: *Mitra Varuna* (1946), *Los dioses de los alemanes* (1959), y *Mito y Epopeya* (Tres volúmenes, 1968, 1971, 1973). Perteneció a la Academia francesa.

– Estamos en el umbral del fenómeno de la mundialización. Todavía no lo vemos muy bien, pero la reflexión ha comenzado. En lo militar se avanza. Creo realmente que vamos hacia el desarme. No hay más peligro de regímenes totalitarios marxistas. Es decir que ya no podemos pensar en los mismos términos que en los sesenta, setenta o aun en los ochenta, después de lo que pasó en Europa del Este. Es hora de que América latina entre al debate de este tema. Hay suficientes hombres que piensan en todos nuestros países, en todas las regiones de América del Sur. Aun cuando somos pobres en el plano económico y estamos en una gran crisis, endeudados hasta la médula, podemos pensar. En el plano del pensamiento no estamos endeudados, podemos participar de este imaginario mundial que se está constituyendo.

– Los países de América latina todavía tienen ciertas instituciones como las fuerzas armadas, la Iglesia, los partidos políticos, que parecieran estar un poquito anacrónicas y que, de alguna manera, atentan contra una nueva manera de pensar...

– Todas esas instituciones están en crisis...

– En crisis, pero vivas y activas; no pasan por una crisis de debilidad sino más bien de proyecto. Por otra parte, los partidos políticos están completamente desperfilados...

– Es que esas nociones de izquierda, de derecha, hay que replantearlas también...

– Estoy de acuerdo. Pero pienso que la izquierda y la derecha en América latina se sienten todavía como izquierda y como derecha... No se han hecho un cuestionamiento de fondo...

– Sí, tiene razón. En América latina, en muchos casos, seguimos viviendo sobre un fondo de ideas del pasado, seguimos viviendo anacrónicos...

– El anacronismo y el asincronismo es un mal de todos nuestros países. Tenemos, en casi todo los casos, una fuerzas armadas modernísimas en lo material, pero atrasadísimas en su manera de ver el mundo y a la propia América latina. Comenzaron sus propias terceras guerras mundiales cuando el comunismo se venía abajo en sus narices... ¿Qué podemos hacer con nuestras fuerzas armadas?

– Creo que vamos hacia un retroceso de lo militar. Otros valores entrarán en escena, aunque demoren en llegar a América latina. Pero se necesita que las *inteligentsias* tomen otra conciencia de sus responsabilidades, hay que comenzar a preparar los espíritus para esto. Nuestras fuerzas armadas son anacrónicas, si bien el rol que jugaron no fue anacrónico cuando defendieron los intereses de una burguesía anacrónica.

– Angustiada por los avances de una izquierda anacrónica...

– Bueno, puede ser. La izquierda muchas veces ha caído en el dominio de lo folclórico. Ha habido anacronismo también en la izquierda.

– ¿No cree que esa gran idea de la mundialización, de la modernización completa bajo un gobierno mundial justo, puede ser también un nuevo mito europeo, por no decir francés?

– No, no. También es compartido por los japoneses... Comprendo su desconfianza. En América latina hemos vivido de mito en mito. Pero tengo la impresión de que por primera vez no es solamente Europa la que piensa en la globalización. Se piensa en América del Sur, en Japón, hasta en Africa desde el fondo de su miseria...

– Africa es justamente uno de los grandes ejemplos de que la explotación continúa más aguda que nunca...

– Yo no soy pesimista. Hasta el problema del *apartheid* está en vías de solución; las relaciones van a ser diferentes. Lo que pasa es que ahora es una especie de moda ver el porvenir de Africa bajo una mirada muy negativa, especialmente el del Africa subsahariana. Siempre se presenta lo africano desde un punto de vista apocalíptico. Como si el Africa fuera a sumergirse en el Sida, en las enfermedades, en el hambre, en las grandes desgracias que conocemos. No, yo pienso que Africa tiene recursos, los pueblos negros tienen una vitalidad que les va a permitir salir adelante. Pensemos que si la esclavitud no la ha diezmado completamente como pueblo, como población, no hay ninguna otra cosa que pueda hacer desaparecer a Africa. Aún la parte más golpeada, más sufrida, tiene recursos. Pero deben agruparse, asociarse a una gestión mundial cada vez más necesaria.

En lo que concierne a mi país de origen, Haití, yo se lo he dicho a los haitianos: no veo otra salida si no es en un cuadro de reagrupamiento, sea caribeño, sea francoparlante o incluso con Francia; pero un reagrupamiento sin colonización, porque para mí la página colonial debe volverse, y la neocolonial también. Pienso que la colonización se ha vuelto tan arcaica como la lucha de clases y las teorías marxistas...

– ¿Y no ve el surgimiento de otros problemas, de otros tipos de colonización?

– Existe especialmente el problema religioso. Ahora los religiosos se pavonean, creen que han vencido, incluso lo cree la Iglesia católica más reaccionaria. Se cree que es una victoria de la religión la caída del comunismo. Yo no lo veo así. Fueron muchos otros factores. Lo que pasa con el auge religioso es lo que ha pasado muchas veces en la historia: las ideologías y las creencias antes de retirarse dan una última vuelta a la pista, con una falsa alegría, haciendo creer que se trata de un nuevo renacimiento cuando en realidad es un adiós.

– ¿Entonces no cree que la próxima contradicción de la civilización occidental pueda ser con el fanatismo religioso islámico, por ejemplo?

– El Islam está perdido. Lo que acaba de pasar en el Golfo es una derrota de Irak, pero también es una derrota de Irán. Es probablemente por eso que Saddam Hussein está todavía ahí. La religión, lejos de pavonearse, debería preocuparse de por qué el mundo está terminando con todos los mesianismos. Tanto con los mesianismos que habían tomado una apariencia laica, como era el caso del marxismo, como los viejos mesianismos religiosos que no dieron respuestas en el pasado. Porque el asunto comunista es reciente, data de setenta años, pero antes estaba lo otro. ¿Acaso el catolicismo, el Islam, las grandes corrientes religiosas dieron respuestas a las preocupaciones de la gente del siglo dieciocho, diecinueve? No. Cuando éramos esclavos, el cristianismo no fue una respuesta a la colonización. Tuvimos que forjar otras religiones autóctonas, como el vudú, que nos sirvieron como origen de liberación.

Creo más bien que la lucha va a ser entre los partidarios de la modernización, de la mundialización y aquellos que están por los tradicionalismos de todo tipo, y que están vencidos, que no tienen los medios para resistir la influencia tecnológica que precede a esta civilización mundial.

– ¿Cuáles son los obstáculos para que este proyecto pueda desarrollarse?

– Hace falta una nueva espiritualidad. Se quiere administrar esta modernización tecnológica con parches espirituales, parches islámicos, cristianos, budistas, hinduistas; y así no se podrá. El renacimiento llama a otra espiritualidad... Creo que es el gran problema de los americanos, y es lo que me inquieta. El otro día vi un reportaje en televisión sobre Estados Unidos. Hay fragmentación espiritual, y así no renacerán; están llenos de sectas...

– **En Latinoamérica éste es un problema muy grave...**

– Ya lo creo. Hace falta otra cosa que trascienda, una nueva trascendencia; esta es la palabra, aunque esta tenga una connotación metafísica. El mundo necesita de una civilización que se cree, que se constituya materialmente, a partir de una nueva trascendencia. El marxismo no supo constituirse en trascendencia; ha fracasado, literalmente, por carecer de ética, por no tener moral; esta es una de las razones de su crisis.

Pero no me haga caso... estas son mis hipótesis generales; mi reflexión particular es, más bien, en el campo estético. Tengo problemas concretos que resolver en la novela que estoy escribiendo, cosas muy artesanales que están muy alejadas de las grandes construcciones de las que hablamos. Lo que pasa es que yo creo que un escritor no tiene el derecho de estar completamente desarmado frente a los problemas generales. Yo hubiera podido decirle que no tengo ninguna idea en ese sentido. Cuando usted me pidió esta entrevista, tuve ganas de decirle que yo no sé nada de esto. Podría haber respondido con una sola frase a sus preguntas: «No tengo idea». El optimismo que demuestro ante sus ojos esta tarde, es un pesimismo que he vencido esta mañana, es un pesimismo que debo vencer cada mañana. Aprendo a navegar al ojo. Si usted me hubiera encontrado al final del día, habría sido incapaz de responderle.

– **¿Qué lo vuelve pesimista?**

– La desproporción que existe desde los griegos, desde los romanos, desde todas las civilizaciones que se han sucedido, entre las reflexiones de hombres tan brillantes, con tan bellas ideas, con tan bellas construcciones teóricas y filosóficas, y el ruin y mezquino resultado en el plano de las relaciones humanas, de la convivencia, de la modestia, del respeto al otro. En cosas verdaderamente sólidas, como la delicadeza humana, hay progresos muy lentos, mientras que los otros progresos hacen saltos extraordinarios. Esto es algo que me duele, el ver esto a gran escala me vuelve pesimista. Ha habido un crecimiento en el plano del pensamiento, pero en el plano de la vida cotidiana somos primitivos, somos torpes; no logramos vencer todos estos pequeños obstáculos. Este es el gran problema para mí.

– ¿Por qué existe esta distancia, esta diferencia?

– No lo sé. El hombre es capaz de soñar, de tener cosas magníficas como Cervantes, Goethe, Rafael, Miguel Angel, Mozart; en fin todos los grandes que conocemos, que nos han arrullado y que nos han hecho soñar. Y sin embargo no logramos resolver problemas como el hambre, la vivienda, las escuelas, los hospitales, problemas que podrían haber sido resueltos hace mucho tiempo. Cuando dejo de ser pesimista me digo: no hay más alternativa que una civilización mundial, aunque parezca un loro, ya que todos esos problemas los hemos tratado de manejar en el cuadro de estructuras limitadas, pues el imperio estaba ahí, y en el fondo todo estaba fragmentado, limitado. Los imperios nunca trataron de formar estructuras comunes, ya que estaban basados en la desigualdad absoluta. Por su parte, el comunismo acentuaba la lucha de clases, conducía directamente a un enfrentamiento militar mundial, apocalíptico por el hecho de la existencia de armas nucleares. Si ahora esto está descartado, ¿acaso Bush, con su asunto de un nuevo orden mundial, no está levantando un puente extraordinario, aun sin darse cuenta?

Pero, claro, como le decía, son sólo hipótesis; hipótesis de una tarde en el campo.

– Tradicionalmente, Latinoamérica ha sido expresada como una mezcla de españoles e indios. Usted como haitiano, ¿qué piensa de esto, con su experiencia, que no es de indios ni de españoles y sintiéndose usted latinoamericano como se siente?

– Bueno, Haití también tiene un pasado indígena y español, que después fue superado por la historia. El nombre mismo de nuestro país, Haití, es una palabra arahuac, que quiere decir «Tierra Alta». Nuestra identidad geográfica, por lo tanto, es de origen indio. Nos hablaban en el colegio de los caciques indios que hicieron la primera estructura administrativa del país, hasta el día en que los españoles la disolvieron. Los primeros habitantes de Haití también fueron «descubiertos» por los españoles. Después los franceses sacaron a los españoles de la parte occidental de Santo Domingo. Pero no nos alejamos y siempre hicimos causa común con el mundo indio.

Cuando Carpentier introdujo la noción de lo real maravilloso americano, implicaba el período precolombino y eso lo encuentra también en nuestra literatura. Aunque no haya indios en Haití, ni descendientes de indios, sentimos esta solidaridad con el mundo indio de América. No nos molesta la tradición preponderante hispanoindígena americana, lo único que nos preguntamos es por el asunto de lo latino de América latina. Pienso que, si queremos ser exactos, no es válido. No es válido ni para uno ni para otros; ni para los de origen español ni para los brasileros; ni para nosotros, que de latinidad no tenemos nada. Aun si tuvimos al comienzo algo, como el proceso de criollismo del que hablaba hace un rato, creo que ahora no existe ninguna noción de latinidad en nuestra idiosincrasia. Habría tal vez que darnos otro nombre. Hubo muchos debates respecto a esto en Cuba, en los comienzos de la revolución. Finalmente, parece ser una comodidad de sintaxis, lingüística. Como usted sabe, a finales del siglo diecinueve, los franceses nos llamaron «América latina»; nosotros no lo decidimos. Si buscamos más lejos, diría que nuestra historia se encubrió, se enmascaró. Desde el comienzo existió una especie de disfraz ontológico, ya que la noción de mulato, de negro, de blanco, son nociones semánticas que se inventaron por las necesidades de la colonización. En realidad nunca han existido negros ni blancos; y la palabra indio, fue un error de Cristóbal Colón, que pensó haber descubierto la India. Mantuvimos la denominación de indio, aun cuando había indígenas que tenían sus propios nombres, como eran los guaraníes, los quechuas, los mayas, etcétera. La tendencia de Europa en aquella época era clasificar todo. Los términos genéricos venían del desarrollo de las ciencias biológicas y botánicas. Era más cómodo para los colonizadores autodenominarse blancos que llamarse ingleses, españoles, portugueses, franceses; y llamar a los otros dos grandes grupos con los términos de indios y de negros, cuando entre ellos había etnias muy diferentes. Los negros no existen, yo se lo digo con frecuencia a mis congéneres. Nos dicen negros, pero hay mucha diferencia entre un haitiano, hoy en día, y un congolés. A los ojos de estas clasificaciones somos los mismos negros, pero existen muchas diferencias desde el punto de vista cultural, lingüístico y otros. Hay un disfraz ontológico, semántico, en la percepción, como decía. Hay una gran desgracia en la historia de la percepción de nosotros desde el siglo dieciséis. Hemos vivido bajo esto, lo hemos interiorizado y seguimos trabajando bajo lo mismo. Pero son convenciones llamadas a desaparecer en la medida en que toda una civilización dude de esto. No creo que en una civilización mundial podamos seguir hablando de blancos, de negros o de mulatos; son nociones obsoletas. Martí ya decía que la noción de hombre dice mucho mas que la noción de mestizo, de negro o de blanco.

– ¿Usted se siente cerca de los africanos?

– Sí. Sigo siendo un hombre que ha vivido en un carrusel de ideas. Se las cité al comienzo: el surrealismo, el marxismo y también la negritud. El surrealismo nos ha ayudado en el camino del descubrimiento de Africa. Nos ha permitido llegar más allá de las convenciones que nos habían impuesto en el colegio y en la universidad y encontrar el yo profundo. El yo profundo en nosotros es Africa, es lo que ha sobrevivido a la esclavitud y a la colonización.

Mi primera acción cuando llegué a París, a los veinte años, fue encontrar a los verdaderos africanos. No solamente una Africa abstracta, de libros, de etnólogos; busqué a la gente de Africa. En la ciudad universitaria, en París, estudiamos juntos. Teníamos una asociación de estudiantes de origen africano, que incluía caribeños y africanos. Para mí Africa es una realidad histórica. En el plano de la sensibilidad, muchas cosas que yo siento no serían más que la visión pagana africana que tengo de la vida. Yo, por ejemplo, le doy un lugar especial al erotismo en mis textos literarios; bueno, su origen es africano. Esta forma pagana de ver las cosas, a pesar del cristianismo que nos ha marcado, nos ha mantenido mas cercanos a las realidades de Africa que de Francia; no hay dudas. Pero yo mismo, en mis tiempos, criticaba cierta noción de negritud, en la medida en que los africanos querían una especie de ontología en esencia. Era muy peligroso. En el plano filosófico no se hacía más que invertir el «gobinismo»[2], la visión del hombre que venía de los racistas, y se instituía la noción negra, como una noción esencializante, también peligrosa. Toda noción que esté ligada a un asunto de razas, que es un mito, es peligrosa; por eso yo siempre combatí este tipo de negritud. En

2- Joseph Arthur Gobineau (1816-1882), diplomático y escritor francés cuyo libro *Ensayo sobre la desigualdad de las razas humanas* influyó en la teorización del racismo europeo. (De allí, gobinismo).

un momento dado, nos permitió tomar conciencia de nosotros mismos, no mirarnos más en ese espejo del que usted hablaba, y aceptarnos tal como somos. Han dicho que somos negros, han hecho correr el rumor durante siglos. Bueno, de acuerdo, somos negros, no nos molesta. Asumimos esta negritud en el baile, en las ganas de vivir y todo. Es una forma de «sálvese quien pueda», de salvación que se ha encontrado en el plano estético; a condición de no hacer una teoría de estado. Porque lo he visto en Haití, donde un profeta de mala clase, como Duvalier[3], hizo de ello una doctrina totalitaria. En Haití, con Duvalier, tuvimos una negritud totalitaria en el poder, le «devolvieron» todo a los negros, engañaron a la población haciéndole creer que había un negro en el poder y que eso bastaba para resolver el problema del desarrollo. Es una mistificación dramática, que durante treinta años hizo de Haití uno de los lugares mas detestables para vivir de este planeta. Entonces, desconfío de las nociones que vienen de la raza. Mi solidaridad con Africa no es racial sino cultural. El vudú es de origen africano; en los componentes de nuestra identidad histórica hay valores africanos, lo queramos o no. En la comida, en la forma de vivir, de amar, de mirar a las mujeres; desde todos los puntos de vista hay un aporte africano que hay que asumir libremente.

– ¿Por qué en la historia de América latina sólo se toma en cuenta al español, al indio y al negro, y otros aportes, como el japonés, el chino, el judío, el árabe, no son tomados en cuenta?

– Porque yo creo que hemos vivido de una forma más dramática. La experiencia racial del negro y del indio es mucho más dramática.

Además, creo que representan la corriente principal de la historia de América latina desde la colonización. El elemento negro e indio existen desde el comienzo de la colonización, mientras que los otros son aportes que llegaron más recientemente, y que han tenido menos roces de violencia porque han estado menos involucrados en los grandes antagonismos de la región. Sería el caso japonés y el árabe, que llegaron de una manera más o menos pacífica, fueron integrados o asimilados a

3- François Duvalier, Papá Doc (1901-1971), presidente de Haití elegido en 1957, reelecto en 1961 y proclamado vitalicio desde 1964. Murió en 1971. Gobernó bajo un régimen dictatorial y policial.

nuestras estructuras estatales. Pienso que los negros y los indios somos los primeros y los principales actores, tanto en el plano político como en el económico y cultural. Los otros, bueno, son accidentes migratorios.

– Pero, hoy en día, en América latina, todos ellos son aportes muy importantes a la estructura social. La población es muy diferente a la primera población. Sin embargo la historia oficial no considera esos cambios...

– La historia oficial no toma mucho en cuenta las grandes contradicciones de la sociedad, prefiere ignorarlas.

– Por eso dije que la diferencia entre la imagen oficial y la real es grande. Este es, otra vez, un problema de anacronismo...

– Yo creo que habría que hacer un inventario de todos nuestros anacronismos. Si queremos partir con «nuestro pie» en la historia y comenzar nuestra vida con otra mirada, debemos saber lo que tenemos de anacrónico y lo que no. Pero pienso también que habría que hacer un inventario de nuestras adquisiciones. Creo que, a nivel mundial, ignoramos todavía nuestros logros, porque ese inventario no ha sido hecho en forma sistemática. Pero ahora las computadoras permiten hacer este trabajo importante. Saber cuáles son las cosas que realmente valen desde que el hombre existe, desde el comienzo de la civilización; conocer los valores realmente universales, incuestionables. Valores que podríamos encontrar tanto en el cristianismo, en el Islam, en el budismo, en los valores religiosos del mundo entero, como en la historia laica, en la historia artística y sociológica de la humanidad. Se debería hacer ese inventario. Yo trabajé en la Unesco por casi ocho años, por lo que tengo una idea de lo que este organismo ha hecho en materia de reconocimiento de adquisiciones en el plano de la arquitectura... Pienso que una comisión, tal vez de la Onu, en la Unesco, por ejemplo, podría hacer este trabajo con expertos: sociólogos, antropólogos del mundo entero; y así hacer una escala mundial de valores que incuestionablemente no le pueden hacer mal a ningún hombre, ya que pueden ser vividos por cada uno sea cual sea su origen social, histórico, geográfico u otro. Nosotros, los latinoamericanos, por ejemplo, hemos vivido con unos valores que hemos interiorizado, pero que nos son extraños porque vienen de Europa. Sin embargo, pienso que muchas cosas que vivimos, que son de Europa, no son un mal en sí, en la medida en que corresponden a necesidades de la condición humana universal. Hay otros que no son universales y que nos impusieron o nos hemos autoimpuesto, como hablábamos recién.

– Quizás lo universal cuando es abstracto es peligroso...

– Estoy de acuerdo en que lo universal abstracto es muy peligroso, ya que puede mantenernos en la soledad más de cien años; pero un universal concreto, fundado en las adquisiciones probadas, puede hacer avanzar esta mundialización de la que hablo. Vuelvo siempre a este asunto de mundialización, porque no le veo porvenir a las sociedades más que a escala mundial.

Tengo el sentimiento de que en Europa, en este momento, mañana en la mañana, va a hacer falta poner en *pool* el conjunto de conocimientos mundiales, y encontrar una nueva espiritualidad. Pienso que las espiritualidades que conocemos son insuficientes, débiles, no tienen el aliento que se necesita, aquél que ha permitido el estallido de la revolución tecnológica en el plano de la vida material y social.

– ¿Tiene la impresión de que los latinoamericanos pensamos siempre que la vida está en otra parte, como el título de la novela de Kundera; que el latinoamericano siempre está pensando que la vida no está donde él está? ¿Por qué? ¿Es que realmente la vida está en otra parte?

– Si, estoy de acuerdo. Creo que es la estructura misma de nuestros orígenes. Hay alguien que podría responder muy bien a esto, Octavio Paz, que critica que nos situemos siempre en relación a una utopía; porque somos el producto de una utopía. Antes de ser nosotros mismos, fuimos durante mucho tiempo una proyección, un sueño de Europa.

Yo, por ejemplo, me nacionalicé francés, pero mis recursos más profundos siguen siendo haitianos y es lo que nutre mi creación. Pienso también que hay que integrarse en el movimiento general del mundo actual. Hay que ser de su pueblo, de su tierra y luego del planeta. Porque se va a tener que caminar en esta doble dirección: construir patria y construir un mundo mejor.

– ¿Por qué los norteamericanos no tienen el problema de tener su vida en otra parte y más bien la llevan a todas partes?

– Tienen otro origen. Pienso que en los Estados Unidos los colonizadores se desplazaron y no hubo, como con nosotros, una necesidad de búsqueda de identidad; la de ellos ya estaba constituida. Fueron británicos que, deliberadamente, se separaron de otros británicos. El origen es diferente. Pero en las zonas populares debe existir el mismo problema. A los negros norteamericanos les debe suceder algo parecido a lo que nos ha sucedido a nosotros. Deben estar siempre en la búsqueda de una proyección.

¿Acaso no tenemos todos, siempre, un sueño que nos habita? Incluso un hombre de estado como Bush habla de orden mundial; esto es una proyección, es una suerte de utopía, ya que ahora lo que tenemos no funciona...

– ¿Podremos vivir sin utopías?

– Hay que tener en cuenta lo que pasó con la utopía comunista, aun cuando esto no nos haya concernido directamente, ya que hay mucha gente que estuvo alejada, que sólo escuchó hablar del comunismo, que lo leyó en los libros o en los periódicos, pero que no se involucró como los que participamos o los que fueron víctimas del movimiento comunista. Entonces hay que sacar las conclusiones, evitando el mesianismo y las utopías delirantes. Yo tengo una noción para esto: *la real utopía*.

Creo que hasta nuestros días, desde el comienzo del imperialismo, del estado modelo, del estado de derecho, de los estados nacionales, hemos vivido bajo la noción de *realpolitik*. Esta ha determinado todo, tanto en la izquierda como en la derecha. Cada formación política o social ha tenido su manera de aplicar la *realpolitik*. Los artistas, escritores y músicos, los soñadores habituales, los eternos soñadores, que somos todos, debemos manejar una *real utopía*. No la utopía pura y simple, porque es peligrosa, sino una utopía que tenga los pies en la tierra. Una *real utopía*, como decimos *realpolitik*, que permita hacer siempre tanto la parte del sueño como la de la realidad, para evitar caer o estar siempre, como usted dice, en función del futuro. Tampoco podemos vivir en función del pasado, las religiones lo propusieron y no dió grandes resultados. Ni tampoco podemos estar sumergidos en el presente hasta el punto de volvernos pesimistas. Lo que me permite estar siempre optimista en las mañanas es el sueño, es la parte de proyección del porvenir. Pero esta vez es el sueño de un *chat échaudé*, de un viejo luchador que viene de vuelta. Es el sueño de alguien que sabe que las mejores intenciones del mundo pueden llevar al infierno, que hay que tener mucho cuidado, mantenerse lúcido, con los pies en la tierra, para no caer en regímenes que conducen a masacres.

– ¿No piensa usted que los latinoamericanos tenemos doble personalidad, una racionalista y otra mítica, y que eso nos crea enormes problemas de inestabilidad?

– Sí, tenemos dos personalidades. Desde el origen esto comenzó así, como le decía antes. Creo que nadie tiene tantas máscaras como nosotros los latinoamericanos. Desde el «descubrimiento»; ya que se dice que Colón «descubrió» América. Nadie nos preguntó nuestro parecer sobre la noción misma de «descubrimiento». Pero ni siquiera nos llamamos Colombia. Solamente un estado lleva este nombre. Nos llamamos América y allí ya tenemos una primera máscara. Enseguida dicen que somos blancos, negros, mestizos, mulatos. Todo esto también es una máscara; por lo tanto somos dobles, porque el ser profundo del hombre no corresponde a eso. Mi ser profundo no tiene nada de negro, ni de blanco, ni de indio. Es humano, lo que más tiene es de hombre, que dice mucho más que todo lo otro. Entonces ese carácter doble que usted encuentra está en nuestra idiosincrasia.

– ¿Pero no somos la única mescolanza de la Tierra, y sin embargo, al parecer, sólo a nosotros nos sucede esto de sentirnos dobles?

– Sí, porque somos los productos más evidentes de la colonización. Todo comenzó ahí, somos pueblos de laboratorio. Todo fue experimentado con nosotros antes de llevarse a Africa o a Asia. Nosotros servimos de laboratorio a las potencias europeas en su expansión: laboratorio español, inglés, francés y portugués. Por eso creo también, y vuelvo sobre lo mismo, que hay un sueño latinoamericano que no es para nada ficticio. Podemos jugar un rol en esta civilización mundial. En el peor de los casos, el mundo será como la América latina de hoy, y, en el mejor, podremos hacer otro mundo. En cualquiera de las dos alternativas tenemos experiencia de lo que no hay que hacer, de lo que hay que evitar. Porque creo que muy difícilmente un indonesio, un japonés y un chino, si se juntaran alrededor de una mesa, tomando Asia como ejemplo, podrían hacer más que si un chileno, un brasilero, un mexicano, un argentino y un haitiano se juntaran. Para nosotros sería mas fácil llegar a un denominador común, a un consenso o a un diálogo, ya que podemos conectarnos a muchas cosas que están en nuestra cuna, que hemos vivido juntos...

– ¿Usted realmente lo cree así?

– Por qué no. Pese a que la experiencia bolivariana fue muy efímera, dió resultados, aunque no correspondiera al sueño grandioso que tenía Bolívar. Constituimos una familia de sociedades. Aun cuando esta familia no logró una armonía, sí constituyó una familia de sociedades. Si hacemos un inventario de las adquisiciones de América, encontraremos muchas que nos son comunes en América latina. Si hiciéramos una escala de los valores latinoamericanos, encontraríamos muchas cosas que pueden ser vividas armónicamente tanto en Santiago de Chile como en Buenos Aires o en Puerto Príncipe.

– ¿Usted, como haitiano, se siente más cerca de un congolés, es decir de un africano que habla francés, o de un argentino?

– En algunas circunstancias puedo estar más cerca del argentino, porque son cosas que yo he vivido, están basadas en mi experiencia. En otras, quizás, del congolés...

Pero no es obligatorio que nos sintamos más cerca de un africano, y eso se lo he dicho también a los africanos. Hay una identidad latinoamericana. Independientemente de las identidades particulares de cada nación, hay componentes históricos básicos de una identidad nuestra, que está constituida y que hace que un haitiano esté más cerca de un colombiano, de un chileno o de un brasilero que de un congolés o de un ugandés, que son de otra cultura.

– ¿Y de la cultura francesa, usted se siente cerca?

– ¡Ah, la cultura francesa! Me gusta la complejidad de las cosas porque pueden interactuar. Tengo que ver con la cultura francesa como no tengo particularmente nada que ver con muchos africanos. Y esto, un hombre como el escritor trinitario V.S. Naipaul, con su espíritu crítico, lo ha explicado muy bien.

– ¿Qué dijo?

– Ha dicho a veces, muy claramente, que él no tiene nada en común con los africanos ni con los asiáticos, porque aunque es de Trinidad y racialmente es hindú, tiene una experiencia británica. Tiene el coraje para decir las cosas por su nombre. Me gusta mucho Naipaul, porque va contra la corriente...

– Con razón, cuando le propuse entrevistarlo junto a los escritores más prominentes de América latina y del Caribe, no me contestó... ¿El dice que es británico? Bueno, la Reina le dió el título de Sir...

– Dice que es un hombre libre, con algunas coordenadas británicas, pero que tiene la lucidez para ver el mundo tal como es. El piensa que tiene una lucidez excepcional para decir la verdad a los árabes, a los hindúes, a todo el mundo. Eso es lo que hace su originalidad, es muy pesimista. Me gusta leerlo, porque desmistifica las convenciones, las cosas que permiten esconder la verdad. Mira las cosas de frente. Tal vez él rompa todos los espejos de los que usted habló, es un gran trizador de espejos...

– Como usted...

– Tal vez, tal vez...

Lezignan-Corbières, 26 de junio de 1991.

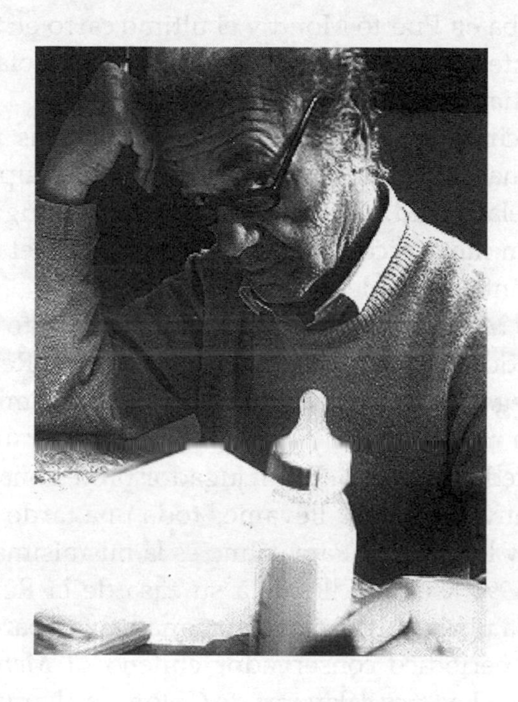

Nicanor Parra

Premonición: La izquierda y la derecha unidas jamás serán vencidas. Artefactos, Parra, año setenta.

Protagóras se habría sacado el sombrero, habría aplaudido de pie, habría sido capaz de vender su alma para que ese acierto le hubiera pertenecido. La contradicción hecha hoy carne y hueso en el mundo entero: una sociedad de consensos mundializada, globalizada, despersonalizada, con el poder repartido en millones de accionistas: capitalismo popular. ¿Verdadero o falso? ¡Qué apuesta para los hombres del Siglo Cero! Ruido multiplicado por silencio: Medio aritmético entre el todo y la nada. *La camisa de fuerza*.

¿De dónde sacó la bola de cristal? Sabemos que una vez le pidió lana al cordero de dios que quita los pecados del mundo para tejerse un *sweater*. Y que inventó un tren instantáneo entre Santiago y Puerto Montt que no necesitaba moverse (porque era un tren tan largo que la locomotora estaba en Puerto Montt y el último carro en Santiago). ¿Habrá sido suficiente? Equilibrándose en la cresta de las olas se ha salvado de todas las bestias negras. Por cabeza.

Nos conocimos hace tiempo jugando con unas fotografías, haciendo fotopoemas que bautizó como cartas de un naipe para jugar en las vidas de la relatividad. ¿En qué lugares pudimos jugar entonces? En el verso de salón metafísico $E=mc^2$, y en la ciencia del caos con su expresionismo cuántico y su desorden organizado.

Reclama a Macedonio Fernández para jugar junto a Ginsberg una especie de Aullido de la Eterna, a Shakespeare con el Rey Lear. Parra es un físico que juega con materia de demolición, con la misma que ha hecho sus casas, la misma que le permite que Pedro Páramo lo autorice a disfrazarse de Pedro Párramo. Es un jugador profesional.

En esta conversación ya llevamos toda una tarde cabeceándonos sobre lo blanco y lo moreno. Para colmo es la mismísima tarde del doce de octubre de 1991. Cuando llegué a su casa de la Reina Alta estaba muerto de la risa porque esa misma mañana había aparecido su último artefacto en el periódico conservador chileno *El Mercurio*, principal diario de opinión: Las tres calaveras de Colón... se llamaba, y nadie había osado ponérsele por delante, vengaelbú.

Inexorablemente/Giramos en un círculo vicioso/Dentro de la jaula hay alimento./Poco, pero hay. /Fuera de ella sólo se ven enormes extensiones de libertad. *La camisa de fuerza*.

Es que Parra lleva setenta y ocho años retorciéndole la nariz a la lectura blanca.

Materiales de demolición

– Usted acaba de publicar un artefacto[1] en el que se refiere a los barcos de Cristóbal Colón como las tres calaveras... ¿Por qué las trata así?

– Por una razón obvia: las calaveras son el símbolo de los piratas y Colón era un pirata establecido. Era un corso, o léase pirata del Mediterráneo. El operó allí durante su juventud, por lo menos esto es lo que dice Salvador de Madariaga en su *Colón*, y él es español. No lo está diciendo un aborigen. El acto que ellos llaman «el descubrimiento» no es tal, porque los aborígenes sabían perfectamente que existían, supongo, y no necesitaban que nadie viniera a descubrirlos, a ponerles un espejo al frente.

El descubrimiento es un acto de toma de posesión, ése era el término que se usaba. Lo primero que hicieron estos piratas fue tomar posesión, en nombre del rey y de nuestro Señor, como si nosotros ahora, por ejemplo, fuéramos a Nueva York y tomáramos posesión del Empire State Building. ¿Qué le parece?

– En nombre de la democracia chilena...

– ¿En nombre de quién sería? Habría que ver, a lo mejor en nombre, qué sé yo, de las fuerzas armadas chilenas, léase fuerzas espirituales de las efe efe a a.

– ¿Entonces usted no cree que la llegada de Colón al llamado Nuevo Mundo tuvo importancia para la humanidad, como se dice?

– Bueno, Erik el Rojo, ¿no había estado aquí ya? Los suecos creo que no tienen nada que ver con Cristóbal Colón. Si no hubiera llegado

1- El artefacto es un tipo de poema creado por N. Parra y consiste en textos hablados que se encuentran en diversas jergas coloquiales, que son en algunos casos levemente modificados por el autor, y que se sostienen por sí mismos. Para encontrarlos —según Parra— «el poeta se transforma en una especie de entomólogo que sale a cazar bichos».

Colón, a la semana siguiente habría llegado otro, porque eso estaba en el espíritu y en el cuerpo de la época.

– Pero yendo al hecho concreto de que fue Colón efectivamente el que llegó, y detrás de él España, ¿usted cree que para la América latina actual es tan importante el hecho como se pretende, y que hay que celebrarlo?

– Bueno, creo que todo eso está respondido en el artefacto a las tres calaveras de Colón. Ellos vinieron a colonizar aquí, son colonizadores. Bueno, si nosotros tenemos alma de esclavos, no podemos hacer otra cosa que celebrar, suponiendo que tuviéramos alma de esclavos, porque es el aniversario de la llegada de nuestros amos.

– A partir de esta llegada se echaron las bases de lo que se llamará después América latina. ¿Qué le parece a usted esta América latina, qué cosa le produce el término?

– Bueno, creo que las cosas ocurrieron y están allí, no podemos hacer otra cosa más que acatar estos fenómenos como fenómenos naturales. Lo que yo veo, como escritor, es que hemos operado desde el punto de vista europeo. Nosotros, mestizos o criollos, no hemos tomado nota de la situación efectiva en que nos encontramos, sino que hemos llevado adelante el mito del descubrimiento y desde el momento en que aceptamos esa palabra ya estamos en la lectura blanca de los acontecimientos. Bueno, la literatura y el arte, y lo que podría llamarse la cultura hispanoamericana, han sido hasta este momento sustancialmente una cultura blanca, lo que es bastante lamentable, porque nosotros, supongo yo, tenemos que tomar nota de nuestra situación real; no somos blancos, operamos, como muy bien dice Jorge Guzmán en su estudio de Vallejo[2], en todo momento con dos códigos, con el blanco y con el otro. Guzmán lo llama no blanco, yo prefiero llamarlo moreno, con el código moreno. Este es el gran mérito que tiene Juan Rulfo. En su trabajo se puede ver por primera vez el resultado pleno de un método literario en consonancia con las necesidades y situaciones efectivas en que los hispanoamericanos nos encontramos. La lectura que hace Rulfo del mundo mexicano

---

2- *Contra el secreto profesional. Lectura mestiza de César Vallejo.* Jorge Guzmán Ch. Editorial Univeristaria, Santiago de Chile, 1991. Guzmán es un ensayista y novelista chileno contemporáneo.

no es una lectura blanca, es una lectura morena; allí está el código blanco, evidentemente, pero también está el otro.

– Me imagino que cuando usted dice «lectura blanca» se refiere también a lo que podría llamarse lectura «moderna», derivada de las ideas de la Ilustración, del Progreso y de la Razón...

– Claro, y más aún, ya que todo eso también podría expresarse con una frase fuerte que es la pedantería grecolatinizante, vengaelbú-...[3]

– ¿Cómo así?

– Se basa fundamentalmente en lo siguiente: la lectura blanca es una especie de hiperrealismo socialista; hay que mirar el mundo pero desde los mejores ángulos, no hay que poner la atención en los puntos negros, ni en las manchas solares. A la muerte, por ejemplo, hay que tratarla con guante blanco porque se trata de crear —como dicen los gringos: *a cozy world of our own*—, un mundo monono de nuestra propiedad, de manera que lo que efectivamente es el mundo quede pendiente. Una investigación sobre la naturaleza real del mundo es la que hace Rulfo en *Pedro Páramo*. El no le tiene miedo al lobo.

– ¿Cuál es esa otra lectura, dónde está la diferencia?

– Esa diferencia es la que hay que tratar de expresar, todavía no está expresada.

– Tradicionalmente hubo dos lecturas: por una parte la de izquierda, indigenista y antiblanca, antiespañola, antioccidente y, por otra, la lectura de derecha, proeuropea, pronorteamericana, que se identificaba básicamente con el mundo exterior a estos países. Yo entiendo que lo que usted llama lectura mestiza no es ni una ni otra.

– Estoy de acuerdo con usted, sí. Porque la utopía marxista es producto de la Ilustración y del racionalismo, igual que el capitalismo. De manera que si no salimos de la lectura blanca no resolvemos ningún problema importante. A lo mejor se resuelven problemas periféricos de orden estrictamente económico; pero yo estoy pensando en visiones del mundo, estoy pensando en cuestiones ontológicas. Hay que recordar la impresión que uno recibe, por ejemplo, cuando lee *Pedro Páramo*; como

3- «Vengaelbú-»: expresión coloquial del lenguaje de barrio bajo urbano de Chile. Se usa despectivamente cuando la frase del interlocutor o la interlocución a menoscabar termina en «ante». Es apócope del «que venga el burro y se lo plante; por detrás y por delante».

le decía, es un mundo muy misterioso y que está a años luz de la racionalidad. En realidad, la alternativa socialismo o capitalismo resolvería solamente, en el supuesto caso de que alguno de los dos planteamientos nos condujera a alguna parte, alguna dimensión aceptable. Pero son dos hermanos gemelos, siameses, que están pegados por la espalda, incluso desde el punto de vista ecológico, ya que se ha dicho con todas sus letras que estos dos planteamientos son igualmente perniciosos, incluso se dice que hay un nombre común para ellos que es «complejo industrial-militar». De modo que la alternativa no está entre utopía marxista y capitalismo, sino que habría que referirse a paradigmas que pertenecen a zonas mucho menos exploradas.

– Esa zona no explorada de lo mestizo, que es distinto a lo indio y distinto a lo blanco, conduce a un personaje un poco esquizofrénico que permanentemente tiene que asumir papeles opuestos. Guzmán, en su libro, dice que el mestizo es a la vez humillado y humillador, victimario y víctima, conquistador y conquistado. Yo agregaría, además, que cambia el punto de vista permanentemente, sin consolidar ninguno, lo que le acarrea graves problemas de identidad y dificultades para llevar una vida estable... ¿Qué le parece a usted?

– Claro, pero yo no estoy pidiendo una solución positiva, otra solución realista socialista de este problema, sino que sólo pido que nos demos cuenta de la situación real en que nos encontramos. Si somos esquizofrénicos, digámoslo, admitámoslo.

– Le parece que los latinoamericanos somos un poco esquizoides en ese sentido...

– Yo diría que la esquizofrenia es una condición *sine qua non* de la existencia, no hay manera de sacarle el cuerpo. Yo acabo de abrir, por ejemplo, un libro de Yanouch, de conversaciones con Kafka. Y el problema que tenían los judíos de esa época en Checoslovaquia era exactamente el mismo. Los judíos que estaban allí vivían divididos entre dos mundos: los alemanes y ellos mismos. Ahora, lo que Kafka pide al llamémoslo artista (aunque esa palabra es tan antipática, tan blanca) de su época, al artista judío de su época, es que investigue en el mundo judío e ilumine al pueblo judío. Iluminarlo supongo yo que será darle elementos de juicio sobre su propio ser. Critica a un actor judío diciendo que se trata de un excelente actor alemán, cuya función consiste más bien en informar sobre generalidades archiconocidas del mundo judío a los alemanes, o sea, algo así como una especie de *Chileanart*[4]. Este problema no es tan sólo hispanoamericano, se presenta en todas partes, porque en todas partes hay por lo menos dos códigos, dos maneras de leer el mundo: el de los oprimidos y el de los opresores, el de los pobres y el de los ricos, el ying y el yang en último término.

– Usted cree que un francés, un alemán o un inglés tienen más claro lo que son...

– No estoy seguro de eso, porque allí también hay posibilidades de esquizofrenia. Por ejemplo, cuando un escritor europeo piensa en el Renacimiento, me imagino yo que en todo momento tiene que estar haciendo un esfuerzo por encontrar un método de aproximación a la realidad. En una comunidad blanca, por muy pura que sea, se presentan diferentes alternativas. Tendrá que decidir, por ejemplo, si escribe sonetos o versos blancos shakespereanos y entonces ya estamos en presencia de un conflicto de proporciones. Ocurre en Hispanoamérica que los conflictos de identidad son, desde el punto de vista del volumen y del espesor, tan abrumadores en relación con las posibles fuentes de esquizofrenia de algunas comunidades europeas, que aquí el problema es crítico, porque nosotros, además, no nos damos cuenta de que vivimos en un mundo diferente. Entonces ni siquiera hay alguna posibilidad de tomar nota de la dicotomía y, por lo tanto, tenemos menos posibilidades de asumirla y de salir de ella, si es que es posible salirse de ella.

– En América latina, las clases altas siempre han estado con la cabeza en Europa, en Estados Unidos, y las clases medias han estado siempre con la mente en las clases altas...

– Tratan de acceder al mundo de la clase dominante... Sí.

– Y por otro lado, las clases populares aparecen siempre radicadas en una utopía, ya sea religiosa o política, pensando en que algún día van a ser felices, en que va a haber una especie de redención en la revolución o en lo que sea...

– Yo no estoy muy de acuerdo con eso. No, porque yo vengo de ese mundo y sé cómo son las cosas allí, no, no. Vuelvo a Rulfo, el pueblo

4- «Chileanart». Conocida marca de productos de artesanía popular chilena hecha especialmente para los turistas.

chileno y el hispanoamericano son pueblos fatalistas que tienen muy poco que ver con formulaciones provenientes de la racionalidad.

– O sea, usted cree que nunca piensan en el futuro, por ejemplo...

– Al extremo de que hay una tendencia a pensar que las cosas están hechas así, que el mundo está hecho de tal manera que algunos son pobres y otros son ricos, que hay algunos que tienen ojos azules y otros que son chicos y con las piernas torcidas, que lo que hay que hacer es apechugar[5]. A mí me parece que ésa es una actitud mucho más realista que la otra.

– Pero hubo un momento de gran ebullición social y se despertaron esperanzas racionalistas...

– En ciertas zonas periféricas, diría yo, de la comunidad; pero lo que podría llamarse el sentir profundo siempre fue otro...

– De acuerdo a lo que usted dice, Estados Unidos nunca debió temer una revolución global socialista en América latina...

– Bueno, hay que estudiar la revolución mexicana no más para orientarse en ese terreno. Recordemos, por ejemplo, que los caudillos no tenían ningún inconveniente en pasarse de un bando a otro, de manera que las postulaciones doctrinarias corren muy poco en este submundo hispanoamericano. Yo diría más bien que la revolución tenía que ver con los intelectuales, con los estudiantes y con ciertas capas relativamente concientizadas, como se decía entonces...

– Usted, con su artefacto «La izquierda y la derecha unidas jamás serán vencidas», que tanto irritó al oficialismo de izquierda de la época, resultó premonitorio... ¿Qué siente al mirar hacia atrás?

– Ese artefacto tiene que ver precisamente con ese carácter desconfiado y fatalista a que hacía referencia yo en el bajo pueblo, porque evidentemente en él se está negando la posibilidad de redención que se ofrecía para la clase baja. Ese artefacto fue una manera blanca de expresar ese desaliento. Pretendía decir que nunca, de esa manera, saldríamos de la situación en que nos encontrábamos. No digo yo que esta filosofía haya que aceptarla, sino que estoy describiendo lo que me parece a mí un estado de cosas. Creo que si hubo alguna capacidad premonitoria,

5- Apechugar. Chilenismo. Hacerle frente a una situación y aguantar.

como usted dice, se debe simplemente al ingenio moreno, que además es un ingenio muy práctico, que tiene los pies en la tierra y que no está operando con cánones europeos, con cánones foráneos. No es de extrañarse que el hombre que está realmente en consonancia con su medio tenga una cierta capacidad de previsión de los acontecimientos. Por otro lado, lo que se anuncia en ese artefacto es algo que siempre ocurrió.

– ¿Cómo así?

– En el sentido de que no ha habido nunca esperanza para la liberación de los pobres. En realidad, la lectura de esos artefactos también puede ser otra, puede ser «no digamos más que la izquierda vencerá, y no lo digamos porque esto no ocurrirá, simplemente no puede ocurrir».

– ¿Pero, por qué ese fatalismo tan profundo? ¿Usted no cree que ha habido en la historia del hombre una tendencia progresiva hacia la igualdad, hacia la justicia?

– En realidad no es una creencia la que estoy poniendo allí, es simplemente una situación de hecho, un estado de ánimo, y yo simplemente lo que hago es expresar ese estado de ánimo, o sea, no es un *wishful thinking*, no es una formulación de tipo filosófico, simplemente es una imagen y no una descripción. Estoy pensando en este momento que cuando Octavio Paz trata de formarse una idea de Rulfo dice que el mérito de Rulfo consiste en que da una imagen de México, y que lo que otros han hecho es dar una simple descripción. Claro que sería posible hacer todavía una cosa peor: hacer una formulación de tipo utópico.

Ahora, todo lo que acabo de decir está mucho mejor dicho por mi abuelo Calixto José Parra; él decía: «más discurre un hambriento que cien letrados». Es increíble lo que dice ese artefacto popular.

– ¿Qué sintió cuando de un día para otro se vino abajo todo un mundo asentado en una utopía que ya llevaba más de un siglo?

– Bueno, yo sabía que las cosas no estaban bien, yo había hecho mis viajes a la Unión Soviética y había síntomas de desintegración. Allá por el año sesenta y cuatro fui testigo y percibí muchas grietas en ese edificio. Era un edificio que ya estaba agrietado al extremo de que una vez que pedí ayuda a Joaquín Gutiérrez (era un viejo comunista que vivía en Moscú) para que me asesorara en ese momento de romanticismo revolucionario para traer a Chile una biblioteca marxista, leninista, hochiminista, castrista, pinochetista, que fuera esencial, el me miró sonriendo y me dijo: Nicanor, me inspiras ternura...

– De acuerdo, pero hasta hace cinco años atrás el equilibrio de poder en el mundo se veía oleado y sacramentado. Se preveía que los dos bloques iban a tener que entenderse y sólo en función de ese acuerdo, entre comillas, la humanidad iba a poder desarrollarse y sobrevivir... ¿Qué pasará ahora que quedó un solo bloque?

– Sobrevivir, porque en realidad el problema ya no es el desarrollo, el problema es la supervivencia, el gran problema es la supervivencia, un desarrollo dentro del marco de la supervivencia, o sea, un desarrollo ecológico, evidentemente...

Respecto a la segunda pregunta, yo me considero un damnificado, porque pensé en una época que ese peso al otro lado de la balanza era indispensable para mantener un equilibrio, y nunca soñé con mover un dedo para modificar esa situación. Me parecía que ese equilibrio era absolutamente indispensable. Ahora no sé si voy a tener razón de nuevo, pero lo que está pasando en este momento en Yugoslavia y en otras partes era algo que no ocurría antes cuando estaban las dos fuerzas compensadas. Yo no sé si esto va a seguir proliferando y vamos a llegar al caos. Se dice que ahora se desencadenarán fuerzas de otro orden: nacionalismo, fuerzas religiosas; o sea, las fuerzas que estaban allí reprimidas en el subconciente o en el inconciente o en el ello o en el aquello social. Que estaban reprimidas por estas cadenas de la racionalidad. Ahora que estas cadenas desaparecen, no sabemos realmente lo que pueda ocurrir en el mundo.

– Se dice mucho en estos tiempos que la lucha ideológica de los años sesenta y setenta, entre capitalismo y socialismo, se acabó y que la habría ganado el capitalismo y el neoliberalismo. ¿Está de acuerdo con eso?

– Bueno, ese es el punto de vista de Fukuyama y compañía limitada, claro. El fin de la historia creo que lo llaman...

Bueno, suponiendo que tuviera razón el señor Fukuyama, más bien lo que habría que decir es que la sociedad empírica triunfó sobre la teórica.

– ¿Qué es la sociedad empírica para usted?

– La comunidad empírica, leáse la ley de la selva, claro. La selva demostró que tiene más capacidad recuperativa, más posibilidades de reajuste, más retroalimentación que la comunidad inventada o teórica. ¿Y dónde se inventó esta comunidad? me preguntará. En el Museo Británico: los monstruos de la razón resultaron más terribles que los monstruos de la selva.

– ¿Qué siente frente al concepto de lo latinoamericano, por ejemplo cuando lo presentan como poeta latinoamericano?

– Le voy a contestar su pregunta desde el punto de vista de las sensaciones, de las impresiones y de las emociones más que de las ideas. Un día yo tuve que volver de Florencia a los Estados Unidos muy rápidamente, muy bruscamente, y tuve una experiencia muy extraña, en clara oposición a lo que me había tocado vivir durante una semana en Florencia. Al aterrizar en el aeropuerto Kennedy, sentí que era del nuevo mundo, fue una cosa muy rara, una cosa muy extraña; sentí que volvía a mi casa, y no era Chile, era Nueva York, era Estados Unidos, era el nuevo mundo, y respiré a pulmón lleno.

– Pero eso es más bien sentirse americano que latinoamericano, y ése es un concepto que muchas veces se opone a latinoamericano...

– Bueno, yo también tengo experiencias que indican que en alguna parte yo soy algo distinto de un norteamericano. Me acuerdo que volviendo de uno de mis primeros viajes a Estados Unidos, quedé terriblemente impresionado. El avión se detuvo en un aeropuerto colombiano de provincias, no recuerdo por qué, y entonces miré por la ventanilla y vi a unos de estos, cómo los llamaré, no tienen por qué ser aborígenes, pero llamémosles aborígenes, construyendo un muro de adobe a cámara lenta, con una gran lentitud. Yo percibí algo en esa imagen, percibí que eso ocurre aquí y no al otro lado, no en el Norte, y percibí en esa escena algo que me reconciliaba conmigo mismo. Claro, estaba a la vista la tierra, estaban estos hombres, estos campesinos, estos albañiles. Era una vuelta al Medioevo de alguna manera, pero era un Medioevo latinoamericano, y yo percibí allí ciertas vibraciones en profundidad y no es la única vez que me ha ocurrido esto, evidentemente; algunas veces aquí en Santiago yo veo los perros en la calle, que son tan libres como las vacas en la India, y cuando llego de Nueva York a Santiago me encuentro con que los perros andan por las calles igual que los peatones. Hay una dimensión allí que no es la norteamericana, hay muchas cosas, fuera de las que se describen ordinariamente en los textos de estudio. Hay signos que son característicos de nosotros, y nuestra función como intelectuales, como escritores criollos o mestizos (o a lo mejor hay una tercera palabra por allí) es leer esos signos e iluminar a nuestros pueblos, iluminarnos a nosotros mismos sobre lo que somos.

– ¿Entonces, a usted le parece que existe una cierta identidad latinoamericana?

– Yo no sé si es identidad; un estado de cosas lo llamaría yo. La palabra identidad me parece un poco fuerte y también un poco sospechosa; repito que es una palabra blanca también, en cambio estado de cosas es una expresión más indeterminada.

– ¿Y este estado de cosas con qué tiene que ver?

– ¿Cómo describirlo? Ese es el trabajo de los artistas y de los filósofos del futuro. He leído muchas veces esto, me he encontrado con intentos de descripción de ese estado de cosas, pero no es fácil orientarse en ese terreno. Parece que a lo que más podemos aspirar por el momento es a esas sensaciones, a esas impresiones muy generales. A mí me costaría mucho verbalizar las impresiones que yo saco del mundo de Rulfo, que son las impresiones que saco del mundo real. El ha dado un paso, como le decía, que ha consistido en poner en palabras aquello que ordinariamente se da en estado natural en nuestra experiencia diaria. Ahora yo veo que la gran mayoría de los críticos que comentan la obra de Rulfo son incapaces de traducir a una jerga racional o a términos ideológicos cuáles son los componentes de esta posible identidad, cuál es la diferencia. Verbalizar no es fácil y parece que eso es lo que hay que esperar de la literatura del futuro, si es que hay un futuro y si es que hay literatura. Además esta palabra misma, literatura, en estos últimos días yo la pongo un poco en tela de juicio, porque parece que también es una palabra blanca.

– Sobre todo la escrita...

– Exactamente, y justamente lo que Rulfo nos da son en realidad unos documentos; no me parece a mí que aquello sea calificable como literatura. Por lo menos en el sentido en que hemos dicho que la literatura se da como hiperrealismo socialista, como un intento de idealizar la realidad.

– ¿Además de latinoamericano, nunca se ha sentido otra cosa?

– Seguramente cuando fui a la India y a China encontré muchos elementos comunes. De lo contrario no hubiera podido desplazarme allí dentro. Pero lo que yo quiero subrayar es simplemente el hecho de que también hay algo aquí que no está en otras partes. Eso es todo, o sea algo muy simple, muy perogrullesco, muy trivial. Me extraña mucho que esta trivialidad no haya sido plenamente percibida y trabajada.

– Creo que ha sido poco percibida por cómo está construido el andamiaje intelectual latinoamericano. Básicamente está asentado en una raíz ilustrada que es muy difícil de evadir...

– Se dice por allí que el arte es fundamentalmente rebelión, se dice que es búsqueda, que el artista tiene que iluminar zonas ignoradas de la realidad. Claro, lo que hemos estado haciendo hasta aquí es simplemente repetir y repetir hasta el infinito modelos ya perfectamente establecidos, fórmulas.

– Claro, incluso los intelectuales que han tratado de encarar esto que usted llama estado de cosas, lo han hecho también con un esquema racionalista. Por ejemplo, los científicos ahora han pasado de tratar de entender la realidad desde un punto de vista macroscópico a uno microscópico, más focalizado.

– Bueno, a mí me interesa ese método, incluso le he puesto un nombre, el método infinitesimal. Lo que nosotros podemos hacer realmente bien es ir del punto en que nos encontramos al infinitamente vecino. El enfoque macroscópico está a estas alturas en tela de juicio: es lo que ha ocurrido precisamente con la utopía marxista. La utopía marxista creyó encontrar la respuesta macroscópica al problema de la cuestión social y la realidad demostró que eso no funcionaba así.

Algo parecido ocurrió a comienzos de siglo, en el año 1905 precisamente, cuando Einstein publicó su *paper* titulado *On the electrodinamics of moving bodies*. Con este trabajo caía la utopía newtoniana, la interpretación mecanicista del mundo se venía al suelo. Claro, hubo mucha gente que se resistió, pero rápidamente todo el mundo se puso las pilas y la sangre no llegó al río. Lo que ocurre realmente es que la realidad no puede ponerse en el zapato chino de ninguna teoría. Ni la realidad física, ni la realidad social que es muchísimo más compleja. De modo que es de esperar que una teoría de la comunidad sea sustituída por otra.

– La soluciones entonces deben ser puntuales...

– Como visión del mundo, yo vuelvo a subrayar lo siguiente: los físicos operan con ecuaciones diferenciales, o sea con el método infinitesimal, y algunas de estas ecuaciones no son integrables, no se puede partir de la base de que todas las ecuaciones son integrables; o sea, de que es posible siquiera encontrar una imagen macroscópica de lo que es o debe ser la comunidad. Repito que yo en este momento estoy más con las soluciones de parche, o sea con las soluciones infinitesimales, porque la experiencia ha demostrado que hacer salir el agua que entró por un hoyo en un bote por otro hoyo no es un buen método. Eso es lo que ha ocurrido en la práctica, tratando de resolver un problema chico nos hemos encontrado con un problema mayor, con un problema más grande; o sea, recurriendo a los dichos populares: costó más cara la vaina que el sable, y ése es el gran peligro de los impulsos macroscopizantes.

– ¿Usted cree que, de alguna manera, América latina es un invento literario?

– Lo que se entiende por literatura hispanoamericana evidentemente ha sido inventada por los literatos, y esta literatura tiene poco que ver con la vida real hispanoamericana.

– Sin embargo esa literatura ha tenido mucha influencia, es como nuestra mamá, desde el siglo diecinueve hasta ahora...

– Evidentemente. De acuerdo, no puedo estar más de acuerdo con esa idea. Hay una América latina que es un invento literario, evidentemente. Claro, la América latina propiamente tal está por ser descubierta, se necesita muchos Rulfos. La América latina con que operamos comúnmente es una convención, y podría identificarse de nuevo con esa expresión tan espantosa que es *Chileanart*. Es un producto para turistas. Y no tiene nada de latina... Aunque podría ser grecolatina.

– América grecolatina hasta podría ser un nombre más adecuado...

– Grecolatina. Mejor, mucho mejor que América latina. América grecolatina de frentón, es más consistente. El hecho de que se llame latina significa que ya no podemos estar más enajenados. Que somos metecos, yanaconas en último término. Pero, por otra parte, hay que cuidarse también de los intentos folclorizantes, porque ahí también hay otra ilusión óptica que opera. Precisamente el *Chileanart* tiene más que ver con esta segunda posibilidad.

– ¿Cómo opera lo folclórico?

– Hay una manera de ser diferente que la gente del pueblo no llama folclore; folclore es una expresión que trajeron los antropólogos alemanes a Chile, don Rodolfo Lenz[6] especialmente. No hay que olvidar que la sociedad folclórica chilena fue fundada por sabios alemanes.

La visión folclorizante puede llevar a un vicio muy conocido que es el pintoresquismo, que es una forma de paternalismo, evidentemente, del blanco sobre el moreno.

– Tomando en cuenta todo lo que hasta ahora hemos conversado, ¿usted cree que tiene algún sentido la idea de Bolívar de la América unida, de la gran patria latinoamericana?

– Algunas veces, a lo largo de mi vida, me ha parecido que eso es un planteamiento correcto, ¿pero qué podemos decir después de la desintegración de la Unión Soviética? Hay dos tendencias básicas, desde un punto de vista puramente formal, una tendencia al conglomerado y otra tendencia al fraccionamiento. Yo creo que cuando estamos en conglomerado tenemos una tendencia al fraccionamiento y viceversa.

– ¿O sea, usted cree que si Bolívar hubiera conocido una América latina unida, habría pensado cómo desunirla y el sueño bolivariano habría sido al revés?

– El sueño bolivariano es como el sueño de Gorbachov y el sueño de Gorbachov fue un sueño de ese orden. Son espejismos. Como no encontramos la perfección buscada, si estamos en la unidad buscamos la multiplicidad y viceversa... son espejismos. Bueno, T.S. Eliot decía que solamente se puede cambiar un error por otro. Y también leí por allí lo siguiente: que la moraleja en los cuentos hace tanto tiempo que pasó de moda que no hay que admirarse de que vuelva a estar de moda, o que hay que prepararse para que de nuevo esté de moda.

– América fue la utopía europea durante mucho tiempo y hoy día el papel se ha dado vuelta, la utopía para América es Europa. ¿Le parece que nuestro destino inmediato es ser recolonizados, reabsorbidos?

– La posición mía es la posición de Rulfo en esta materia, y en

6- Rodolfo Lenz (1863-1938), filólogo alemán, contratado por el Gobierno de Chile, en 1890, para enseñar lingüística en la Universidad de Chile.

cierta forma la de Martín Fierro y la de Arguedas. Yo estoy por la búsqueda de la diferencia, parece que hay una gran vitalidad en esa dirección. La obra de Rulfo en este momento es, muchos creen, la obra cumbre de la literatura hispanoamericana, y parece que eso se debería al hecho de que él está efectivamente buscando algo que existe, que no está simplemente repitiendo viejas lecciones, viejas fórmulas.

– Los modelos para América latina durante buena parte de la segunda mitad de este siglo fueron el capitalismo liberal, representado por Estados Unidos, y el socialista, representado por la Revolución cubana. ¿Se han venido abajo ambos para América latina?

– Vuelvo a repetir lo que dije anteriormente, que a mí me parece que el modelo teórico capotó no más y que eso no tiene vuelta. Por una parte, decía, está la sociedad empírica, que ha demostrado que puede sobrevivir; eso desde el punto de vista de los hechos. Ahora, desde el punto de vista, como le dijera yo, del sueño, de la comunidad ideal, evidentemente que hay que profundizar, que hay que decir algo. No nos podemos quedar simplemente de brazos cruzados en medio de la selva. Lo que yo veo, por mi lado, es que se impone y que viene otra utopía en el horizonte, la utopía de la sociedad ecológica, la utopía ecológica. Porque esta comunidad empírica, depredadora fundamentalmente de la naturaleza y del prójimo, está condenada, tiene sus días contados. Estamos en pleno colapso ecológico, de manera que si no modificamos nuestro comportamiento, simplemente desapareceremos. No se tratará de que sigamos teniendo hambre o de que sigamos siendo humillados, esos problemas van a ser lujos asiáticos.

– Uno de los grandes problemas para nuestros países han sido las instituciones. La mayoría de las instituciones que no funcionan bien en América latina vienen directamente de la Ilustración; por ejemplo, la justicia, la educación, la salud. Sin embargo hay dos que no vienen precisamente del iluminismo y que son muy eficientes: la Iglesia y el Ejército, que han marcado la historia de América latina.

– He leído por allí que son males necesarios...

– ¿La Iglesia también es un mal necesario?

– De la Iglesia yo no me atrevería a hacer formulaciones de ese orden. O, mejor dicho, yo prefiero el mal necesario de la Iglesia al de las fuerzas armadas, así como preferí siempre el mal necesario de la Iglesia al del Comité Central, porque claro, hay buenas intenciones, la base última de la Iglesia está construída sobre pilares relativamente sólidos. Yo sinceramente me siento mejor en un convento que en un cuartel de policía y mejor en un convento que en una cámara de tortura, a pesar de que también ha habido cámaras de tortura en la Iglesia, también se dio la Inquisición. Pero habría que esperar que esa sea una etapa superada por la Iglesia.

– ¿Serán instituciones que tenderán a desaparecer con el tiempo?

– Lo dudo, yo lo dudo porque mientras el mundo siga siendo un misterio, yo diría que la Iglesia no podrá ser saltada.

– Yo le hablo de la Iglesia como una institución que influye, por ejemplo, para que no haya divorcio, para que no haya aborto, que influye en las decisiones personales de los latinoamericanos no católicos...

– Claro, precisamente esos son hechos que tienen que ver con el misterio del mundo. Es una lástima que aquí tengan que chocar dos posiciones; por una parte la posición de la Iglesia que aparece como razonable a partir de los dogmas, si se aceptan los dogmas. Pero por otra parte hay problemas de orden práctico, por ejemplo la explosión demográfica, que es la base del conflicto central en la actualidad. La explosión demográfica es la madre de todos los males sociales o de casi todos los males sociales de la época. O sea, en la práctica esto sugiere que hay que ponerle coto a la explosión demográfica, que es lo primero que hay que hacer, y una de las pocas cosas que se podría hacer. Por otra parte, la Iglesia no está dispuesta a renunciar a su cosmovisión, que dice que nosotros no tenemos nada que ver con el fenómeno de la vida en el planeta y que lo único que podemos hacer es respetarlo. Que no podemos nosotros controlar ni evitar que nazcan nuevos seres. En realidad, a mí me cuesta mucho asumir una posición coherente ante esto. Lo que tengo que hacer nada más es asumir la contradicción y en ese caso estoy dentro del planteamiento del filósofo favorito de estos días, que es Keats[7]. Keats dice con todas sus letras que el hombre tiene que aprender a vivir en la contradicción. Hay que desarrollar esa capacidad, que él llama la capacidad negativa, *negative capability*, y esta capacidad negativa es la capacidad para poder vivir en la contradicción sin grandes tra-

7- Keats, John (1795-1821), poeta romántico inglés.

gedias. Según él, Shakespeare tuvo esta condición en grado máximo. Eso equivale un poco también a una especie de pluralismo...

– Vivir en la cresta de la ola...

– Es muy interesante, es prácticamente un tapaboca a Hegel y para qué decir a Marx. Es decir que no es efectivo que la historia, la naturaleza y la mente funcionan dialécticamente. Precisamente ése ha sido el error de perspectiva de la utopía marxista. Nuestra situación es mucho más desastrosa, estamos ante un mundo de contradicciones insuperables. Lo que tendríamos que hacer, en último término, sería la vuelta a la posición de Protágoras: la contradicción está allí y simplemente hay que apechugar. Los gringos dicen *I'm afraid you will have to live with it...* Es feroz esa expresión en inglés. Quiere decir que hay que apechugar con la contradicción, no más.

Una vez yo me fui a quejar ante el portero del edificio donde vivía en Estados Unidos, porque en el departamento vecino la calefacción sonaba como endemoniada, explotaba, parecía una fábrica de no sé qué cosa, de robots, y me dijo que mi vecino había salido de vacaciones y que no tenía acceso al departamento, de manera que no podía operar las llaves de la calefacción, del agua y del vapor. Y en vista de que yo insistí, me dijo: *I'm afraid you'll have to live with it...* Por eso yo siempre me digo que voy a tener que apechugar no más. Apechugar con la contradicción.

– ¿La contradicción nunca puede ser superada aunque después aparezca otra contradicción?

– Bueno, ése es el proceso dialéctico, es lo que pone en tela de juicio John Keats. Y Protágoras para qué decir.

– Usted siempre ha sido partidario de Protágoras...

– Total, pues, siempre. «La izquierda y la derecha unidas jamás serán vencidas», viene de por esos lados.

– ¿No es un poco excesivo?

– Bueno, le puedo conceder que quizás hay algunas zonas de la realidad, algunas zonas de la historia, que funcionan dialécticamente, pero no todas, para qué vamos a elegir masivamente una posición contra la otra. A lo mejor podría suceder que zonas de la realidad funcionan dialécticamente y otras no. Sepa Moya. Como lo que ha pasado con la ciencia física. Hay algunas zonas de la realidad que son manipulables con las ecuaciones de la física tradicional, y otras no. Estoy pensando en esa ciencia nueva que se llama «caos».

– ¿Que ve el desorden actuando como orden?

– Claro. La ciencia tradicional quedaría más o menos definida, en parte, como aquella ciencia que parte de la base de que pequeñas causas provocan pequeños efectos. Aparece tan aceptable esa formulación; lo que es tremendamente importante en la ciencia, porque un físico, por ejemplo, necesita de dos cosas para predecir el comportamiento de un sistema: necesita de las ecuaciones del sistema y de las condiciones iniciales, o sea cuál es el estado, cuál es la situación real de ese sistema en un instante determinado. Pero resulta que hay algunos casos en que la cosa no es así. Por ejemplo, si una esfera está al borde de un precipicio, equilibrada en un punto no más, basta con modificar un mínimo la posición de esa esfera para que caiga al abismo, de manera que la posición debe ser determinada con un grado absoluto de precisión.

En ese caso funcionan los principios del caos. Los estudiosos del caos enuncian el principio general en los siguientes términos: lo llaman el efecto mariposa. Cuidado dicen, el vuelo de una mariposa en Pekín puede provocar el derrumbe de un rascacielos en Nueva York. Y a partir del desarrollo de un postulado que parece un poema o un artefacto con fines puramente estéticos, a partir de una formulación tan general como esa, han hecho posible estudiar, por ejemplo, los fenómenos de turbulencia o cómo gotea una llave o cómo se forma un copo de nieve; o sea, cómo funcionan ciertas zonas de la realidad real que no responden a los principios de la causalidad tradicional.

– Volviendo al tema que nos aqueja... Desde su punto de vista personal, y de una manera absolutamente libre, ¿cuáles cree usted que son los hitos más importantes de la historia de América latina?

– Tendría que, realmente, cómo le dijera yo, hacerme un psicoanálisis. Mis desplazamientos han operado en otras zonas. He gastado todo mi tiempo tratando de descifrar el significado de la ecuación Fuerza igual Masa por Aceleración. Fui profesor de física toda mi vida, de manera que conozco muy mal la historia.

– A lo mejor, un hito fue la llegada de esa fórmula a América latina...

– Sí, podría ser. No, en realidad no sé, tendría que darme un tiempo para revisar un poco la cosa, además no sé qué tendría que revisar, desde luego los documentos; hace mucho tiempo que estoy trabajando en un proyecto loco que se llama Documentos de la Chilenidad. Mi nombramiento en el Departamento de Estudios Humanísticos de la Universidad de Chile supone que soy un profesor investigador y la universidad me exige que yo diga qué estoy investigando. Un buen día descubrí esta configuración de palabras: documentos de la chilenidad. Parece que ésa es una expresión que inspira respeto y en seguida tuve que poner en el formulario cuánto tiempo demoraba este proyecto. Le puse: duración indefinida. Un documento de la chilenidad, por ejemplo, sería el siguiente: el decreto de O'Higgins[8] por medio del cual ordenaba el asesinato de los hermanos Carrera[9] y, más aún, se lo comunicaba al padre de los hermanos Carrera y le pasaba la cuenta del fusilamiento. Ese documento existe. ¿No sé si lo ha visto alguna vez? La cuenta que le pasó Bernardo O'Higgins, el padre de la patria, al padre de los hermanos Carrera por el fusilamiento de sus tres hijos. Eso me pareció un documento de la chilenidad.

– ¿Usted considera característico de la chilenidad una cosa así?

– Bueno, eso ocurrió en Chile. Por lo tanto esa factura se hace acreedora al nombre de documento. Documentos de ese orden hay varios, evidentemente.

– ¿Si le preguntaran qué es ser chileno, cómo respondería?

– Yo contestaría de una manera puramente perogrullesca, como si le preguntáramos a un novelista: ¿cómo definiría usted realmente una novela? Bueno, primero miraría el título y luego miraría debajo del título. Si dice que es novela, entonces creo. Usted sabe que ésa es una de las maneras para definir una novela. Una novela es un libro que satisface el siguiente requisito: debajo del título debe venir una palabra, ordinariamente viene entre paréntesis, que es la palabra novela. O sea, chileno sería un tipo nacido en Chile, no más; recurriría allí a los mecanismos

---

8- Bernardo O'Higgins (1778-1842), prócer de la Independencia de Chile y primer jefe de Estado del Chile plenamente independiente.

9- José Miguel (1785-1821), Juan José y Luis Carrera, próceres de la independencia de Chile. Fueron caudillos militares y José Miguel incluso gobernó el país entre 1811 y 1813, en el período llamado de la Patria Vieja. Los tres fueron fusilados, supuestamente por órdenes de O'Higgins y San Martín.

burocráticos: la Constitución Política del Estado dice eso.

– Es decir, que usted está en desacuerdo con que existe un carácter chileno, una identidad chilena...

– Hay algo me parece a mí que tendrá que existir, el chileno en la experiencia que tengo no es igual al peruano ni al argentino ni al colombiano y para qué decir a las demás nacionalidades. Pero me costaría mucho entrar a describir en qué consiste ese carácter. Yo simplemente lo percibo de alguna manera, lo percibo especialmente en la manera de hablar. Aquí invoco la autoridad de un filósofo blanco, de Heidegger: la fundación del ser por la palabra. ¿Quién fue que dijo que la idiosincrasia de nuestro pueblo está en el habla? Es importantísimo que en una conversación como esta aparezca esa expresión: el habla, porque es el habla precisamente lo que hace posible el Pedro Páramo y lo que hace posible la obra de José María Arguedas, de cierta forma a Vallejo y para qué decir al Martín Fierro, que son las obras claves del mestizaje hispanoamericano.

Claro, en la radio suelen decir que el chileno se caracteriza por ser dicharachero, por ejemplo. Evidentemente que esas son aproximaciones de buena voluntad no más, *to put it mildy*. Días atrás me encontré, sin embargo, con una observación que aparentemente es de este mismo carácter, pero que no deja de tener algo de razón: dice que el chileno es burlón. Ahí hay algo, el chileno es un tipo burlón, especialmente parece que en comparación con el carácter mexicano, o sea, el mexicano parecería que es un personaje trágico y nosotros no, nosotros seríamos personajes pícaros.

– Pero somos bastante trágicos

– ¿Seremos trágicos?

– Yo creo...o tragipícaros, más bien...

– ¿Sí? Por ejemplo yo me propuse, cuando leí Pedro Páramo, escribir un poema, una especie de síntesis de Pedro Páramo con el nombre de Pedro Páramo. Epígrafe: Guadalajara en un llano, México en una laguna. Hice el poema y creí que había resuelto el problema. Y se lo leí a algunos chilenos que se pusieron tristes y me dijeron: ¿y por qué tan triste? Paso siguiente: modifiqué el título del poema, le puse Pedro Párramo, en vez de Pedro Páramo e inmediatamente afloró la sonrisa del chileno que aprueba de inmediato, o sea, se trata de poner en tela de juicio también al propio Pedro Páramo, porque en buenas cuentas yo estaba arrodillado ante Pedro Páramo en la primera versión del poema, y me faltaba relativizar eso, porque también hay que relativizar al propio Páramo, compadre, según el planteamiento chileno, y puse allí unas dos o tres cuestiones en el poema, de manera que quedara bien en claro que el autor del poema admira el poema pero al mismo tiempo no se deja tragar por él. Esa parece que es la idea central, el no dejarse tragar. Desde otro ángulo, alguien me dijo una vez lo siguiente, creo que fue la Violeta Parra. Me dijo que la música folclórica chilena era en tonos mayores y que en cambio la música folclórica argentina era muy quejumbrosa y en tonos menores. Extrañamente los habitantes de Comala de Rulfo, son quejumbrosos, también nadie se ríe allí, parece que lo que más se aprecia en Chile es la risa.

– A propósito de ser buenos para la risa: ¿Está de acuerdo en que el pensamiento está llegando a un punto muerto, que se estancó y levantó las manos y triunfó esto que usted llamaba pragmatismo, empirismo, ley de la selva? ¿Cuál es el destino del pensamiento? ¿Tenderá a ser una cosa menor, vendrá el fin de los filósofos, y el surgimiento de los pragmáticos?

– Yo creo que lo que quedará en pie es el antipoeta...

– ¿Por qué?

– Si yo hubiera pensado otra cosa me habría embarcado en esa otra cosa, si yo sospechara que hay una categoría, que hay un trabajo más rentable que la antipoesía, yo estaría en eso, estaría en la filosofía o en la antifilosofía, estaría en la religión o en la antirreligión, estaría en el deporte, estaría allí, no cabe la menor duda de eso. Yo he elegido la antipoesía porque me parece que es una jugada obligada. Esta antipoesía está hecha a base de escombros, de escombros filosóficos, de escombros religiosos. El antipoeta es un *bricoleur*, un sujeto que opera con los desechos de una cultura que se viene abajo.

– Pero permite la sobrevivencia u obliga a partir de cero...

– No, no es necesario partir de cero después de la catástrofe, sino que podemos aprovechar perfectamente los escombros de la catástrofe. Usted ve que esta misma casa está hecha con materiales de demolición, al igual que la antipoesía.

Bueno, aquí ya algo se ha hecho o bastante diría yo. Por ejemplo

Macedonio Fernández[10]; la antipoética de Macedonio Fernández tiene bien poquito que ver con el arte poética según Verlaine o según Baudelaire o según el propio Rimbaud. Claro, no se trata de que el poeta sea un visionario, que es la cosa básica del modernismo. El poeta en el modernismo toma el lugar del sacerdote o del propio Dios. Hay que acordarse, por ejemplo, de que Huidobro decía que el poeta es un pequeño Dios. El poeta no es un medium sino que está más cerca de lo que podría llamarse un futbolista, porque lo básico en el fútbol es descolocar al otro, para poder pasar con la pelota; entonces lo que tiene que hacer, según palabras textuales, casi textuales de Macedonio, es descolocar al lector, no iluminarlo, compadre, no iluminarlo. La palabra iluminación, en todo caso habría que escribirla con hache para que tuviera algún sentido aquí, hay que descolocar al lector. Incluso Macedonio dice que el lector debe dudar de su propia existencia. Tiene que borrar el mundo. Es muy increíble eso; o sea, hay que ir a una especie de atomización de la conciencia, a la pérdida de la conciencia.

A lo mejor hay un parentesco poco visible entre este planteamiento y el de Rulfo. ¿Cuál sería ese punto de intersección? Desde luego que existe: en ninguno de los dos casos se trata de hacer un esfuerzo de comprensión del mundo, sino que simplemente de vivirlo en toda su monstruosidad.

– ¿La razón está contaminada, entonces?

– Hace ya diez o quince años que escribí «último reducto de la filosofía, afirmar y negar simultáneamente». ¿Qué se hace ahora? ¿Hablar por hablar? Bueno, los surrealistas ya habían descubierto que el discurso debe cambiar de dirección en el momento en que empieza a significar algo. Hay que cambiar la dirección, porque los significados están todos contaminados.

– ¿Cree que va a venir un gran silencio?

– Es muy divertido lo que usted dice porque mi próximo libro, *Páginas en blanco*, tiene que ver con eso y además la frase clave de un discurso que tengo que pronunciar, déjeme usar ese verbo, que tengo

---

10- Macedonio Fernández (1874-1952), escritor argentino. Entre sus novelas están *No todo es vigilia la de los ojos abiertos* (1928) y *El museo de la novela de la Eterna* (1967). Es antecedente directo de Borges y Cortázar.

que pronunciar en Guadalajara, es la siguiente: primero paso por la fundación del ser por la palabra, digo algo así como Rulfo cumple con Heidegger, es fundación del ser por la palabra. Después digo que éste es un lenguaje que deviene opaco, *long live* Jakobson[11], pero más adelante digo como síntesis del trabajo de Rulfo: la fundación del ser por el silencio. Y Pedro Páramo está hecho de silencio. Así que me encanta que usted haya pronunciado esa palabra en la entrevista, ésa es la clave: la fundación del ser por el silencio.

Santiago de Chile, 12 de octubre de 1991.

11- Roman Jakobson (1896), filólogo ruso nacionalizado norteamericano. Es uno de los fundadores de la llamada «escuela de Praga» de lingüística estructural.

Augusto Roa Bastos

«¿Usted es Roa Bastos?», le preguntó una chica de unos catorce años en el interior de Paraguay. Cuando le respondió afirmativamente, agregó: «Yo creí que había muerto en el siglo pasado».

Se sintió culpable, Roa. Le pareció que estaba realmente muerto hacía mucho tiempo, que era viejo.

Antes de desaparecer del todo, le preguntó a la muchacha por qué lo suponía muerto y le contestó que su idea acerca de los autores que leía en los libros de texto era que se trataba de hombres muertos, clásicos, gente del Siglo de Oro, poco más o menos. La historia lo conmovió. Provenía de una niña candorosa y sincera, según él, pero sobre todo, porque una sola frase lo había colocado en su lugar, en la pequeña baldosa que nos corresponde a cada uno en el universo.

– Nadie es Supremo, Roa.

– Nadie.

Roa debió salir al exilio en 1947, a los treinta años. Ahora tiene setenta y cinco.

Vive en la calle Van Gogh y Europa no le gusta. Prefiere Asunción. A pesar de que Toulouse es una ciudad soleada, donde todavía caminan por las calles descendientes directos de una mezcla de romanos, francos y galos. Existe una cierta *pax romana*.

¿Qué le enseñó el exilio, preferir Paraguay a Francia?

El exilio ha sido uno de mis grandes maestros, cuenta. Me ha enseñado la serenidad, me ha enseñado a transformar la nostalgia en un sentido positivo, a transponerla, a proyectarla hacia el futuro, a convertir la esperanza en la imagen de algo que ya experimentamos alguna vez. Son muchos los elementos que se transforman en el exilio en nuestro mundo íntimo y personal, y no de modo imperceptible, sino a ritmos vertiginosos.

–¿No vio nunca el exilio como un callejón sin salida?

Su cara pétrea no se inmuta.

–Hay un refrán paraguayo que dice: En un callejón sin salida, la única salida es el callejón.

La naturaleza de las cosas

– Una de las ideas centrales del siglo diecinueve fue la idea de América latina. ¿Cree usted que esta idea, como otras de la época, está en decadencia?

– Pienso lo contrario, pienso que en nuestras sociedades hay un instinto de vida y uno de muerte, una especie de inclinación tanática y otra de surgimiento, de salvación de la vida. Creo que estamos en América latina en esta última situación. En el mundo yo veo un fenómeno bastante alarmante, el contrario a la expansión del universo: el de la condensación de un mundo que está regido por intereses cada vez más agudos, utilitarios, de explotación a todo trance. Esto que se ha dado por llamar, y no demasiado acertadamente, liberalismo salvaje o, sobre todo, capitalismo salvaje, que es prácticamente la misma cosa que el concepto político de imperialismo. Hay unos intereses tremendos que se entrecruzan, se enredan y finalmente componen un aparato de presión, un rodillo compresor sobre los países menos desarrollados. Ante esta situación alarmante, yo creo que en América latina, por ese instinto histórico que le han dado justamente sus luchas, se ha agudizado el instinto de vida de nuestros pueblos. América latina está más viva que nunca.

– América latina hasta hace poco tenía dos paradigmas: la Cuba revolucionaria y los Estados Unidos del desarrollo capitalista. ¿Cree que esos modelos siguen vigentes?

– Yo creo que siguen vigentes. Los movimientos revolucionarios auténticamente liberadores, aun cuando, por relación de fuerzas, hayan sido frenados y la mayor parte de las veces destruidos, han conseguido implantar fuertemente una semilla, una semilla de ansiedad de liberación, ansiedad de recuperar nuestro camino en la historia humana. Yo creo que tanto la Revolución cubana como la Revolución sandinista han dejado raíces muy profundas y que una de ellas, Cuba, está vigente. La isla revolucionaria no ha sido todavía hundida, anegada, no es aún los restos de un naufragio, sino presencia viva, que indica que esta tendencia nuestra a una segunda independencia se puede cumplir.

– Pero Cuba parece estar en un proceso de deterioro irreversible...

– El tiempo trabaja de distinta manera según los grados de intensidad que tenga un proceso. Es cierto que la América latina, incluyendo a Cuba y al Caribe en su conjunto, es una región que está enfrentada en estos momentos al dilema de su supervivencia. Pero la alternativa es aceptar, y aceptar con cierto fatalismo, un destino que creo que no es el nuestro: la opresión y la explotación como elementos naturales de la vida.

– ¿Usted, hace seis años atrás, se imaginaba el derrumbe del bloque socialista en Europa?

– No lo imaginaba. Lo que sí era evidente para todos es que a partir de Stalin había habido una degradación muy rápida en el proceso socialista. En menos de veinte años se manifestó casi como una explosión, pero era un proceso que venía justamente de lo que podríamos llamar la presencia nefasta del dominio de Stalin, que había llegado a significar el polo negativo, el polo nefasto de lo que podría ser el proceso revolucionario mundial. De manera que yo no imaginaba la caída del mundo socialista, tal cual se produjo. Como la caída de una casa cuyos cimientos han sido de barro aunque las fallas fueran visibles, perceptibles y analizables para todos.

– ¿Qué sintió cuando vino el derrumbe? Porque para algunos intelectuales latinoamericanos el bloque socialista era como un aliado, era un poder que les permitía soñar con una América latina diferente...

– Toda catástrofe produce inmediatamente un surgimiento de temor o de pavor ante un hecho nuevo. No estaba escrito ni previsto que este derrumbe estuviera en vías de producirse. Ahora, evidentemente, este hecho no terminará ahí. Tendrá consecuencias muy tremendas, que están todavía en la penumbra de lo incierto.

– ¿Usted cree que la llamada lucha ideológica la ganó en definitiva el liberalismo y que ha terminado?

– Bueno, una lucha como ésta, tan radical, nunca se gana como en un casino. Siempre el que gana asume una parte de la pérdida y no se puede predecir en qué manera este lote de pérdida, de defección, de derrota, va a su vez a minar las estructuras del poder vencedor. Creo que es una de las paradojas que mejor definen esta situación alarmante en que está el mundo. Occidente está en total decadencia y me provoca uno de los sentimientos que más ensombrece mi visión del mundo contemporáneo.

– Pero a simple vista parecería lo contrario, parecería que por fin hay una paz posible, que por fin se pueden destinar recursos al desarrollo, que por primera vez se levanta una potencia alternativa, como Europa, sin ansias hegemónicas. ¿No son más bien signos de una posibilidad de renacimiento?

– Nuestra necesidad de que el mundo entre en un camino de paz más estable nos puede sugerir visiones como ésa. Ocurre que estos procesos se desarrollan simultáneamente en varios planos, a veces de una manera contradictoria. Un elemento anula al otro y viceversa y, finalmente, nos faltan datos.

– ¿Su miedo por dónde va? ¿Por la confusión de las escalas de valores que hace imposible juzgar nada?

– Mi miedo va generalmente a la naturaleza misma del hombre que está siendo empujado por las técnicas de comunicación a degradarse. La televisión, el cine, la literatura, todos estos elementos simbólicos que están representando los movimientos internos de nuestras estructuras de modo de ser, de pensar, de ver, nos están llevando a una degradación del comportamiento. No hablo de las costumbres ni de esas cosas provincianas. No, yo veo, por ejemplo, que en la televisión desde la política hasta las actividades más simples utilizan un doble lenguaje, un lenguaje simultáneamente múltiple en donde entran a jugar, de una manera contradictoria y muchas veces camuflada, las reales intenciones de un sistema de intereses. Nosotros estamos bajo el dominio de la obsesión del lucro. Las fuerzas que nos dominan tratan de llevar adelante esta carrera frenética por la obtención de mayores resultados. En todos los planos sucede eso: en las carreras de automóviles; en el sentido que ha tomado una actividad deportiva como el tenis; en la literatura convertida en *best seller*, etcétera. Estamos librados a ser cada vez más ricos y al mismo tiempo más indigentes. En el momento en que la sociedad, que antes estaba nutrida por el humanismo y por toda la tradición de la cultura universal, sólo puede producir equipos de trabajo, está condenada. Ahora yo no quiero arrebatarle su derecho a la defensa y a la conmutación de penas; tampoco soy de los que cree que el planeta Tierra esté definitivamente condenado a la destrucción. Pero lo que vemos en este momento en los países desarrollados, y ya ni siquiera menciono a nuestros países, es altamente desolador.

– ¿Y no ve ninguna posibilidad de una luz al final del túnel?

– Lo peor es que no se ve ningún resquicio por el cual pueda penetrar una luz diferente, como el brillo de aquella estrella que buscaba Kafka, que estaba siempre en un lugar pero que no se veía hasta que no llegaba el ojo visionario que podía captarla en su lugar.

– Es una paradoja, porque, al mismo tiempo que sucede eso que usted dice, por otro lado esta tecnología, este afán de avanzar a toda costa, produce conocimiento, un conocimiento que es útil al hombre en un sentido más trascendente...

– Sí, yo creo que tiene razón, el conocimiento siempre es útil a condición de la manera en que se lo use. Tengo un pariente ingeniero en energía nuclear, con el cual solemos hablar de estos temas. Una vez le pregunté si él, cuando hacía esa prueba del cañón nuclear en la universidad de Stanford, en una especie de túnel de tierra que había inventado, no sentía que estaba contribuyendo a un proceso de destrucción humana. Me dijo: no, para mí no, a ningún científico que está trabajando en la creación de un elemento nuevo de tecnología se le presentan esos problemas. Es decir, la compasión humana en el sentido vulgar y corriente que solemos usar, no entra en esa especie de atmósfera totalmente fría y objetiva de las ciencias que producen estos elementos. No están perturbados ni conturbados por ninguna especie de sentimiento de rechazo, de culpa, de repudio a lo que están haciendo. Al contrario, sienten que es un triunfo de la mente del hombre. El conocimiento es útil. ¿Pero dónde va ese conocimiento? A producir, por supuesto, grandes equipos de medicina nuclear, la cirugía en los hospitales, etcétera; la posibilidad de prever y de acortar procesos de grandes males en el organismo humano ha avanzado muchísimo, desde luego, pero de pronto aparece una guerra del Golfo, por ejemplo, donde nosotros vemos que las armas pueden usarse también quirúrgicamente, e incluso, si se quiere, destruir a la gente pero dejar intactas las estructuras materiales. De manera que esto plantea, a la mente humana y a los intelectuales, casos de conciencia muy duros, porque no podemos callar ante una situación como ésa, pero tampoco tenemos los elementos ni los datos para enjuiciar una situación y llevar adelante una campaña. Y, además de eso, está el hecho abominable, terrible, de que frente a ese crecimiento del genio constructivo, del genio tecnológico del hombre, también ha crecido, y en proporción prácticamente diez veces mayor, el hambre y la enfermedad en el mundo. Y yo me pregunto si esos elementos de alguna manera no se compensan, no se contraponen y se anulan. Yo creo que hay que mirar con cierta objetividad, no digo neutralidad porque eso es imposible, los elementos que van surgiendo en nuestro mundo contemporáneo y que en cierta manera hacen difícil cultivar un sentimiento de optimismo concebido como una forma de la voluntad y de la buena conciencia.

– Pero por lo menos el poder parece haberse dispersado. Ya no se puede hablar de un imperialismo en el sentido de los años sesenta o setenta. El poder de alguna manera se ha transnacionalizado, ya no está en pocas manos, está en manos de grupos muy dispersos...

– Yo le confieso que no entiendo bien la palabra dispersión que usted usa respecto al poder.

– En el sentido de que ya no está en manos de personas, sino que está en manos de grandes conglomerados compuestos por muchas personas...

– ¿Y no le parece eso más peligroso?

– ¿Por qué?

– Porque son incontrolables. Además esos accionistas nunca van a estar en contra de la política que tome su empresa. Yo me pregunto si esa dispersión del poder, al contrario de lo que usted dice, no se ha condensado también en el único gendarme mundial que por primera vez existe en la historia humana.

– ¿Estados Unidos?

– Claro. No sé si los expertos en estas cuestiones de política internacional han reflexionado sobre este hecho: por primera vez se produce el dominio de una sola potencia, totalmente hegemónica, en el mundo. Tenemos ahora un solo gendarme con medios absolutamente incontrolables e incontrastables que puede accionar en cualquier momento, en una guerra de intervención como la del Golfo, por ejemplo, en la que este poder incontrolable tuvo la posibilidad de instrumentar a las Naciones Unidas, de enganchar las mayores potencias de este mundo para no ir solo a una guerra discutible. Además hay otros hechos colaterales como, por ejemplo, el hecho de que no vimos la guerra, ya que la televisión no funcionó, y nos tuvimos que remitir a conjeturas y comentarios de gente que estuvo solamente en las proximidades. Hasta ahora no se conoce realmente lo que pasó. Sólo se han visto aspectos parciales y generalmente cosas de la retaguardia y bueno, los bombardeos. Pero no se ha visto la muerte humana: ha habido un millón de muertos en la guerra del Golfo.

– Volviendo al tema de América latina. A todos nuestros países se les ha impuesto esquemas de estados ilustrados, hijos de la Ilustración, y esto se ha hecho desde arriba hacia abajo. ¿Hasta qué punto los problemas de nuestros países vienen de que se les ha impuesto una manera de relacionarse y de gobernarse ajena a ellos?

– Sí, sí, totalmente de acuerdo. También hay que contrastar los hechos con lo que sucedió en la América protestante, donde no se produjeron de esa misma manera. Es decir, allí hubo simplemente un trasvasamiento de la cultura, de las costumbres, de los modelos que ya habían producido sus resultados a lo largo de todos los años de poder colonial. Bueno, en América latina fue distinto. Los españoles actuaron de otra manera, la conformación de nuestras sociedades también se produjo de diferente manera, y por supuesto, esta expresión de arriba a abajo que usted menciona, y que creo que es cierta, configuró nuestra cultura y nuestra manera de hacer la cultura o incluso de rechazarla de una manera muy distinta a la de los Estados Unidos. Somos dos polos opuestos en ese sentido, con la única diferencia y la tremenda desventaja de que ellos quedaron con el poder y nosotros con la indigencia.

En el siglo diecinueve, todos los movimientos independentistas en América latina se produjeron bajo el signo de la cultura francesa, de la gran poesía francesa de ese tiempo, sobre todo. Nuestras sociedades, me refiero a los estratos dirigentes, no a la base popular inculta, se nutrieron de una literatura o de una cultura que creyeron que podía ser un apoyo en su lucha independentista. El caso de Bolívar es claro. Se formó en España, pero después fue a leer a los franceses.

– Ahora, le pregunto como abogado del diablo respecto a este

tema del afrancesamiento de nuestra cultura. ¿Hasta qué punto nuestro concepto de América latina es un concepto literario de origen francés, mediatizado por nuestros propios intelectuales, por supuesto?

– Bueno, creo que nunca se da un producto químicamente puro. Creo que en Bolívar, por ejemplo, eso está patente a través de su proclama, de sus acciones militares, incluso de su fin último. El se había convertido en un intelectual francés al mismo tiempo que era un guerrero de la independencia. Yo creo que actuaban dos sectores de cultura, pero en un momento determinado, en cierto período de tensión, ese afrancesamiento de nuestra cultura fue un producto natural y no una elección caprichosa. Fue una elección natural de nuestras élites, abrevar en una fuente que nos diera una determinada nutrición: el concepto de libertad, de independencia, y muchos de los conceptos de la Revolución francesa.

– ¿Hasta qué punto el concepto de América latina es un invento literario en el sentido de que fueron los intelectuales del siglo diecinueve, y los escritores de este siglo, quienes se imaginaron una América latina que no respondía necesariamente a su realidad? ¿Está de acuerdo con eso?

– Totalmente, totalmente de acuerdo. Hay que ver que no solamente esta gente ha trabajado en el campo de la literatura, poesía o narrativa o teatro incluso, sino son sobre todo los ensayistas, los filósofos los que dan esa entidad. Pienso, por ejemplo, en una línea que va de Sarmiento a Vasconcelos, de Vasconcelos a Eugenio María de Hostos[1]. Se puede trazar coordenadas que van a ir mostrando una constelación de espíritus y de trabajadores de la cultura, no solamente de narradores. Huidobro, Neruda, Vallejo, en fin, y todos los que conocemos, han hecho su parte, sobre esta visión de América que puede muy bien ser nada más que una invención, una imagen creada. De manera que estoy de acuerdo con que sí, la imagen de América latina, tal cual la vemos hoy, es en gran medida una imagen creada por nuestra mejor literatura, nuestra gran literatura.

– Ahora, ¿hasta qué punto esta visión literaria, para llamarla de alguna manera, no es solamente un producto intelectual muy alejado

---

1- Eugenio María de Hostos (1839-1903), educador portorriqueño. Actuó en Chile y en Santo Domingo.

de lo que es la realidad de América latina?

– Si eso fuera así, lo que yo lamentaría por la suerte de nuestra región, se daría el hecho de que la imaginación tendría más poder que una realidad que viene a través de los siglos amasándose en medio del sufrimiento tremendo, de grandes sacrificios, de grandes errores también. En todo caso, ésta es la materia prima de la que la literatura se nutre. En ese sentido, habría que preguntarse en qué medida esa imagen previa de nuestra realidad objetiva latinoamericana no ha influido en la literatura, no ha hecho una literatura a imagen de esa realidad. Es decir, yo estoy invirtiendo un poco su fórmula para entenderlo; no, para contradecirlo. De manera que, por ejemplo, en el caso del tema de la dictadura en América latina, la literatura no inventó a los tiranos ni a los dictadores, pero los aprovechó en el bueno y malo sentido de la palabra para construir con ellos novelas o panfletos, sobre todo novelas. El tema de la dictadura latinoamericana es un tema repetido hasta la saciedad y no como un estereotipo solamente, sino como una pulsión muy fuerte en la interioridad de nuestros pueblos que luchan justamente contra esa reviviscencia del poder absoluto.

– Pero este dictador que tiende a oprimir a un pueblo indefenso, inocente, es un estereotipo literario. Porque sobre los dictadores reales es más razonable pensar que han sido un producto de nuestros propios pueblos, hijos de nuestra propia cultura, que no se autogeneraron. ¿Hasta qué punto allí no ha habido una separación perversa entre realidad y literatura?

– Tiene razón. Eso es evidente, porque la cosa tremenda que hubieran podido tener estos dictadores, los tiranos de América latina, es que hubieran sido seres extraterrestres. Habría sido el gran tema de la literatura latinoamericana desde el punto de vista de la imaginación creativa, pero no es así. Estos dictadores son el producto de un pueblo, y hay que ver que un pueblo no es un conglomerado de gente químicamente pura, que solamente tiene tendencias hacia la bondad, hacia la generosidad, hacia la amplitud. Nuestras poblaciones han sido o son incultas, rústicas y así; como han surgido grandes héroes a lo largo de toda nuestra historia, han surgido también estos hombres, que de alguna manera mostraron en forma exacerbada los estigmas de una población sometida a opresión permanente. A un animal, como a un ser humano sometido a presión permanente, usted no puede exigirle que sea un personaje correcto y perfecto. Todas sus inclinaciones, perversas o malignas, se agudizan o se purifican de tal manera que muere o se convierte en una especie de santo laico. Ahora la ventaja que yo tuve, frente a otros colegas que han tomado también el tema de la dictadura, es que el caso de Francia es un caso muy particular. Francia no es el producto de un pueblo libre... Recuerde que con Francia vino la independencia de Paraguay.. De alguna manera, Francia es la negación de ese arquetipo, sin dejar de ser por eso el dictador más terrible que tuvo América con su poder absoluto. Francia es un dictador omnímodo realmente, pero logró en Paraguay dos triunfos que no logró Bolívar en América latina: el sentido de la independencia absoluta con respecto a todos los demás poderes y un modelo de soberanía nacional con autoabastecimiento, una autarquía que podía permitir que ese poder subsistiese nutriéndose de su propios recursos. Eso no lo consideró Bolívar ni ningún conquistador español anterior ni ningún guerrero de la independencia posterior.

– Aunque no le guste el ejemplo, el caso de Pinochet fue parecido en ese sentido...

– Bueno, el caso de Pinochet no lo conozco muy bien.

– En el sentido de la autarquía y la autosustentación.

– Claro, Pinochet fue en todo caso un dictador mucho más bárbaro que Francia. A Pinochet se le deben miles y miles de víctimas a partir del Estadio de Santiago[2]. Ahora, claro, no se puede comparar el genio político de Francia con el de Pinochet. Francia fue muy superior a Pinochet. Es evidente que hay algunas cosas que no se le pueden negar a Pinochet desde el punto de vista económico. Hace muy poco tiempo, estuvo el que fue ministro de Hacienda o de Finanzas de él en los últimos tiempos a dictar clases sobre economía en Paraguay, clases que los entendidos de allá estimaron que eran las de un genio...

– Büchi[3], fue candidato a presidente...

2- Estadio Nacional de Chile: estadio de fútbol que luego del golpe de estado de 1973 se utilizó como campo de prisioneros.

3- Hernán Büchi Buc, ex ministro de Hacienda del gobierno de Pinochet. Ha sido considerado como el genio económico que habría provocado el despegue económico de Chile. Fue candidato a la presidencia en 1989 y perdió contra Patricio Aylwin Azócar.

– Claro, de modo que en el aspecto económico e industrial esta transición y luego la restauración del régimen democrático en Chile se encontró con algunas cosas nuevas, pese a Pinochet. Pero él tenía necesidad también de fortalecer esos aspectos de la realidad de su país para fortalecer su propio poder. Es eso lo que le dio longevidad en su mando.

– ¿Por qué nos cuesta tanto reconocer que todos estos dictadores son hijos nuestros, que son producto de nuestras venturas y desventuras?

– Creo que esa metáfora nadie la discute, pero es una metáfora evidentemente, no es un hecho real, es una manera de simbolizar una cuestión, ¿o no?

– Hasta cierto punto, porque, de alguna manera, Pinochet es básicamente un producto nacional...

– Pero yo le pregunto: ¿Allende no fue también un producto nacional?

– Claro, pero nosotros reconocemos a Allende como hijo nuestro, reconocemos a los otros presidentes democráticos como hijos nuestros. Sin embargo a los dictadores no los reconocemos como nuestros, no reconocemos que se deben a carencias terribles que llevamos en el fondo de todos nosotros... Siempre los latinoamericanos hemos visto nuestros males como productos externos, productos del imperialismo, por ejemplo, nunca a partir de nuestros vacíos...

– No, yo no estoy de acuerdo con eso. Es decir, yo estoy de acuerdo con su tesis, pero haciendo la reserva de que la figura de que un dictador es hijo nuestro, hijo de un determinado momento de nuestra historia, será siempre una metáfora. Pinochet tiene los rasgos chilenos, una manera de hablar por la cual yo puedo decir este señor es un chileno; tiene la misma sangre, los mismos errores, los mismos vicios, e incluso, las mismas excelencias de los chilenos porque por algo pudo llegar a lo que llegó. De todo eso no cabe duda, pero pienso que también no tenemos que ser excesivos, porque todo lo excesivo resulta insignificante finalmente, y no podemos ser tan generosos con él creyendo que solamente Pinochet es como es porque es hijo del pueblo chileno.

– ¿Usted cree que sigue teniendo sentido hoy día este sueño bolivariano, de Miranda, de esta América latina unida?

– Yo creo que es lo único que sigue teniendo sentido. Considero que es por lo menos el paso previo que hay que dar para poder salir de este atolladero en que estamos. Hay, de hecho, aunque mal organizada, una unidad cultural por el horizonte común de la lengua y nuestros intereses comunes. Pero sobre todo hay una situación de hecho ante el momento histórico actual del mundo; hay la necesidad de reunir las fuerzas de América latina, movilizarlas y darles un sentido de liberación frente a las fuerzas que nos tienen atrapados y que impiden que, incluso, podamos lo más simple, como comercializar nuestros productos. Estamos cercados, estamos viviendo en un estado de sitio permanente, por las grandes potencias.

– Pero en la práctica pareciera que la solución está yendo de una manera u otra por otro lado, porque, por ejemplo, México, que fue una especie de patriarca del latinoamericanismo, hoy día prefiere aliarse económicamente con Estados Unidos y hace un tratado de libre comercio. En el caso de Chile también. Parece que los países ya están olvidándose de ese sueño y viendo lo que más le conviene a cada cual. En ese sentido, a mí me parece que se está haciendo inevitable una alianza económica con Estados Unidos...

– No se pueden excluir los fortalecimientos de un sentido nacional, en el sentido de mantener intactos los intereses de una colectividad determinada, ni la posibilidad de dar un primer paso hacia la integración económica latinoamericana, para que así esto pueda favorecer también gradualmente, y en un determinado tiempo que no se puede prever, una posición de fuerza para negociar estos acuerdos con los más poderosos. Salvo que admitamos que nosotros somos ya materia dispuesta y entregada al sueño negativo de ser absorbidos por Estados Unidos, como Puerto Rico. Es decir, que nos vayamos convirtiendo en estrellas, pero en estrellas de la bandera norteamericana. Creo que en ese aspecto hay pocas dudas. Por supuesto, la tendencia de los Estados Unidos, y en esto no hay que ser ingenuos, es a actuar por el peso de su propia fuerza y de la naturaleza de las cosas, sobre todo. Estarán dispuestos siempre a tomar donde les plazca y donde mejor les convenga. Ahora, creo que si cada uno de nuestros países, fortificando sus sentimientos nacionales, sus estructuras nacionales de estado, empieza a negociar por separado, va a ocurrir lo de la deuda externa: la deuda externa va a ser poco menos que perpetua y vamos a seguir pagando los intereses indefinidamente, para no decir infinitamente. Yo pienso que la situación de México respecto a los Estados Unidos no es más que vaivenes que se producen. Ya en otros tiempos los Estados Unidos Mexicanos cedieron más de la mitad de su territorio, a través de algunos generales muy generosos, a los Estados Unidos, por muy poca plata además, como con el general Santana. Creo que esos son sólo momentos, pero si, para imitar un poco sardónicamente a Vasconcelos, voy a limitar mi pesimismo cósmico y voy a tratar el asunto desde el punto de vista de nuestros intereses reales, creo que pueden hacerse muy bien las dos cosas: fortalecer internamente las estructuras de lo que puede ser un estado nacional, una colectividad, una sociedad nacional y también buscar el apoyo de la potencia de turno, buscar el apoyo en el sentido de convenios pacíficos y no de la simple intervención a la que los Estados Unidos están acostumbrados. Ahora, yo por eso estoy defendiendo y preconizando, a través de artículos y conferencias, además de la integración latinoamericana, la transformación de las viejas querellas con la España imperial en algo positivo para todos...

– Ante de entrar en el tema español, ¿no cree más bien que, de acuerdo a la naturaleza de las cosas, frente a este bloque que es Europa por una parte y Japón por otra, la integración de América latina no tendrá otra alternativa que pasar por una integración americana total incluyendo a los Estados Unidos?

– ¿Pero cuál sería nuestra situación en ese caso? ¿Igualdad de condiciones? ¿O como Puerto Rico?

– No, en una cierta igualdad de condiciones

– ¿Y cómo podríamos imponerla?

– Por la fuerza de las cosas, o sea se supone que va a haber un desarrollo económico por lo menos en algunos países latinoamericanos...

– La fuerza de las cosas está a favor de ellos.

– ¿No cree que eso puede cambiar? ¿No cree que en Estados Unidos hay un proceso de deterioro global?

– Cualquier gran potencia puede bajar al Tercer Mundo en cualquier momento, eso ya lo dicen los expertos. Francia, Inglaterra, la Alemania unificada, Estados Unidos, están amenazados de tercemundismo, no porque el Tercer Mundo los vaya a asfixiar, sino porque la naturaleza de las cosas está en eso. Esta famosa economía de mercado permite ese tipo de juego demoníaco de la economía y del poder, de manera que todo puede ser. Pero no creo que haya ningún dirigente latinoamericano que tenga ni el coraje ni la desvergüenza de decirle a los Estados Unidos: yo quiero unirme con usted.

– No me refiero a una integración política, sino que a una integración de áreas económicas...

– Pero eso de hecho ya está establecido. No la integración económica en el sentido que usted y yo queremos, no, evidentemente; pero sí la relación normal, normal desde esta situación histórica que existe entre los Estados Unidos y el resto de América...

– Claro, pero esa ha sido una situación de dominación...

– Bueno, y eso no lo podemos cambiar nosotros si no estamos en situación de hacerlo. Yo no creo que los Estados Unidos, de pronto, echen por la borda varios siglos de acción depredadora, como ha sido siempre el perfil de su historia y su naturaleza misma, para, de pronto, convertirse en una empresa filantrópica que acoja a los pueblos subdesarrollados.

– Mi supuesto es que van a necesitar hacerlo: no habrá filantropía, sino necesidad...

– Pero para eso tienen grupos de intervención. En el momento en que ellos necesiten que, por ejemplo, Bolivia o Paraguay sean un portaviones mediterráneo, mandarán un grupo de intervención y nadie va a chistar, como en el Golfo...

– ¿Pero cree que eso es posible hoy día en América latina?

– Pero absolutamente. Tuvimos recientemente la guerra del Golfo. Estados Unidos no hizo solamente una guerra de intervención, que causó que el propio Rocard[4] acá los calificara de policía mundial, sino que le permitió, al derrotar a Irak y devolver a Kuwait su tierra, su territorio, su suelo y sus intereses, hacer el más espléndido negocio de su historia. Ahora, si esa lección los norteamericanos no la van a aprovechar en el futuro, hay que convenir en que realmente están demasiado desvalidos y dejados de la mano de Dios.

– ¿Pero qué sucede si América latina, que hasta ahora ha sido el patio trasero de Occidente, una especie de pariente pobre, debido

---

4- Michel Rocard: político francés. Fue primer ministro en el gobierno de Mitterand.

a ciertos cambios en la mentalidad y en la estructura económica, utilizando sus ventajas comparativas al máximo, logra un desarrollo sostenido y se acerca un poco al mundo desarrollado?

– Yo creo que como una propuesta soñadora o visionaria está bien, no puedo oponerme a una cosa que evidentemente tiene sus ventajas. Lo que realmente, con mi mejor buena voluntad, no alcanzo a ver es la manera en que se puede propiciar una empresa de esa naturaleza, porque todas estas grandes cuestiones que son sometidas a una guerra de poder, cualquiera sean los métodos que se utilicen, exigen una relación de fuerzas. Nadie se va a sentar con un mendigo a discutir los millones con que se puede hacer una empresa de bien público. Podemos de cierta manera presionar a través de las estructuras que ya existen, a través de las instituciones que funcionan, vía Naciones Unidas o la OEA. Pero en definitiva debemos partir de un hecho concreto: todo el desarrollo de América latina se hace hoy día con dinero de los Estados Unidos, el Banco Mundial y el Fondo Monetario. El gerente de toda esa cuestión es el poder económico norteamericano.

– ¿Hasta qué punto este poder económico norteamericano ha dejado de ser norteamericano y ha pasado a ser un poder económico internacional? ¿Hasta qué punto el estado norteamericano hoy no es más que el garante de un cierto estado de poder transnacional?

– Pero estamos en lo mismo. Quiere decir entonces, si usted hablaba de la cuestión de las multinacionales, que eso no significa que pierda poder el estado norteamericano, al contrario: tiene los tentáculos que siempre van a seguir dominando con una mayor penetrabilidad y una mayor incisividad todos los dominios de la economía mundial.

– Dejando el tema del cierto determinismo transnacional al que estaría sometida América latina según usted, me gustaría preguntarle su opinión sobre ciertos esclerotismos institucionales a los que ha estado vinculada nuestra historia, como por ejemplo el referente al clero y los militares, que tanto nos han marcado para bien o para mal.

– Bueno, yo creo que sufrirán la normal degradación que sufren todas las cosas que han pasado de tiempo.

¿Qué hacemos con los militares, qué hacemos con los curas? Grandes preguntas. Son las únicas instituciones clásicas de América latina, no hay otras. Las demás, como la justicia, son todas imaginarias, parte de un guión que habría que empezar a depurar. No sé en qué medida somos capaces de despojarnos del espejismo de las armas y convertirnos en seres inermes cuya propia inermidad serviría de coraza.

– ¿Y el clero?

– Y el clero es un problema, porque tendremos que sacar antes a las doscientas sectas norteamericanas que han invadido América latina. Yo me pongo a luchar primero contra las sectas y después contra los curas. Creo que la lucha contra la sectas me va a llevar doscientos años. No alcanzaré a combatir a los curas.

– En los países desarrollados, estas instituciones, como el Ejército y la Iglesia, han sido modeladas por la burguesía, la que no ha permitido que obstaculicen su rol de constructora y guía del estado. ¿Usted cree que las burguesías en nuestros países han fracasado en su rol de construir el estado?

– Sí, totalmente. Por las mismas razones que venimos enumerando a lo largo de esta conversación. Son producto de la falta de descubrimiento de una identidad en nuestro propio hacer, en nuestra propia existencia. Nosotros no tenemos todavía muy clara cuál es nuestra identidad. Son vacilaciones, incertidumbres que se plantean a partir de que sentimos que nos falta algo. Nosotros suponemos ese algo imaginario como un sustituto preventivo, provisorio.

– ¿Ese algo es la revolución o cree que ya no es posible en América latina?

– El concepto de revolución tal cual lo entendíamos hasta el foquismo del Che Guevara, por ejemplo, o incluso hasta después de la revolución cubana y de los sandinistas, no es posible. Hemos visto que no funciona, lo cual no quiere decir que el espíritu revolucionario haya muerto. Lo que pasa es que de pronto el marxismo entró en crisis, no en su parte filosófica, ni en su parte doctrinaria, sino en su aplicación práctica como política. La revolución romántica a la que estábamos acostumbrados no es posible. ¿Cómo podemos intentar ahora el ataque al Moncada[5] cuando hay aviones invisibles y estas operaciones quirúrgi-

5- El ataque al cuartel militar Moncada, en 1953, en Santiago de Cuba, fue el primer paso en el proceso revolucionario cubano y significó el surgimiento de Fidel Castro como su líder.

cas de bombardeo? Pero la imaginación humana es inagotable y creo que se van a encontrar mejores recursos que la guerrilla para poner en pie de guerra nuestra aspiración tan antigua de libertad.

– ¿Ha muerto el marxismo como práctica política?

– Marx sigue siendo una fuente inagotable de sabiduría política y de sabiduría filosófica. Después de Hegel es Marx, de eso no hay ninguna duda. Yo creo que los buenos filósofos, las buenas vocaciones filosóficas no despreciarían esa conexión que pareciera falaz. Creo que Hegel y Marx completan todo un período de la filosofía occidental y en ese aspecto Marx sigue siendo utilísimo. Yo no dejaré de leerlo, aunque vengan a buscarme con la fuerza pública; me es mucho más útil Marx que la biblia en este momento.

– Pero, ¿cómo se puede manifestar ese espíritu revolucionario ahora?

– Se manifiesta de hecho. No ha cesado ese espíritu revolucionario, pero sí se ha fragmentado mucho. Hay distintos focos y cada uno se está manifestando a su modo. Pongamos el caso del atentado contra el cineasta Solanas en Buenos Aires[6]. El no se acoquinó con ese atentado, siguió peleando y siguió publicando cosas y manifestando su necesidad de que el pueblo argentino encuentre un camino realmente de liberación y de equilibrio político. El caso de Sabato con la Comisión Sabato, por ejemplo, es fundamental. Sabato se metió en lo que yo llamo una verdadera epopeya, esta cuestión de rescatar las víctimas de una guerra sucia, una dictadura atroz como fue la de Argentina. Este espíritu revolucionario se puede manifestar no solamente en la izquierda, que es la que habitualmente consideramos el motor y el depositario del ánimo revolucionario. También en la derecha; la derecha puede contribuir inmejorablemente a fortificar las estructuras nacionales o nacionalistas, como quiera llamárselas. De modo que, desde este punto de vista, ya están contribuyendo aunque sus métodos no sean los más aceptables. De todas maneras creo que ese espíritu revolucionario no puede desaparecer. Porque si desaparece tendría que desaparecer todo, las fuentes que nutren el sentido de rebelión del ser humano contra la injusticia, contra la

6- El cineasta argentino Fernando Solanas sufrió un atentado en Buenos Aires en 1991, supuestamente por haber criticado a algunos funcionarios del gobierno de Menem.

opresión, contra todo lo que está mal. Creo que el ser humano, así como tiene la necesidad del alimento material que lo nutre, tiene también necesidad de pelear por su entorno político, y a pesar de que no estoy en ningún partido ni movimiento político, creo que ese espíritu va a seguir actuando porque es una necesidad. Es también un hecho de la naturaleza de las cosas. El día en que nosotros no tengamos más rebeldes en América latina, que necesita realmente de una rebelión a fondo, podremos decir que estamos condenados históricamente. Y yo me resisto a esa condena histórica.

– ¿Pero no cree que la izquierda latinoamericana ha fracasado?

– Sí, totalmente, totalmente.

– ¿A qué se debe ese fracaso?

– A que la izquierda revolucionaria, a mi modo de ver, no actuó como izquierda revolucionaria, sino que rápidamente tomó los vicios de la derecha y eso frenó e inutilizó su energía creativa.

– ¿Qué vicios, por ejemplo?

– Bueno, por ejemplo, el vicio de lo que podría ser el espíritu estaliniano. Esto lo he visto incluso en los movimientos del Paraguay, gente que ahora se está blanqueando, gente que va al Paraguay, predica la unión entre todos, y que eran estalinistas puros que estaban a cargo de ciertos sectores o de ciertas funciones del movimiento revolucionario. Sobre todo los comunistas. No es casual que el comunismo haya capotado en el Este.

– ¿Usted cree que en Cuba también se ha dado esto de alguna manera?

– Yo no conozco, no he ido una sola vez a Cuba.

– Pero por lo que sabe.

– Bueno, por lo que sé por los diarios, también por Rafael Alberti, a quien yo quiero mucho y al que considero uno de los grandes poetas contemporáneos, que me dice que no hay dictadura en Cuba. Yo tengo que creerle a Alberti, pero también tengo que creer a otra gente responsable que piensa que sí hay dictadura en Cuba y que en Cuba tienen cerrados los caminos a una evolución. Yo no creo que estén tan mal ni tan bien del todo, porque incluso los Estados Unidos han hecho ofertas a Castro de posibles entendimientos sobre la base de elecciones libres y yo no creo que si realmente la revolución ha triunfado en Cuba, a través de toda esta etapa de más de treinta años, no haya ningún partidario de ella. En todo caso, no creo que Cuba sea un inmenso presidio donde toda la gente está porque no puede salir.

– ¿Y cree que en ese caso sería mejor, por ejemplo, que hubiera elecciones libres?

– Esta es la opinión de un pequeño burgués escritor, de manera que ¿qué valor puede tener frente a un revolucionario como Castro? Pero yo, en el caso de Castro, hoy mismo convocaría a elecciones en Cuba para darle una lección a los enemigos de la Revolución cubana. Si no estoy seguro de que mi pueblo me va a seguir, me pego un tiro. Para mí no hay una alternativa distinta. Si Castro y los militares, y toda la gente que es responsable en Cuba, no creen en su pueblo es que entonces ellos están de más. En todo caso, yo pienso que ahora el asunto no es solamente convocar a unas elecciones que sean cristalinas y puras y que surja de allí un noventa y nueve coma nueve por ciento a favor de Castro, sino que calcular qué riesgos suponen para la estabilidad de Cuba esas elecciones con respecto a los Estados Unidos. Esa es para mí seguramente la razón que impide que se convoque a elecciones en Cuba.

– ¿Las elecciones que usted convocaría serían con derecho a voto de los exiliados?

– Es importante que incluso puedan votar los emigrados de Cuba, los que están en Miami o en cualquier parte, porque, solamente en ese caso, serían elecciones libres; porque si yo voy a hacer votar sólo a los que temen mi garrote, no hay elecciones libres. Yo haría votar a todos los cubanos, incluido Cabrera Infante, a todos los que están en Miami, a toda esa gente que tiene cuentas pendientes con Castro. Y bueno, si esas elecciones se producen y tienen un éxito triunfal para Castro, es apenas el comienzo del problema, porque después ¿qué hacer con eso? Supongo que si las elecciones son un *referendum* plebiscitario para Castro, no tendría por qué cambiar de política. Sería absurdo ...

– Se supone que estamos en la época del fin de las utopías. Incluso, se ha hablado del fin de la historia. Respecto a América latina, ¿cree que la utopía está en extinción?

– Vivimos en la utopía, no es que esté en extinción, sino que vivimos en la utopía; si no viviéramos en la utopía no estaríamos vivos. Pienso yo que la utopía, contra la opinión de gente como Vargas Llosa y otros, incluso el japonés Fukuyama que constató el fin de la historia y el fin de las ideologías, es imposible que desaparezca mientras la especie humana siga viviendo. ¿Qué es la ideología, qué es la utopía? ¿Qué se entiende por el fin de la historia? Desde el momento en que no estamos todos hechos cadáveres, momificados como los faraones en sus pirámides, pues, el tiempo sigue funcionando y por tanto todo lo que es pertinente a la naturaleza humana. Siempre va a haber centros de intereses determinados, determinados incluso a través de unas distintas capas sociales y de unas distintas naciones en pugna con otras. En fin, la historia sigue funcionando, tal vez en este momento de una manera muy embarullada, pero no como un registro de hechos simplemente, sino como una historia que se vive. Cada uno de nuestros actos es un acto histórico, el ir a hacer pipí es un acto histórico, porque se produce dentro del esquema de la vida. Entonces a mí me parece que este señor Fukuyama, que habla así con tanta seguridad del fin de la historia, probablemente esté trabajando con un cierto sentido metafórico. ¿Fin de las ideologías? Mientras haya estas tremendas violencias en el mundo quiere decir que las ideologías siguen combatiendo entre sí. No me digan a mí que las multinacionales son organismos neutros que no tienen ideología. Todo lo que está sujeto a un determinado sentido de hacer o de dejar hacer o de ambiciones o de esa avidez incansable que tiene el hombre, desmedrada, bueno, eso va a generar centros de interés muy compactos que van a responder a una ideología, a su propia ideología; la ideología no es un concepto platónico.

– ¿Usted entonces sigue creyendo en ciertos conceptos historicistas, ideas derivadas del pensamiento ilustrado, como el progreso de la historia misma, y como el concepto mismo de historia? ¿Usted cree en eso de que nos correspondería a los latinoamericanos una versión posmoderna de la historia?

– Le confieso sinceramente que no conozco nada en absoluto de eso, y todo lo que sea posmodernismo y estos nuevos estilismos que se han creado me provoca resistencia. No han hecho sino complicar de una manera errónea el concepto tradicional de la historia, de las épocas históricas...

– Justamente el posmodernismo critica la visión histórica del progreso y de las etapas históricas...

– Bueno, pero el modernismo no era eso solamente. Es decir, si el posmodernismo es la negación del modernismo, creo que está negando...

– Se entiende como que la historia puede ir hacia atrás y hacia adelante, como que ya la historia no es la historia progresiva.

– Me parece irrisorio el resultado de esta nueva ideología del posmodernismo y de la no ideología y de la no historia. Me parece irrisorio porque no conduce a nada que sea concreto. ¿Quién puede determinar que el modernismo con respecto al progreso ininterrumpido haya dejado de funcionar y se haya hecho una mutación a vectores o a coordenadas más complejos? Nadie puede determinar eso. Después, es irrisorio que en sociedades que siguen siendo provincianas, como la española, surja un concepto como el posmodernismo.

– ¿Pero no surgió más bien en Francia?

– Sí, pero surgió muy limitadamente, entre los intelectuales. El posmodernismo entró en la escuela, en la universidad, en los diarios, fundamentalmente en España. España está necesitada de estos pequeños aditamentos.

– ¿No le da categoría filosófica al posmodernismo?

– No sé, creo que hay todavía muchos elementos, con los cuales uno se tropieza cotidianamente, que siguen siendo modernistas. Ahora, que se quiera juntar a eso un concepto posmodernista me parece útil desde el ángulo de que las cosas no están fijadas, no están paralizadas en una especie de cuestión inamovible, de determinismo histórico... Pero no estoy de acuerdo en que se le quiera dar a eso una categoría de conocimiento filosófico o sociológico. Puede ser más adelante, cuando se haya conformado como un cuerpo de doctrina, como un cuerpo de reconocimientos vitales y concretos.

– Ahora vamos a España. ¿Qué opina usted de la celebración del Quinto Centenario?

– Yo veo mal que nosotros desperdiciemos esta oportunidad de buscar ese entendimiento con España sobre la base de provocar una querella que sería en este momento errónea. Porque se habla de la masacre de la conquista y de la colonia, pero la verdad es que también hay crueldades que las han cometido otros imperios o los propios mestizos. De manera que si hay intelectuales que están en este momento trinando contra España, por su naturaleza de mestizos son los que tienen menos derecho. La cuestión ésta de la querella sobre la leyenda negra, que existió, y yo la pinto peor todavía de lo que dicen ellos, tendría razón si el imperio español subsistiese y fuera el imperio español el que continúa masacrando las poblaciones indígenas o mestizas. Pero no, hay otros rodillos compresores ahora, a los que nuestra intelectualidad no se refiere, o se refiere de una manera muy moderada, muy cauta. Yo creo que ésta es una exhumación de la mala conciencia de la gente que se titula de izquierda. Incluso hoy ignoro más todavía lo que significa izquierda que lo que significa modernismo o posmodernismo. Me jacto de mi ignorancia. Me parece una materia tan gaseosa esta cuestión de la izquierda y de la derecha... Porque está todo tan mezclado. Yo creo que nosotros tenemos que buscar nuestros aliados naturales. Un aliado natural que nosotros tenemos es España evidentemente, pese a la conquista y a la colonización. Nosotros necesitamos la integración de América latina para luego proponerle proyectos a España, que va a necesitar de nosotros, que va a necesitar de estos setecientos millones de seres humanos que vamos a ser en la primera década del dos mil, para tener voz y voto en el mundo de mañana, en un mundo de paz. Entonces yo creo que en lugar de reflotar la leyenda negra, así, de una manera sesgada y malintencionada, tendría que convocarse a España a un estudio crítico, a una toma de conciencia de lo que fueron aquellos dos hechos, que fueron la conquista y la colonización.

– ¿No ve usted a España más bien preocupada de otras cosas que de América latina?

– Por supuesto, no nos engañemos, no seamos ingenuos. España está muy preocupada ahora por el Mercado Común Europeo, por las armas y por todo lo demás; pero éste es un momento de pasaje como son todos los de la historia. Nosotros tenemos que actuar a medio y largo plazo en América latina, no podemos considerar otra medida de tiempo.

– ¿Cree usted que hay un arribismo europeo muy grande en España?

– Claro, muy grande, muy grande. Pero eso va a acabar pronto, acuérdese de mí, no va a durar mucho tiempo. De manera que yo espero bastante una cierta desintegración europea, a favor de nuestra integración.

– ¿Una desintegración europea?

– Sí, que el Tercer Mundo empiece a avanzar un poco sobre la Europa de los grandes, no le vendría mal, sería una lección terapéutica de humildad. No le deseo mal a nadie, pero creo que cualquier país, al margen de los que ya estamos en el Tercer Mundo, corre el riesgo de caer en el vacío del Tercer Mundo, como ya le decía, por su propia falta de crecimiento. No podemos hacer nada contra eso, pero tenemos que jugar y contar con los vaivenes de la historia, y yo creo que lo que España va a sentir dentro de algunas décadas, antes de las cuales no podemos plantear ninguna integración porque estamos en desigual situación, es la necesidad histórica de contar con nosotros. Será la tercera congregación de sociedades de paz en el mundo. Estamos, además, frente al vacío absoluto: no hay ninguna perspectiva nueva ni de izquierda democrática ni de la centrodemocracia, ni de la socialdemocracia: todos tratan de seguir el camino del liberalismo salvaje para fortalecer su propia posición. Entonces yo pienso que en el mundo del futuro, que va avanzando vertiginosamente y contrayendo también esa dimensión del tiempo que en el siglo pasado o en el dieciocho era casi infinita, podremos nosotros formar una entidad orgánica de naciones libres con España. Será más fácil que hacerlo con Estados Unidos. Yo le pregunto a mis colegas: ¿qué buscamos nosotros con revivir el pasado? ¿Que España, a nosotros los mestizos, devuelva el oro contante y sonante que le sacaron a los indígenas? Eso sería un doble robo. ¿Hacer que revivan, por una cuestión de ciencia ficción, seiscientos millones de seres humanos sacrificados en la colonia? Me parece un poquitito fuerte. De manera que entonces lo que creo que tenemos que hacer es convocar a España a una toma de conciencia crítica de lo que fue la conquista y la colonización, revisar todo nuestro *corpus* histórico, tanto el de los latinoamericanos como los de España, Portugal y Brasil. Somos una comunidad iberoamericana. Creo que hay que juntar todos estos desniveles que se han producido en nuestra cultura histórica, que incluyen lo político, lo económico y todo lo demás, tratando de revisar ese *corpus* que adolece de enormes defectos y que refleja la falla de nuestra unión con España.

– ¿Por qué esa unión sólo se puede dar con España y no con Francia, por ejemplo, modelo intelectual de nuestras repúblicas?

– Yo creo que hay un horizonte cultural común entre España y América latina, y que no es casual que esa vertiente histórica se haya proyectado. Tenemos un idioma común que es muy importante y sobre todo tenemos un capital, un caudal humano que va creciendo vertiginosamente. En este momento el español, usted sabe, es la segunda lengua en los Estados Unidos, y eso va a ir creciendo todavía mucho más rápidamente. Es decir que todas estas razones de índole material, cultural y sobre todo económicas, hacen mucho más factible un mecanismo de negociaciones y de integración con España en un tiempo medio o largo. Tenemos que cultivar desde ya esta situación.

– La visión tradicional de la izquierda sobre América latina ha privilegiado lo indígena; y, por su parte, la visión de derecha lo ha hecho con lo europeo: lo latinoamericano como una proyección del espíritu europeo...

– Y esto se prolonga hasta esto que se llamó hace muy poco tiempo la hispanidad; la hispanidad era un consorcio de esa naturaleza...

– ¿Qué opina usted de esa visión?

– No, nosotros somos, como muy bien lo dijo Mario Benedetti, un continente mestizo. Los indígenas son constelaciones, núcleos, que están dentro de los territorios que fueron propios, pero que ya no lo son más, salvo esas reservas o esos asentamientos que se les da en sus lugares de origen. Nosotros somos un continente mestizo, somos pueblos mestizos, en que, por supuesto, el aporte español va decreciendo paulatinamente hasta que queda lo latinoamericano en sí mismo. Yo creo que ahora, salvo las particularidades de tipo genético con los españoles, diferimos en muchas cosas con respecto a lo español, en el lenguaje mismo, por ejemplo. En ciertas partes de América se habla un español mucho más castizo que en el propio Madrid. Yo quiero sentar en una mesa a algunos españoles y a algunos latinoamericanos cultos tanto de Chile como de Colombia o de cualquier otro país, de México por ejemplo, donde los españoles podrán aprender a restaurar su idioma. Pues yo esto no lo digo con sorna, lo digo con dolor: no he estado en ningún país donde se hable peor español que en España, sobre todo en Madrid.

– El latinoamericano siempre quiere estar en un lugar distinto al que está. Las élites tienden a estar en lo europeo y lo norteamericano. Las clases más pobres se ocultan en otra cultura hermetizándola, o se

radican en una utopía o en una religión. ¿Cree usted que eso es propio del latinoamericano?

– Sí, es propio y además psicoanalíticamente está explicado. Incluso, el no mestizo, que a lo mejor es hijo de una extranjera y de un paraguayo, tiene el mismo problema. Es una manera de compensar la situación de inferioridad que tiene por esa escisión ontológica y existencial que existe entre dos razas. Creo que, por ejemplo, en este momento ningún latinoamericano se considera identificado con lo español; tenemos un horizonte común, pero yo no tengo nada en común con el español, algo que me haga sentir como nostálgico de esa, mi otredad, que está del otro lado del mar.

– De acuerdo, pero esa otredad, en su caso podría ser Europa.

– No, no, lo que busco es irme de Europa. No, no me interesa en absoluto, porque es un continente en decadencia y a mí me resulta terrible la exhibición de la senilidad. Lo único que no puedo soportar es la vejez. Mi vejez la soporto porque no me la veo, pero el espectáculo terrible de la decrepitud para mí es una de las cosas más obscenas a las que yo puedo asistir. En mí no la veo, me siento un hombre sin edad. Es la defensa también que tenemos los que no somos todavía, pero que pretendemos ser, longevos, y creo que este continente es un continente viejo, que está muriendo en su propia vejez. No tengo ningún interés en integrarme a la sociedad europea ni de Francia, ni de Inglaterra ni de ningún país.

– ¿Y frente al indígena qué siente?

– No me siento identificado con el indígena, pero siento que es una parte del pueblo que de alguna manera entró en el torrente de mi sangre o de mis genes de una manera ínfima. Yo soy hijo de paraguayos de varias generaciones, pero de una madre hija de portugués, mi apellido Bastos está muy próximo todavía al Portugal. Mi madre es una mujer rubia de ojos azules.

– Pero, por ejemplo, usted tiene componentes raciales europeos e indígenas y se siente heredero de esos dos mundos. El español que puede descender de un celta y de un árabe, se siente básicamente español. ¿Cree usted que eso en el latinoamericano es distinto, que siempre está en referencia a mundos que no le pertenecen?

– Estas apreciaciones no se pueden hacer globalmente. Depende de los estratos sociales. Por ejemplo, la masa sumergida del Paraguay es un tercio de la población; es totalmente inculta, no habla castellano, solamente habla guaraní y es la peor enemiga del indio. No se sienten para nada herederos ni descendientes del indígena; al contrario. Hay más de un millón de personas incultas, rústicas, totalmente campesinas, que no saben siquiera que existe Europa. Por lo tanto no pueden tampoco tener esa tentación.

Uno no puede decir que Borges es europeo o que se siente europeo, o si Huidobro es europeo o se siente europeo. Yo estoy de acuerdo en que han buscado esa vertiente, por mecanismos de su cultura han buscado esa conexión, pero es muy poca esa gente.

– Pero yo creo que el intelectual europeo o el intelectual norteamericano es profundamente europeo o norteamericano. ¿El de América latina no logra cazar «lo latinoamericano», quedando en tierra de nadie?

– Porque ahí hay siglos y siglos de tradición cultural. En América latina nos falta eso. En los Estados Unidos tienen la tradición inglesa.

– ¿Usted considera esta actitud de no pertenencia como parte de nuestra identidad?

– Pero la considero como una parte artificial e imaginaria, es una otredad imaginaria, y solamente puede tenerla el tipo capaz de manejar categorías culturales.

– Por dónde va su identidad...

– Yo nunca me he sentido identificado con los indígenas de Paraguay, a quienes he defendido siempre por supuesto, pero con un sentido humanista más que cultural o de sangre. Yo no tengo raíces indígenas, pese a que mi abuelo era de rasgos bastantes indígenas, como son todos los paraguayos campesinos. Por otra parte, por el lado de mi madre tengo un torrente muy fuerte de sangre europea, pero tampoco eso me hizo buscar mis raíces europeas. Creo que hay una categoría que se está en este momento acentuando fuertemente y es la de asumir nuestra condición de latinoamericanos. Yo me siento paraguayo; por supuesto, todo lo que toque a mi universo emocional es paraguayo, pero ese universo emocional entrañable de lo paraguayo se proyecta siempre a Latinoamérica.

– ¿Y esa identidad latinoamericana cómo la vive?

– La vivo como una cosa propia, es decir, me siento exiliado de

México, me siento exiliado de Colombia o de Venezuela o de Chile; pero así como me siento exiliado como paraguayo aquí en Francia, nada más que eso.

– ¿Cómo definiría esa identidad latinoamericana, cuáles serían sus componentes esenciales? Porque, aparentemente, se podría preguntar ¿qué tiene que ver un paraguayo, por ejemplo, con un haitiano? A lo mejor un paraguayo de la clase culta, tiene más que ver con un francés que con un cubano o con un haitiano.

– Yo creo que es más probable que en Cuba ocurra eso que en Paraguay. El paraguayo salió muy poco de su tierra; Paraguay, como yo dije, es una isla rodeada de tierra.

– O, bueno, puede que un argentino tenga más que ver con un italiano que con un haitiano.

– Puede ser, pero del Paraguay la gente no se ha ido nunca. Ha habido exiliados políticos en los países de alrededor, pero nunca hubo el sueño europeo. Aquel viaje a Europa de los argentinos, sobre todo de los porteños, el mítico viaje a Europa... Todo porteño que se respeta, si no ha hecho ese viaje a Europa, pues no es porteño.

– Entonces, por eso digo que a lo mejor esta identidad latinoamericana es un poco imaginaria también...

– No sé, imaginaria, podría ser. Quizás solamente se puede comprobar en lo literario y en lo artístico, es decir, en lo cultural.

– Recuerdo un congreso de escritores realizado por Gonzalo Rojas, en el año sesenta y dos en Chile[7]. Yo lloraba de emoción, me pareció que me reencontraba con mis hermanos mayores, de los cuales siempre estuve separado. Sentí esa emoción profunda de latinoamericano que está en otro pueblo, en otro territorio, pero que somos el mismo pueblo. Hay lazos comunes, profundos, visibles, perceptibles...

– ¿Usted los ve?

– Sí, sí, yo estoy seguro de que si tenemos vida, es decir, de que si la sobrevivencia sobre el planeta puede seguir, América latina va a seguir adelante en su proyecto, la gente tiene una cantidad de energía tremenda.

7- Gonzalo Rojas (1917), poeta chileno. Su obra adquiere día a día mayor relevancia y se lo empieza a situar entre los grandes de la poesía de la lengua.

– ¿Y la ve más o menos como el sueño bolivariano? ¿O sea, lo que se llama la gran patria latinoamericana?

– Sí, yo creo que sí, la gran patria latinoamericana. La utopía bolivariana se va a cumplir; yo trabajo para que así ocurra.

– Pero a usted no le suena a insistir en una utopía pasada de moda...

– Depende como se tome. Vivimos un proceso inverso de concentración, de condensación, vamos siendo cada vez más pequeños y hay una interacción fortísima entre todos los elementos que componen este mundo que se va achicando, que se va contrayendo sobre sí mismo, como le decía. Creo que, ante esta situación, la única posición aceptable, por lo menos no suicida, es que nosotros fortalezcamos la conciencia de paz en el mundo; pero no una conciencia de tipo milenarista o franscis-cana de creer que todo se va a resolver por el lado de las buenas tendencias del ser humano, que ha probado que sus tendencias malignas son muy superiores a las buenas. No, no creo en absoluto que esta cuestión se pueda lograr por los caminos de la simple buena voluntad, sino por la ejecución de leyes de la misma realidad que está tratando de transformarse. No cultivo una conciencia revolucionaria en el sentido, por ejemplo, de que ahora en este momento haya que ir a la guerrilla o tirar bombas. Pienso que, en esta situación, entre América latina y los Estados Unidos tenemos que buscar todos los caminos de un entendimiento. No creo en los que predican una teoría terrorista contra los Estados Unidos. Sería una ingenuidad catastrófica. Pero este camino de entendimiento me parece mucho más factible en el plano cultural que en el plano económico y político. Así como yo he consumido novelas norteamericanas desde que tengo quince años, y desde ese ángulo me considero un súbdito norteamericano, bueno, creo que de la misma manera por ese camino cultural nosotros podemos beneficiarnos muchísimo con la cultura norteamericana. Yo he ido a los Estados Unidos y he descubierto realmente un pueblo muy diferente al que pintan las caricaturas.

Pienso que no tenemos que fomentar la insidia ni la mal querencia entre los pueblos en estos momentos, que desgraciadamente, yo pienso, son los finales. Tengamos una muerte digna, si vamos a tener que ir al apocalipsis seamos buenas personas. Si no podemos esperar nada del futuro, ¿por qué no podemos ser buenos al final? Tratemos de lograr un grupo de naciones latinoamericanas que no entren en el modelo de los bloques, sino que en un modelo nuevo que contemple nuestra realidad actual y sobre todo las previsiones al futuro.

Toulouse, 25 de junio de 1991.

Ernesto Sabato

Está furioso. Se pasea como un león enjaulado de un lado al otro de su estudio de pintor. La empleada ya me había advertido que estaba enojado porque me había atrasado media hora. «¡Dígale algo!» me dijo. «Que se le rompió el coche o algo así». Luego me condujo por una serie de pasillos que hacían de laberinto en aquella casa quinta enclavada en ese peculiar lugar de la provincia, fronteriza a Buenos Aires, llamado Santos Lugares.

Ponerme frente a él fue sentir inmediatamente algo así como debe ser el Temor de Dios para los católicos.

Un estudio austero con un par de mesas simples, un teléfono negro antiguo y una máquina de escribir portátil hacían de escenario de un Ernesto hiperkinético observado por una dulce mujer sentada, semiinválida, que nos miraba como si fuera la espectadora de una obra de teatro hecha especialmente para ella y que estuviera a punto de comenzar: Matilde.

– Discúlpeme, fue imposible llegar antes. Un atasco no nos dejó cruzar la línea de la Capital Federal.

– ¡Siéntese! ¿Así que usted es Marras? ¿De qué me quiere preguntar?

– Si existe América latina, si no somos más que una contradicción romanticoiluminista, si somos un delirio literario...

Sonaba todo tan absurdo, dicho así...

–Ah, menos mal, yo creía que era otro pesado que venía a preguntarme a estas alturas sobre derechos humanos. Lo habría echado a patadas. ¿Sabe que yo pinto?

– Sí.

– ¿Quiere ver mis cuadros?

– Por supuesto.

Vamos a una habitación contigua y coloca en un atril un retrato de Van Gogh recién pintado por él.

– ¿Qué le parece?

– Conmovedor. Se lo digo de verdad, Sabato. Es impresionante...

– Es para una exposición en el Pompidou. Como ya no puedo escribir porque no veo, pinto.

En ese momento el cuadro se desprende del atril y va a caer sobre miles de puntas de pinceles que sobresalen de un montón de tarros de pintura. El dolor le puncetea el rostro. También a Matilde. Corro a recogerlo y compruebo que no le ha pasado nada.

¡No le pasó nada! ¡Qué suerte!

Se acerca, lo reexamina. Su sonrisa aflora por primera vez y una extraña ternura sale del fondo de una máscara de hombre solo. Matilde repite a lo lejos ¡Qué suerte! ¡No le pasó nada, Ernesto!

Sonríe nuevamente... Podemos comenzar cuando quiera, Marras... Estamos hoy en un día de suerte.

Bastará decir que soy Juan Pablo Castel, el pintor que mató a María Iribarne; supongo que el proceso está en el recuerdo de todos y que no se necesitan mayores explicaciones sobre mi persona. Lo dijo en *El túnel*.

La razón poética

– Las ideas claves del siglo diecinueve se han derrumbado o están seriamente cuestionadas. La idea de América latina es una de ellas. ¿Cree que la idea de lo «latinoamericano» se está deteriorando irreversiblemente?

– Dejando de lado la denominación que, creo, es más bien disparatada, es cierto que se están viniendo abajo algunas ideas claves, no ya del siglo diecinueve, sino del diecisiete, pues Descartes pertenece a ese siglo y fue, para muchos, algo así como el patrono del racionalismo, que en el siglo dieciocho, con el enciclopedismo y la ciencia, desata la catástrofe, espiritual y material, que hoy está a la vista. De paso, no es que menosprecie a Descartes, sin duda una gran cabeza en la historia de la filosofía, pero sería bueno recordar que *les raisons du coeur*, defendidas por su casi contemporáneo Pascal, opuestas a las razones de la cabeza, han demostrado ser más visionarias, hasta en el propio Descartes. Convendría recordar que las tesis de su famosa obra surgieron de tres sueños, que él mismo ha relatado... Pero luego volveré sobre esto. Por de pronto, sí, hay algo de verdad en que la idea de América latina está sufriendo grandes cambios, porque es imposible sostener a pie juntillas lo que se afirmaba en otros tiempos, y porque formamos parte del mundo entero que se viene abajo, liquidando estereotipos. Con todo, formamos un subcontinente que, a pesar de su hibridez, hibridez que caracteriza a todas las culturas y naciones, tiene ciertos denominadores comunes, dados por la conquista española.

– En el diario *El País*, de España, usted publicó a propósito de esto un trabajo titulado «Ni leyenda negra ni leyenda blanca», que se reprodujo en muchos periódicos, donde rechazaba el concepto de la identidad de las naciones...

– Efectivamente, allí escribí que la «identidad» de las naciones es un problema bizantino. Se está hablando mucho de la necesidad de recobrar nuestra identidad latinoamericana. ¿Pero en qué consiste? Por lo pronto, gente como yo y la inmensa mayoría de los argentinos y uruguayos quedaríamos eliminados, porque nuestros padres o abuelos fueron europeos. ¿Qué identidad podríamos reivindicar aquí? Nuestras pampas fueron inmensos desiertos, recorridos por indios nómades y guerreros, un poco como lo fue Estados Unidos. No tuvimos, como Perú, México, Colombia, Centroamérica, grandes culturas y civilizaciones indígenas. Somos un hibridaje de españoles, vascos, franceses, eslavos, alemanes, judíos, sirios, libaneses y armenios, entre otros pueblos menos numerosos, como los indios que tuvimos en la región guaraní, al noreste, y los quechuas y aimaraes, en el noroeste. Ahora deberíamos agregar la invasión de coreanos. Tuvimos, a diferencia de Brasil y de otros países de este subcontinente, escasos negros, porque no había grandes cafetales ni plantaciones de azúcar y porque la población española era escasa y pobre, ya que los mayorazgos iban al Cuzco o a la corte de México, a las regiones ricas en oro y plata. Y no hubo, por esos motivos, esclavos negros; unos treinta mil, que murieron durante las guerras de independencia y en las guerras civiles. Una lástima, porque fuimos privados de esa inyección de sangre negra, plena de vitalidad, con sus entrañables ritmos y su alegría de vivir. Basta pensar en el tango para comprender esta carencia. En cuanto a los Estados Unidos, país racista si los hay, martirizó, humilló sádicamente, explotó miserablemente a estos pueblos que terminaron por darle a esos orgullosos blancos una de las creaciones más portentosas de la música de nuestro tiempo. Pero, volviendo al tema de la identidad, nos recuerda los famosos «sorites»[1], que eran motivo de discusiones: en qué momento, con qué grano, se llegaba a constituir un montón de trigo, o con qué pelo un hombre se convertía en calvo. Esos falsos problemas se hacen más absurdos cuando se trata de hombres, porque nada de lo que se refiere al hombre es puro; esa pureza sólo se encuentra en el universo platónico de las Ideas y de los objetos ideales... en la matemática. Lo de los seres humanos es casi una broma, y mucho más cuando se habla de la identi-

1- Sorites, silogismos encadenados, en los cuales la conclusión de cada cual es premisa del siguiente, menos en el caso del último de la cadena.

dad de los pueblos. No pensemos en este subcontinente, pensemos en los propios españoles, que son ahora el motivo de esta polémica levantada con motivo del Quinto Centenario. Mosaico de una cultura islámica, de celtas, de reinos góticos. ¿Habría que buscar su real identidad en quiénes? ¿En la dominación romana, cuya soldadesca, que no estaba constituida por cicerones sino por analfabetos italianos que hablaban un dialecto que Cicerón habría descalificado, pero que dio nacimiento a uno de los idiomas más importantes del mundo? ¿Pero por qué detenerse en los romanos? ¿Qué me dicen de los íberos, ese pueblo que ni siquiera sabemos quiénes eran y qué idioma hablaban, y que, sin embargo, legó la palabra «ibérico» para siempre, incluyendo este continente, habitado por indios de diferentes razas, por negros, asiáticos y europeos?

Todas o casi todas las grandes naciones han sido el resultado de invasiones, de degüellos, esclavitudes, violaciones. Basta observar los rasgos eslavos de tanto judío argentino que vino de Polonia, de Rusia, de Ucrania, de Eslovaquia.

– La celebración del Quinto Centenario ha desatado polémicas por la expresión «descubrimiento de América» refiriéndose a la llegada de Colón a nuestro continente y por las crueldades que se habrían cometido después. ¿Cuál es su punto de vista frente a esto?

– Bueno, al final se ha propuesto algo así como «Encuentro entre dos mundos», que me parece más adecuado, menos arrogante de parte de los europeos. Y sobre todo en las regiones donde había grandes culturas. Ahora, todas las conquistas han sido crueles, sanguinarias e injustas. Además, la leyenda negra fue promovida por nacientes imperios que luchaban contra su gran enemigo, España, particularmente por los ingleses, cuyas atrocidades en las tres cuartas partes del mundo son de sobra conocidas para que debamos recordarlas. ¿Si la leyenda negra fuera la única verdad, cómo explicar que dos de los más grandes poetas de este continente invadido, Rubén Darío y César Vallejo, descendientes de indios, no sólo escribieron en lengua castellana, sino que cantaron a España en poemas inmortales? Esa lengua castellana, dicho sea de paso, en que se escriben todas las acusaciones de los indigenistas. Yo, por lo menos, ignoro si hay algo en quechua o en maya. Y digo esto, porque revela la más grande y trascendente herencia que nos dejaron aquellos conquistadores: la lengua de Castilla. ¿Qué gran literatura produjo la conquista de los ingleses en el mundo entero? Esto es importante, lo que verdaderamente une a los hispanoamericanos.

En cuanto a mi propio país, la reacción es directamente grotesca. Recuerdo haber visto en televisión a un hombre, buen tipo sin duda, señalando con el dedo a la pobrísima comunidad de indios tobas, unos cuatro mil, que despiertan en nosotros una conmovedora ternura, diciendo «tenemos que recobrar nuestra identidad». El hombre era sin duda una excelente persona, pero tenía un defecto: apellido italiano.

– En una conversación previa que tuve con usted, me habló del movimiento sincrético de enciclopedismo y su opuesto, el romanticismo, con que los inventores de estos países hispanoamericanos gobernaron... ¿Por qué piensa que se dio ese curioso sincretismo?

– Sí, es cierto, al menos desde mi punto de vista. En Europa en general se piensa que nuestros países fueron obra de bárbaros o analfabetos. No, lo fueron, en buena medida, de intelectuales y artistas. Mariano Moreno, clave de la primera junta de 1810[2], había traducido *El contrato social*. Alberdi podría haber sido un *scholar* en Inglaterra[3]. Andrés Bello lo mismo[4]. Martí. Sarmiento, un escritor genial. Me refiero a su novela *Civilización y barbarie*, porque considerarla una obra histórico-sociológica no resiste la crítica; *Facundo* es su *alter ego*, su inconsciente de bárbaro. Ese libro lleva como acápites de sus capítulos palabras de Lord Byron, Lamartine, Rousseau, Chateaubriand: un romántico desaforado[5]. Pero gobernó como un iluminista. En un periódico que publicaba, en un enorme titular que alguna vez pude ver en la Biblioteca Nacional, gritaba: «¡Alambres, bárbaros!» ¿Qué más opuesto a su romanticismo que el alambrado de esas pampas románticas que habrían defendido gentes

---

2- Mariano Moreno (1777-1811), abogado y político argentino. Secretario de la primera junta de gobierno (1810).

3- Juan Bautista Alberdi (1810-1884), intelectual argentino. Vivió en el exilio la mayor parte de su vida, por razones políticas.

4- Andrés Bello (1781-1865), escritor, filósofo, político y jurisconsulto venezolano, de vasta importancia para su país y Chile (donde redactó, por ejemplo, el Código Civil).

5- Alphonse de Lamartine (1790-1869), poeta francés, figura importante del romanticismo.

Francois René de Chateaubriand (1768-1848), uno de los iniciadores de la literatura romántica francesa.

como Rousseau? Sí, fue un sincretismo curioso, pero inevitable. El ideal que buscaban era el de poner estas naciones recién nacidas en el Progreso que en esos momentos dominaba el mundo. Este es un buen ejemplo de la dualidad que manifiesta el hombre real. ¡Pero menos mal que no pudimos lograr ese «ideal» de los países avanzados!

Cuando el mundo hiperdesarrollado se venga abajo, las naciones pobres seremos la reserva de atributos humanos que esas potencias están perdiendo día a día. ¿Cuántos habitantes tienen los Estados Unidos? ¿Unos doscientos cincuenta millones, no?

– Más o menos.

– En el planeta hay alrededor de seis mil millones. Escuché hace poco por radio una cifra de las Naciones Unidas: el ochenta por ciento de la droga que se produce es consumida en ese paraíso del desarrollo, con sus cachivaches de la sociedad consumística. Está condenado a la muerte por la droga. Y no le digo nada de lo que ya está pasando en el Japón, con su famoso «milagro». Pronto veremos estallar allí una fenomenal crisis sicológica y espiritual, con olas de suicidios. De modo que en lugar de entristecernos por haber perdido el tren del hiperdesarrollo, deberíamos casi bailar de alegría. La droga, por ejemplo, no es un problema policial; es un problema espiritual. Para no hablarle de los demás males: robotización del ser humano, mecanización, desacralización de todo, desde la naturaleza hasta el alma de los hombres, y, sobre todo, de los adolescentes. La concentración industrial y capitalista produjo en las regiones más avanzadas un hombre desposeído de relieves individuales, intercambiable, como uno de esos aparatos que se fabrican en serie. La modernidad consumó una paradoja siniestra: el hombre logró la conquista del mundo de las cosas a costa de su propia cosificación. La masificación suprimió los deseos individuales. El Super-Estado, capitalista o socialista, necesita seres idénticos. Colectiviza los deseos, masifica los instintos, embota la sensibilidad mediante la televisión, unifica los gustos mediante la televisión, la propaganda y sus *slogans*, favorece una especie de panonirismo, de sueño (aunque mejor sería decir de pesadilla) multánime y mecanizado: al salir de las fábricas y oficinas, esclavos de máquinas y computadoras, estos hombres entran en el reino de los deportes masificados, en el reino ilusorio de los folletines y de las series de televisión fabricadas por otras maquinarias y computadoras. Son tiempos en que el hombre se siente a la intemperie metafísica. Aquella ciencia que los candorosos creían que iba a solucionar todos los problemas físicos y hasta espirituales, acarreó, en cambio, esos estados gigantescos con su inevitable deshumanización.

– Muchas de estas situaciones usted las adelantó en *Hombres y Engranajes*, ¿no es cierto?

– Sí, es tristemente cierto.

– Por qué ese adverbio.

– Porque lo escribí, mejor dicho, lo publiqué en 1951, hace cuarenta años, agregando que el final del siglo nos esperaría agazapado en la oscuridad, como un asaltante sádico a una pareja de enamorados, para violar a la mujer. Recibí toda clase de ataques: de los estalinistas, sobre todo de los intelectuales que usufructuaban sus beneficios, porque aplaudían a la Unión Soviética, ignorando o haciendo como que ignoraban la tiranía instaurada por Stalin ya desde 1934, con sus torturas y manicomios para los disidentes, con sus campos de concentración. Me calificaron de reaccionario y oscurantista por mis denuncias sobre los peligros de la técnica; y, naturalmente, me atacaron los reaccionarios, porque me consideraban comunista por defender la justicia social y los pueblos oprimidos. En fin, un negocio redondo. Porque decía que la crisis no era simplemente una crisis del sistema capitalista, sino la de toda una concepción del mundo basada en la idolatría de la técnica y en la explotación del hombre. Los iluministas y progresistas echaron así las bases de la tremenda angustia de nuestro tiempo. Hasta la naturaleza sufrió, porque no estaba nada más que para ser explotada y desacralizada. Y el cuerpo mismo del hombre, por pertenecer a esa misma naturaleza, terminó por ser un objeto más, aumentando así su soledad, porque las cosas no se comunican. El país donde es más perfecta la comunicación (en el sentido electrónico de la palabra) es también el país donde la soledad es más trágica. Y es ilusorio que haya teléfonos para contestar a personas que quieren suicidarse y drogados que no encuentran ya sentido a su existencia: dos objetos no pueden entrar en comunión, y mucho menos por intermedio de otro objeto.

– ¿Pero qué está en crisis, a su juicio, las ideologías o los ideales?

– Una cosa son las ideologías y otra son los ideales. La humanidad, y sobre todo los adolescentes que no pueden sobrevivir sin ideales.

Y estos son, tienen que ser, los que vuelvan a considerar a la criatura humana como un fin, no como un medio. Un hombre nuevamente concreto, como el que siempre defendieron los pensadores existenciales, ese ser de carne y hueso del que hablaba Unamuno. Schopenhauer dijo algo que retomó Nietzsche: hay tiempos en la historia en que el progreso es reaccionario y la reacción progresista. Este es un período de esa naturaleza. Y los hombres concretos son los que viven en pequeñas comunidades, no en estas monstruosas ciudades. De este modo nos volveremos a encontrar con los grandes idealistas del siglo pasado, de cuando ya los desastres de la revolución industrial empezaban a manifestarse. Hombres como Saint-Simon y Proudhom, que constituyen la base de lo que se llamaría luego el socialismo libertario o anarquismo[6]. Palabra ésta asociada a todo género de terrorismo, cuando aquellos idealistas eran incapaces de matar una mosca. Sucede que estas palabras han ido ensuciándose, y debemos restaurarlas para devolverles su auténtico significado. Por lo pronto, digamos que con la palabra socialismo se está diciendo lo mismo que han llamado «el bien común» y que defendieron grandes Papas como Juan XXIII y Paulo VI, que trataron de limpiar a la Iglesia católica de los males de su *establishment*, que a menudo, y sobre todo en América latina, ha defendido a los poderosos, con excepciones de obispos y sacerdotes que hasta dieron su vida por los pobres, recordando las grandes y hermosas palabras de Cristo, que estaba con los desamparados y contra los mercaderes del templo. Yo me animaría a decir que Cristo fue un anarquista, en el gran sentido de la palabra, y no olvidemos a los esenios, donde, si no recuerdo mal, se formó Juan el Bautista, en aquellas pequeñas comunidades que estoy defendiendo y recordando.

– ¿Pero qué es para usted el «bien común»?

– El «bien común» es la piedra angular de cualquier sociedad que se proponga evitar tanto el egoísmo individual como los males del Super-Estado que los totalitarios de derecha o de izquierda ponen por en-

6- Claude Henri de Saint-Simon (1760-1825), filósofo francés. Predicó lo que él mismo llamó «una nueva ciencia de la sociedad para acabar con las desigualdades e injusticias de la distribución de la propiedad, del poder y de la felicidad».

Pierre Joseph Proudhom (1809-1865), moralista francés, defensor de la reforma social y económica.

cima de la persona y ante el cual sólo cabe ponerse a temblar. Ni el individualismo ni la sociedad masificadora son soluciones humanas, pues el primero no piensa en la comunidad y la segunda olvida al hombre concreto. Ambas abstracciones son esencialmente dañinas. Pues el reino del hombre no es el estrecho y angustioso territorio de su yo, ni el abstracto dominio de la colectividad, sino esa región intermedia en que suceden el amor y el arte, el diálogo y la comprensión, el trabajo en común. Eso es lo que hemos perdido, por lo menos en los países del hiperdesarrollo. Así, ciertos filósofos del liberalismo consideraron la sociedad como una yuxtaposición de individuos, y es probable que esa doctrina, basada en la idea de un yo independiente —y en su egoísmo— haya sido la raíz de la ferocidad empresaria de aquellos mercaderes y fabricantes de la revolución industrial, que se lanzaron sobre sus propios trabajadores y sobre las desvalidas aldeas llamadas primitivas para inyectarles trapos y basura industrial, destruyendo arcaicas y sabias culturas. A esta modalidad se acomoda muy bien el aforismo latino que Hobbes puso de moda: el hombre como lobo del hombre. Lo que es ominosamente cierto, pero no totalmente cierto: hay despiadados capitalistas, pero también seres como Schweitzer. El hombre, como decía Pascal, puede ser un detestable gusano pero también puede ser un santo, palabras más o menos. Pero volviendo a esos que superficialmente juzgan como peligrosos enemigos de la sociedad, a los que luchan por un nuevo orden, y que, a menudo, además, hablan de «resentimiento social», habría que recordarles que entre esos anarquistas hubo condes como Tolstoi, el príncipe Kropotkin, el poeta Shelley, también proveniente de la nobleza[7]. Y grandes idealistas, pensadores y escritores como Thoreau, Whitman, Wilde, T.S. Eliot, el arquitecto Lloyd Wright, Sir Herbert Read, Lewis Mumford, Albert Camus, Emmanuel Mounier y Denis de Rougemont.

– Desde *Hombres y Engranajes* usted ha venido escribiendo mucho sobre el problema de la re-integración del hombre, en *El Escritor Y sus Fantasmas*, en *Apologías y Rechazos*. Es decir, sobre la necesidad de revalorizar las famosas «razones del corazón» de Pascal,

---

7- P. Alexelevich Kropotkin (1842-1921), ruso, uno de los teóricos del anarquismo. Percy Bysshe Shelley (1792-1822), poeta inglés, uno de los fundamentales del romanticismo en Inglaterra.

desde que fueron desechadas y hasta ridiculizadas por los enciclopedistas, cientificistas, racionalistas y positivistas, incluyendo todas las formas del neo-positivismo.

– Precisamente, acabo de responder en una entrevista cómo valoro hoy en día la vigencia del existencialismo, refiriéndome a lo que podríamos llamar la moda del existencialismo en la época de Sartre. Respondí que, efectivamente, en la post-guerra se puso de moda, con esa tendencia de cierta clase de intelectuales de París a convertir en moda problemas filosóficos, mezclando Christian Dior con metafísica o estructuralismo, cuando los bárbaros (en el sentido clásico de la palabra) ya lo practicábamos. Mucho antes de la guerra, en el Instituto de Filología de Buenos Aires, Amado Alonso, los hermanos Lida, Rosenblat y Henríquez Ureña[8] traducían, discutían y analizaban las grandes doctrinas filológicas, no sólo de Saussure sino de su casi antagonista Karl Vossler, continuador de las geniales ideas de Humboldt, que tienen mucho que ver con el existencialismo de todos los tiempos, con las doctrinas del romanticismo alemán y con Gianbattista Vico (otro gran precursor)[9]. El estructuralismo terminó en una especie de neopositivismo o de cientificismo que llegó hasta producir un libro alemán titulado *Mathematik und Dichtung*, es decir «matemática y poesía». No estoy desvalorizando la importancia de Saussure, pero sí la de muchos de sus propagadores y extremistas. Por su parte, el existencialismo no fue, pues, una moda, sino la continuación de un movimiento que comienza desde el mismo momento en que surge su antagónico, el racionalismo. Y esto ha sido siempre así. El propio Sócrates es el que lanza el racionalismo occidental, a fuerza, precisamente, de estar movido por pasiones. Y su discípulo más eminente, Platón, siempre había querido ser un poeta trágico, quiero decir un dramaturgo. Los movimientos espirituales y filosóficos

---

8- Raimundo y María Rosa Lida, filólogos argentinos de origen austríaco.
Angel Rosenblat, filólogo argentino.
Pedro Henríquez Ureña (1884-1946), ensayista e historiador dominicano.

9- Ferdinand de Saussure (1857-1913), filólogo suizo, autor del *Curso de Lingüística General*, que sentó las bases del estructuralismo.
F. H. Alexander von Humboldt (1769-1859), geógrafo y naturalista alemán.
Gianbattista Vico (1688-1744), filósofo napolitano, que adelantó ciertos temas centrales del idealismo alemán. Opuesto al pensamiento cartesiano y racionalista.

nacen junto con los contra-movimientos. Si quiere un ejemplo casi cómico, recuerde lo que le dije de la teoría cartesiana, que surgió de tres sueños de su inventor. Lo mismo podría decirse de la simultaneidad del enciclopedismo con el movimiento romántico. No hablo únicamente de Rousseau, sino y sobre todo de los grandes pensadores, desde Hamann, pasando por Herder, Schelling, Novalis y de los bárbaros eslavos, con Dostoievski a la cabeza, cuyo librito que se suele traducir con el título de *Memorias desde el subterráneo* es de lo más importante que escribió aquel genio[10]. El movimiento existencialista, pues, viene desde siglos y es el que va a salvar a la humanidad de la deshumanización. De la armoniosa unión del pensamiento lógico y del pensamiento poético surgirá el hombre nuevo.

– **Esto significa una revalorización del arte.**

– Naturalmente, del arte y de lo que podríamos y quizás deberíamos llamar poesía, en el sentido de la *poiesis*, eso que los alemanes denominan *Dichtung* y que Coleridge le daba a la palabra *poetry*[11]. Es eso que revela las grandes verdades existenciales, sobre Dios, la muerte, el destino, el amor, el coraje, la soledad, el sentido o sinsentido de la existencia. Así se revalorizan los sueños, los mitos, la famosa inspiración. Todo, en fin, lo que la filosofía racionalista y los positivistas ridiculizaron, dándole a la verdad científica la propiedad absoluta de la real verdad. De un sueño se puede decir cualquier cosa, menos que sea una mentira. Lo mismo de un mito. Pero si los filósofos racionalistas abandonaron ese lado fundamental del ser humano, los artistas jamás lo abandonaron. También esto pone en su valioso pero estricto sentido el problema del Progreso. Sin duda la matemática usada por Einstein es infinitamente más adelantada que la que usó Arquímides, pero el *Ulises* de

10- J. Georg Hamann (1730-1788), amigo de Kant, contrario, no obstante, a sus postulados principales.

J. Gottfried Herder (1764-1803), uno de los fundadores del humanismo religioso moderno; no dejó, por eso, de ser típico ilustrado.

Friedrich W. J. Schelling (1775-1855). De enorme influencia en el romanticismo, la posición de Schelling podría calificarse de filosofía de la identidad: sujeto y objeto coincidirían en lo absoluto.

Friedrich Novalis (1722-1801), poeta romántico alemán.

11- Samuel Taylor Coleridge (1772-1834), poeta inglés, iniciador del romanticismo en Inglaterra.

Joyce no es «mejor» que el de Homero. Pensar así en el progreso de las artes es tan equivocado como suponer que los sueños de un hombre del siglo veinte son superiores a los del José de la Biblia. Para renovar el arte, Picasso y otros contemporáneos recurren a las máscaras africanas... El arte no progresa, cambia, que es otra cosa.

– Volviendo al tema de América latina, usted ha considerado siempre a Argentina como una zona de fractura. ¿En qué sentido?

– El río de la Plata es una zona de fractura entre Europa y América latina. Es una región que no es ni Europa ni América latina. Argentina se parece más a Italia que a Bolivia, por ejemplo. Pero, indudablemente, no es Europa.

– ¿Por qué se produce esta fractura?

– Bueno, porque esta zona durante la Conquista era un inmenso territorio vacío y pobre, como le decía, al contrario que Perú o México... El virreinato de la Plata era la hermana pobre, la Cenicienta de estos territorios. No hubo un arte colonial importante en este país ni se fundó alguna universidad. América latina comenzaba al norte de Córdoba. Por lo tanto Argentina es un país muy nuevo, que nace cuando toma el poder en Buenos Aires la que se ha llamado la oligarquía de los doctores, después de la caída de Rosas en 1853, aunque el centro de gravedad de este fenómeno es 1870. Entonces apareció una casta de gobernantes que respondía a las grandes corrientes del pensamiento europeo de las que hablábamos: el romanticismo y el pensamiento iluminista, dos movimientos que en Europa son opuestos y que en América latina son sincréticos, como ya le expliqué.

Los hombres como Sarmiento fueron primero románticos y después progresistas. Aquellos «doctores», especialmente Sarmiento y Alberdi, creían totalmente en el Progreso con mayúscula y abrieron Argentina a la inmigración europea, lo que produjo uno de los fenómenos sociológicos más estupendos de nuestros tiempo: la inmigración de millares de millares de personas en cuarenta años, entre 1870 y 1910. Esta inyección étnica gigante hizo que el país se formase bajo el carácter de la cultura europea.

Los doctores fomentaban la enseñanza libre, gratuita y laica. Era la cultura de la Ciencia, del Progreso y de la Razón. Argentina, como Estados Unidos, es un país de trasplantados, hecho por la inmigración masiva. Por lo tanto sus élites han sido europeizantes, que no es lo mismo que europeas. Para ser europeizante hay que ser ruso, argentino o norteamericano, culturas periféricas de las grandes civilizaciones europeas. Estos países miraban hacia Europa y tomaban de allí sus ideas matrices como guías.

– La narrativa argentina es, quizás, la que más pesa dentro de la narrativa latinoamericana, en la literatura universal como corpus general... ¿Se debe esto, justamente, a que es una zona de fractura?

– Puede ser. La independencia de España de 1810 sólo inauguró una bandera, pero no una lengua ni una literatura. A la corriente tradicional castellana hay que agregar la influencia del romanticismo y de la literatura alemana, rusa, francesa e inglesa, que es una cosa muy latinoamericana, en general. Si se analiza una obra típicamente argentina, como el *Facundo* de Sarmiento, podemos ver, como ya le dije, que en cada capítulo hay citas de escritores europeos. Sin embargo, *Facundo* es una obra típicamente nacional.

La literatura latinoamericana y argentina tiene tanta tradición como la alemana o la italiana. Nuestros antecedentes directos son Cervantes y Quevedo.

– Argentina estuvo muy ligada a América latina al comienzo de nuestras repúblicas. Después vino un sentimiento europeo, que, de alguna manera, la alejó. ¿Cuándo cambió la autoconciencia argentina?

– La autoconciencia argentina cambió con la multiplicación del argentino medio de la primera generación de los hijos de los inmigrantes. En 1930, Argentina estaba formada en gran parte por hijos y nietos de inmigrantes. Fue el año en que cayó el último gobierno liberal. Este país ya fue nuevo frente a la vieja Argentina y al resto de América latina. Esto tiene que ver con la zona de fractura de la que hablábamos. El desarraigo y la sensación de inseguridad es propio de nuestros habitantes. Desde los indios, los pocos indios combatidos a muerte por los primeros gobiernos del país, hasta los inmigrantes pasando por los gauchos que siempre han sido unos exiliados en su propio país... Doble sentimiento de exilio hay en los inmigrantes alejados de su patria y que suspiran por el país perdido, sus mitos y leyendas, sus muertos enterrados en España, Italia o Polonia, y al mismo tiempo aquel sentimiento o resentimiento en el viejo criollo que se sentía suplantado por el inmigrante. A todos se les producía la sensación de frustración, nostalgia y desarraigo.

– ¿El tango, otra vez?

– Y, claro. Es que el tango produce sensaciones verdaderamente hermosas, que se refieren siempre a temas metafísicos de soledad, nostalgia y muerte.

Esta sensación de abandono era además agravada por la enorme extensión del país y sus pampas. El gaucho es un hombre solitario frente al infinito. En él, el sentimiento religioso es inevitable. No hay que olvidarse de que las tres grandes religiones occidentales nacieron de hombres enfrentando el desierto.

Pero después ha venido otro cambio y que es muy significativo. Buenos Aires, centro de la inmigración que miraba hacia Europa, comenzó a mirar nuevamente hacia América latina. Se inició una migración interna y comenzó a llegar gente de la provincia argentina y se produjo un reencuentro nacional. De Buenos Aires con el interior y al mismo tiempo de Argentina con América latina. Ahora hay un sentimiento latinoamericano que antes era menos claro.

Santos Lugares, 13 de septiembre de 1991.

Octavio Paz

Fue una persecución seria. Una seguidilla de pistas que el mismo dejaba caer me había puesto tras sus huellas. Primero México, despúes Madrid, luego Estocolmo; un llamado secreto desde Cuba, a gritos por el único teléfono de discado directo que pude conseguir en La Habana; al final París. En París hubo que seguir otras pistas menores hasta que nos encontramos frente a frente en el hotel Lutetia en el barrio latino.

Habla con sus demonios. Discute aquello del *Tiempo Nublado*:

Paz: Tal para cual... Vivimos en el tiempo, estamos hechos de tiempo y nuestras obras son tiempo: pasan y pasamos. Pero podemos ver a veces, en el cielo nublado, una claridad. Quizá no hay nada atrás y lo que ella nos muestra es su propia transparencia...

Dialoga con el demonio Eçul uno de los tantos habitantes de Pandemonium, la capital del infierno de Milton.

Paz tiene una cara de madera y su imagen insondable parece el arquetipo que él mismo hace del mexicano en *Los hijos de la Malinche*: «Nuestra cortesía atrae, nuestra reserva hiela. Y las inesperadas violencias que nos desgarran, el esplendor convulso o solemne de nuestras fiestas, el culto a la muerte, acaban por desconcertar al extranjero. La sensación que causamos no es diversa a la que producen los orientales.»

Continúa ahora el diablo: ¿Y es bastante? ¿Te basta con ese reflejo de un reflejo?

Paz: Me basta. Nos basta. Somos lo contrario de ustedes: no podemos renunciar ni al acto ni a la contemplación.

El demonio se enfurece y se le planta delante: Para nosotros ver y hacer es lo mismo; y se resuelve en nada. Todos nuestros discursos elocuentes terminan en silbido de víbora... Somos espíritus caídos en el tiempo pero no somos tiempo: somos inmortales. Esa es nuestra condena: eternidad sin esperanza.

Paz (irónico): Somos hijos del tiempo y el tiempo es esperanza.

Me mira.

–¿Trajo el temario?

–Sí, es lo que hablamos.

Mi amigo Portanet, testigo de mi desesperación por encontrarlo, lo mira, incrédulo. Por fin lo tenemos sentado frente a la grabadora.

Habíamos estado recién orando frente al péndulo de Foucault para que los templarios no nos jugaran una mala pasada y Eçul nos permitiera acercarnos.

Ni todos los poderes de Abulafia ni el encanto de Lorenza Pellegrini, ni la tenacidad del propio Jacopo Belbo habían permitido hasta ahora encontrar a un Paz corpóreo que no fuera sólo una señal satelital.

–Empezamos.

–Venga.

Por un agujero de luz negra el demonio desaparece en *Una mancha de tinta*.

Paz deja entonces la máscara sobre la mesa.

El baile de los enmascarados

– Hasta ahora, la mayoría de los escritores latinoamericanos entrevistados en este libro coincide con la hipótesis que ciertas ideas claves de los siglos dieciocho y diecinueve se han derrumbado o están siendo seriamente cuestionadas y que la idea de América latina es una de ellas. ¿Hasta qué punto está usted de acuerdo con esto?

– No estoy muy convencido. Es cierto que algunas ideas del siglo diecinueve —el ejemplo mayor es el marxismo— han perdido vigencia. En general se han desmoronado las ideas y filosofías que pretendían encerrar al mundo y a la historia en una teoría general. Vivimos el ocaso de los sistemas. En cambio, han reaparecido ciertas ideas de la Ilustración y hoy están más vivos que nunca Kant y, en el otro extremo, Adam Smith.

– ¿No cree usted que ciertos conceptos como progreso, como historia, están, por lo menos, siendo revisados?

– Fui uno de los primeros, hace más de treinta años, en señalar el crepúsculo de la idea del progreso. Vivimos el fin del futuro como idea rectora de nuestra civilización. También está en decadencia la creencia —la superstición— en la historia como un proceso dotado de una dirección determinada[1].

En cuanto a la América latina: no creo que sea una idea. Es una realidad histórica. Quizá el nombre, América latina, no es muy exacto; en el siglo pasado la expresión más usual era América Española. Rubén Darío, el fundador de nuestra literatura moderna, usa el término América española en su famosa *Oda a Roosevelt*. América latina es una denominación de origen francés que se empezó a poner de moda en el siglo diecinueve. Es inexacta, como es inexacto el nombre de América

1- Véase *Corriente alterna* (1967), *Los hijos del limo* (1974), *El ogro filantrópico* (1979), etc.

sajona. Esta última comprende muchos grupos que no son sajones; la sociedad norteamericana es un conjunto de etnias y de culturas diversas. El elemento sajón —mejor dicho: anglosajón (WASP)— fue determinante en el pasado pero ya no lo es. El nombre de América latina es inexacto porque no son latinas ni las comunidades indígenas ni los negros. Mientras *sajón* es un nombre restrictivo, *latino* es demasiado vago. Es más preciso —sin ser más exacto— el adjetivo hispano. Lo es porque alude a la lengua que todos hablamos. En fin, ¡qué se le va ha hacer! Tampoco los nombres de nuestros países son muy exactos. Estados Unidos es una expresión nebulosa y Estados Unidos de América un abuso de lenguaje. México es una palabra con irradiaciones históricas y legendarias, evoca a la luna, al agua y al peñón del águila. ¿Por que se les ocurrió cambiarla por ese remedo: Estados Unidos Mexicanos? Si los nombres son inexactos e inexpresivos, las realidades que designan son muy reales: América latina es una realidad que se puede tocar, no con las manos sino con la mente.

– Hay grandes discusiones sobre si llegó la modernidad a América latina y en qué forma... ¿No cree usted que lo que llegó a América latina fue, más bien, una idea de la modernidad y no la modernidad misma?

– De esto podemos hablar más tarde. Para saber en qué consiste la modernidad en América latina hay que pensar primero en sus orígenes. Un historiador mexicano, Edmundo O'Gorman, ha señalado con perspicacia que, antes de la llegada de los españoles, no existía lo que llamamos América. En efecto, los nómadas que poblaban las llanuras de lo que es ahora Argentina y Chile, no tenían noticia ni conocimiento de las tribus que habitaban el Amazonas y menos aún de las altas culturas de Perú, Bolivia y México. Lo mismo sucedía con las tribus del norte del continente. Las civilizaciones más desarrolladas de América, la meso—americana y la incaica, no se conocían entre ellas. Nuestra América, la que habla español y portugués, se constituye como una unidad histórica bajo la dominación de las coronas de España y Portugal. No podemos entender nuestra historia si no entendemos esto. La cuestión del origen es central. Aquí entra el tema de la modernidad. Y entra de dos maneras. La primera se refiere a la actualidad de nuestro pasado: las culturas son realidades que resisten con inmensa vitalidad a los accidentes de la historia y del tiempo. Nuestro pasado indio y español está aún vivo. Pero la modernidad no nació de ese pasado, sino frente e incluso en contra. La modernidad, la nuestra, vino de fuera y comenzó como una lucha. La segunda, ligada estrechamente a la anterior, se refiere al carácter peculiar de la cultura hispánica en el mundo moderno. España representa, en el alba de la modernidad, en el siglo dieciséis, una versión muy singular de Occidente. Por una parte, inaugura la modernidad con los viajes de exploración, los descubrimientos y las conquistas. España y Portugal inician la expansión de Europa, uno de los hechos decisivos de la modernidad. Por otra, un poco más tarde, se cierran a Europa y a la modernidad con la Contrarreforma.

La otra gran nación europea que penetró en América fue Inglaterra. Estaba ligada a un fenómeno totalmente distinto: al protestantismo y al nacimiento de la democracia moderna. La historia de Inglaterra y de Holanda —potencia, esta última, que tuvo importancia en la primera época de América— sería impensable sin la Reforma. El protestantismo ha sido uno de los fundamentos del individualismo moderno y de la democracia política. De ahí que la democracia, en los Estados Unidos, haya sido primero de tipo religioso. Así se dibuja, desde el principio, la gran oposición que divide a la América española y lusitana de la mitad angloamericana. La nuestra nace con la Contrarreforma, tiene un concepto jerárquico de la sociedad, su visión del Estado es la de la monarquía según los teólogos neotomistas (no la del absolutismo francés, como se cree generalmente) y, en fin, su actitud frente a la modernidad naciente es polémica. La América sajona nace con los valores de la Reforma y del libre examen, profesa una suerte de embrionaria democracia religiosa (es antipapista, antirromana) y se identifica con la modernidad que comienza. Ambas son proyecciones de dos excentricidades europeas, la inglesa y la hispánica, una isla y una península. Entender esto es comenzar a comprender nuestra historia.

– Cuando vienen las independencias, se tomó prestadas varias ideas que no son estrictamente inglesas ni españolas, se recurrió a ideas más bien francesas...

– La influencia de las ideologías de esa época fue determinante. Es imposible ignorar, además, la impresión que causaron en nuestros intelectuales y en nuestros caudillos las dos grandes revoluciones, la de los

Estados Unidos y la de Francia. Ambas fueron más que antecedentes, verdaderos ejemplos. Pero hay otro factor no menos decisivo y que muchos se niegan a ver. La independencia de América latina no es explicable sin un fenómeno concomitante y que fue su causa determinante o, como decían los escolásticos, eficiente: el desmembramiento del imperio español. Esto es esencial. España había sido ocupada por las tropas de Napoleón, y su hermano José gobernaba con la colaboración, hay que decirlo, de muchos liberales españoles. Fue una invasión extranjera y una guerra civil. Por último, hay otra influencia que no siempre se menciona: el ejemplo de Napoleón. Su figura fascinó e inspiró a muchos caudillos hispanoamericanos. Fue un modelo de dictador.

En suma, para entender lo que ocurrió en esos años hay que considerar la doble naturaleza histórica de la independencia hispanoamericana (el caso de Brasil es muy distinto). En primer lugar, el proceso de la desintegración del imperio español, precipitado por la ocupación francesa de España. Este proceso se mezcló inmediatamente con otro que era su natural consecuencia: el movimiento independentista. Ambos se funden y son indistinguibles. La independencia fue, al mismo tiempo, desmembración. El resultado fue el nacimiento de cerca de veinte naciones pseudonaciones. Los agentes activos de la independencia y la fragmentación fueron los mismos: los caudillos. Pero hay algo más: los grupos intelectuales que participaron en la independencia adoptaron las ideas del liberalismo francés, inglés y norteamericano y se propusieron establecer en nuestras tierras repúblicas democráticas. Ahora bien, esas ideas democráticas no habían sido pensadas para la realidad hispanoamericana ni habían sido adaptadas a las necesidades y tradiciones de nuestros pueblos. Así comenzó el reinado de la inautenticidad y la mentira: fachadas democráticas modernas y, tras ellas, realidades arcaicas. La historia se volvió un baile de máscaras.

– Allí hay un punto interesantísimo, y es que estos caudillos—dictadores—libertadores llegaron con la idea de la modernidad, de la libertad, de la igualdad, en fin, de la democracia en la cabeza, pero no la aplicaron. ¿Hasta qué punto eso marcó un abismo entre ideas y realidad que caracterizará a nuestras clases políticas, en las que sólo se podrá encontrar una idea de modernidad pero en el marco de un gran anacronismo práctico?

– Exactamente. Sin embargo, quizá debemos matizar un poco todo esto. Las ideas de la Ilustración sirvieron para fundar y justificar los movimientos de independencia en América del Sur. El caso de México fue un poco distinto. Si se leen con cuidado y sin prejuicios los textos de los primeros jefes insurgentes mexicanos, se percibe que los argumentos fueron tomados sobre todo de los teólogos españoles neotomistas. Pienso, sobre todo, en la afirmación de que la soberanía reside originalmente en el pueblo, de lo que se desprende, si el soberano es injusto o ilegítimo, el derecho a la sublevación. El jesuita Mariana[2] justificó, incluso, el regicidio. Un pintoresco e inteligentísimo clérigo, Fray Servando Teresa de Mier, usó estas ideas para justificar la revolución de independencia de México. Según Fray Servando[3], Nueva España era uno de los reinos que integraban la corona española, como Aragón, León y los otros; la usurpación napoleónica, al romper el pacto, había devuelto su soberanía al pueblo novohispano. En consecuencia, el pueblo de Nueva España, al recobrar su soberanía, podría separarse de la corona de Castilla y escoger sus propias autoridades. Era un razonamiento que tenía muy poco que ver con las proclamas de la Revolución francesa y que venía directamente de la teología neotomista. Unos años después se adoptaron las ideas de la modernidad. Los modelos fueron la Revolución de independencia de los Estados Unidos y la Revolución francesa. Pero su adopción fue irreflexiva, un acto de imitación, un expediente. En México, como en los otros países, la modernidad republicana y democrática fue una ideología importada, una máscara. Resumo: la revolución de los caudillos de la independencia obedeció a la lógica de imperios en desintegración; los caudillos escogieron, casi siempre con buena fe, la ideología más a la mano, la que estaba en boga en aquellos años. Aquí aparece la gran hendedura: no había relación orgánica entre esa ideología y la realidad hispanoamericana. Las ideas nuevas deben ser la expresión de las aspiraciones de la sociedad y, por tanto, tienen que ser pensadas y diseñadas para resolver sus problemas y necesidades. Así

2- Juan de Mariana (1536-1624), jesuita historiador español. En su *De rege et reges institutione* afirma que en determinadas circunstancias, es lícito matar al tirano.

3- Fray Servando Teresa de Mier (1765-1827), dominico, escritor y político mejicano, luchador por la independencia de su país.

pues, es indispensable que, antes de la acción política, las proclamas y los programas, la colectividad experimente un cambio interno. Un cambio en las conciencias, las creencias, las costumbres y, en fin, en la mentalidad profunda de los agentes de la historia: los pueblos y sus dirigentes. La Revolución francesa es impensable sin el gran cambio intelectual y moral del siglo dieciocho. Fue una mutación vasta y honda, que abarcó todos los dominios, de las ideas al erotismo. Ni España ni sus colonias experimentaron ese cambio fundamental que transformó al resto de Europa en el siglo dieciocho. En realidad, no tuvimos siglo dieciocho: ni Kant ni Hume ni Rousseau ni Voltaire. Tampoco vivimos, salvo superficialmente, los cambios en el gusto, los sentimientos, la sexualidad de esa gran época. Lo que tuvimos fue la superposición de una ideología universal, la de la modernidad, impuesta sobre la cultura tradicional. El ejemplo mayor es la familia, núcleo y alma de cada sociedad. Cambiaron nuestras constituciones y nuestros regímenes pero la familia indoespañola siguió siendo la misma. La familia, en México, ha sido la fuente de uno de nuestros vicios públicos más arraigados: el patrimonialismo. Creo que entre ustedes pasa lo mismo.

– ¿Usted cree que estas máscaras de las que usted hablaba son, en el fondo, un invento libresco, literario y que los responsables son, más bien, los ensayistas y los escritores de la época?

– Las revoluciones políticas y sociales son fecundas si corresponden o responden a los cambios en la cultura de una sociedad. Estoy convencido de que los cambios en el orden cultural no son menos decisivos que los cambios en el orden material. En el siglo diecinueve cambiaron nuestras ideas y nuestras leyes, no nuestras actitudes vitales.

– ¿Esta máscara se prolonga hasta hoy?

– Sí. Pero sin duda simplifico. La historia de la importación y de la imitación de las ideas europeas en América latina es mucho más compleja y accidentada. Sin embargo, el proceso fue esencialmente el que he señalado. Para completar esta visión de nuestra historia hay que tener en cuenta otra circunstancia capital. El proceso de la desintegración del imperio español y el surgimiento de las naciones latinoamericanas coincide con un fenómeno exactamente de signo contrario: el proceso de integración y expansión de los Estados Unidos.

– Es inversamente proporcional...

– Es un espejo invertido. Lo que sucedió en Estados Unidos, el nacimiento de la modernidad, de la democracia y de una gran nación unida, es el fenómeno inverso de lo que sucedió en América latina. Creo que es bueno hablar de esto porque no entenderemos el problema de la integración de América latina si no entendemos el verdadero sentido de su desintegración. Ante la geografía política de América latina, debemos preguntarnos si las naciones latinoamericanas tenían en aquella época una verdadera fisonomía histórica y cultural; enseguida, si esas nuevas naciones eran viables en lo político y en lo económico. La respuesta no puede ser general: cada caso fue distinto. Por ejemplo, México. Es un viejo país y sus raíces se hunden en el pasado precolombino. Su capital fue fundada en el siglo catorce por los aztecas. Los conquistadores españoles, con muy buen sentido, la conservaron. Después, durante el siglo dieciséis, los españoles gobernaron al país con la cooperación de sus aliados indígenas, sobre todo los tlaxcaltecas, y con el auxilio de los restos de la aristocracia indígena. Poco a poco los criollos compartieron el poder con los españoles y, más tarde, en el período independiente, con los mestizos, que hoy son la mayoría. Así se creó una sociedad mixta, compuesta por distintos grupos étnicos y que hoy tiene cierta homogeneidad cultural. La verdadera fusión se realizó gracias a la Revolución mexicana. Es verdad que la Revolución no ha resuelto muchos problemas, pero logró la integración de México. Hoy mi país tiene carácter o, para usar una expresión que no está de moda, alma nacional.

– ¿Y cómo se diferencia México del resto?

– El caso antitético es el del Perú. Su historia es semejante a la mexicana en algunos aspectos: preeminencia de altas culturas indígenas y una compleja y refinada cultura hispánica durante los siglos dieciséis, diecisiete y parte del dieciocho. La historia moderna del Perú se desvía en el momento de la independencia: la hicieron otros sudamericanos. Después, a diferencia de México, los peruanos no tuvieron en el siglo veinte una revolución. Así, el gran conflicto cultural y racial, resuelto en parte por la Revolución mexicana, sigue vivo todavía en el Perú. Esta es una de las razones, no la única, que explica la infortunada e inmerecida derrota de nuestro amigo Vargas Llosa. En su contra jugaron —aparte de la inquina de la mezquina izquierda y la mediocridad de la derecha que lo apoyó— los prejuicios raciales. Vargas Llosa, un hombre moderno, tuvo que luchar en contra de una realidad arcaica y envenenada por siglos de discriminación.

En otras sociedades el elemento indígena fue exterminado. Se habla muy poco del genocidio cometido en Argentina y Uruguay. Junto a Chile, son sociedades que nacen a fines del dieciocho y principios del diecinueve. Argentina y Chile tienen homogeneidad cultural y una clara identidad nacional. Hay otras naciones en las cuales las civilizaciones prehispánicas tienen menos peso que en México y Perú, pero que cuentan con poblaciones importantes de origen indio, como Bolivia, Paraguay, Colombia, Ecuador y Venezuela. En algunas de esas naciones aparece un elemento no menos notable que el indio y que contribuye a darles inconfundible fisonomía: el aporte negro. Por último, la naciones que son una creación artificial, una ficción histórica. Naciones inventadas por necesidades políticas, ya sea por los caudillos o por las oligarquías locales, naciones que son el resultado de los accidentes de la historia. Un ejemplo: Uruguay. Aunque es un país que me gusta muchísimo —por su gente y por su tradición democrática— no creo que sea fácil saber qué es lo que distingue a un uruguayo de un argentino. En cambio, es fácil distinguir a un chileno de un argentino. Otro caso de ficción histórica: las naciones centroamericanas. Esos estados nacieron por voluntad de los caudillos, las oligarquías locales y la influencia del imperialismo norteamericano. Lo mismo sucedió en las Antillas. No creo que Cuba, Puerto Rico y la República Dominicana sean naciones, en el sentido recto de la palabra: son fragmentos de naciones. El día en que logremos crear una geografía política civilizada, esos pueblos se unirán.

– Yo quisiera hacer una pequeña disgresión sobre este tema. ¿Por qué usted está tan convencido de que países como Argentina y Chile son modernos?

– Son modernos porque nacieron con la modernidad, es decir, a fines del dieciocho y a principios del diecinueve. Pero tiene usted razón, son modernos a medias, su evolución ha sido incompleta. De todos modos, son países que no tienen un pasado histórico tan complejo y contradictorio como el de México o el del Perú. Cuando un mexicano piensa en su historia, no tiene más remedio que pensar en su pasado; cuando un argentino o un chileno piensan en su historia, piensan en el futuro. En este sentido sí son plenamente modernos.

– ¿No encuentra que Chile y Argentina son mestizos...?

– No, no lo son. Son países de inmigrantes europeos, casi todos de origen latino, aunque hay muchos alemanes y yugoslavos entre los chilenos. De nuevo: hay que matizar, todo es relativo. Aunque no es predominante el elemento indígena, está presente en Chile e incluso en Argentina. Por cierto, hasta hace poco muchos argentinos ignoraban o subestimaban la existencia de los «cabecitas negras», como se llama allá a los indios y a los mestizos. Hace algunos años, a principios del peronismo, coincidí en París con José Bianco, un amigo querido y notable escritor. Bianco era el secretario de la redacción de la revista *Sur*. Gracias a él conocí a Adolfo Bioy Casares y a Silvina Ocampo. Un poco después llegó Victoria Ocampo[4], a la que llamábamos la reina Victoria. En esos días pasó por París otra argentina famosa, una reina no de las letras sino del *music—hall*, Evita Perón. Apareció cubierta de perlas, pieles y cursilería. Una noche, mientras comentábamos los asuntos de Argentina, surgió una discusión. Mis amigos veían al peronismo como un fenómeno de importación europea: era una versión criolla del fascismo italiano. Repuse que el peronismo era, sobre todo, un fenómeno latinoamericano: el populismo y el caudillismo son enfermedades endémicas en nuestros países. Me replicaron con cierta impaciencia: Argentina no era México y en su país no había indios ni mestizos. Contesté: lo que ustedes están descubriendo ahora con Perón es que su país no es ni Suiza ni Inglaterra. Ustedes son un fragmento de América latina y de España, con sus generales y sus demagogos.

– Y sus indígenas...

– En un momento de la conversación salieron a relucir los «cabecitas negras» que apoyaban a Perón. La expresión me extrañó y les pregunté ¿quiénes son esos «cabecitas negras»? Al explicarme que se trataba de indios y de mestizos del interior, exclamé: ¡Esto podría hacerme simpático al peronismo! Ustedes están en contra de Perón *for the wrong reasons*... Ante sus protestas aclaré: no soy peronista, a pesar de que cuenta entre sus partidarios a los «cabecitas negras», porque me parece un *clown* y un mediocre dictador.

4- Victoria Ocampo (1891-1979), ensayista y crítica argentina, fundadora de la revista *Sur*.

– Pero ese mestizaje político aparece en Argentina hasta hoy. Menem es un heredero moderno de Perón...

– Ha sido elegido... en eso hay una diferencia esencial.

– Perón también fue elegido en su último gobierno. Y si hubiera habido votación es posible que hubiera sido elegido también al comienzo...

– Tiene razón. Perón fue popular en su época... como Hitler, Mussolini y, según parece, Stalin.

– Yo iba a que Menem representa plenamente al argentino medio y Menem no es para nada una figura europea. Es un mestizo mezclado con árabe, al menos en su mentalidad.

– Esto no me parece criticable.

– Yo no lo digo como crítica, lo digo como que es expresión de lo que es la Argentina media. Menem no es una figura europea.

– ¿Qué es una figura europea? ¿Es una figura europea Felipe González? Puede que sí, puede que no. ¿Y la Thatcher? Más bien es una figura insular... Pero lo esencial es comparar el desmembramiento de los países hispanoamericanos frente al fenómeno de la unidad norteamericana. La reciente desintegración de la Unión Soviética puede mostrarnos con mayor claridad lo que pasó entre nosotros. Hemos sido testigos, en los últimos años, de dos procesos distintos: el fin del socialismo autoritario y la liquidación del imperio ruso. Si se estudia un poco la historia de Rusia, se advierte que, hacia 1910, solamente el sesenta por ciento de la población hablaba ruso y solamente el cincuenta por ciento era de religión ortodoxa. (Mis cifras son aproximadas aunque esencialmente exactas). Así pues, el zarismo no logró integrar a todas las nacionalidades. El régimen comunista fracasó también en esto. De ahí que hoy reaparezcan en la superficie histórica esas viejas naciones oprimidas. En cambio, el imperio español sí logró imponer —no sólo por la fuerza sino a través de la evangelización— una notable unidad religiosa, lingüística y cultural.

Ignoro lo que el porvenir reserva a las naciones que formaron la Unión Soviética y si resistirán a las tendencias centrífugas. En el caso de América latina, el desmembramiento del Estado español provocó, en sociedades inmaduras, la aparición de ideologías importadas. ¿Por qué surgió el caudillismo, inventor del nacionalismo hispanoamericano?

Porque la nueva legalidad, la legalidad republicana y democrática, no tenía la legitimidad que tuvo la monarquía hispánica. Esa legitimidad no era única ni exclusivamente jurídica sino histórica y tradicional. La nueva legalidad republicana era una concepción jurídica y política sin raíces en la realidad de nuestros pueblos y sin precedentes. La gran ruptura de nuestra historia moderna ha sido la del tránsito de la monarquía hispánica a la democracia, del trono supranacional a la presidencia nacional. Este tránsito no podía realizarse plena y pacíficamente porque la nueva legalidad republicana no había sido precedida, como en Europa y en Estados Unidos, por un cambio en las conciencias y en las mentes. No había temple democrático porque faltaban las clases y los grupos (la burguesía sobre todo) que habían hecho posible, en Europa, la revolución de la modernidad. Los caudillos y otros grupos impusieron la ideología moderna, la nueva legalidad; la impusieron desde arriba y así le arrebataron legitimidad. La convirtieron en una ficción que oprimía a la realidad real. La respuesta fueron las asonadas, los cuartelazos, la anarquía y las dictaduras. El día de hoy podemos consagrar a esa legalidad republicana: la democracia ya tiene raíces en nuestros pueblos. Asímismo, a diferencia de los países que formaron la Unión Soviética, nosotros tenemos un patrimonio común en la lengua, la cultura y la religión. Tenemos un pasado compartido.

– ¿Y ese enmascaramiento usted insiste en que se da hasta hoy?

– Todavía no caen todas las caretas... Otro tema conexo y sobre el que vale la pena decir algo es el del imperialismo norteamericano. Pero nosotros no hemos reflexionado sobre el carácter y la función de ese imperialismo.

– ¿Qué tendríamos que haber descubierto?

– En primer término, debemos distinguir entre los diversos tipos de imperios. Hay estados que ejercen su dominación sobre territorios inmensos donde viven distintos pueblos con distintas culturas y lenguas. Son los imperios clásicos, como el romano, el chino y el ruso. A veces la autoridad central impone una cultura homogénea —la religión, la lengua, la ley— a los pueblos sometidos. El imperio logra crear una civilización; es el caso de los españoles en América latina y el de China, que unió a un país inmenso. Después, está el tipo de dominación que se ejerce sobre distintos países en los que se conservan las nacionalidades de cada uno pero todos sometidos a un poder y a una misma ley. El mejor ejemplo son los imperialismos modernos de Gran Bretaña y de Francia. Finalmente hay esa forma híbrida de imperialismo que son los Estados Unidos. Por sus tradiciones político—democráticas, ese país no puede tener una ideología imperial; al mismo tiempo, por sus necesidades económicas y políticas, necesita extenderse. Su imperialismo ha sido más bien de orden económico; la política y la fuerza militar le han servido para preservar estos o aquellos privilegios de orden económico. Es un imperialismo sin una ideología hegemónica y universalista. Y esto es lo que no ha sido estudiado en América latina. Los Estados Unidos viven una contradicción histórica desde hace más de cien años: son un imperio y son una democracia. Pero son un imperio peculiar: su existencia no se ajusta a la noción clásica de imperio. Ahora interviene una nueva circunstancia: el apogeo militar de los Estados Unidos coincide con su declinación económica. La forma en que sea resuelta esta nueva contradicción afectará radicalmente no sólo al futuro de esa nación sino al del mundo entero.

– Esta declinación de Estados Unidos frente a la integración europea, frente a Japón, ¿cree usted que va a llevar a América latina a unírsele, a que sea su socio natural?

– Bueno, creo que esa sería la solución óptima para los latinoamericanos y para los norteamericanos. Sin embargo, una cosa es lo que la razón dice y otra lo que los pueblos y la historia escogen. En general, los pueblos escogen las soluciones menos racionales. Es difícil, no imposible, que los Estados Unidos rechacen a la tentación imperial y no busquen imponerse por las armas. Desde el punto de vista militar, son el país más poderoso de la tierra, según se vio en la guerra del Pérsico. Sin embargo, los ejemplos de Alemania y Japón durante la segunda guerra —ahora el de la Unión Soviética— muestran que no basta con la superioridad militar. La prudencia, que es la más alta virtud política según Aristóteles, aconseja otra solución. En este período de grandes bloques económicos, la renovación de la declinante economía de los Estados Unidos exige un nuevo tipo de asociación con la América latina.

– Pero hay ya ciertas luces sobre eso. México, por ejemplo, hizo un acuerdo de libre comercio con Estados Unidos... Y México siempre había sido uno de los países más contrarios a cualquier tipo de unión

con los Estados Unidos...

– Antes de tratar este tema, quiero referirme, así sea de paso, a la evolución de las actitudes de las clases intelectuales de América latina. Entre 1930 y 1940, por causas bien conocidas, el descrédito de los regímenes democráticos provocó la aparición de varias corrientes autoritarias, casi todas inspiradas por un rabioso nacionalismo y un populismo vocinglero. Las ideas de algunos de estos grupos colindaban con las ideologías totalitarias en boga en aquellos años. No es difícil percibir ecos del fascismo italiano y del falangismo español en varios grupos intelectuales de Argentina, Nicaragua y otros países. (En Nicaragua cambiaron después de chaqueta y, con la honorable excepción del poeta Pablo Antonio Cuadra[5], saltaron del fascismo al castrismo). Otros adoptaron el mesianismo revolucionario, en la versión espuria del marxismo que ha circulado en nuestras tierras, hecha de retazos de leninismo, stalinismo y gaseoso tercermundismo. El movimiento de izquierda creció después de la Segunda Guerra Mundial y se convirtió en la ideología dominante entre los intelectuales. Sólo hasta hace unos pocos años, vencido por los hechos ha perdido vigencia. La ha perdido relativamente: todavía quedan muchos obstinados. Hace poco un novelista, conocido nadador entre dos aguas, con el valor que no tiene para condenar el régimen totalitario de Castro, denunció en términos airados al «totalitarismo del mercado». Otro intelectual mexicano, antiguo rector de la Universidad, acaba de publicar un ensayo en el que afirma que Cuba representa la democracia del porvenir y compara a Castro con Montesquieu. Sería cómico si no fuese vergonzoso.

Alguna vez escribí que nuestros intelectuales de izquierda eran los herederos de los teólogos neotomistas del siglo dieciséis. Exageré: el neotomismo fue una filosofía compleja y sutil mientras que el marxismo hispanoamericano no es sino una suma de vulgaridades, simplezas y obcecaciones. Un verdadero obscurantismo: ninguno de nuestros marxistas ha tenido ni tiene la hondura y la originalidad de un Suárez[6] o de un Vitoria. A pesar de todo esto, en algo se parecen a los neotomistas del

5- Pablo Antonio Cuadra, poeta y dramaturgo nicaragüense, nacido en 1912.

6- Francisco Suárez (1548-1617), jesuita, teólogo y filósofo español, replanteó el pensamiento de Tomás de Aquino.

dieciséis: conciben su misión como una cruzada y durante años y años han sido incansables guerreros de una ideología. Fueron sacerdotes y evangelistas de una pseudorreligión sin dios pero con inquisidores y verdugos. Nuestros intelectuales de izquierda heredaron también la intolerancia jacobina y la creencia ingenua en un puñado de frases como llaves del universo y de la historia. Han prolongado así uno de los vicios tradicionales del pensamiento hispanoamericano: la fe en las soluciones globales, la falta de respeto por la realidad.

– Bueno, muchos de estos intelectuales marxistas hoy día son neoliberales... ¿Hasta qué punto cree usted que el neoliberalismo hoy día se está tomando, en América latina, igual que una teología, de modo semejante a como se tomó el marxismo en su oportunidad?

– Desconfío de esas súbitas conversiones. Me temo que sea un nuevo cambio de piel. Se quitan una máscara para ponerse otra. Un nuevo acto, ahora chusco, en el carnaval sangriento que ha sido nuestra historia y en el que los intelectuales se disfrazan y los verdugos, los Pinochet, los Castro, ejecutan. ¿Por qué desconfío de ese repentino descubrimiento de la democracia? Lo he dicho ya muchas veces: porque el cambio no ha sido precedido por un examen público de conciencia y por una franca confesión de los errores cometidos. Esto es lo que hicieron, en su momento, Gide y Silone, Koestler y Camus, Semprún y Spender. Esto es lo que no han hecho, salvo unas cuantas excepciones, los intelectuales latinoamericanos. Si hay algo valioso en la tradición cristiana, algo que el intelectual debería continuar, es el examen de conciencia. Si nuestros intelectuales hubiesen hecho ese examen de conciencia, habrían explicado a sus lectores (y a sí mismos) por qué se engañaron y por qué los engañaron. Así se habrían economizado mucha tinta, mucha bilis... y mucha sangre. Pero los intelectuales han callado. Es grave pues no se trata sólo de errores intelectuales y políticos sino de faltas morales.

El socialismo autoritario —o para llamarlo por su nombre verdadero: el comunismo— no sólo fue un enorme fracaso político, económico y social. Fue también y sobre todo un régimen terrorista que oprimió a muchos pueblos, deportó a otros y que, en fin, asesinó a millones de hombres. Se recuerda los crímenes de Stalin, pero se olvida que el terror comenzó en 1918, con la fundación de la Cheka por Lenin. La institución de los campos de concentración duró hasta hace pocos años y aun subsiste en China y en Cuba. El stalinismo fue una exageración criminal, no una desviación. Si la conversión a la democracia de nuestros intelectuales de izquierda es realmente sincera, tiene que ir acompañada por una confesión: fueron cómplices —acepto que, en la mayoría de los casos, de manera involuntaria y de buena fe— de un crimen inmenso. No se trata de cuestiones ideológicas ni de opiniones políticas, sino de una responsabilidad moral. Lautréamont[7] dijo, parodiando a Shakespeare: «toda el agua del mar no basta para borrar una mancha de sangre intelectual».

En cuanto a los escritores e intelectuales que hemos criticado no tanto al marxismo como al leninismo, y no tanto a este último como a los regímenes comunistas: cumplimos nuestro deber. Fue una tarea de higiene política, intelectual y moral. En mi caso —no tengo más remedio, frente a ciertas difamaciones que hablar de mí mismo— mi crítica a los regímenes comunistas estuvo siempre acompañada por mi oposición a las dictaduras militares de América latina y de otras partes del mundo. También señalé con frecuencia las injusticias, las hipocresías, los excesos y las carencias de las democracias liberales capitalistas. Por último, apenas si es necesario mencionarlo, recuerdo mis críticas al régimen de partido hegemónico en México. No me arrepiento de lo que he dicho y escrito porque, a pesar de sus fallas enormes y sus injusticias, el sistema democrático es mejor que las dictaduras de izquierda o de derecha. Sin embargo, hoy, derrumbado el comunismo totalitario, podemos y debemos continuar con mayor empeño y rigor la crítica de las sociedades liberales capitalistas.

– **¿Cuáles son sus críticas a la sociedad liberal?**

– El mercado libre es el motor de la economía. Sin mercado, la economía se paraliza. Pero el mercado es un mecanismo ciego y que produce automáticamente muchas desigualdades, injusticias y horrores. La historia económica moderna de Europa y de los Estados Unidos es la historia de las continuas correcciones que se han hecho al mercado libre. Las enmiendas se hicieron a través del movimiento obrero (la libertad sindical es el complemento necesario del mercado libre) así como por la

7- Isidore Ducasse, conde de Lautréamont (1846-1870), escritor francés, nacido en Montevideo, considerado precursor del surrealismo.

acción reguladora del Estado. En el futuro próximo será también decisiva la influencia de los consumidores. Concibo al mercado como una democracia. Así como la democracia política está regulada por la división de poderes, el mercado debe ser regulado por los empresarios, los obreros, los consumidores y el Estado.

Otra falla del mercado, mejor dicho, de su filosofía: pretende reducir la actividad social a la producción y al consumo. El intercambio comercial somete los valores al común denominador del precio. Pero hay cosas muy valiosas, tal vez las más valiosas, que no tienen precio: la abnegación, la fraternidad, la simpatía, el amor, la amistad, la piedad, las obras de arte. Marx criticaba al capitalismo porque reducía al obrero a horas de trabajo. Tenía razón. La misma crítica puede hacerse al nihilismo del mercado que convierte al precio en el valor único. Leo con frecuencia que se ha vendido un Rembrandt en no sé cuántos millones de dólares y un Picasso en no sé cuántos. Me parece escandaloso y me avergüenzo de mi época. El culto al dinero corrompe a las almas y envilece a las sociedades.

Y hay una tercera crítica, tal vez la más grave: el mercado, movido por el lucro sin freno y por el ansia de producir para consumir más y más, está acabando con los recursos naturales. La destrucción del medio ambiente amenaza a la supervivencia de la especie humana... Es claro, por todo esto, que debemos convertir al mercado en una expresión del pacto social, la moral pública, la integridad espiritual de nuestra civilización, la supervivencia física de la especie humana. Marx pensaba, como todos en su época, que la naturaleza era una fuente de energía y que el hombre debería dominarla y explotarla. Ahora pensamos que la naturaleza es una fuente de vida que debemos respetar y venerar. Redescubrimos así ciertos elementos de nuestra herencia espiritual, tanto del cristianismo como del liberalismo y del socialismo.

– ¿En qué sentido?

– El ideal de una sociedad justa es un legado muy valioso del socialismo. Debemos preservarlo. A su lado, la idea de la dignidad de la persona humana, herencia del cristianismo. Por su parte, el liberalismo afirma que la democracia está fundada en la libertad y que la propiedad debe ser respetada porque es uno de los fundamentos de esa libertad. Sí, pero la propiedad no es ni puede ser el valor supremo. La riqueza debe estar sujeta al control de la sociedad como el poder público debe estar sujeto a la crítica de la sociedad. Todo esto me parece esencial. El remedio para los males de nuestra sociedad no es únicamente el mercado. El remedio es la democracia real, extendida a todos los órdenes: el económico, el político, el social.

– ¿Quién ganó la guerra, entonces, el capitalismo o el socialismo?

– El gran perdedor fue el socialismo autoritario, el comunismo. El capitalismo no sólo ha demostrado ser mucho más eficaz económicamente, sino que posee una capacidad de adaptación superior. El capitalismo de 1990 no es el capitalismo de 1890 ni el que conoció Marx. Se ha modificado y se va a modificar en el futuro. La polémica ha sido clausurada por la historia. Capitalismo y socialismo, izquierda y derecha, son términos que pertenecen al pasado. De esto no se deduce la inmovilidad; al contrario: nuestra sociedad está condenada a cambiar si quiere sobrevivir. Ese cambio será imposible sin una nueva filosofía política. Ignoro las formas que adoptará ese nuevo pensamiento, pero presumo que recogerá muchos elementos de nuestras dos grandes tradiciones, la liberal y la socialista. Las críticas que he hecho al mercado podrían extenderse a otros dominios: la ética, la cultura, la política. Por ejemplo, las democracias modernas están gobernadas por enormes maquinarias políticas, los partidos. Esto explica el creciente abstencionismo en los países desarrollados. Otra excrecencia: la publicidad como valor supremo. Todo esto habrá que cambiarlo. El fin del comunismo no debe ser sino el principio de otros cambios.

– ¿Hasta qué punto la transnacionalización del poder deja a América latina sin poder negociar nacionalmente, y hasta qué punto deberá, cada país, o cada grupo de poder dentro de cada país, integrarse también a la transnacionalización y diluirse en la economía internacional?

– El fenómeno de la globalización de la economía no depende de la voluntad de esta o de aquella nación sino de la expansión de la economía mundial. Es un fenómeno universal. Mejor dicho, es una fase de un proceso que comenzó hace siglos. Precisamente uno de los primeros en advertirlo fue Marx; dijo varias veces que la expansión del capitalismo realizaba por primera vez en la historia la unificación de los hombres y de los pueblos en un sistema económico mundial. Ahora vivimos en otro momento de ese proceso. La América latina, por lo demás, no tiene mucho que perder y sí mucho que ganar al insertarse en la economía mundial. Entre otras ganancias: será el paso definitivo hacia su modernización económica. Sin embargo, Marx y muchos otros con él se equivocaron al creer que el sistema económico mundial significaba el fin del nacionalismo. No ha sido así. Somos testigos, al final del siglo veinte, de un fenómeno doble: el carácter cada vez más internacional de la economía y, al mismo tiempo, el renacimiento de los nacionalismos. No es un accidente que la modernización de España coincida con la reaparición de los nacionalismos; tampoco es una casualidad que el nacionalismo reaparezca de manera virulenta en lo que fue la Unión Soviética.

En este gran cambio, la América latina posee una ventaja inmensa: gracias a nuestro común origen (o sea, gracias a la conquista y a la evangelización) tenemos menos peligro de recaer en los nacionalismos y regionalismos. Al principio de nuestra conversación le dije que, a diferencia de la desmembración del imperio ruso, los agentes de la desintegración del imperio español en América no habían sido los pueblos, sino diversas circunstancias de orden político y social. Nuestro desmembramiento no comenzó por abajo, como en el caso del antiguo imperio ruso, sino que fue obra de los caudillos y de ciertas minorías. *Las naciones latinoamericanas fueron creadas después de la independencia y no antes.* Debemos preservar ese fondo común —histórico, cultural, lingüístico— porque es una de nuestras grandes defensas ante el mundo siniestro que se avecina si triunfan los nacionalismos. Esto lo vieron mejor que nadie algunos grandes hispanoamericanos, de Bolívar a Rodó[8]. Lo mejor que hemos hecho los hispanoamericanos no lo hemos hecho en el dominio de la política y de la economía sino en el de la literatura y el de las artes. Tenemos que alcanzar en la esfera de la ciencia y la técnica la excelencia que hemos conquistado, desde Rubén Darío, en la literatura. Y tenemos que *traducir* en términos políticos y sociales nuestra unidad cultural. Una unidad hecha de muchas singularidades.

– ¿Hasta qué punto la literatura nos ha forjado nuestra propia

8- José Enrique Rodó (1871-1917), escritor y ensayista uruguayo, conocido por su *Ariel*, sobre la índole de la democracia. Uno de los maestros de la prosa modernista.

imagen de América latina? ¿Hasta qué punto somos un invento literario?

– Sí, nuestra imagen ha sido, ante todo, una creación de nuestros poetas, ensayistas, novelistas... Permítame, antes de seguir con este tema, contestar ahora a su pregunta sobre la integración de México con Estados Unidos. Empezaré por decirle que la palabra «integración» no es muy exacta. Se trata realmente de asociación. Sobre este punto me he ocupado extensamente en un libro reciente: *Pequeña crónica de grandes días* (1990). Allí me declaro partidario no sólo de la asociación económica sino de la creación de una Comunidad de Estados de América más o menos semejante a la Comunidad Europea.

Acerca de la asociación económica debo repetirle algo que le dije ya: los Estados Unidos son un gran imperio en declinación, de modo que, para sobrevivir, tendrán que crear nuevos lazos económicos con América latina. El Tratado de Libre Comercio entre México, Canadá y los Estados Unidos es el primer paso. Si se lograse crear un Mercado Común entre los Estados Unidos, México y Canadá se podría extender después a la América central y, más tarde, al resto del continente. Esta es la alternativa lógica: la solución europea frente a la desunión fue la Comunidad. La otra alternativa es el renacimiento de los nacionalismos. Sería el comienzo del caos internacional. Es terrible pero no es imposible. No olvidemos que la historia siempre ha sido trágica. Joyce decía que la historia es una pesadilla. No, la historia es una realidad pero es una realidad que tiene el horror y la incoherencia de las pesadillas.

– ¿Usted ve como ideal una América unida frente a una Europa unida y Japón?

– Ese sería uno de los posibles desenlaces del lío actual, porque vivimos un lío.

– ¿Y usted cree que Estados Unidos está dispuesto a esa unión?

– Los países nunca están dispuestos a hacer lo que deberían hacer pero, a veces, la historia los obliga.

– ¿Se pueden superar las diferencias culturales?

– Nos va a dividir siempre la cultura. Hace un momento hablábamos de nuestro origen. Las diferencias están vivas: ellos son una versión excéntrica de Occidente y nosotros somos otra, no menos sino más excéntrica. Ellos han agregado muchas cosas admirables a la herencia europea y nosotros también hemos agregado muchas cosas admirables a esa herencia. En fin, ni ellos ni nosotros somos europeos, aunque nacimos como dos proyecciones opuestas de Europa. ¿Nos podemos unir? ¿Por qué no? Piense en Europa. Piense en todo lo que ha dividido a los franceses de los ingleses, a los alemanes de los franceses. Piense en los dos mil años de guerras europeas. Pero, insisto: una cosa es la asociación y otra es la fusión.

– ¿Qué tipo de asociación ve usted entonces?

– La relación que une a dos interlocutores en el diálogo. Las grandes civilizaciones han sido hechas a través de diálogos entre distintas culturas. Soy partidario del diálogo porque soy partidario de la diversidad. Cuando la unidad se transforma en uniformidad, la sociedad se petrifica. Esto fue lo que les pasó a los comunistas. Para vivir, la democracia tiene que albergar elementos contradictorios que la hagan permanentemente crítica. El diálogo, la crítica, el intercambio de opiniones: eso es la vida política y eso es la cultura.

– ¿Cómo se integran en esta unión, que es absolutamente racionalista, todas nuestras razones de corazón que tanto nos pesan en América latina?

– ¿Racionalista? Mis argumentos son más bien empíricos. Nacen del sentido común y de la experiencia. Mi empirismo no se opone a lo que usted llama las razones del corazón. Estas últimas son las razones profundas y son las que animan y dan fisonomía a una cultura. Pero esas razones no van a desaparecer si son realmente del corazón.

– ¿Y usted no las ve incompatibles con las razones de corazón norteamericanas?

– Las veo opuestas, no incompatibles. Además, por más profundas que sean esas razones, no podemos olvidar que Estados Unidos es el país de la democracia. Hemos hablado hace un instante de la literatura hispanoamericana como creadora de nuestra imagen: ¿cómo olvidar que los Estados Unidos es un país de grandes poetas? La literatura latinoamericana ha sostenido siempre un diálogo doble: frente a Europa y frente a los Estados Unidos. Darío tuvo la obsesión de Whitman. En sus *Prosas profanas* dice que su América es la América de Moctezuma, «lo demás es tuyo, demócrata Walt Whitman». Pero en otro momento de su evolución, en el más alto, en *Cantos de vida y esperanza*, dialoga con

Whitman e incluso recoge su acento a un tiempo bíblico y democrático. Neruda también sostuvo un diálogo contradictorio y apasionado con Whitman; recuerde su poema *Que despierte el leñador*. ¿Y Borges? Siempre pensó en Whitman y lo tradujo. El ejemplo de Whitman podría extenderse a Poe y a otros poetas y novelistas. Este diálogo ha sido, naturalmente, contradictorio. Es curioso cómo el pensamiento conservador latinoamericano ha sido mucho más antiamericano que el de los liberales y el de los socialistas. Por lo menos en México y desde el principio del siglo pasado. En nuestro siglo Vasconcelos atacó a los Estados Unidos pero el pensamiento liberal tradicional fue proamericano. Recuerde a Benito Juárez.

– ¿No ve máscaras en los intelectuales norteamericanos?

– Sí, pero distintas. Aunque no sé si sea exacto hablar de máscaras, al menos en el sentido en que hemos empleado esta palabra durante nuestra conversación. La máscara es algo exterior. Hay otras formas de ocultamiento de nuestro ser; por ejemplo, la hipocresía. Los latinoamericanos católicos no son hipócritas o, por lo menos, no lo son en la medida en que la hipocresía es una dimensión del carácter norteamericano. Atribuyo esa hipocresía al puritanismo. La moral pública en nuestros países de cultura católica colinda por una parte con la confesión y, por la otra, con el rito, la representación, el teatro, la máscara. Su eje es la comunión. En los Estados Unidos la moral pública colinda con la introspección y, en el otro extremo, con el sermón y la reprobación colectiva. Su eje es la expiación solitaria.

La contrapartida del moralismo norteamericano es el hedonismo actual: el culto al dinero, el individualismo desenfrenado, el amor al éxito, la superstición ante el sexo. Una cara de la moralidad norteamericana es la licencia de las costumbres (*permissiveness*) y la otra los aspavientos públicos ante las grandes o pequeñas transgresiones sexuales de sus políticos. El puritanismo convive con el libertinaje gracias al puente de la hipocresía. La misma relación existe entre la filantropía de los millonarios y su inmoderada ansia de lucro o entre las declaraciones santurronas de su política exterior y la brutalidad de sus acciones. En los Estados Unidos se habla incansablemente de moral y también de dinero: dos obsesiones. Es una sociedad individualista en la que florece un egoísmo feroz y, como contrapartida, el altruísmo; el lazo que une a estas dos actitudes es, de nuevo, la moral. Aunque podría agregar otros ejemplos del uso inmoderado de la moral en la vida pública norteamericana, prefiero no seguir: nada es más fácil que lanzar piedras al cercado ajeno.

El puritanismo original de los norteamericanos, filtrado por unos sanos hábitos democráticos, se manifiesta en una virtud admirable que todos deberíamos imitar: el ejercicio de la discusión y de la crítica pública. Cada vez que se han enfrentado a una gran crisis, los Estados Unidos han hecho un examen de conciencia. Todo el mundo se da golpes y aún golpecitos en el pecho... después cambian. Ejemplos recientes: Vietnam, Watergate y la lucha contra el racismo. En el combate contra la discriminación se han hecho grandes progresos y no sería imposible que los Estados Unidos lleguen a ser una verdadera democracia multirracial. Si lo logran, será un logro inmenso. Pero esta admirable capacidad de introspección y de crítica tiene su reverso: el aislacionismo. Varias veces he tocado el tema; ahora sólo repetiré que la dificultad de los norteamericanos para hablar con los extraños viene de su aislacionismo congénito.

Los Estados Unidos fueron fundados, a la inversa del resto de las naciones, no en respuesta a un pasado común, una tradición, sino por una visión del futuro. Fueron fundados por un mesianismo singular: en contra de la historia. Tanto para los puritanos como para los «Padres Fundadores», la historia era el origen de la perdición y del mal. La historia significaba, para los primeros, la herencia romana que pervirtió al cristianismo primitivo; para los segundos, los privilegios y las injusticias de la sociedad jerárquica europea. Los Estados Unidos serían la nueva Jerusalén democrática, construida frente o, más bien, contra la historia y con los materiales puros del futuro. La utopía se convirtió en lo que hoy son los Estados Unidos: un imperio democrático, es decir, una realidad social con todos los defectos y cualidades de lo que pertenece a la historia. Desapareció la utopía, no el aislacionismo original. Por esto es tan difícil hablar con un país que espontáneamente mira todo lo que es extraño como algo condenado por la historia. El pasado es, para ellos, el otro nombre del pecado original. Esta es la gran falla de los Estados Unidos.

– Lo han demostrado en su política internacional...

– Por supuesto. Una de las grandes debilidades de esa gran nación es su política internacional. Una política hecha de declaraciones de buenas intenciones acompañadas de violencia y de errores de percepción del otro y de los otros. Fue notable su equivocación frente al poderío real del sistema burocrático comunista. Son el país mejor informado del mundo y son el país que hace el peor uso de su información.

– ¿Cómo nos afecta el supuesto fin de las utopías a los latinoamericanos?

– No estoy de acuerdo en llamar «fin de las utopías» al fin de las dictaduras comunistas. El derrumbe del comunismo fue el derrumbe de un régimen opresor, no de una utopía. Por otra parte, Marx dijo siempre que el socialismo suyo no era utópico sino «científico». Pues bien, lo que se ha acabado es el socialismo «científico». El marxismo no es una ciencia sino una hipótesis y muchos de sus supuestos esenciales han resultado falsos. Entre ellos el central: la clase obrera no es una clase universal revolucionaria. La historia no es el lógico resultado de un proceso dotado de una dirección y un sentido. Es el dominio de mil causas, algunas de ellas imponderables, entre ellas el azar. Pero el fin del «socialismo científico» no es el fin de las utopías. Por cierto, utopía es una palabra impropia: la utopía no tiene lugar en el espacio y es por naturaleza irrealizable. El socialismo no fue ni es una utopía: es un ideal respetable y en muchos aspectos admirable. Debemos rescatar lo que tenga de rescatable. Y tiene muchas cosas rescatables.

Lo mismo sucede con el liberalismo: fue y es un antídoto contra las ideologías y los sistemas autoritarios. Pero nuestro liberalismo no puede ser el del siglo diecinueve. He criticado al socialismo (o lo que se ha hecho pasar por tal). Ahora déjeme decirle que al liberalismo actual le faltan muchas cosas, sin las cuales la vida no es digna de ser vivida. Si pensamos en aquella tríada con la que comienza el mundo moderno, la libertad, igualdad y fraternidad, vemos que la libertad tiende a convertirse en tiranía sobre los otros; por lo tanto, tiene que tener un límite; la igualdad, por su parte, es un ideal inalcanzable a no ser que se aplique por la fuerza, lo que implica despotismo. El puente entre ambas es la fraternidad, la gran ausente en las sociedades democráticas capitalistas. La fraternidad es el valor que nos hace falta, el eje de una sociedad mejor. Nuestra obligación es redescubrirla y ejercitarla.

– ¿No es volver a otro tipo de utopía?

– No, no es utópico sino de difícil realización. Pero si no redescubrimos a la fraternidad, nos llevará *realmente* el demonio: el señor de la nada. Tenemos que redescubrir la fraternidad no sólo con los hombres sino con los seres vivos y con las cosas. El mundo moderno ha visto al planeta como un depósito de recursos que hay que explotar; ve piedras y en las piedras ve energía; ve agua y en el agua ve energía; todo se convierte en fuerza, en poder para hacer cosas. Los antiguos veían al mundo de un modo distinto. En una piedra veían un espíritu, en un río a un dios o a una diosa. No predico volver al culto de los espíritus naturales, aunque hoy nos sobran «*stars*» de la televisión y nos faltan náyades y semidioses. Pido recobrar el sentimiento de la fraternidad con el universo y sus criaturas. No somos distintos del resto de los animales y las cosas, algo nos une a las estrellas y a los átomos, a los reptiles y a los pájaros, a los elefantes y a los ratones, a todo.

– ¿Por qué siempre la felicidad latinoamericana ha estado en otra parte? Para las clases medias altas siempre ha estado fuera de América latina, en Estados Unidos, en Francia o en otros lugares; y para las clases populares, en la religión o en la utopía política...

– Es un fenómeno universal. El centro del mundo estuvo en Babilonia o en Roma, en París o en Londres; después, en Nueva York; mañana, quizá, en Tokyo. Es natural, aunque sea un poco ridículo, que las clases altas imiten no lo mejor sino lo más vistoso y superficial de París o de Nueva York. Pero no todo es malo en ese *snobismo*: Rubén Darío leyó a los poetas modernos en la biblioteca de su amigo el millonario afrancesado Balmaceda[9]. ¿Y las utopías? No ha sido el pueblo sino los intelectuales los que las han adorado. Y así les ha ido. Para el pueblo la religión es el único valor, aquello que le puede dar felicidad o desdicha eternas. El pueblo es más sabio que los burgueses enamorados de las cosmópolis y que los intelectuales devotos de las utopías.

– La felicidad está siempre «mas allá»...

– Sí, el cielo está más allá. También el infierno... Para nosotros, que no somos creyentes; para el creyente, el cielo y el infierno están al alcance de la mano.

9- Pedro Balmaceda, hijo del presidente chileno José Manuel Balmaceda.

– ¿Qué tiene de sabio situar la felicidad en el «más allá»?

– La felicidad no es ni puede ser terrestre. Tampoco puede ser un estado permanente. Los hombres podemos ser felices por un instante. Esto lo sabían mejor que nosotros Epicuro y Montaigne. Pero no importa la brevedad: un instante puede ser una ventana hacia la eternidad.

– ¿Por qué somos provincialistas, cuando hay otras sociedades «nuevas» que no lo son tanto?

– Todas las sociedades son provincianas, incluso las de las cosmópolis. Hay un provincianismo parisino, otro londinense y otro neoyorquino. El provincialismo de América latina es la otra cara de su cosmopolitismo. Es explicable que nuestra historia desdichada nos haya impulsado a buscar compensaciones afuera. Ese es el origen del cosmopolitismo de muchos de nuestros grandes artistas, de Rubén Darío a Borges. El cosmopolitismo es un rasgo constitutivo de la literatura y del pensamiento de América latina, desde los tiempos de Bello hasta los de Alfonso Reyes y sus sucesores. Otra tendencia persistente es el criollismo, el telurismo y, en fin, el americanismo. Esta dualidad también se encuentra en los Estados Unidos: Emerson[10] y Whitman, Henry James y Mark Twain.

– ¿No cree que eso nos diferencia de los norteamericanos, que sí pensaban que la felicidad estaba en los Estados Unidos?

– Los norteamericanos son los provincianos del pasado. ¡Cómo les gustaría tener una Edad Media o un Renacimiento! O, por lo menos, como los mexicanos, una cuantas pirámides y tres o cuatro iglesias barrocas. Los norteamericanos han sido los colonizadores del futuro y hoy, decepcionados, comienzan a descubrir los encantos y los horrores del presente. Pero el pasado es para ellos un territorio inaccesible.

– ¿Cree que la utopía juega un papel distinto en países como los nuestros y en los países desarrollados o tiene el mismo papel?

– Las ideologías —prefiero llamarlas así y no utopías— juegan papeles semejantes en el mundo desarrollado y en el llamado subdesarrollado. El hombre es el mismo en un lugar o en otro. El hombre que maneja un «Ford» y el que monta un burro son el mismo hombre. La diferencia consiste en que el que monta el burro casi siempre es más

10- Ralph Waldo Emerson (1803-1882), filósofo norteamericano.

culto que el del automóvil. El fenómeno nuevo es el bárbaro moderno. La barbarie tecnológica es la nueva barbarie, lo mismo en los Estados Unidos que en Alemania, en Francia que en Japón. A esa barbarie es a la que quisieran llegar los rusos. Los rusos y nosotros.

– Sin embargo, las crisis de las utopías o de las ideologías son siempre más dramáticas para los hombres que andan en burro...

– El que monta en burro no cree en las utopías ni en las ideologías. Cree en el cielo y en el infierno. La utopía es la enfermedad de los intelectuales, no del pueblo. Ni en México, ni en ningún otro lado, el pueblo ha creído en las utopías. La revolución de Lenin, como la de Fidel Castro, fue un golpe de un grupo de intelectuales y revolucionarios profesionales. No lamento el fin del mito de la Revolución. Vivió tres siglos y le debemos cosas admirables y abominables; pero ha perdido todos sus poderes. No es ni siquiera un fantasma: es una reliquia. Lo que hace falta ahora es limpiar el polvo de las mentes con el plumero y la escoba de la crítica, no con gemidos histéricos sobre el fin de la utopía.

– ¿Qué se necesitaría para que hubiera una crítica libre de histerismo?

– Confío en la razón humana. Si se derrumba el cielo católico, aparece la razón universal; si se desmorona la metafísica racionalista, aparece la crítica de la razón de Kant; si el kantismo se evapora, surgen el positivismo, el marxismo, Nietzsche... Hoy no tenemos nada a qué acogernos, se han acabado las ideologías universales y tenemos que reinventarlo todo. ¿Una gran pérdida? Más bien una posibilidad enorme. Por primera vez los latinoamericanos no tenemos a dónde volver los ojos: no hay ideologías de repuesto. La gran crisis comenzó no con el fin del comunismo, sino desde hace más de medio siglo. Ante el derrumbe general escribí, en 1950, en *El laberinto de la soledad*: «por primera vez en la historia somos los contemporáneos de todos los hombres». Fue una frase no siempre bien comprendida. Quise decir que ya éramos responsables de nuestro destino como los norteamericanos, los franceses, los turcos o los italianos. Nadie sabe a dónde vamos. Todos estamos en el mismo barco.

– ¿Cree usted que en América latina fracasaron todos los grupos de poder, y los grupos sociales que guiaron los distintos procesos a través del tiempo?

– Siempre hay cosas que recuperar en el pasado. Para justificar mi opinión le daré un ejemplo sacado de la historia de México, que es la que conozco un poco más. A mediados del siglo pasado los liberales alcanzaron al fin el poder. Fue una generación brillante y, lo que es más notable, de inmaculada moral pública. Pero tuvieron que enfrentar sus ideas a la realidad de un México tradicional, analfabeto, empobrecido por un siglo de luchas intestinas, dictaduras, ocupaciones extranjeras, con una industria en pañales, un comercio arruinado y una agricultura en ruinas. El liberalismo, no sin sacudimientos, trastornos y divisiones, se transformó en una dictadura liberal, la de Porfirio Díaz. Fue un despotismo liberal ilustrado que duró treinta y tres años. Se acostumbra hablar muy mal —no sin razón— del régimen porfirista. Durante medio siglo nadie se atrevía en México a defenderlo. Pero hoy comenzamos a descubrir sus grandes aciertos en materias tan distintas como la política internacional y la economía, la ciencia y la alta cultura. El sistema porfiriano ha abandonado el infierno de la historia, no para subir al cielo sino para regresar a la tierra, que es el lugar que le corresponde.

Siempre queda algo del pasado. Es mucha soberbia condenar a nuestros antecesores: no sólo necesitan nuestro juicio, adverso o favorable, sino nuestra piedad. Y piedad significa simpatía: quizá yo hubiera hecho lo mismo que tú, si hubiera estado allí. Hay una norma que hemos olvidado: respetar al adversario y honrar a los vencidos. Desde hace mucho me rebelo contra las historias oficiales. La de México, por ejemplo, está compuesta por glorificaciones exaltadas y condenas inapelables, ditirambos y olvidos hipócritas; nuestros justos y bienaventurados son los vencedores y nuestros réprobos y villanos, los vencidos. Exaltar al vencedor y condenar al vencido es un vicio universal y antiquísimo: lo han practicado con la misma tenacidad los gobiernos y las academias, los emperadores de China y el presidente Mao, la Iglesia Católica y Stalin. Son las venganzas póstumas del poder.

– ¿Pero usted no ve, entonces, a nuestras naciones como naciones fracasadas?

– Pienso como usted que nuestra historia —más exactamente la de los diecinueve y veinte— ha sido un inmenso fracaso. Pero las derrotas no envilecen; envilece no saber qué hacer con las derrotas. Convertir al fracaso en una obra es hermoso. Nosotros hemos creado algunas cosas admirables con nuestros fracasos: un puñado de poemas, media docena de novelas y libros de cuentos. Además, no estamos muertos: somos una cultura viva. Esto ha sido un gran triunfo. América latina tiene carácter, tiene alma. Esta es nuestra gran victoria.

– En todo caso el gran fracaso es el de los enmascaramientos...

– Sí, pero el fracaso fue doble: el nuestro y el de las ideologías. La única revolución que tuvo éxito en América fue la religiosa; los frailes triunfaron: convirtieron a los indios. Esto es admirable y no debemos olvidarlo nunca.

– Tocando el tema de los frailes, justamente... Hay dos instituciones que en América latina han estado lejos de la máscara liberal: la iglesia y las fuerzas armadas. Han sido, además, más bien «contrarreformistas». ¿Hasta qué punto cree usted que ellas han sido obstáculo a una modernidad real?

– Prefiero hablar solamente de la experiencia mexicana. El ejército del siglo diecinueve, forjado en las derrotas frente al exterior y en las victorias contra el enemigo del interior, fue el caldo de cultivo de las asonadas y los dictadores. Al comenzar el siglo diecinueve el ejército defendió al régimen de Porfirio Díaz. A su vez, el ejéricto nacido de la Revolución también fue el semillero de desórdenes y de caudillos. Sin embargo, gracias a la acción de tres presidente —Calles, Cárdenas y Avila Camacho—[11] el militarismo mexicano, la gran plaga de nuestra historia independiente, ha desaparecido.

En el siglo dieciséis la obra de la Iglesia mexicana, especialmente la de las órdenes religiosas, fue ejemplar y memorable, sobre todo por su defensa de los indios. La acción de los frailes es un capítulo consolador en la historia de los hombres, casi siempre manchada por toda suerte de iniquidades. Después, aunque dejó de ejercer el heroísmo cristiano del siglo dieciséis, la Iglesia realizó una obra espléndida. Sin embargo, aunque las órdenes religiosas con frecuencia criticaron los abusos, la Iglesia fue la aliada invariable del poder. Fue enemiga de la

---

11- Plutarco Elías Calles (1877-1945), político y militar mejicano, presidente de 1924 a 1928.

Lázaro Cárdenas (1895-1970), político y militar mejicano, presidente de 1934 a 1940.

Manuel Avila Camacho (1895-1970), político y militar mejicano, presidente de 1940 a 1946.

independencia y participó en las luchas civiles del siglo diecinueve como protectora y guía del partido conservador y del imperio de Maximiliano. Pero en el siglo veinte fue víctima de una persecución injusta. Así pues, su historia es, como todas las historias, un conjunto de acciones nobles y otras reprobables. Después de más de un siglo de querellas, hemos llegado a un *modus vivendi* civilizado entre la Iglesia y el Estado.

– ¿Cree que en el resto de los países latinoamericanos haya que limitar el poder de las fuerzas armadas?

– Ustedes han tenido en Chile un triunfo importante y han demostrado que la sociedad civil es más fuerte que el ejército. En toda la América latina el ejército ha sufrido derrotas o ha tenido la inteligencia de retirarse a tiempo. Por supuesto, sería quimérico proponerse la abolición de las fuerzas armadas. Es una realidad con la que debemos contar siempre, al menos mientras dure la otra realidad que la ha engendrado: el Estado. Tenemos que encontrar formas institucionales que hagan posible el diálogo entre la sociedad y el Estado. La vieja receta de Montesquieu: la división de poderes, es el mejor antídoto contra las tentaciones dictatoriales de los militares y de los civiles.

– ¿Hasta qué punto cree usted que todas estas tiranías que hemos sufrido en los últimos tiempos son producto de nuestra propia realidad más que de factores externos?

– El imperialismo norteamericano no creó la división de América latina: se aprovechó de ella; no inventó a los caudillos: los convirtió en sus aliados y en sus cómplices. Nuestra falla viene de la inestabilidad interna. Los dictadores surgen por lo que hemos dicho: la crisis de la legitimidad al otro día de la independencia y la dificultad para formar auténticas democracias en países que no estaban preparados para ellas. La influencia de los poderes extranjeros no debe extrañarnos. Ha sido universal y aparece en todos los momentos de inestabilidad de los pueblos. París estuvo ocupado por tropas españolas en el siglo dieciséis y por tropas rusas y prusianas después de la derrota de Napoleón. Para defendernos de los extraños hay que acabar con las convulsiones intestinas y crear democracias estables.

– ¿Qué hace que unos países estén preparados para la democracia, como Estados Unidos, y otros no?

– El pasado español no fue democrático. Entramos en el mundo moderno sin preparación. También los españoles: muy tarde y con enormes dificultades lograron establecer el sistema democrático de que hoy disfrutan. Sucedió lo mismo con los italianos y con los alemanes. No exageremos: nuestros fracasos, con ser grandes, no han sido mayores que los fracasos de los alemanes, para no hablar del reciente desastre ruso.

– Usted ha dicho varias veces, en esta entrevista, que México es diferente al resto de Latinoamérica... ¿Cómo definiría la mexicanidad?

– La palabra *mexicanidad* es una palabra que evito. Me parece sospechosa. Encierra en una cárcel de conceptos y adjetivos a una realidad en movimiento. México es una invención que, como todas las invenciones, tiene dos aspectos o caras: una es el descubrimiento de una realidad oculta, no visible a primera vista; otra es un diseño, un proyecto. Para descubrir lo que somos es necesario interrogar a nuestro pasado y examinar a nuestro presente pero, asimismo, dar un sentido y una dirección a esa realidad más o menos estática. El futuro es parte esencial de nuestro presente.

– ¿Entonces, usted cree posible la famosa identidad latinoamericana? ¿En qué consiste?

– No me gusta la palabra identidad. Aún menos la frase de moda: «búsqueda de la identidad». Lo que llamamos identidad y que antes, con mayor propiedad, se llamaba el carácter, el alma o el genio de los pueblos, no es una cosa que se pueda tener, perder o recobrar. Tampoco es una sustancia ni una esencia. América latina no es ni un ente ni una idea. Es una historia, un proceso, una realidad en perpetuo movimiento y cambio continuo. América latina existe en la historia o, más bien, es historia: una sociedad de sociedades en un territorio enorme rodeado de otras sociedades, todas en movimiento. Una sociedad es una cultura: un conjunto de individuos, cosas, instituciones, ideas, tradiciones e imágenes. Una realidad *sui géneris* pues no es enteramente material ni ideal. América latina es una cultura. No es fácil definirla y ni siquiera describirla. Los que han expresado mejor esa realidad elusiva han sido los escritores. Pero ninguno de esos poemas y novelas es ni puede ser un retrato realista; todas esas obras son imágenes o, más exactamente, imaginaciones de lo que somos o podríamos ser. En fin, puedo decirle algo al menos: América latina es una realidad verbal. O sea: una lengua. Y aquél que dice lengua, dice visión del mundo. ¿Qué es una visión del mundo? No es únicamente una concepción o una idea: es una acción y una creación, un «ethos» y un conjunto de obras. Es un mundo hecho de muchos mundos. Nuestra realidad es plural y diversa, es un diálogo de pueblos que hablan, en la misma lengua, de cosas que son a un tiempo distintas y comunes.

– Desde un punto de vista absolutamente personal, ¿cuáles cree que son los hitos que marcan nuestra historia de identidad común más allá de las efemérides? ¿Qué es lo que nos ha hecho ser en la historia?

– ¿Cómo contestarle? Nacimos como una proyección de la visión universal de la monarquía hispánica, que albergaba una pluralidad de naciones y que se sustentaba en una filosofía: el neotomismo. Esa construcción política y la filosofía que la justificaba fueron disipadas por la historia pero los cimientos, la fundación —la lengua, la cultura, las creencias básicas— resistieron a los cambios. Después concebimos un proyecto no menos universal: la modernidad republicana y democrática. La realización de ese proyecto exigía una crítica radical de nuestro pasado y de nuestra cultura. Tras muchas vicisitudes hemos penetrado en el mundo moderno. Vivimos un período de transición e ignoro cuál será el resultado de este gran proceso de cambio. En todo caso, puedo decir que nuestra suerte será la de la modernidad...y la modernidad está en crisis. Hemos abandonado varios absolutismos heredados del siglo diecinueve, como la creencia en el progreso, el marxismo y otras abstracciones. En parte, me alegro: soy hijo de los grandes críticos del racionalismo: Freud, Nietzsche...y los otros. Hoy triunfa un relativismo universal. El término es contradictorio: ningún relativismo puede ser universal sin dejar de ser un relativismo. Vivimos en una contradicción lógica y moral. El relativismo nos ha dado muchas cosas buenas y la mejor entre ellas ha sido la tolerancia, el reconocimiento del *otro*. Aunque no tengo nostalgia de los antiguos absolutos religiosos y filosóficos, me doy cuenta de que el relativismo —aparte de su intrínseca debilidad filosófica— es una forma atenuada y en cierto modo hipócrita del nihilismo. Nuestro nihilismo es solapado y está recubierto de una falsa benevolencia universal. Es un nihilismo que no se atreve a decir que lo es. Prefiero a los cínicos, prefiero a Diógenes en su tonel. Una sociedad relativista que no confiesa que lo es es una sociedad envenenada por la mentira, un veneno lento pero seguro. El remedio, quizá, está en volver a los clásicos del pensamiento. Por ejemplo, a Kant, que trazó los límites de la razón pero que no intentó substituirla con los delirios de la dialéctica, las quimeras del «eterno retorno» y las otras fantasmagorías de tantos de nuestros contemporáneos. La única cura del nihilismo es la crítica de la razón. Por eso es útil volver a Kant: no para repetirlo sino para continuarlo. La razón no es una diosa sino un método, no es un conocimiento sino un camino hacia el conocimiento.

París, 18 de diciembre de 1991.

Acto de locura y de fe

Cuando la locura y la fe se toman de la mano se pueden comenzar empresas de ésas que nunca se sabe cómo terminarán. Confieso que si una mezcla de ambas no me hubiera atrapado en un instante impreciso y a muchos amigos no les hubiera sucedido otro tanto, este libro habría sido una empresa inconclusa, o, en el mejor de los casos, nunca iniciada. Convencer a un editor, a un patrocinador, a un auspiciador, de que crean que es posible hacer dieciséis entrevistas en profundidad, en sólo seis meses, a los escritores más importantes de América latina —que viven repartidos por el mundo— sobre un tema no literario y, además, desprestigiado, como es el caso de Latinoamérica, sólo se explica por una cierta euforia lunática causada por la cercanía del fin del siglo y la angustia que a todos nos provoca todavía no saber quiénes somos.

El huracán maníaco depresivo que recorrió la Tierra a partir de los cambios en la Unión Soviética y en los países del este de Europa, hizo, quizás, que nos apanicáramos aún más, con la idea de que nosotros, los llamados latinoamericanos, a pesar de nuestras renacientes democracias, también podríamos estar en una pendiente crítica y debíamos prepararnos para empezar a mirarnos en el lado oscuro del espejo y asumirnos tal cual somos, con toda nuestra perversidad y toda nuestra bonhomía.

El primer homenaje va para mi editor, Pablo Dittborn, que creyó que la idea era posible sin preguntar mucho quién era yo y si era capaz de hacerlo (aunque todavía es posible que no lo sepa del todo). A mis amigos Rafael Otano, Carlos Catalán, Juan Enrique Vega, Verónica Zondek, Francisco León y Marcela Villarreal, que me escucharon horas hablar sobre el tema, cuando ni siquiera sabía si alguien se interesaría por el libro, y me dieron estupendas sugerencias para una obra virtual de resultados insospechados.

A Jorge Edwards, José Donoso, Ariel Dorfman, Nelson Osorio, Mauro Brusa, que me ayudaron a hacer los primeros contactos. A Carlos Fuentes, Mario Benedetti, Rogelio García Lupo, Maura Brescia, Alquimia Peña, Ramón Contreras y Florencia Varas, que me ayudaron a hacer los segundos. A los dieciséis entrevistados, a quienes bastó una llamada mía sin mayores referencias para que me dijeran que sí, que el tema les encantaba y que me recibirían cuando quisiera.

La parte de este libro realizada en Madrid no habría sido tan entretenida y productiva sin la ayuda logística y de intendencia de mis amigos Marco Antonio de la Parra y Gracia García y de sus hijos Javier (que me dejó su habitación por varios días), Macarena, y Gonzalo (que me prestó atención, lo que es muy importante cuando se anda tras causas inciertas). No habría sido tampoco posible la parte de París sin mis amigos Alvaro Larraín y Marisol Valenzuela, y sus hijos Eduardo y Alvaro (a quien también desalojé un fin de semana de su cuarto); ni sin el grande de España, Antonio Portanet, que me soportó y trasladó durante dos semanas cuando andaba triste persiguiendo a algunos próceres por todo París y que, para que se me pasara la pena por una entrevista frustrada, me llevó a ver el inolvidable péndulo de Foucault al Conservatorio de Artes y Oficios en Saint-Martin des Champs. El éxito tampoco habría sido claro sin su mujer, Cordula Gasschutz, y sus hijos, Julián y Sofía, de tres años, que optó por llamarme «ellos», de lo tanto que hablaba de estos señores abstractos que se me escondían debajo de las piedras de las más extrañas ciudades.

También un encuentro casual con Anthony Burgess me devolvió el optimismo. Nos topamos bebiendo Baileys, brindando por Joyce, en pleno Bloomsday, en la Universidad Nacional de Dublín.

Además, rindo sentido homenaje a Luigi Cechetto, que transcribió lo intranscriptible; a Mario Fonseca, Italo Castaldi y Beatriz Sepúlveda que le dieron forma al libro. A Eugenio Téllez que permitió que se interviniera un cuadro suyo para la ilustración de la portada. A Irene Bronfman, que me sacó de todos los apuros cuando fue necesario para que yo pudiera seguir adelante. A Andrés Braithwaite, Elisa Portales y Juan Carlos González que me prestaron libros, información y aliento.

A los fotógrafos Inés Paulino y Marcelo Montecino.

A Ricardo Lagos, Raúl Allard, Carlos Rubio, Pilar Armanet, Oscar

Agüero, Luisa Ulibarri y Fernando Sáez, del Ministerio de Educación de Chile.

A la Fundación CESOC, que acogió este proyecto.

Sin la ayuda de toda esta gente implacable todo hubiera sido mucho menos que posible.

S.M.

Biografías mínimas

Carlos Fuentes

Nació en Ciudad de México en 1928. Es novelista, ensayista y dramaturgo. Entre sus obras más importantes están: *Aura, Las buenas conciencias, La región más trasparente, La muerte de Artemio Cruz, Cristóbal Nonato, Terra Nostra, Cambio de piel, Gringo Viejo* y *La Campaña*. Entre sus libros de ensayos, *La nueva novela hispanoamericana* y *Valiente mundo nuevo*. Obtuvo el Premio Rómulo Gallegos en 1977 y el Premio Cervantes en 1987.

Guillermo Cabrera Infante

Nació en Gibara, Cuba, en 1929. Es novelista, ensayista y crítico de cine. Entre sus principales obras están las novelas *Tres tristes tigres* y *La Habana para un infante difunto*, además de los libros de ensayo, cuento, experimentación y crítica, *Arcadia todas las noches, Así en la paz como en la guerra, Vista del amanecer en el trópico, Un oficio para el siglo XX* y *Exorcismo de esti(l)o*.

Mario Vargas Llosa

Nació en Arequipa, Perú, en 1936. Es novelista, ensayista, dramaturgo y crítico literario. Entre sus principales obras están las novelas *La ciudad y los perros, La casa verde, Conversaciones en la catedral, La guerra del fin del mundo* y *La historia de Mayta*; y los ensayos *La orgía perpetua: Flaubert y Madame Bovary*, y *García Márquez. Historia de un deicidio*. Obtuvo el premio Rómulo Gallegos en 1967 y el premio Príncipe de Asturias en 1986.

Adolfo Bioy Casares

Nació en Buenos Aires en 1914. Es novelista, cuentista y escritor de diarios de viaje. Entre sus principales obras están las novelas *La Invención de Morel, El sueño de los héroes* y las colecciones de cuentos *La Trama celeste* e *Historias prodigiosas y desaforadas*. Obtuvo el premio Cervantes en 1991.

Jorge Amado

Nació en 1912 en Ilhéus en una plantación de cacao, en el estado de Bahía en Brasil. Entre sus novelas más importantes están *Los pastores de la noche, Doña Flor y sus dos maridos, Gabriela, clavo y canela* y *Teresa Batista cansada de guerra.*

Jorge Edwards

Nació en Santiago de Chile en 1931. Es narrador y ensayista. Entre sus principales novelas están *El peso de la noche, Los Convidados de piedra, La mujer imaginaria* y *El Anfitrión* y entre sus libros de memorias, *Persona non grata* y *Adiós poeta*.

Mario Benedetti

Nació en 1920 en Paso de los Toros, Uruguay. Es narrador, ensayista, dramaturgo, periodista y poeta. Entre sus principales novelas están *La tregua, Gracias por el fuego* y *Primavera con una esquina rota*. Entre los ensayos: *El recurso del supremo patriarca*. Entre sus libros de poesía, *La casa y el ladrillo* y *Poemas de otros*.

Arturo Uslar Pietri

Nació en Caracas en 1906. Es narrador, ensayista y dramaturgo. Entre sus principales narraciones están *Las lanzas coloradas, El camino de El Dorado, Oficio de difuntos, Los ganadores, La isla de Robinson* y *La visita en el tiempo*. Entre sus principales ensayos están *En busca de un nuevo mundo, Fantasma de dos mundos* y *Bolívar hoy*. Obtuvo el premio Príncipe de Asturias en 1990 y el Rómulo Gallegos en 1991.

Juan Carlos Onetti

Nació en Montevideo, Uruguay, en 1909. Es novelista y cuentista. Entre sus principales obras están *Juntacadáveres, El astillero, La vida breve, Para esta noche, Tiempo de abrazar, La muerte y la niña* y *La novia robada*. Obtuvo el Premio Cervantes en 1980.

José Donoso

Nació en Santiago de Chile en 1924. Es novelista y cuentista. Entre sus principales obras están *Coronación, El lugar sin límites, El obsceno pájaro de la noche, Casa de campo, El jardín de al lado* y *La desesperanza*. En 1991, obtuvo el Premio Nacional de Literatura de Chile.

Roberto Fernández Retamar

Nació en La Habana, Cuba, en 1930. Poeta, filólogo y ensayista. Entre sus obras principales están *Poesía reunida, A quien pueda interesar, Calibán, Apuntes sobre la cultura en nuestra América* y *Para una teoría de la literatura hispanoamericana y otras aproximaciones*. Es Premio Nacional de Literatura de Cuba y preside La Casa de las Américas.

René Depestre

Nació en Jacmel, Haití, en 1926. Es poeta, novelista y ensayista. Entre su principal obra poética está *Etincelles, Alléluia pour un femme-jardin* y *Journal d'un animal marin*. Entre sus novelas destacan *Eros en un tren chino* y *Hadriana en todos sus sueños*, que le valió el premio Renaudot 1988 en Francia. Sus ensayos están reunidos en *Buenos días y adiós a la negritud*.

Augusto Roa Bastos

Nació en Asunción, Paraguay, en 1917. Novelista. Entre sus obras principales está *Yo el Supremo, El trueno entre las hojas* e *Hijo de Hombre*. Obtuvo el premio Cervantes en 1990.

Nicanor Parra

Nació en Chillán, Chile, en 1914. Poeta. Entre sus principales obras están *Poemas y antipoemas, Artefactos, Sermones y prédicas del Cristo de Elqui* y sus *Objetos prácticos*. En 1969 obtuvo el Premio Nacional de Literatura de Chile y en 1991 el Premio Juan Rulfo.

Ernesto Sabato

Nació en 1911 en Rojas, Argentina. Novelista y ensayista. Sus novelas: *El Túnel, Sobre héroes y tumbas* y *Abaddón, el exterminador*. Entre sus libros de ensayos más destacados están *Uno y el universo, El escritor y sus fantasmas* y *Hombres y engranajes*. Obtuvo el Premio Cervantes en 1984.

Octavio Paz

Nació en ciudad de México en 1914. Es poeta y ensayista. Entre sus obras principales están: *El laberinto de la soledad, Libertad bajo palabra, El arco y la lira, Las peras del olmo, Cuadrivio, Puertas al campo, Corriente alterna, Los hijos de limo, El mono gramático, Vuelta, El ogro filantrópico, Tiempo Nublado y Hombre en su siglo*. Ha obtenido el premio Cervantes en 1981 y el Premio Nobel de Literatura en 1990.